CW01626681

Natalia Villegas

El viaje de Diego

Un periplo marcado por el dolor y la esperanza

EDITORIAL

EL VIAJE DE DIEGO

© 2024, Natalia Villegas

ISBN: 978-956-406-386-7

Primera edición: Abril 2024

Todos los derechos reservados. Esta publicación no puede ser reproducida ni en todo ni en parte, tampoco registrada o trasmitida por un sistema de recuperación de información, en ninguna forma ni por ningún medio, sea mediante mecanismo fotoquímico, electrónico, magnético, electroóptico, por fotocopia o cualquier otro, sin el permiso previo escrito por el autor.

EDITORIAL

Trayecto Editorial

Editora: Constanza Cariola
Ilustración portada: Franz Torrellas
Montaje portada y diagramación: David Cabrera Corrales

Dr. Sótero del Río 326 of 1003, Santiago de Chile
www.trayecto.cl
+56 2 2929 4925

Imprenta: Donnebaum

Impreso en Chile/Printed in Chile

EL VIAJE DE DIEGO

La historia de un principito extraordinario, dueño del corazón de su rosa favorita, su madre. Ella nos cuenta cómo fue domesticar y haber sido domesticada por este valiente principito, quien tuvo el vigor en su alma para nacer dos veces y morir por segunda y última vez. Todo frente a los ojos de su madre, quien veía más allá de lo visible.

Dedicado a mi hijo "Dieguito",
mi inspiración y mi más grande maestro.
Gracias por regalarme la dicha de tu vida,
permitiéndome servirte con profundo amor y respeto.

Por susurrarme cada palabra de este libro.

Palabras del autor

Soy Natalia Cecilia Villegas Malebrán, una pisciana con todas sus letras, regida por Júpiter y Neptuno; por allá vuela mi mente. Vivo de forma intuitiva y bajo una sensibilidad que me enorgullece, pero que lamentablemente muchas veces me ha hecho doler. Por tanto, he tenido que recurrir, a mi provecta edad, a corazas que no conocía, porque no se ceñían a mi piel. Soy una persona con historia, miedosa y valiente al mismo tiempo. Mujer con cicatrices, con un corazón parchado cientos de veces y con una estima por trabajar, pero con destellos brillantes y auténtica personalidad. Una madre aleonada, protectora, apañadora, juguetona, justiciera y una besucona implacable. Me reconozco y me replico en cada una de estas descripciones, me presento como soy y como me he reflejado en cuarenta y tres años. No tengo temor en decir quién soy, de dónde vengo, a quienes amo y a quienes admiro y respeto. Por cierto, amo la palabra "amo". Esta soy yo.

Vengo de una familia compuesta por mi madre, una mujer a quien admiro con toda mi alma, por ser fuerte, valiente y resiliente. Ella en mis primeros tres años de vida me ofrendó con dos maravillosos padres: mi padre biológico, Ignacio Villegas, y mi padre de crianza, Mario Valenzuela. Entre ambos dispensaron seis hermanos: Carla y Romina Valenzuela, y Valentina, Vicente y Mariana Villegas, y yo. También están muy presentes en mi vida, mi familia materna más cercana. Junto a toda esta bella mixtura de personas, me contengo, me cobijo, me elevo y aprendo de lo que cada uno me entrega en su forma particular y amorosa.

Los invito a introducirse en mi historia, esa que terminó por pulir mis más grandes asperezas, la que cambió para siempre el rumbo de mi vida y la mirada de esta.

Bienvenidos a la vida misma.

Agradecimientos

A mis hijas Sofía y Rocío, mis grandes motores y sostenedoras del corazón de mamá. Mi infinita gratitud a cada una de ellas, por ser dueñas de un corazón noble y generoso, pero por sobre todo, por permitirme navegar por muchos años junto a su hermano en un mar embravecido. Cada una de ellas supo arropar esos momentos con infinita dulzura y comprensión, sabiendo que tomaba muchas veces el tiempo que les pertenecía junto a mí.

A mi marido Rodrigo, mi compañero, quien muchas veces se convirtió en mi bastón y mi ancla a tierra. Por su lealtad, su positivismo ante cada adversidad, su generosidad, por entender mis procesos, mis tiempos y mis dolores. Gracias por permitirme entenderte, acercarme y reencontrarnos como el núcleo que siempre fuimos. Gracias, Rodrigo, por envolverme hoy en tus brazos cariñosos, inundada de tu amoroso silencio y por el apoyo incondicional que me has dado en cada uno de mis proyectos, en especial este libro.

A mi madre y padre, por su vehemente ternura, por transmitirle toda la luz y la paz que su nieto necesitó en los días más difíciles de su vida. Por regalarle juegos, sonrisas y los más lindos recuerdos del amor de abuelos. Gracias, mamá y papá, por cada palabra de aliento y por esos abrazos eternos que me sostienen con fuerza cuando más lo necesito.

A mi "Gueli", mi viejita centenaria, quien siguió el camino de Diego hacia las estrellas, formando parte de los luceros que velan por mí. Ejemplo de fortaleza, decisión y perseverancia, por enseñarme que las personas pueden cambiar, llegando a ser las mejores versiones de ellas mismas. Gracias por tu amor inagotable hacia "Dieguito", tu bisnieto, y hacia mí.

A mi familia materna, por esa presencia constante y cariñosa en nuestras vidas, por cimentar y enriquecer nuestro lazo en cada uno de nuestros encuentros. Gracias, porque cada hermoso recuerdo recopilado voló hacia la eternidad junto a su nieto, sobrino y primo, Diego.

A mi familia Villegas, por estar presentes cuando más los necesito, por el cariño y los detalles que cada uno nos ha entregado en estos años. A mi padre Ignacio, por su ingente dulzura hacia su nieto Diego, por su constante presencia y fiel atención con mi familia, en especial hacia mí.

A mis técnicos, Macarena, Ivelise, Elorainis y Sadith, el "Team de Dieguito". Gracias por cada muestra de cariño hacia mi hijo, por regalarme esa confianza tan valiosa. Por haberse transformado cada una en mi brazo derecho y en parte de mi familia, por prestarme sus oídos para abrir mi corazón en los momentos más duros. Infinitamente agradecida por haber hecho sentir siempre a mi hijo protegido, presente, importante, inteligente y, sobre todo, inmensamente querido.

A mi amiga Cybell, mi hermana del alma y el regalo humano que mi hijo me dejó, para así acompañarnos, cuidarnos, abrazarnos y reírnos. Gracias por tus abrazos que me elevan tantas veces, por nuestras conversaciones sanadoras, que solo nosotras podemos comprender; por esas risas que nos hacen volar a otro planeta y despojarnos un momento de la realidad. Gracias, amiga, por permitirme regocijarme de amor y felicidad junto a tu hija Catalina, quien sin saberlo, mitiga mi dolor cada vez que mis ojos la ven.

Mi agradecimiento al equipo médico que atendió a Diego durante su último año de vida; médicos, enfermeras(os) y técnicos en enfermería, que, tanto en su hospitalización en clínica como en casa, le brindaron los cuidados, el tiempo necesario y el cariño que merecía mi hijo. Mi más sincero agradecimiento a la clínica domiciliaria "Clínica Medical Home" CMH, por disponerle a mi hijo todo lo necesario para su bienestar y cuidados, junto al cariño de siempre, sobre todo en el último mes de su vida. Mi profunda gratitud y reconocimiento especial a mis queridas Doctora Sylvia Guardia, Doctora María Francisca Jaime y la Doctora María Eliana Eberhard. Por su preocupación, el cariño sincero en cada una de sus palabras y la reconfortante empatía que me hicieron sentir esos últimos meses, por apoyarme a mí y a mi familia en el proceso mas duro de nuestra vida. Mi más sentido agradecimiento y respeto hacia ustedes.

Introducción

El comenzar, el arriesgarse y querer atreverse, siempre ha sido el paso más difícil para cualquier proyecto. En 2018 llegó el momento de transcribir mis bosquejos, después de más de un año de guardarse en silencio. Pensé que jamás lo lograría, nunca sospeché que tardaría más de cinco años en escribir este diario íntimo y abierto al mundo. Cuatro años en traspasar ideas y emociones al papel, y otro año más de revisión y de imprimir vivencias que quedaron en el tintero de mi cabeza. Nada podía quedar afuera; cada detalle y cada sentimiento tenía que quedar plasmado, para ser recorrido por los ojos de tantas almas conmovidas y emocionadas por la llegada de esta historia entre sus manos.

Muchas veces costó desmenuzar cada idea y sentimiento atorado en mi cuerpo. Cada recuerdo ha quedado vívido en mi cabeza por mucho tiempo, y plasmarlos en palabras ha sido un trabajo intenso con costos físicos y emocionales que tuve que asumir. Volver atrás es desgarrador, pero sanador al mismo tiempo. Mientras más lo hablas, lo escribes, lo masticas una y mil veces, se vuelve más liviano y comienzas a sanar sin darte cuenta.

Aún siento el eco de mis gritos retumbando en mi cabeza, aquella tarde del 24 de septiembre de 2012.

Aún siento en mis dedos la textura de su cuerpo hinchado por el agua; mis labios todavía tocan sus mejillas frías. Sonidos, humedad, gritos, llantos, adrenalina y desvanecimiento. Mis recuerdos están cargados de diferentes matices, son intensos, son hermosos y dolorosos algunos. Pero le he gritado al mundo que **sí** se puede seguir viviendo y reír con ganas, si uno así lo quiere, como también llorar y derrumbarse, si uno se lo permite.

Nadie te prepara para la muerte de un hijo, ni mucho menos para ser tú, su madre, quien la presencie. Nadie te prepara para enfrentar un accidente de un ser querido, y lo que es peor, nadie está libre de tenerlo.

Somos cinco integrantes en esta familia: Rodrigo, Sofía, Rocío, Diego y yo. Vamos de la mano recorriendo este nuevo camino, lleno de matices, de encuentros y desencuentros, de lágrimas y risas, pero por sobre todo, de aprendizajes. Un camino que no sabemos cómo está hecho, cómo sigue y cómo terminará; solo tenemos la certeza de que subiremos una gran montaña, empinada y rocosa. Acompañamos en cada paso a nuestro "Dieguito", juntos los cinco de la mano en su camino, que lo hicimos nuestro también. Diego confió en mí desde su nacimiento, de principio a fin; tenía la certeza de que lucharía por él y que sería capaz de levantarme ante el dolor una y otra vez. No podía fallarle a mi hijo, y acá estoy, luchando sin parar, aun después de su partida.

Nuestro cuerpo y nuestra alma fueron dispuestos para caerse y poder levantarse una y mil veces, surgir de las cenizas y reconstruirse desde cero. Pero también fuimos hechos con el don de la voluntad; así de perfectos somos, así de bendecidos nos crearon. Yo elegí zurcir mi corazón, aprender del dolor, levantarme y amar la vida.

Diego nos introduce y nos muestra el mundo de la discapacidad, sin caretas ni filtros. Fuimos descubriendo la frialdad y la nobleza de las personas ante su presencia en esa silla de ruedas y maquinarias, que lo apuntaban entre la multitud. En este libro nos pinta su mundo y cómo lo interpreté yo, a través de su mirada cristalina. Como familia vibramos y sentimos junto a él cada proceso dulce y agraz que vivió en esta vida. Diego nos abrió los ojos, nos hizo conscientes ante la vida, y lentamente nosotros fuimos tomando el ritmo y aceptando con infinito amor este mundo maravilloso que vino a mostrarnos.

Un hecho que cambió nuestras vidas y nuestras miradas, un hecho que nos despedazó el corazón, pero que al mismo tiempo nos devolvió más vida, nos dio más fuerza y más conciencia que nadie. Hoy todo depende de nosotros, de cómo transmutemos este dolor en un sentimiento de gratitud, que más temprano que tarde nos hará despertar ante la vida. Diego con el tiempo nos transformó en seres sensibles, conscientes, reflexivos y empáticos con cada ser vivo. Hemos aprendido juntos, hemos crecido a la par, nuestro amor se fue engrandeciendo descomedidamente, nos fortalecimos y nos empoderamos.

Así comienza a escribirse este giro incierto de mi vida y la de mi familia, que fue moldeándose con el paso del tiempo, brillando con luz propia, dejándonos llevar por la corriente de esta vida. Sabemos cuándo y cómo comienza, pero nadie sabe cuándo y cómo termina, así que intentamos comprender sus designios y fluir, fluir sin más.

Primera parte
La fuente

"Domesticar es algo ya casi olvidado,
significa crear vínculos"

Ya tenía a mis niñas grandes y preciosas: Sofía, de ocho años, y Rocío, con tan solo tres. Cada una tan especial y diferente; cada una con su propia y única forma de expresión, de manifestar su amor, su comunicación y sus sensibilidades. Cada una con su forma de enamorarme.

Yo pensaba en querer agrandar más la familia y traer un varoncito al clan. A Rodrigo, mi marido, también le entusiasmaba la idea. En ese tiempo llevábamos ya quince años juntos y siempre estuvo en nuestros deseos el tener más hijos.

Muy pronto estaba embarazada de nuestro primer hijo varón y el cachorro de la familia. Mis hijas lo esperaban con especial emoción; la llegada de un varón sería una novedad para todos, acostumbrados a vernos entre tantos vestidos, brillos y pelos largos. La elección de su nombre se transformó en una entretención para mis hijas, pero el día en que llegó a mi cabeza el nombre "Diego", no se discutió más y fue inmediatamente la certeza de que sería nuestro "Dieguito".

Dos días después de celebrar mi cumpleaños número treinta y uno, una mañana de control con la matrona, comencé sorpresivamente con trabajo de parto. Fue así como un 16 de marzo de 2011 nació nuestro Diego Alonso. Su nacimiento fue muy rápido, tanto así que Rodrigo casi no llega al parto. Estábamos con la ansiedad natural de conocerlo y yo de tenerlo pronto en mis brazos. Y así llegó una criaturita muy pequeña, menuda, de ojos expresivos y de deditos largos. En su primer día nos llamaron la atención sus ganas de querer conocernos; era muy despierto, contemplaba a sus hermanas y a su papá, muy atento a estas personitas que se rían mucho y que no paraban de hacerle cariño. Fue ese día en que conoció los besos insaciables de su madre y el día en que nuestras miradas cómplices comenzaron.

Diego siempre fue un bebé muy apacible y apegado a mi pecho. Sus hermanas participaban de algunas de sus rutinas, disfrutaban bañarlo, vestirlo y hacerlo reír. A medida que "Dieguito" fue creciendo, la complicidad con sus dos hermanas fue cada vez más grande, generando enormes lazos afectivos. Sofía y Rocío disfrutaban mucho estar con su hermanito; sacarle carcajadas era su máxima entretención. Diego fue creciendo como un niño sano, súper inteligente, astuto, bueno para comer, alegre y muy amoroso. Siempre nos enternecía cuando ponía su cabecita en el hombro de la persona que lo cargaba en brazos. Sus ojitos chinitos cada vez que sonreía eran sin duda su más lindo sello, algo que lo caracterizó siempre.

Al año de edad, aún no decía ninguna palabra; balbuceaba como intentándolo, sin mucho esfuerzo. Su mayor entretención siempre fue correr de un lado a otro, buscando qué tomar y qué tirar al suelo. Le encantaba tomar agua y podía estar mucho tiempo sentado tranquilo en su silla comiendo arroz inflado, tomando cada granito, uno por uno, metiéndolo en su boca. Nos sorprendía muchísimo ver tanta paciencia y delicadeza en esto. Por supuesto, como todo niño inquieto, cada vez que salíamos a pasear o a comer afuera, había que estar corriendo detrás de él. No duraba mucho tiempo sentado; solo lo motivaba la libertad y las ganas de zafarse y arrancar. A los once meses ya caminaba, y pasado el año se transformó en un remolino imparable al que llamamos "Tsunami delicioso". Por donde pasaba, dejaba todo tirado y desordenado, en medio de gritos y risas, siempre con su dulzura intacta, esa ternura y ese carisma que enamoraba a todos.

Barrunto

> "Por mucho tiempo, tu única entretención era el silencioso placer de mirar los atardeceres"

Luego de que Diego cumpliera un año, comenzaron a aparecer distintas sensaciones extrañas tanto en mí como en Rodrigo. Una sensación de miedo me atacaba casi a diario, una sensación inexplicable de que algo malo iba a suceder. La palabra "muerte" aparecía siempre en mi mente, pero no entendía por qué. Con Rodrigo nos cuestionábamos mucho acerca de estas sensaciones, y lo más extraño es que ambos sentíamos casi lo mismo. Creíamos que estábamos enfermos y comenzamos a pensar que algo malo nos podía suceder a él o a mí.

Junto con esta amarga sensación, apareció en mí un pensamiento muy reflexivo sobre la vida, su significado, su propósito; sobre la familia, los hijos, y comencé a tomar conciencia de todo lo que me rodeaba. ¡Fue loquísimo! Volverme de golpe tan consciente y tan reflexiva fue definitivamente muy extraño. Muchas cosas pasaban en mi cabeza, tantas emociones extrañas, que nunca supe relacionar nada, nunca me puse a pensar más allá de la propia sensación que me dejaba, que básicamente era miedo.

El día anterior al accidente, recuerdo perfectamente todo lo que sentí. Fue una tarde de domingo, curiosamente muy calurosa. Ese día quise llevar a mis hijos a la plaza. Generalmente íbamos a la plaza del condominio, por separado: las niñas con sus amigas y yo con Diego en el horario que me acomodara, pero esta vez fuimos juntos los cuatro, llevamos una pelota, ya que a "Dieguito" le encantaba jugar con ella. Recuerdo muy bien esa sensación de alegría indescriptible, de gratitud a la vida, de contemplarlos a los tres como si fuese la última vez que los vería. Se sentía como estar dentro de una película; los fotografié y los grabé con mi teléfono. Mis tres hijos jugaban entre ellos, se reían y compartían con mucho entusiasmo. Yo ni siquiera los miraba, sino que los contemplaba con inmenso amor, y en mi cabeza solo repetía: "Gracias, gracias, gracias, Dios mío".

Por la noche, me sorprendí observando a Diego mientras dormía. Lo había visto cientos de veces dormir, pero ese momento, esa escena a mí me pareció diferente. No paraba de observarlo, lo encontré mágico, lleno de paz y extremadamente bello. Tomé mi cámara, como lo había hecho en las últimas horas, inmortalicé ese momento y se lo envié a Rodrigo, quien por su trabajo se encontraba de viaje en el norte. Se lo envié como si se tratara de una nueva hazaña de "Dieguito", como si fuese algo muy novedoso, pero él simplemente dormía. Como preparando su cuerpo y su alma para la prueba más grande de su corta vida.

En mi corazón aún tenía esa incansable sensación de apocalipsis; creo que eso lo describe muy bien, como si un inminente meteorito llegara directamente a mi casa. Yo solamente me dediqué a admirar cada momento con una sensación de bendición enorme, consciente de todas las emociones que estaba sintiendo, sin poder entender todavía la razón de todas mis impresiones.

Tiempo después, recordando todas las emociones que nos inundaban tanto a mí como a Rodrigo, supe comprender que se trataban de señales, de memorias de nuestra alma. La historia ya estaba tejida, armada y capitulada, desde antes de nuestra llegada al mundo. Pero fui incapaz de percibir las señales, me enfoqué en el miedo y en la incredulidad.

Y si realmente hubiese escuchado cada señal, cada sensación, cada sentimiento de temor, ¿hubiese cambiado en algo nuestro futuro? La verdad, creo que nada hubiese podido cambiar, nada se hubiese podido hacer para evitar lo inevitable. Si no fuese esto, sería esto otro; si no fuese ahora, sería más adelante. No podríamos nunca librarnos de algo que se nos había asignado vivir, algo que nuestras propias almas habían firmado antes de venir, pero que absolutamente nadie recuerda ni recordará en esta vida.

El Agua

"Pequeño hombrecito, dime que se trata solo de
un mal sueño"

Lunes 24 de septiembre de 2012, un día tibio. Amanecí especialmente con mucha energía y de buen ánimo. Mi sensación de querer disfrutar cada momento con mis hijos todavía permanecía muy latente. Por la mañana me dediqué a jardinear (cosa que rara vez hacía), "Dieguito" almorzó temprano, luego fui a buscar a Rocío al colegio y a la vuelta compartimos en la mesa. Después de almorzar, nos fuimos al patio a jugar a la pelota con "Dieguito" y Rocío. Por esos días tenía una nana que adoraba a mi pequeño, lo consentía y lo cuidaba amorosamente. Esa tarde en el patio, estábamos junto a mi nana compartiendo con Rocío y Diego, mientras todos nos lanzábamos la pelota jugando alegremente. ¡Cómo disfrutaba Diego esa pelota!

El momento de bajar revoluciones llegó, decidimos entrarnos a la casa. Rocío y "Dieguito" se quedaron tranquilos en mi pieza viendo la televisión, acostados sobre la cama. Aprovechando que los vi tan concentrados en el programa de televisión, me fui a buscar unas cosas que tenía pendientes en la bodega.

Luego de que las encontré, no sé por qué, me puse a organizar esa repisa, mientras veía a mi nana que estaba planchando en la pieza colindante a esa bodega.

Luego, cuando entré a la casa, el silencio que sentí fue tan aterrador que me hizo acelerar el paso para dirigirme a mi pieza. Rocío seguía tranquila viendo televisión, pero a Diego no lo vi, así que fui rápidamente hacia su pieza, que estaba contigua a la mía, y vi que el ventanal de su pieza estaba medio abierto. La pieza de "Dieguito" tenía una salida a un pequeño antejardín que rodeaba la casa y llegaba al patio trasero, lugar donde se ubicaba la piscina y donde estuvimos jugando esa tarde.

Por ese mismo ventanal entreabierto salí hacia el antejardín y me di la vuelta, rodeando la casa. Al llegar al patio trasero vi de lejos a Diego, su cuerpecito inmóvil, flotando boca abajo sobre el agua fría de la piscina. Corrí hacia él, pensando miles de cosas en fracción de segundo: que era una pesadilla que terminaría al sacarlo de ahí, que no era verdad lo que veían mis ojos.

Mientras veía mi programa favorito junto a mi hermana, me acordé de que habíamos jugado en el patio. Me gusta esa pelota verde, es grande ¡y gira muy rápido! Abrí la ventana de mi pieza, me sentí grande, porque hace poco había aprendido a hacerlo. Y comencé a buscar por todos lados mi pelota verde, hasta que llegué al patio de atrás. Corrí detrás de mi pelota, ¡pero se me arrancaba como jabón de las manos! No sé qué pasó... De pronto todo era agua y frío, no podía gritar, tragaba y tragaba agua, no podía salir de ahí, pero había algo tan lindo que estaba cerca mío. No sabía qué era, pero me dijo que todo estaría bien.

En un momento dejé de pelear para salir, solté mis manos y mis pies, quedé inmóvil frente a esa luz. Ya no sentía miedo ni frío. Esa luz me llamaba, tomó mi mano y me llevó a un lugar muy brillante, más brillante que el reflejo del agua…

Me lancé a la piscina. Diego flotaba boca abajo en la parte más profunda. Yo no tocaba el fondo, por lo que todos mis movimientos eran más torpes. Lo giré para que pudiese respirar y, al ver su rostro, quedé horrorizada. Mi pequeño estaba desfigurado por la hinchazón producida por el agua, de un color azul grisáceo; una apariencia escalofriante que me persigue hasta el día de hoy. Todas mis emociones y mis pensamientos transcurrían a la velocidad de la luz, todo era rápido, pero a la vez, el tiempo parecía detenerse. Aún no sé cómo lo saqué del agua estando yo metida ahí dentro sin tocar fondo. Solo después me di cuenta de que con la fuerza que hice para levantarlo del agua, le pasé a llevar su carita con las piedras del borde la piscina. Cuando logré ponerlo en la orilla de la piscina, comencé torpemente a realizarle respiración cardiopulmonar RCP, mientras yo permanecía dentro del agua. Al darme cuenta de que no lo estaba haciendo bien, comencé a gritar los nombres de mis vecinas, tan fuerte como pude. Sentí que no podría yo sola.

En unos segundos, de la nada, vi al hijo de mi vecina en mi patio, un joven de dieciocho años, estudiante de primer año de Medicina. Había llegado hace solo unos minutos a su casa, escuchó mis gritos y saltó el muro divisor que separaba nuestros patios. Ese muro había cedido por el último terremoto y llevábamos días en conversaciones con mi vecino para levantarlo. Nunca lo hicimos, porque no encontrábamos un precio razonable que nos acomodara a los dos. Ese muro caído fue lo que permitió el rápido acceso de mi joven vecino para llegar directamente a mi patio.

Este "ángel" que apareció en mi casa, no tardó ningún segundo en realizar la maniobra e intentar resucitarlo. Mientras veía esta escena desgarradora, recuerdo haber estado junto mi hijo, pidiéndole que no me viera desde arriba, le exigí que volviera a su cuerpo, le prohibí que se fuese, le prohibí que me dejara. Grité hacia el cielo, con la certeza de que él me estaba observando desde lo alto y lo pasivo. "¡Baja, no me mires de allá arriba, ven aquí conmigo, no me dejes, hijo!" Ante los esfuerzos frustrados de su resucitación, le cerré los ojos a mi hijo, que aún permanecían abiertos; solo quería que pareciera que estuviese durmiendo.

Sin embargo, mi vecino no se detenía en la resucitación cardiopulmonar. En su desesperación por no ver ninguna respuesta, lo puso boca abajo, lo tomó de los pies, lo elevó y apretó fuertemente su pecho contra el suyo. Escuché un sonido aterrador que venía del cuerpo de mi hijo, un crujido que por un segundo pensé que era Diego intentando quejarse, pero no, era su cuerpo el que crujía, que a su vez eliminaba comida por su boca. No daba cabida a lo que veían mis ojos, lo que escuchaban mis oídos. Me puse como una loca y le pedí que lo volteara. Sin embargo, este joven estaba muy seguro de lo que hacía.

Los gritos de mi mamá se alejan cada vez más. Escucho que me llama una y otra vez, me suplica que me quede, pero yo sigo acá a su lado, rodeado de una inmensa paz que me hace sentir seguro. Mi mamá cerró mis ojos, porque le duele verme así. Comienzo a entenderlo todo, a recordarlo todo, yo ya he estado antes acá. Mi mamá piensa que estoy sufriendo, ¡cuánto me gustaría que supiera que no siento dolor y que mi cuerpo se mueve libre y feliz donde estoy! ¡Me siento rodeado de mucho amor! Mi mamá aprenderá a vivir con este recuerdo, le dolerá, sin duda, pero algún día lo entenderá, así como yo lo recordé y lo entiendo ahora…

Los tiempos se entremezclaron, se borraron, y nunca supe con seguridad cuánto duró todo, pero de un momento a otro vi mi casa llena de vecinos observando la escena y un carabinero a mi lado (hasta el día de hoy, no sé cómo este carabinero llegó a mi patio y cómo es que entraron los vecinos a mi casa). Qué incómodo y repulsivo fue ver a todas esas personas allí, con la morbosidad propia de cada uno de ellos, como viendo una serie de televisión, observando el dolor ajeno, sin hacer absolutamente nada. Yo solo pasaba mi mirada con rapidez por sobre sus presencias frías en pie. No había nada más en mi mente que mi hijo, no podía ni pensar, mucho menos discutir o ponerme a analizar situaciones. Todos estos recuerdos llegaron a mi cabeza muchísimo después del accidente, y otros recuerdos, en su mayoría, simplemente se borraron para siempre.

Lo que me contaron, fue que dos carabineros motorizados pasaban casualmente fuera de mi condominio y fueron advertidos por unos vecinos. Una de mis vecinas prestó su auto para alcanzar a la ambulancia que venía en camino y los carabineros en moto nos escoltaron por la avenida principal para trasladar a Diego al hospital más cercano. En el auto subí yo, mi nana y mi vecino, que no paraba de realizarle la maniobra de RCP a "Dieguito". Recuerdo que temblaba, que estaba aterrorizada, que en mi mente solo podía pensar en que Diego lo lograría. Yo estilaba de pies a cabeza, pero nunca me di cuenta de ello, hasta horas más tarde. En el trayecto nos esperaba la ambulancia del Samu y una patrulla de carabineros. La ambulancia se quedó con Diego; no me permitieron quedarme con él y a mí me trasladaron en la patrulla hacia el hospital. Separarme de mi hijo bajo esas condiciones me generó un ataque de pánico tras otro, y a su vez, comprendí en segundos que lo podía perder.

Llegamos al hospital, pero mi hijo no aparecía. La ambulancia no llegaba y mi angustia se hacía cada vez peor. En mi interior no creía lo que estaba viviendo, me repetía una y otra vez: "No, esto no puede estar pasando, a mi bebé no, no, no, no". El carabinero que venía conmigo se acercó para preguntarme si mi marido estaba al tanto de lo sucedido. Su pregunta me hizo volverme más loca y angustiada todavía, porque hasta ese minuto no había recordado a Rodrigo, y le advertí que él no podía enterarse, que estaba lejos y que la noticia le podría causar un infarto.

Rodrigo tenía cerca de cuarenta llamadas perdidas de carabineros y de mis vecinos, que querían advertirle de lo que estaba pasando en nuestra casa. El carabinero finalmente se comunicó con él para darle la dolorosa noticia. Mientras escuchaba al carabinero hablarle a Rodrigo, no lograba dimensionar el impacto que le pudo haber generado esa llamada; imaginé su dolor y su adrenalina a mil por hora, a la par con la mía. Mi marido viajó inmediatamente a Santiago, el viaje era largo y serían las horas más eternas y angustiosas de su vida, de eso no tenía dudas.

Yo aún permanecía en la entrada del hospital, sollozaba, porque ni lágrimas me salían del *shock*. Estaba temblorosa y empapada, muerta de miedo, llena de culpa, impotente y desesperada, esperando a que llegara mi hijo en la ambulancia. Fue eterna esa espera. Hasta que a lo lejos escuché las sirenas.

Lo sacaron rápidamente para entrarlo a reanimación. Para mi sorpresa, "Dieguito" aún no despertaba y las maniobras no cesaban, mientras todos corrían a su lado. Me abalancé sobre él mientras corrían con su camilla, me escabullí como pude de los carabineros y los guardias, hasta que logré entrar al pabellón de reanimación. Quería verlo, asegurarme de que se hiciera todo lo posible, quería estar ahí cuando despertara o cuando no lo lograra. La escena fue extremadamente chocante y dolorosa. Vi cómo cortaban su ropita rápidamente mientras preparaban el desfibrilador. Tras gritarles a los médicos que no se rindieran —"¡Vamos, sigan, por favor, sigan, no se detengan!"—, me desvanecí, perdí la conciencia por unos minutos, mi cuerpo colapsó. Desperté en una oficina junto a decenas de personas que no conocía. Temblaba de manera descontrolada, mi cuerpo y mi mente estaban fuera de lugar.

No paraba de preguntar por mi bebé, pero sus caras lo decían todo: Diego aún permanecía seducido por el Cielo y sus ángeles. Hasta que en un minuto apareció mi cuñado detrás de una puerta, mudo, en *shock*. Me miró y yo solo con mi cara de súplica le pedí que me diera noticias; él me dio una pequeña sonrisa, que interpreté como que Diego estaba vivo. Mi hijo lo había logrado. La asistente social que estaba junto a mí me confirmó que acababan de encontrarle pulso; se abría una esperanza.

Estaba completamente mojada; de mis ropas y cabello escurría el agua fría de la piscina, pero no recuerdo haber sentido ni una sola gota de humedad en mi cuerpo, no recuerdo haber tenido conciencia de estar empapada, hasta muchas horas después. La misma asistente social del hospital me prestó ropa seca y unos zapatos. No sentí hambre ni frío, porque mi mente tenía una sola preocupación, no existía nada ni nadie más, me olvidé absolutamente de toda mi vida.

Diego permaneció un total de cuarenta minutos aproximadamente sin signos vitales. Su sobrevivencia fue un completo milagro; los médicos no daban crédito ni tenían explicación para lo sucedido. Cuando recibí la noticia de su sobrevivencia, pensé dentro de toda mi ignorancia que en un par de días más estaríamos todos nuevamente felices en la casa, y que esto sería nada más que un mal recuerdo. Diego inmediatamente entró en un estado grave de riesgo vital, los minutos eran claves. Nos informaron que muy probablemente no sobreviviría por la magnitud del daño provocado en sus órganos vitales y nos pidieron que nos preparáramos como familia.

El siguiente relato lo tenía absolutamente borrado de mi memoria, hasta que un día, entre conversaciones sobre este momento en particular, se me vino el recuerdo a la mente. Mientras esperaba angustiosa alguna noticia de mi pequeño, recordé una vieja amiga de la familia, a quien queremos mucho: Gabriela. Gabriela es una "chamana", mujer canalizadora, médium, con impresionantes dones y sensibilidad. Ha sido una persona muy especial en nuestra vida; fue quien nos casó con Rodrigo, y a través de su don y habilidades, ha orientado y ayudado a muchas personas durante su vida. En medio de la angustia y la desesperación, tomé mi celular de manera decidida y llamé a Gabriela, diciéndole: "¡Ayúdame! ¡Es 'Dieguito'! ¡Sálvalo! ¡Tráelo de vuelta ahora! ¡Por favor!" y luego colgué, soltando un enorme llanto. Por un instante sentí tranquilidad y la seguridad de que Gabriela lo ayudaría a salir de ese estado, como si pudiese intervenir con algún rito o magia, imaginaba yo, porque me negaba a la idea de perder a mi hijo e iba a acudir a toda instancia para salvarlo.

Habían pasado cerca de siete horas cuando al fin se me permitió ver a mi hijo. Habían llegado hasta el hospital mis familiares más cercanos, mis padres y suegros desde Antofagasta. Mi debilidad era tal, que apenas me sostenía en pie, y en una silla de ruedas, acompañada de mi papá Ignacio, entramos a ver a mi pequeño.

Ahí yacía su cuerpecito pequeño y frágil tendido sobre esa cama enorme, lleno de máquinas y tubos, desnudo, solo con su pañal. Vi tanta fragilidad en esa imagen, fragilidad de su cuerpo, pero también de la vida misma. Mi hijo dormía bajo un coma inducido. Yo solo quería abrazarlo y besarlo, pero no me lo permitieron, para evitar causar estrés cerebral. Veía que movía sutilmente sus manos y piecitos, yo ilusa pensaba que eran muestras de su conexión, pero nada, solo eran simples movimientos reflejos que pronto comprendería.

Al llegar mi marido por la noche, sentí que llegaba la otra parte de mí, sentí que me rearmaba de a poco. Rodrigo llegó choqueado, con su rostro desfigurado de puro dolor, pero jamás lo vi abatido, siempre mantuvo su fuerza, su esperanza y convicción de que todo saldría bien. Rodrigo fue mi bastón durante mucho tiempo, mi soporte y me aferré a su fe, porque en mí, solo existía dolor.

En algún minuto durante toda esta pesadilla, me enteré a través de familiares, de que el accidente de mi hijo estaba siendo publicado en los noticieros y redes sociales, y que gracias a eso "Dieguito" recibió muchas cadenas de oración provenientes de varias partes de Chile. Recibimos muchas muestras de cariño; la gran mayoría eran de personas que no conocíamos, todos ellos nos entregaron un apoyo incondicional y empatizaron con nuestro dolor de padres. Además, muchas de estas personas anónimas tuvieron gestos tan tiernos como enviarnos al hospital cartas, agua bendita y santitos.

Durante ese día y los días siguientes, tuvimos muchas conversaciones con la jefa de la unidad de cuidados intensivos. Ella nos explicaba, a grandes rasgos, las consecuencias que podría tener la sobrevivencia a este tipo de accidente, dejando siempre en claro que las posibilidades de sobrevivencia eran muy bajas. El largo tiempo que Diego estuvo en paro cardiorrespiratorio hacía que los daños en su cuerpo fueran extremadamente graves. Y fue así como comenzamos a difundir nosotros mismos grandes cadenas de oración. Sentí que el mundo entero se movía por mi hijo. Los familiares se hicieron presentes de alguna u otra forma rápidamente, todos aportaron con un granito de arena, todos quisieron estar presentes, todos dieron su contención mediante una palabra, un abrazo, o tan solo la presencia de cada uno bastó para sentirnos cobijados. Pero reconozco que la mayor parte del tiempo solo quise estar sola, no ver ni escuchar a nadie.

No quería despegarme ni un segundo de mi hijo, pero me exigían descansar. La primera noche en mi casa sin mi "Dieguito", lloré desconsoladamente; al fin pude desahogarme. Sentí un enorme vacío, extrañaba sus gritos y su risa pegajosa. Ver su cuna, su chupete, sus juguetes, todo abandonado de un segundo a otro, me hacía creer que todo era irreal. Su energía había quedado impregnada en cada rincón de mi casa, lo pude sentir.

Aquella primera noche sin "Dieguito" soñé con mi niño dulce y travieso, pero no fue un sueño como cualquiera, fue una verdadera visión, sé que lo viví. Fue una linda y esperanzadora visita que me hizo mi hijo, o quizás yo lo visité a él esa noche, no lo sé, pero no me cabe dudas de que estuvimos juntos. Lo vi en una habitación rodeado de una luz blanca casi incandescente, pero no me enceguecía los ojos; podía notar esa blancura indescriptible y brillante rodeando a mi hijo. Toda esa habitación era blanca y luminosa, no había delimitaciones en ese lugar, no había muros, ni techo, ni tampoco suelo; era un espacio donde se sentía mucha paz. Y ahí estaba mi hijo, mi "Dieguito", en una cama blanca, donde yo lo observaba desde lo alto. Él sabía que estaba allí, subió su mirada con una enorme sonrisa, sus ojitos se achinaron como solían hacerlo siempre. Sin despegar su mirada de la mía y sin dejar su sonrisa dulce, comenzó a jugar con una ramita larga de un árbol que tenía en su mano; era idéntica a la ramita que había conseguido en la plaza el día anterior. Esta ramita la batía con fuerza, tal cual como lo había hecho ese día con aquella varita en la plaza. Sus ojos no se despegaban de mí, pude percibir su felicidad y su enorme paz. Algo me decía que él se quedaría con nosotros y que hoy estaba de paso por esos planos de luz. Me quedé con una extraña sensación de tranquilidad después de ese encuentro con mi hijo, sabía que donde estaba no sufría y eso en algo me consolaba. Así fue como interpreté todo y como mi corazón lo entendió. Diego se hizo presente para traerme un poco de paz a mi corazón y decirme que todo iba a estar bien.

Los días pasaban y Diego seguía en riesgo vital. Al tercer día me desmoroné completamente, cuando al llegar vi su cuerpecito desfigurado por la inflamación. Su cerebro había llegado a su límite, su cuerpo comenzaba a reaccionar ante el daño de la hipoxia. A pesar de todo el dolor, me aferré nuevamente a la amorosa actitud de mi marido, de mi papá Mario y de mi mamá, quienes propusieron la imposición (reiki) de manos para ayudar y armonizar su frágil cuerpo. Comenzamos así con trabajos energéticos muy potentes; pude vislumbrar la energía pasando desde nuestras manos hacia su pequeño cuerpo, movilizándose por todas partes. Fue una mágica experiencia, de ver concretamente el amor traspasarse de un cuerpo a otro. A ratos me llenaba de esperanza y otras me abatía por el dolor de ver sufrir a mi pequeño hijo.

La segunda noche nos reunimos en mi casa junto a los familiares más cercanos, para enviarle un poderoso mensaje de amor y luz a nuestro valiente luchador. A esa altura todo me dolía, ver el sufrimiento de mis hijas, de mi marido, de mis padres, de mi familia; todo se transformó en un mar de emociones. Me impactó ver cómo el amor y la empatía por nuestro sufrimiento generó una unión jamás antes vista. En cada trabajo energético que hacíamos, el ambiente era de mucho amor y solemnidad.

"Dieguito" comenzó a ganarle cada minuto al pronóstico médico, se aferró a la vida y nosotros a él, a su inmensa fortaleza, a su ímpetu guerrero, desafiante, de alma sabia y generosa, piadosa de su madre. Diego se quedó con nosotros y después de una semana, aún en coma, fue trasladado a una clínica en que continuó con sus cuidados intensivos y en donde comenzaría otra etapa de su camino.

Me siento en paz, libre y feliz, no tengo miedo, ya olvidé qué es eso. Acá estoy acompañado de seres que me aman mucho, me abrazan y me cuidan, me muestran su mundo. Me gusta estar acá, me quiero quedar. Algo me hace sentir pesado, escucho la voz de mi mamá, siento su dolor, siento el dolor de mi papá y la pena de mis hermanas. Veo mi cuerpo y junto a él, a mis papás, siento su poderoso amor hacia mí, siento su energía, me preocupa su dolor, pero, aun así, siento que este es mi lugar, sé que ellos entenderán.

De un momento a otro, algo me detiene, no puedo seguir avanzando, escucho una voz dulce que me dice que debo regresar, me dicen que tengo cosas pendientes en la tierra, que todo recién está comenzando. Siento que algo grande le espera a mi alma allá abajo, mi familia necesita aprender de mí. Contemplo todo a mi alrededor para no olvidar lo bello y mágico que es, no quiero olvidarlo nunca, sé que volveré pronto y eso me tranquiliza. Debo terminar el camino que comencé.

El Despertar

> "Y sentía aún más su fragilidad. Sentí la necesidad de protegerlo, como si él fuese una llama que pudiese ser apagada por una pequeña bocanada de viento"

"Dieguito" fue trasladado a una clínica para continuar sus cuidados. Se le tomó su primera resonancia magnética para ver la magnitud del daño en su cerebro. Los resultados eran lapidarios y los médicos intensivistas nos prepararon para lo peor: muerte o estado vegetativo eran sus declaraciones. Una vez más me sentí golpeada, había recuperado a mi hijo, por lo menos eso pensaba, y ahora esto.

Pasaron dos semanas y por fin salió del riesgo vital. Comenzó la etapa de retiro del ventilador mecánico y su tolerancia, despertándolo poco a poco. Recuerdo haber llegado muy temprano por la mañana y ver su habitación de UCI repleta de médicos y enfermeras. Estaban quitando el ventilador mecánico y, para sorpresa de todos, estaba respirando sin problemas por sí mismo, quedando solo con oxígeno. Lentamente comenzó a despertar y comencé a percibir algunos sutiles gestos en su ceño, que me hacían pensar que todo era una buena señal. En algún momento que abrió sus ojos débilmente, pensé que me diría "mamá" o me daría la manito. ¡Esperaba una señal de vitalidad plena! Sin embargo, nada de eso pasó; mi hijo yacía inmóvil en esa fría cuna, con su mirada fija, con sus ojos entrecerrados y sin ninguna señal de conexión. Se me estrujó el corazón y el miedo se apoderó nuevamente de mí, ya que nada de esto era algo que imaginaba. ¡Tenía un plan en mi mente! Y me negaba a que fallara; este plan era que despertara, me sonriera, nos abrazáramos, para luego llevármelo a casa lo antes posible ¡y rearmar nuestras vidas!

Desperté luego de un sueño muy largo y profundo. Cuando volví a mi cuerpo, fue como caerme sobre la cama, e inmediatamente me sentí extraño y muy incómodo. Comencé a escuchar lo que hablaban a mi alrededor, comencé a sentir dolor y molestias en mi cuerpo, me costaba respirar y ver, apenas tenía fuerza para abrir mis ojos. Sin embargo, sentí a mi mamá al lado mío, estaba asustada, pero la sentía feliz de verme con vida. Yo todavía no lograba entender mucho por qué sentía mi cuerpo tan extraño.

Después de unos días, comencé a despertar más y más, pero no lograba mover ni un solo músculo de mi cuerpo. Eso me dio mucha pena, porque supe que no podría volver a abrazar a mi mamá y correr tras mi pelota verde; no sabía cómo lo haría para hacer todo lo que tanto me gusta. Sentí el dolor de mis papás, pero no sabía cómo decirles que yo estaba aquí, que seguía siendo el mismo en este cuerpo raro.

Sola, completamente sola, comencé a darme cuenta de la vida que tendríamos. Lo más fuerte fue conocer a mi nuevo hijo, con una nueva mirada, con un cuerpo distinto, y quizás lo que más me afectó fue su completa desconexión, su mirada perdida en un punto fijo, casi sin pestañear, prácticamente ciego y sin ningún tipo de manifestación. El pequeño travieso de mirada picaresca y sonrisa achinada se había esfumado, sumergiéndome en una profunda tristeza.

Le insistía repetidas veces al neurólogo que Diego tenía una clara sensación de querer manifestarse con el ceño, pero él —en su obstinada y soberbia actitud médica— nos dijo que eso era imposible, que eso sería posible solo con un milagro. "Dieguito" comenzó a fruncir su ceño con más notoriedad y frecuencia, hasta que aparecieron los llantos. Algo tan simple, pero que extrañaba y añoraba con todas mis fuerzas, fueron señales de amor y un bálsamo para mi corazón.

Muy lentamente comenzaba a conocer su cuerpo y a interpretar sus señales sutiles. Pasamos rápidamente a una habitación, donde podríamos estar más íntimamente en familia.

Después de casi un mes, sus hermanitas al fin podrían ir a visitarlo. Preparamos a las niñas para lo que se enfrentarían. Y el día que llegaron a ver a su hermano, reaccionaron tan amorosamente como si lo hubiesen conocido así de toda su vida. Diego mostró un semblante de alegría y tranquilidad, estaba feliz, lo percibía en sus ojos. De a poco comenzaron a llegar más visitas, a medida que pasaban los días. Pero dentro de mí comenzó a crecer un sentimiento de rabia hacia todos y hacia el mundo; no soportaba la presencia de nadie en la habitación, solo quería estar a solas con mi hijo todo el tiempo. Comenzó a asustarme este nuevo sentimiento, aun así, sabiendo que era parte del proceso, no quería recibir consejos, no quería conversar con nadie ni tampoco salir de esa pieza. Ahora que lo pienso, esas fueron mis primeras señales de sentimiento de culpabilidad, que afloraron luego de volver a la calma.

Diego mantenía una rutina de rehabilitación todos los días para mantener su cuerpo en movimiento y evitar atrofias musculares. A la tercera semana su cuerpo se volvió muy rígido, tanto así que prácticamente se hacía imposible mudarlo. Sudaba muchísimo, producto de la gran fuerza que producían sus músculos de manera involuntaria; su mandíbula se apretó a tal punto de sangrar y lesionarse de manera continua. Estas explicaciones sobre su rigidez y sobre la sudoración excesiva que tenía, fueron un descubrimiento que hice por mí misma mucho más adelante, después de leer, preguntar e investigar sobre las reacciones del cuerpo frente a un daño neurológico de esa magnitud. En ese momento nadie —ningún médico ni enfermera— me dio alguna explicación ni me advirtió de las secuelas y consecuencias de un accidente como este.

Le hicieron una gastrostomía para comenzar a alimentarlo a través de una sonda conectada directamente a su estómago; así se podrían evitar aspiraciones, al no tener una deglución eficiente. Con mi marido comenzamos a aprender algunos manejos básicos, gracias a las técnicos que nos enseñaban, y lentamente nos introdujimos en el mundo de la rehabilitación. Dentro de todas sus actividades rutinarias, las más duras sin duda fueron los ejercicios en kinesioterapia motora. Sufrió mucho dolor y la poca experiencia del equipo de kinesiología con este tipo de pacientes, hizo que sus trabajos fueran una verdadera tortura. Esto también lo supe más adelante, cuando "Dieguito" entró al centro de rehabilitación Amancay, donde todos los kinesiólogos tienen una vasta experiencia en el manejo de pacientes con parálisis cerebral y usan una técnica de rehabilitación llamada

"Bobath". En Amancay, las técnicas, maniobras y manipulación del paciente son amables; se prepara la musculatura implicada y la educación de movimiento normal, bajo un concepto interdisciplinario, sin forzar el cuerpo, evitando principalmente el sufrimiento y el dolor del paciente, algo totalmente diferente a lo vivido en aquella clínica. Es más, siempre he pensado que, si hubiese sabido de estos conceptos, técnicas y métodos de rehabilitación existentes, jamás hubiese permitido que se le tratara a mi hijo con esa sobrecarga tan desmedida en su cuerpo recién lesionado.

Esta situación en particular ha sido también una de las situaciones que me ha generado culpa. Culpa por mi ignorancia en ese entonces. Me provoca rabia conmigo misma, pero también rabia hacia los profesionales que me rodearon en ese tiempo, personas que creí idóneas para tratar a mi hijo y capaces de ayudarlo dentro de su especialidad. Estos profesionales resultaron ser tan ignorantes como yo, y lo peor, su arrogancia y silencio normalizaron todos los procesos y las respuestas en el cuerpo de "Dieguito". Qué equivocados estaban.

El tiempo pasó muy lento, pero sus avances fueron grandes en corto tiempo. Diego ya lloraba, fruncía el ceño y manifestaba molestia y alegría con su mirada. Antes de tener que irnos a la casa, el equipo médico decidió que era tiempo de visitar la Fundación Teletón, convencidos de que serían un pilar fundamental en su rehabilitación. Lamentablemente "Dieguito" no calzaba en ninguno de los programas que nos ofrecían en Teletón, que consistían básicamente en una sola terapia de rehabilitación al mes. Evidentemente esto no era lo que Diego necesitaba por ese entonces, ya que su cuerpo estaba en plena plasticidad neuronal y había que aprovecharla al máximo, entregándole una terapia intensiva. Así que solo pudimos acceder al programa ambulatorio, que consistía en entregarnos gratuitamente implementos de ayudas técnicas para facilitar su vida, y consultas trimestrales con especialistas. A pesar de todo, no estaba tan mal, nos fuimos agradecidos ese día, pero siempre con la incertidumbre y preocupación de no saber qué haríamos desde ese entonces con su rehabilitación.

Ese día, Diego fue evaluado por una neuróloga de Teletón, y por primera vez en dos meses, escuchamos un diagnóstico oficial: "Su hijo tiene parálisis cerebral". Me di cuenta de que continuábamos ignorantes acerca de las secuelas de nuestro hijo. ¿Cómo nadie nos dijo nada? ¿Cómo nadie nos preparó? ¡Cómo nunca nos advirtieron! No cabía en mí semejante diagnóstico, "parálisis cerebral". Algo que muchas veces escuché y que siempre lo encontré tan lejano y que sonaba tan terrible, ahora estaba conmigo, ¡en mi vida! En mi hijo.

Después dos meses, al fin nos dieron el alta médica. El día de empoderarse plenamente de nuestro hijo había llegado, estaba muy ansiosa, pero con mucho miedo y una infinidad de dudas. No recuerdo haber pensado en el futuro de su salud, pero es que tampoco tuve algún tipo de advertencia por parte del equipo médico, ni siquiera su futuro era mencionado dentro de nuestras conversaciones. Solo recuerdo haber estado en completo estrés debido al trauma de lo vivido y con una pena infinita en todo momento. Jamás imaginé que aparecerían a lo largo del tiempo un sinfín de patologías asociadas. Quizás pensaba que esto llegaría hasta ahí y que de ahí en adelante serían puros avances y alegría. Reconozco que pensaba a menudo en volver a verlo reír, caminar, comer y hasta hablar, pero pensaba que todo sería cosa de tiempo. Siempre estuve convencida de que así sería.

El día que salimos de la clínica, me recordó muchísimo al día que salí de esa misma clínica con mi hijo recién nacido en mis brazos. Ahora cargaba nuevamente a mi niño recién nacido de dieciocho meses, pequeño, vulnerable, distinto, con una mirada nueva, pero tan dulce como la anterior. Lo esperaba una familia ansiosa por estar con él y aprender de él.

Una analogía

"Todos los hombres tienen estrellas,
pero no significan lo mismo para todos.
Tú, y solo tú, tendrás las estrellas
como nadie las tiene"

Habíamos preparado con tanto amor y dedicación su nueva pieza para poder recibirlo, estábamos ansiosos con su llegada, una cama nueva, juguetes de estimulación sensorial, insumos básicos para su cuidado y un ambiente muy armónico. Ese proceso fue bien duro, ya que guardé toda su ropa anterior, sus zapatos y algunos juguetes, fue como hacer una especie de entierro. Quería cerrar un ciclo, comenzar de cero con mi nuevo "Dieguito" y formar nuevos recuerdos. Creo que hice bien, seguí mi corazón y eso me hizo sentir mejor.

Al llegar a la casa, lo primero que hizo Diego fue dormir una larga siesta en brazos de su papá. Sus hermanas lo mimaban todo el tiempo y hasta aprendieron rápidamente a alimentarlo por la gastrostomía. A pesar de mostrarse ambas muy tranquilas, me asustaba esa actitud tan normal sobre la nueva realidad; era evidente que estaban en un estado de estrés y de *shock*. Muy pronto mis hijas comenzaron a asistir a terapias con una psicóloga que delataría su verdadero estado emocional, más aún cuando Diego me demandaba tanto tiempo.

Sin darme cuenta, con el tiempo comencé a alejarme de mis hijas para enfocarme en los cuidados de Diego. No fue hasta dos años más tarde que me di cuenta de esta situación. Estuve enceguecida e inmersa en la vida de mi hijo todo el tiempo, viviendo atemorizada y evitando sentir nuevas culpas. Sanaba culpas y a su vez llegan unas nuevas, no fue fácil, pero me esforcé por recuperar ese tiempo con mis hijas, nuestros regaloneos y nuestras conversaciones. Fue un trabajo que nunca terminó y que intenté esforzarme cada día. Sin embargo, reconozco que fallé, caí muchas veces de nuevo en la absorción casi absoluta de mi tiempo con Diego. Con los años me di cuenta de que era un trabajo difícil el poder dividirme equitativamente entre los tres, y cada vez que tomaba nuevamente conciencia de ello, volvía con fuerzas a intentarlo.

De a poco, Sofía y Rocío comenzaron a ser partícipes de su rehabilitación, de su rutina y de compartir actividades juntos; los regaloneos con su hermano no podían faltar. Eso evidentemente alegraba a Diego, sus ojitos se iluminaban cada vez que las escuchaba, su cuerpo reaccionaba ante cada muestra de cariño de sus hermanas. Este amor de hermanos tiene un efecto tremendamente sanador y mágico, que no sucede ni siquiera conmigo, y conforme pasaban los años, estos afectos entre "Dieguito" y sus hermanas siempre estuvieron latentes entre ellos, fortaleciendo sus lazos cada día más.

A veces siento que mi familia cree que no entiendo las cosas, porque cuando me cuentan algo, mis ojos no pueden reaccionar.

Parece que mantengo un rostro sin emoción, sin gestos, entonces todos creen que no estoy entendiendo nada, pero eso no es así. Estoy seguro de que muy pronto se darán cuenta de que ahora soy un niño muchísimo más inteligente que antes, ahora soy más sensible y comprendo más y mejor las cosas.

Hola, discapacidad

"Esta flor era una criatura muy compleja"

Mientras estuvimos en la clínica recibimos una llamada telefónica de la Fundación Alter Ego, un centro de rehabilitación muy conocido, que atiende a niños y adolescentes con discapacidad severa. Ellos se habían enterado mediante la prensa sobre el caso de nuestro hijo y nos estaban invitando a formar parte de su proyecto de integración, para que una vez dada el alta comenzara a tener una vida escolar y contar con terapias multidisciplinarias. Toda esta propuesta sonó muy interesante y tentadora, pero inmediatamente me llenó de inseguridades, ansiedad y de miedo. Pensé que era muy pronto para una decisión como esa; necesitaba tiempo primero para asimilar todo lo que estaba pasando, además de tiempo con mi hijo, para conocerlo y disfrutarlo. Así que comenzamos a averiguar por un centro de rehabilitación donde pudiera asistir por horas, y fue así como algunos kinesiólogos de la clínica coincidían al nombrar el centro de rehabilitación Amancay.

Una vez dado de alta, una de las primeras cosas que hicimos fue llevarlo a Amancay para ser evaluado, y muy pronto comenzó con sus terapias diarias, a las que yo lo acompañaba. Diego siempre me deleitaba con sus ejercicios y nuevas hazañas. Después de haber estado junto a ellos durante dos años, encontramos una segunda familia en Amancay, con quienes tuvimos grandes experiencias y lindos recuerdos que nos acompañan hasta el día de hoy.

Otro de los pasos que tuvimos que dar una vez fuera de la clínica fue llevar a Diego a la Teletón. Había que comenzar con las evaluaciones para sus implementos de ayudas técnicas y a tomar las horas para nuestros controles mensuales con el equipo multidisciplinario. En esa oportunidad me tocó ir sola con "Dieguito"; estaba asustada, llena de preguntas y mucha incertidumbre acerca de lo que me encontraría ahí dentro. Al llegar, me costó tanto poder continuar el paso, me sentí muy observada, intimidada con las miradas de las mamás que ahí estaban. Me preguntaba: "¿Por qué nos miran tanto, si sus hijos son igual al mío? ¿Por qué nos miran como si fuésemos diferentes a ellos, o acaso se nota que somos nuevos en esto?" Luego pensé: "Yo también los miro", pero no solo a ellos, miro el entorno, el ambiente, las sillas de ruedas. La discapacidad me rodeaba sin importar para dónde giraba la mirada. No cabía en mi cabeza cómo llegué hasta este punto. Me decía incansablemente: "¡Estoy en la Teletón! ¡Mi hijo está en la Teletón! ¡Entré al mundo de la discapacidad! Debería estar llevando a Diego al jardín infantil, a los juegos, ¡a comer papas fritas!" Seguía sin entender mi nueva realidad, sin aceptar, sin digerir lo que estaba pasando y sin imaginar lo que estaba por venir.

Comenzamos con controles trimestrales en la Teletón, en los que nos regalaron todos los aparatos ortopédicos que "Dieguito" necesitaba para su rehabilitación y para mejorar su calidad de vida. Hasta ese entonces Diego se trasladaba en un coche súper simple y sin ningún tipo de adaptaciones ortopédicas.

Fundación Teletón fue una gran ayuda, fue un medio que facilitó las ayudas técnicas y de salud necesarias para que Diego pudiese tener una vida cotidiana junto a nosotros más simple, más inclusiva, pues cada aparato o tratamiento estaba minuciosamente pensado además para favorecer la estructura de su cuerpo.

Poder entregarle una mejor calidad de vida fue siempre nuestro objetivo con "Dieguito", y en este sentido Teletón es un tremendo aporte para las familias con hijos e hijas con algún grado discapacidad. De alguna u otra forma, se logra ayudar a mejorar la calidad de vida no solo del paciente, sino también de toda la familia.

Recibimos su primera silla de ruedas, una silla de posicionamiento, palmetas para corregir sus manitos, canaletas para sus rodillas, una bañera y un corsé ortopédico que lo ayudó para la escoliosis que se comenzaba a asomar. Pueden no haber sido aparatos de última generación (al menos eso fue durante la época que estuve asistiendo con mi hijo), pero cuando uno no tiene acceso a estos implementos, tu hijo además los necesita y más encima te los regalan, se convierten en ayudas técnicas de extremo significado para cada familia, y se transforman además en los más lindos y preciados del mundo. Cabe mencionar que fui testigo del gran amor y dedicación con que los ortopedistas y terapeutas ocupacionales fabrican cada implemento para sus pacientes.

Carta de "Dieguito" a Instituto Teletón

Amo a mi querido Instituto Teletón, porque me tiene presente los trescientos sesenta y cinco días del año. En ese lugar siento que existo, que me ven, y me ven bonito. Ellos me ayudan y no por lástima, sino porque saben que dependo de lo que ellos puedan entregarme ahí, de todas las ayudas técnicas y del apoyo humano también. En el Instituto Teletón me respetan y me hacen sentir como a todos los niños de mi edad. A mí me ven y me tratan como el niño inteligente que soy, me siento cómodo ahí, "normal" como todos y no "especial".

Cuando vamos al Instituto Teletón, mi mamá no tiene que estar pensando si mi silla pasará por aquella puerta. Tampoco es problema subir un peldaño, ni tropezarnos con hoyos en el suelo que impidan mover mi silla; como tampoco tiene problemas para mudarme en el baño, ahí todo se ajusta a mis necesidades. El problema está cuando salgo a la calle, cuando voy a pasear al parque, cuando entro a una tienda o a un lugar con muchas personas, o cuando quiero subirme a un juego de la plaza, por ejemplo. Toda la gente me hace sentir diferente, incómodo, raro. Yo creo que las diferencias también son lindas, pero cuando te hacen sentir que las diferencias son malas, son raras, que están mal, eso me hace doler mi corazón. A veces pienso que, si todos fuésemos iguales, ¡qué aburrido sería! No conoceríamos los matices, quizás hasta no apreciaríamos lo que tenemos, no tendríamos la capacidad de admirar nuestras cualidades, que son las que nos diferencian los unos de los otros. Sería todo tan plano, sin brillo y sin gracia, y yo creo que soy un niño muy gracioso y con mucho brillo. Me pongo triste cuando me ignoran, me doy cuenta de eso, hacen como si yo no estuviese allí, y muchas veces lo hacen para ocupar los pocos espacios inclusivos que tenemos, para utilizar lugares de uso y accesos preferenciales de las personas con discapacidad.

Antes de mi accidente, mi mamá no sabía nada acerca de las personas con discapacidad. Lo que sabía sobre las personas como yo solo se limitaba a lo que el programa de televisión Teletón le mostraba una vez al año. Un programa que le hacía sentir que las personas en situación de discapacidad merecían su lástima y su caridad; ella por cada historia que escuchaba decía en su mente "pobrecitos". Por supuesto, todo eso la motivaba a donar dinero, sentía una responsabilidad monetaria hacia el Instituto Teletón y sus niños y niñas. Nunca supo que las personas con discapacidad tenían derechos, ni tampoco sabía que podía o debía como ciudadana "incluirlos" en la sociedad, y todo esto no porque no lo sintiera, sino porque nadie se lo dijo, ni tampoco nunca lo escuchó.

Mi Instituto Teletón, cuánto me gustaría que aprovecharas esa inmensa plataforma televisiva para informar y promover los derechos de las personas en situación de discapacidad, para que todo el mundo esté enterado y sepa qué hacer y qué no, como también concientizar al país sobre las personas con discapacidad, de alguna forma que vaya más allá de las historias y los testimonios. Sería de gran utilidad visibilizar lo que se vive realmente en Chile el resto del año, en relación con las personas en situación de discapacidad. Es decir, mostrar cómo la idiosincrasia de nuestro país nos ve y nos trata en el día a día, qué piensan y/o dicen de nosotros, saber el porqué de su actuar, ya sea en apoyo o beneficio de nosotros o no. A veces hace falta mirarse los zapatos, hacerse una autoevaluación y una autocrítica para poder tomar conciencia de nuestros pensamientos y nuestros actos, pero si no hay nadie que nos llame la atención, entonces jamás podríamos generar algún cambio. Las acciones de las personas crean consecuencia, por lo tanto, guiemos y concienticemos a las personas para que se genere respeto y consideración hacia las personas con discapacidad, pensando en sus capacidades, intereses, preferencias, miedos o sentimientos.

¿Alguna vez hemos visto en televisión alguna encuesta o entrevista en que se refleje el pensamiento, el conocimiento y las sensaciones que tiene la sociedad en general respecto a las personas con discapacidad? Y al revés, ¿alguna vez hemos visto una encuesta o entrevista realizada a jóvenes o niños y niñas con discapacidad, sus familias, tutores o personas cuidadoras de personas en situación de discapacidad? ¿Les han preguntado cómo se sienten respecto al entorno social público o privado?, ¿si se sienten cómodos, valorados y/o respetados en sociedad? Si alguien ha visto o escuchado una nota de este tremendo valor de información, por favor avísenle a mi mamá, que seguro estará muy feliz de poder conocer estos datos y poder transmitirlos.

Mi mamá durante toda su vida nunca supo algo tan simple como cuál es la forma adecuada de nombrarnos. Creía que "minusválido" estaba correcto, o "discapacitados", "especiales", "angelitos", "personas con capacidades especiales", y tantos otros. La forma correcta de llamarnos es "personas en situación de discapacidad" o "personas con discapacidad";

siempre la PERSONA por delante, es fácil recordarlo si lo piensas así.

Mi mamá tampoco sabía lo más valioso de todo: que las personas con discapacidad somos sujetos de derechos y no de caridad, que tenemos un valor social que nadie ve, que merecemos una vida y un trato digno, que somos personas capaces, productivas, con derechos y también con responsabilidades, como todos.

Hoy, mi mamá, gracias a mí, ahora sabe todo esto y mucho más acerca de las personas en situación de discapacidad. Mi mamá y yo donamos todos los años al Instituto Teletón, pero ahora no por caridad ni por lo triste de las historias de las miles de familias, sino que donamos porque conocimos el Instituto Teletón. Sabemos que su ayuda es real, que hay vocación de servicio detrás de cada ayuda técnica y humana, que contiene, que ampara, que apoya y saca adelante a miles de niños y niñas de Chile.

En ese lugar, en esa casa gigante, existe ayuda real, ahí puedes ver adónde va dirigido cada peso que se dona. Hay empatía, accesibilidad, encontramos apoyo y contención psicológica también para nuestras familias, existen los derechos y el respeto hacia nosotros, siento que me ven, que existo. Más allá de esos muros, hay solo límites para mí.

Mi querido Instituto Teletón brinda todo lo necesario para los niños y niñas que asistimos ahí. Podemos tener desde órtesis, prótesis, terapias, exámenes y hasta consultas médicas. Le estoy tan agradecido por todas las cosas que me ha regalado: mi *sitting*, que permite sentarme derechito sin caerme; mi lindo corsé, que corrige mi escoliosis; mi primera silla de ruedas, gracias a la que mi mamá pudo desplazarme dentro y fuera de mi casa con más comodidad para mí; mi gran tina de baño, especial para mi tamaño; mis canaletas para poder pararme y mis palmetas para la espasticidad de mis manitos.

La Teletón la conformamos los niños y niñas que ahí asistimos, nuestras familias, los médicos, kinesiólogos, terapeutas, ortesistas, secretarias, auxiliares, voluntarios y las tías y tíos que mantienen limpio todo el lugar. Como también la conforman ustedes, es tuya, es nuestra, es de todos los chilenos, la construimos entre todos. Es uno de los compromisos más valiosos que tenemos los chilenos con nuestros niños, niñas y jóvenes en situación de discapacidad. Juntos todo es posible, ojalá nunca nadie falte, porque la Teletón son todos los días, es un regalo de todos para todos, porque en definitiva, nunca sabrás cuándo necesitarás de la ayuda de nuestro querido Instituto Teletón.

El Monstruo

> "Esta semilla se expande para comenzar a empujar una pequeña e inofensiva ramita hacia el sol"

Ya llevábamos un poco más de un mes en la casa, cuando un día me di cuenta de que Diego comenzaba a mover sus ojitos de una forma muy extraña. Le temblaban los ojos hacia un lado y comenzó a hacer esto cada vez más seguido, y ante mi preocupación, sabiendo que algo andaba mal, lo empecé a grabar con mi teléfono para poder mostrárselo al neurólogo. A la semana, sus movimientos oculares fueron haciéndose cada vez más notorios y fuertes, así que decidí llevarlo al médico. Mientras estábamos con el neurólogo, "Dieguito" hizo tres veces estos movimientos oculares, pero el médico no le prestó importancia, diciendo que eran movimientos reflejos. A pesar de toda la evidencia de la anormalidad de sus movimientos, el médico continuó en la postura de bajarle el perfil, por lo que tuve que exigir un electroencefalograma para quedarme tranquila.

No pasaron ni dos días, y cuando íbamos camino a nuestra terapia en Amancay, Diego quedó de un segundo a otro inconsciente en el auto. Pensé que estaba profundamente dormido, así que llegué a su terapia y junto con la terapeuta ocupacional intentamos todo tipo de estimulación para poder despertarlo, pero "Dieguito" seguía sin reaccionar. Corrí a la urgencias.

En la clínica, después de un electroencefalograma de treinta minutos, fue diagnosticado con síndrome de West, un tipo de epilepsia muy rebelde y de difícil manejo, con pronósticos por lo general muy malos. Esta epilepsia llegó ese día para quedarse para siempre con nosotros, nos dio unas de las luchas más grandes que hemos tenido, fue por largos años el demonio más rebelde de derrotar, un monstruo que consumió a mi hijo cada día de su vida.

El mundo se me vino abajo una vez más. No cabía en mí tanta injusticia, tanta impotencia y dolor. Diego quedó ese día inmediatamente hospitalizado para iniciar tratamiento. Al momento que llegué a la habitación, me recibieron los mismos médicos y personal que nos habían atendido posterior al accidente. Yo lloraba desconsolada, sin creer que estábamos de vuelta tan rápido; habían pasado solo dos meses desde que salimos de esa clínica.

Recuerdo que una doctora que quería mucho a mi hijo, me abrazó ese día, diciéndome que me preparara, porque esta no sería la última vez que Diego se hospitalizaría. Nunca comprendí esas palabras, no les encontraba sentido, ¡si lo cuidaba con mi vida! ¿Por qué tendría que volver a hospitalizarse? Dos meses más tarde volveríamos a internarnos por un virus muy agresivo que lo dejó muy débil. No fue hasta ese entonces que comencé a entenderlo todo. Siempre en mi mente rondaba esa rabia, de por qué jamás ningún médico o alguien me advirtió de las cosas que le podrían suceder a una persona con un daño neurológico de la envergadura de mi hijo. Cada cosa nueva que aparecía en el cuerpo de Diego me pillaba desprevenida, sin aviso previo, sin preparación ni advertencia de nadie.

El primer día de tratamiento, "Dieguito" debía recibir unas inyecciones intramusculares de un medicamento llamado ACTH, especialmente para este tipo de epilepsia. Mientras las enfermeras y técnicos lo preparaban, la doctora de quien recibí en ese período mucho apoyo y contención, me abrazaba mientras yo lloraba en una esquina de la habitación. "Dieguito" también lloraba en su cama, no sé si por la angustia de sentirme triste o por lo nervioso que estaba por el procedimiento que iba a tener. De pronto, Diego gritó llorando un fuerte y claro "¡Mamá!", y la doctora, las enfermeras y las técnicos presentes, ¡quedaron atónitas! "¡Sí, es verdad, dijo 'mamá'!" decían a coro entre todas. Lamentablemente, entre los sollozos de mi llanto, no logré escuchar nada.

Tal como ocurrió en esa oportunidad, este llamado "Dieguito" lo hizo después en dos ocasiones más. En una oportunidad, mi nana lo cuidaba en mi cama, mientras yo estaba fuera de la casa, y me dijo que Diego hizo un fuerte suspiro diciendo "mamá". Ella me manifestó que incluso se asustó, sin poder creer lo había escuchado. Me dijo, impactada: "¡Y fue súper clarito, señora Natalia!" Lamenté nuevamente no haberlo escuchado. Y la última vez, fue una tarde mientras Rocío veía televisión junto a él. Yo estaba en la cocina, cuando "Dieguito" dijo suavemente "mamá". Rocío llegó a contarme a la cocina, muy emocionada, y yo, en mi ingenuidad, le respondí: "¡Qué lindo sueño!" Rocío me corrigió, confirmándome que lo había escuchado hablar mientras estaban juntos. No podía entender por qué, en esas tres oportunidades en que Diego me llamó, nunca estuve presente para escucharlo. Pero estos tres llamados ocurrieron con pocos meses de diferencia entre cada uno. Tenía dos años, fue poco tiempo después de su accidente. Fueron tres veces en que "Dieguito" habló por primera y última vez.

Viajero doliente

> "Cayó tan suavemente como un árbol y sin sonido alguno, a causa de la arena"

Ya era diciembre y nos preparábamos para nuestra "primera" navidad. Ese año recibiríamos a toda la familia; todos querían celebrar junto al campeón. Fue una noche mágica llena de reflexiones, pero por sobre todo, de agradecimiento. Nos emocionamos al recordar lo que hace tan solo tres meses atrás nos reunió en esa misma casa. Ver a nuestro protagonista ahí sentado, atento, fuerte y lleno de vitalidad, compartiendo junto a nosotros, nos hacía inmensamente felices.

Observé el entorno, melodías de campanas, luces, todos alegres conversando, y me di cuenta cómo un incidente tan fuerte, tan inmensamente doloroso, puede ser capaz de arrasar con una familia completa, pero que, sin embargo, a nosotros nos unió y nos fortaleció de sobremanera.

Pleno verano y nos preparábamos para nuestras primeras vacaciones en familia. Por supuesto, el primer lugar para visitar era Antofagasta, lugar donde viven todos los abuelos de "Dieguito", algunos primitos y amigos también. Ese viaje fue puro regaloneo y paseos a la playa, donde comenzaron a aparecer sus primeros gestos de una evidente sonrisa, a su vez suave, coqueta, tímida e inmensamente dulce.

A la vuelta de nuestro viaje a Antofagasta decidimos ir un par de días a Maitencillo. Llevábamos recién dos días en la playa, cuando Diego comenzó a manifestar un evidente decaimiento, y al tercer día ya tenía mucha tos con vómitos y fiebre alta. "Un resfrío" pensé, pero su aspecto me inquietaba. Tuvimos que llevarlo a un consultorio en plena playa, donde al examinarlo, el médico nos dijo que "Dieguito" estaba en un evidente riesgo y necesitaba ser atendido cuanto antes. Ese día fue la primera vez que conocí el famoso saturómetro u oxímetro de pulso portátil (más tarde se convertiría en mi mejor amigo), un aparato que mide la oxigenación de la sangre y la frecuencia cardíaca. El médico del consultorio tenía uno; yo solo veía números y no entendía nada, pero él nos indicó que los parámetros estaban preocupantes, mientras "Dieguito" estaba cada vez más morado. Ese mismo día partimos a Santiago, llegando directamente a urgencias. Diego fue hospitalizado con un diagnóstico de neumonía, atacado por una bacteria llamada micoplasma, que le trajo serias consecuencias respiratorias. Estuvo diez días hospitalizado, y fue la primera de muchas neumonías más que vendrían. La primera de muchas batallas más que ganaría.

Trotamundos ilusionado

> "Mi flor quería hacer su aparición en el máximo esplendor de su belleza"

Durante el mes de marzo tuvimos un encuentro de padres e hijos del colegio de mis hijas, en el que tuvimos la oportunidad de conocer a un matrimonio que nos comentó sobre la maravillosa experiencia de unos amigos suyos, aplicándole terapia de oxígeno a su hijo con parálisis cerebral. Nos causó gran interés y curiosidad en qué consistía esa tan esperanzadora terapia. Con Rodrigo nos pusimos a investigar, a llamar y a averiguar sobre lugares en Chile donde hicieran este tipo de terapia. Para sorpresa nuestra, en ese entonces no existía en nuestro país algún lugar con la experiencia suficiente en este tipo de tratamiento de oxígeno, mucho menos para tratar un niño pequeño con patologías como las de Diego. Solo se hacían terapias de oxígeno para adultos y para uso de recuperación postquirúrgicas y patologías menos graves.

Descubrimos que, en Miami, en un lugar llamado Deerfield Beach, existía un lugar con vasta experiencia en terapia de oxígeno y que atendía a niños con diferentes patologías y grados de discapacidad, con excelentes resultados. Comenzamos a mantener contacto con el centro de oxigenoterapia en Deerfield

Beach y en conjunto recopilamos informes y autorizaciones médicas para poder emprender esta nueva y esperanzadora aventura.

Para poder ver algún resultado con esta terapia, Diego debía de tener un mínimo de ochenta sesiones; eso equivalía a estar alrededor de dos meses en Estados Unidos. Los costos para cumplir con esta terapia eran muy elevados, y todavía estábamos pagando deudas millonarias de las hospitalizaciones de "Dieguito".

Durante una reunión junto a mis primos, mis grandes contenedores, se nos ocurrió hacer una página en redes sociales para poder llegar a más personas que nos pudieran ayudar a recaudar fondos y así masificar diversas campañas para ayudar a costear terapias y hospitalizaciones. Fue así como nació la página "Todos Con Dieguito" en Facebook, y meses más tarde surgió una nueva plataforma en Instagram llamada "Natalia Con Super Diego". Posterior a estos nacimientos de ideas y de redes de apoyo comenzamos de lleno a organizar nuestra primera rifa.

Llegó el día en que teníamos que partir a nuestra gran aventura; Rodrigo nos acompañaría durante la primera semana de terapia. No fue nada fácil partir, considerando que tenía dos pequeñas hijas que siempre estaban necesitando de los mimos de mamá. Me asesoré con mi psicólogo de ese entonces y con la psicóloga de mis hijas, y fue así que resolvimos que sería un gesto simbólico y amoroso darle a cada una un pequeño regalo para que me sintieran más cerca.

Al llegar a Deerfield Beach, me encontré con una pequeña localidad turística, un balneario con una arquitectura y paisaje maravilloso, pequeño, acogedor y con aire muy "gringo". Para mi sorpresa, nadie hablaba español y eso me hizo pensar que nuestra estadía podría ser aún más difícil, no solo porque habían pasado muchos años desde que no practicaba el inglés, sino porque estar en un país lejano, sola y donde nadie habla tu idioma, obviamente me haría sentir más ajena y distante con las personas y el lugar. Con respecto al idioma, al principio me sentí insegura y con algo de miedo, aunque afortunadamente podía defenderme muy bien con el inglés. Finalmente, ese obstáculo se convirtió en una verdadera escuela intensiva y supe que solo tenía que despertar mis recuerdos de niña bilingüe.

En el centro de oxigenoterapia nos recibió un equipo muy cálido, que se transformó en mi familia por esos dos largos meses, en los que compartimos conversaciones y risas, y también fueron una contención en los momentos más difíciles.

Durante la primera semana me vi enfrentada a uno de mis mayores terrores: la claustrofobia. Diego tenía que entrar en una cámara hiperbárica, que era una especie de cápsula tipo urna, transparente y muy estrecha, en donde debía permanecer acostado. Obviamente yo tenía que acompañarlo ahí dentro durante una hora completa, que era la duración de la terapia. Las primeras dos sesiones las resistí muy bien y "Dieguito" de maravillas, pero muy pronto comencé a tener crisis de pánico, que hicieron que esta terapia fuera un tremendo suplicio para mí. Luego de una semana volví a acompañar a Diego a la cámara de oxígeno. Terminada esa primera semana de terapia, Rodrigo tuvo que devolverse a Chile. Nuestra separación fue muy dura para ambos, pero por sobre todo para nosotros con "Dieguito". Me enfoqué en nuestro propósito, en lograr objetivos, en entregarle a Diego una nueva oportunidad. Si pensaba todo eso, el sacrificio valía totalmente la pena.

Han pasado tantos años desde aquella aventura con mi hijo, y cada vez que lo recuerdo me da nostalgia todo lo que vivimos los dos, lo acompañados que nos sentíamos el uno con el otro, todo lo que yo aprendí, todo lo que ganamos con ese tratamiento. Recuerdo a mi fiel compañero de aventuras junto a mí, en ese lugar tan lindo y lejano de todo lo familiar y conocido. Recuerdo cómo nos acompañábamos, nuestros días en la playa, cuando en brazos nos sumergíamos por una hora en esa agua tibia y transparente del mar, para luego recostarnos sobre esa arena blanca. También recuerdo nuestros paseos recorriendo la ciudad y tiendas, nuestro minidepartamento, donde teníamos una pequeñísima cocina junto a nuestra cama; era ahí donde pasábamos la mayor parte del día, regaloneándonos y conversando. A veces me río sola al acordarme de nuestras salidas, cuando nos pillaba una tormenta y tenía que improvisar, tapándolo con una manta para que no quedara estilando, pero ¡cómo me reía cada vez que nos pillaba ese aguacero! Recuerdo también cuando me vio enfermar y acudir a un hospital; yo lloraba por esa dolorosa otitis, que me apareció en el momento menos esperado. Me reía cuando teníamos que ir al supermercado y salíamos con decenas de bolsas colgando en su coche, haciendo equilibrio para que no se fuera hacia atrás; apenas se le veían los ojos a Diego, porque llevaba encima sus pañales.

Nos tocaron muchos viajes por las inmensas autopistas americanas, muchas veces en plena tormenta, pero íbamos felices, siempre cantando y conversándole de todo un poco. Y cómo olvidar el día en que, mientras viajábamos de una ciudad a otra, me perdí y entré al barrio Martin Luther King, sin saber que era un barrio muy peligroso. ¡Si hasta me bajé del auto a echar bencina! Con razón todos nos miraban con cara de pocos amigos, ¡éramos los únicos blancos en el lugar! Parece que no éramos muy bienvenidos, así que ¡nos fuimos rapidito! Y finalmente entre tantas de esas aventuras que hoy me sacan una sonrisa, me acuerdo de la vez en que me quedé en pana en medio de esas famosas autopistas y entré en pánico. Recuerdo que me puse a rezar mientras lloraba para que alguien me ayudara, y de pronto, sin explicación, el motor arrancó.

Qué bien la pasamos y qué grandes experiencias tuvimos. Nos convertimos en inseparables compañeros de aventuras. ¡Si hasta Disney visitamos! Gracias a la invitación de su madrina, mi prima Bárbara, quien andaba por esos lados de vacaciones. Recuerdos y aventuras que vivirán por siempre en mi corazón, sacando una sonrisa de mi rostro cada vez que vuelvan a mi mente.

Esa soledad permitió conocernos más. Diego me dio tanta fuerza en los momentos en que extrañaba a nuestra familia; hubo muchos momentos en que la tristeza me inundaba el alma, pero todo se me pasaba al ver sus ojitos dulces, su sonrisa que apenas comenzaba a asomar con más fuerza gracias a la terapia. Esto hacía que todo valiera la pena. Mi pequeño principito lo valía todo, era capaz de soportar esa distancia que nos separaba de nuestro hogar, con tal de darle una oportunidad.

Mensajes

> "Mi pequeño hombrecito no parecía estar ni extraviado en las dunas de arena, ni desmayándose de fatiga, hambre, sed o miedo"

Cuando pensé en escribir este libro, siempre estuve ansiosa por contar esta parte de nuestra vida. Es una parte que la he tenido muy reservada para mí y que solo unos pocos la conocen. Como se trata de un episodio basado en situaciones espirituales, siempre preferí guardar silencio, por miedo a que no me creyeran o que se me juzgara. Con un proyecto de esta envergadura en que me encuentro, pero sobre todo de la significancia que tiene para mí, es que he decidido contarlo con el más mínimo detalle, intentando traspasar en estas hojas cada segundo de lo que viví y sentí.

Antes de que Rodrigo se devolviera a Chile, viajamos a Coral Gables, un sector de la ciudad de Miami. Ahí nos esperaba Sonia, una amiga de mi suegro, quien nos había invitado para conocernos y conversar. Al llegar, Sonia nos recibió muy cariñosamente a los tres; nos tenía preparado un exquisito almuerzo. Vivía sola en una casa muy linda cerca de un lago.

Mientras almorzábamos, Sonia nos mantuvo muy entretenidos con historias de sus experiencias con el mundo espiritual y nos confesó sobre sus facultades psíquicas y de su trabajo como médium. Nos confidenció pertenecer a un grupo espiritista en Miami (es así como ella le llama), que busca ayudar y orientar a personas que lo necesiten, intencionado siempre desde el amor y el respeto. Ese día Sonia me invitó a participar más adelante en una sesión espiritista, para que de esa forma pudiésemos dilucidar algunas cosas sobre Diego y su salud. Con Rodrigo creemos mucho en las canalizaciones y en el mundo espiritual, ese mundo que creo que es paralelo al nuestro. Accedimos a participar, agradecidos siempre de la maravillosa oportunidad que se nos estaba dando, porque así fue como lo sentimos: una hermosa y gran oportunidad.

Una vez que Rodrigo se había devuelto a Chile, pasaron dos semanas y el encuentro en Little Havana, en Miami, había llegado. Viajé con mi compañero de aventuras a nuestro encuentro espiritual, sin saber lo que nos esperaba ni en qué consistía realmente esta sesión. Íbamos prácticamente a ciegas.

Llegamos un viernes por la tarde a la casa de Sonia, nos alojamos ahí para prepararnos con tiempo para nuestra sesión del día siguiente. El día sábado por la mañana nos preparamos según las indicaciones que ella nos dio, con ropa blanca y otros detalles que no recuerdo.

Nos trasladamos a Little Havana, donde sería el encuentro. Sonia me había advertido que era un grupo grande y también me había contado algunas anécdotas de sus participantes, y mencionó, a grandes rasgos, en qué consistiría esta sesión. Por lo tanto, para mí todavía ese encuentro era todo un misterio que me llenaba de ansiedad.

Comenzaron a llegar los participantes. Para mi sorpresa, eran quince personas; un grupo grande, pensando en el propósito de la reunión. Todos de la tercera edad, a excepción de una mujer médico, notablemente más joven. La gran mayoría eran cubanos, de apariencia amable. Todos, a medida que entraban, nos saludaban muy cariñosamente, mirándonos con detención. Fue algo incómodo al principio, pero entendía que ellos conectaban inmediatamente ante la presencia del otro.

Llamó mi atención que mientras nos acomodábamos, ya había algunos participantes que susurraban cosas (de lo que estaban percibiendo o viendo) y otros que se acercaban a decirme con cierta emoción en sus ojos, de lo grande y hermosa que era el alma de mi hijo.

Al comenzar la sesión, Diego y yo nos encontrábamos sentados en medio de un enorme círculo de ancianos de mirada tierna. Hicieron un gran silencio y de pronto uno de ellos comenzó a hablar fuerte y con acento extraño. Me costó percatarme al principio, pero esa voz se estaba dirigiendo a mí: "Hermana mía, no sientas culpa por lo que sucedió, todo fue planeado antes de tu venida. No te acuerdas, pero esto fue un plan que ustedes con tu marido y tus hijas lo acordaron y lo aceptaron con amor".

Luego de una pausa, habló otro anciano: "Soy santa Teresa. Ese niño a quien tú llamas Diego, ha sacrificado su cuerpo en esta vida para ascender y elevar su alma. Él pide que no sufran por él, él te pide perdón, arrodillado frente a ti. Él sabe cuánto lo amas y cuánto lo cuidas, se siente inmensamente agradecido, pero insiste en que no le gusta ver sufrir a su madre por él".

Tras otra pausa, habló una anciana: "Hermana mía, este fue un pacto que ustedes hicieron con mucho amor. Sabían que sería doloroso para todos, pero lo hicieron, porque aceptaron el plan de quien ustedes llaman Diego, para su elevación y para elevación de ustedes también".

Y después, otro anciano nuevamente habló: "La culpa es algo que aún te atormenta, no te deja avanzar. No sientas más culpa, esto tenía que suceder para no romper los pactos del alma. Ese niño quien ahora es tu hijo, a quien tú llamas Diego, prestó su alma para este sacrificio de amor. Siempre estuvo consciente de las consecuencias físicas y emocionales que sería acordar algo así, pero él sabe que tenía que hacerlo".

Y otro más: "A quien tú llamas Diego es un alma generosa y sabia, consciente de sus procesos, pero sabe que nadie comprende esto, por eso que todos sufren por él. A él no le gusta ver sufrir a su madre, quiere verte feliz, quiere que su familia disfrute como siempre".

Muchos ancianos más hablaron y todos apuntaban hacia lo mismo: mi culpa, el pacto previo, su dolor, su perdón y su elevación espiritual. Sin embargo, la canalización que sin duda marcó la jornada y que me estremece hasta el día de hoy, fue el mensaje transmitido por la participante más joven, la médico. Con voz fuerte, al borde del grito y entre lágrimas, dijo:

"¡Oh, madre mía, mi amada madre! Soy tu hijo, a quien tú llamas Diego… No sufras… Perdóname… Gracias por tanto amor… No te sientas culpable, no es culpa tuya. Quiero verte feliz, a mis hermanas… Perdón".

Al principio me costó darme cuenta de quién se trataba, y cuando caí en la cuenta de que era mi propio hijo quien me hablaba desde su alma, el impacto fue demasiado para mí, no podía contener mis lágrimas. Miraba atónita a la canalizadora, miraba al mismo tiempo a mi pequeño hijo, que tenía dormido entre mis brazos. Fueron breves palabras, pausadas una entre otra, con un fuerte sollozo de la mujer. Sus ojos cerrados y su apasionada entrega de mensaje, como si viniera de lo más profundo del alma de mi Diego, con la fuerza tremenda de manifestarse y aprovechar esta oportunidad.

La sesión terminó después de casi tres horas de una seguidilla de canalizaciones dirigidas especialmente para mí y mi familia. Fue tan intensa la sesión, tan profunda y cargada de sentimientos, que todos los presentes terminaron muy emocionados, agotados y muy agradecidos por la oportunidad.

Entre tantas cosas que me hablaron, me mencionaron algo acerca de mi propio futuro. Me dijeron que sería una gran comunicadora y que a través de mi experiencia iba poder ayudar a mucha gente. Nunca me olvidé eso. Tengo en mis venas esa pasión por ayudar desde que era muy niña. Recuerdo haber tenido siempre ese sentimiento de compasión y empatía hacia los demás. Sentir ese enorme respeto hacia la otra persona quien recibe, te entrega una sensación de paz que conmueve, sobre todo después de ver una mirada más calma a través de sus ojos. Por esa razón, creí fielmente en lo que escuchaba (lo que jamás imaginé, fue que esa comunicación se haría a través de este hermoso libro legado).

Una de las cosas que llamó mi atención, fue que en repetidas veces decían que tendría otro hijo, que ayudaría a llevar mejor los procesos de Diego, que sería parte importante de su vida. Por último, decían que "Dieguito" volvería a caminar, no como un niño saludable, sino que tendría dificultades para hacerlo, pero que definitivamente lo haría. Esto llamó mi atención, no solo por lo fuerte de esas palabras, lo esperanzadoras y casi milagrosas que sonaban, sino también porque lo había escuchado en dos oportunidades antes, dichas de forma casi idéntica por distintas canalizadoras.

¿Por qué pasa esto, que no se dan las cosas? Cuando siento y veo que las personas no lo dicen con el ánimo de herirme ni de generar falsas esperanzas; son mensajes que he recibido de personas buenas y que incluso he conocido bien. Me cuesta comprender y me cuestiono muchas veces qué hice o qué estoy haciendo mal, pero prefiero pensar que los errores en el mundo espiritual se dan naturalmente como en el mundo terrenal. Nada es perfecto, todo es maleable, la vida lo es. ¿Por qué? ¿Será que nada está completamente escrito? ¿Será que podemos girar nuestro futuro para bien o para mal? Lo que sí es seguro es que nada es por nada, todo tiene un porqué y un para qué, sea bueno o malo. Siempre hay un trasfondo, un propósito detrás de todo ese dolor y también de esa felicidad.

Esa misma tarde me devolví a mi departamento en Deerfield Beach. Durante el viaje de vuelta, recuerdo haberme topado con una gran tormenta eléctrica, pero como nunca, iba sin miedo, feliz, con una sensación inexplicable dentro de mí, una sensación de alivio, de muchísima alegría. Con Diego nos fuimos cantando, escuchando música y yo no paraba de sonreír.

Al llegar al departamento tuve una de esas conversaciones largas y profundas con mi pequeño, en la que le agradecí cada una de las palabras que ese día me regaló. Conversamos, le agradecí, lo escuché con el corazón, le prometí algunas cosas que tenía pendiente con él y nos dormimos felices y juntitos como siempre.

Ya habían pasado casi tres meses y luego de esa maravillosa experiencia, mis ansias por volver a reunirme con mi familia se hicieron cada vez más grandes; comencé a extrañar muchísimo. Dos semanas antes de terminar el tratamiento de Diego, decidí devolverme a Chile. Diego había completado una cuota bastante importante de terapia de oxígeno y por ese lado me iba tranquila, satisfecha y contenta con los resultados. El objetivo finalmente se había cumplido.

Después de la experiencia con las canalizaciones llegué a Chile convencida de que ya no necesitaría más mis terapias con el psicólogo. Llegué tranquila y viendo la vida con un nuevo prisma y, lo más importante, viendo el accidente y a mi hijo bajo una nueva perspectiva, más sana, más luminosa y sanadora que nunca. No obstante, quizás el peor error que cometí de regreso a Chile fue darme de alta yo misma con mi psicoterapia. Porque sin duda los miedos, la culpa, la sobrecarga emocional y los cuestionamientos continuaron por muchísimos años más. Mi vida junto a Diego era un carrusel de emociones intensas, donde unos días podía estar comprendiéndolo todo, desde la sabiduría y la experiencia que había tenido recientemente, y otros caía o en un hoyo negro y profundo, donde la desesperanza y la razón se interponía ante cualquier experiencia espiritual.

Temps plein 24/7

> "Si tú me domesticas será como si el sol hubiese entrado en mi vida. Sabré diferenciar el sonido de tus pisadas, que serán diferentes de todas las demás"

Hasta ese minuto del año 2013, todavía me encontraba con la ayuda de una nana, pero de un momento a otro nos vimos enfrentados a un montón de deudas millonarias, que no teníamos cómo solventar. Con la ayuda de préstamos y apretándonos el cinturón, tuvimos que hacerle frente a una situación cada vez más angustiosa. Nos vimos forzados a realizar varios ajustes en el diario vivir; uno de ellos fue despedirnos de nuestra querida nana "Claudita". Tuve que asumir sola los quehaceres de la casa, además de los cuidados y responsabilidades que como madre tenía que cumplir con mis dos niñas escolarizadas, es decir, todo lo que implica tener hijos en un colegio, con un ritmo y un sinfín de actividades. Sin mencionar que tuvimos que lidiar con los típicos imponderables que siempre estaban presentes en mi familia. Entre estos destacaban: idas recurrentes a urgencias, hospitalizaciones y uno que otro tratamiento nuevo de alto costo.

Después de años con ese *training*, me acostumbre rápidamente, y no digo que fue fácil, pero puedo decir que pude lograrlo, a cambio de altos costos en mi salud que tuve que asumir. Uno de ellos fue la fibromialgia, que apareció con fuerza durante una hospitalización de Diego. Una enfermedad muchas veces invalidante, pues no podía más que llorar, recostada y envuelta en una manta térmica. Como persona cuidadora, obviamente toda la situación me trajo consecuencias físicas, pues mi cuerpo somatizó cada una de sus emociones. Además, el estrés y el cansancio eran algo de todos los días. Desde que nació "Dieguito" nunca más logré dormir tranquila ni pasar una noche sin levantarme como mínimo tres veces. Intentar conciliar nuevamente el sueño fue siempre muy estresante; me desvelaba además tratando de contener las convulsiones de Diego, que se repetían dos a tres veces por noche.

A lo anterior se sumaba que lamentablemente mis hijas y yo tenemos nuestros temas médicos que son de cuidado; vamos regularmente a controles médicos, muchas veces caemos en urgencias y hasta hospitalizaciones. Incontables veces tuve que llevar a una de mis niñas a urgencias, teniendo que exponer a Diego a contagios y situaciones de estrés. Tuve que estar muchas horas esperando atención, pues al no contar con apoyo inmediato ante urgencias e imprevistos, no tenía más opción que llevarlo conmigo a todas partes y a la hora que fuese. No sé por qué, pero la gran mayoría de las veces —¡si es que no fueron todas!— pasaban esos imprevistos médicos cuando me encontraba sola, sin el apoyo de mi marido, quien por razones de trabajo tenía que viajar todas las semanas al norte. Muchas veces pensaba entre risas que la cruz me tocaba llevarla sola prácticamente como para cumplir una especie de karma de mi vida pasada. Eso al menos imaginaba yo, porque no me explicaba por qué siempre las cosas se daban de esa forma. Pensamientos un tanto desquiciados, que te abordan de manera tempestuosa en los momentos menos oportunos.

Lo cotidiano se volvió, de un minuto a otro, en un desafío. Me vi enfrentada a un mundo nuevo. La discapacidad, hacía unos meses atrás, era algo completamente ajeno a mi vida. Pero ahora ir al supermercado o el simple hecho de bajarme a comprar el pan, ir a la farmacia, ir a dejar a las 7 de la mañana a mis hijas al colegio, se transformó en todo un desafío y en una rutina que no dejaba de ser tremendamente agotadora. Cada una de las salidas de mi casa significaba un tiempo largo de preparar a Diego, sus medicinas, la bomba de aspiración, la bomba de infusión, llevar su leche, la muda, el oxígeno y un montón de detalles que mi mente procuraba no olvidar. Pero lejos lo más angustiante era salir de casa con todos sus problemas de salud que se sumaron con el tiempo, como los vómitos y desaturaciones que terminaban en cianosis y requerimiento de oxígeno. Todo eso pasaba cuando me subía al auto. Muchas veces tuve que detener el auto y bajarme en plena calle transitada para poder auxiliarlo y evitar que se ahogara con su vómito, o aspirarle sus secreciones. Obviamente las personas no entendían esta reacción mía de detenerme en mitad de la calle, se enojaban y me tiraban garabatos o me tocaban eufóricamente la bocina… Y yo ahí, nerviosa, auxiliando a mi hijo, tratando de ignorar toda violencia en mi contra. Nada fácil, pensando que estaba sometida a un estrés y los conductores me sumaban otro no menor.

En un principio, cuando "Dieguito" era más pequeño, recuerdo que por muchos años tuvo que acompañarme a dejar a sus hermanas al colegio. Salir de la casa temprano con el frío del invierno siempre fue una preocupación, pero no tenía opción y había que continuar. Mis redes de apoyo eran casi nulas. Mientras sus hermanas estaban en el colegio, nuestras mañanas eran de puro regaloneo. Diego por ese entonces dormía bastante por las mañanas, cansado de sus noches intensas de convulsiones.

Las tardes estaban repartidas entre mis niñas y "Dieguito", y por las noches después de batallar para que Diego conciliara el sueño, era el momento del día más esperado por mí: *mi* momento, mi regaloneo, para ver una serie, comer algo rico o simplemente echarme a dormir.

Veo a mi mamá cómo se esmera en darme su tiempo y sus cuidados, cómo cada gesto que tiene conmigo es un acto de amor infinito por mí. Lo veo en sus ojos, la siento aquí dentro de mí. Mis hermanas también la llaman y cuando ella me deja esperando un rato para ir a verlas o ayudarlas, me pongo celoso, y aunque yo no puedo decirle "¡mamá!", he aprendido a hacer un ruido fuerte con mi voz, algo parecido a un "¡ahhh!" para que ella venga a verme o para decirle que no quiero que se vaya de mi lado. Sé que soy un poco celoso y egoísta a veces, pero es que me volví dependientemente emocional de mi mamita, eso es lo que ella me dice, pero yo espero que se me pase cuando crezca. Porque hasta tiene que cocinar conmigo al lado, aunque no voy a negar que me encanta estar junto a ella, verle su carita y cómo cada cinco minutos me llena de besitos.

Siempre decía que teníamos una vida un poco loca, algo fuera de lo común, con un ritmo distinto al resto… funcionábamos de manera muy singular. Y muchas veces me preguntaba: "¿Cómo sería si algún desconocido viniera a mi casa, a tener la experiencia del día a día?" Experimentar en carne propia la magnitud y lo hermoso de ser diferentes al resto. Creo que una experiencia como esa cambiaría la perspectiva de vida de muchas personas, ver la belleza en lo simple y en lo cotidiano, y ver la felicidad donde se supone que es imposible.

Repartirse como madre entre los quehaceres de la casa y las demandas de cada uno de tus hijos, sin duda es una de las cosas más difíciles con la que lidiar en un hogar, y que todo el mundo asume y normaliza. Nadie ve lo que realmente conlleva todo ese desgaste físico, consumo de energía y de emociones detrás de un mundo tan romantizado como el de ser mamá.

Mujeres de pisada fuerte

No existe la mamá, al menos para mí, que no tome el café frío, esa con el pelo revuelto y el moño alocado, la que grita con ojeras oscuras, esa de raíces sin tinturar, uñas sin arreglar, la de tenida de buzo oficial. La mamá de chancletas o pantuflas de batalla, la que parece pulpo revolviendo la sopa con una mano, mientras que con la otra fríe unos huevos y al mismo tiempo cuida a su hijo y le canta una canción.

Yo he sido de esas mamás y estoy segura de que todas en algún momento hemos sido como estas clásicas y reales madres. Si bien nos encantaría tener nuestro cabello arreglado y nuestras uñas perfectas, muchas veces nos postergamos para conseguir un día redondo para la casa y nuestros hijos, con todo cumplido y funcionando. Cabe mencionar que muchas mujeres deben no solo postergarse en su aspecto o preocupación de ellas mismas, sino que también deben postergarse en el mundo laboral remunerado. Algo tan necesario, sobre todo cuando cuidas de algún familiar o un hijo con discapacidad, cuando debemos asumir altos costos económicos relacionados a su salud. Es ahí donde muchas veces nacen estas campañas de rifas, bingos, completadas, etc., que no dejan de ser una desazón en el sentimiento de la familia. No es fácil llevar a cabo este tipo de campañas, y menos aún lograr sus objetivos económicos que, dicho sea de paso, cuando no logran su fin, causan muchísima frustración y estrés.

Como madres, ya sea cuidadoras o no, cumplimos con las obligaciones que nadie nos obliga y que muchas veces ni siquiera son solo nuestras, pero que pese a todo, lo hacemos, a veces con amor y voluntad, otras veces con desgano y presión. Y ninguna de estas formas son menos o más valiosas que la otra, simplemente son lo que son: entregar tu fuerza, tiempo y dedicación a ello. Un trabajo que nadie o pocos valoran, del cual nadie o pocos hablan. Muchas veces sin nosotras la casa simplemente no corre, no anda ni funciona. No es fácil, y nadie dijo que lo fuera, pero se necesita valorizar, respetar y visibilizar la realidad que existe "detrás de cámara" en un hogar con una madre trabajadora, cuidadora y dueña de casa.

Todo esto se complica aún más cuando hay un hijo en situación de discapacidad; las demandas son mucho más grandes y complejas, y llegar a un día redondo es más difícil de lograr. Los imponderables se duplican, el cansancio, la angustia, el estrés y la rabia, a veces son parte del torbellino de emociones del día a día de una persona cuidadora. Porque no sabe a lo que se enfrentará el día de mañana, porque sabe que cada día es un milagro, cada día es una bendición que agradecer.

Por todo esto y mucho más es que se lucha hoy en día. Se necesita concientizar el trabajo de las personas cuidadoras en Chile, que muchas veces no tienen redes de apoyo y que ni siquiera el Estado les proporciona apoyo y protección. En Chile existe un 17% de personas en situación de discapacidad, y de este porcentaje hay un 77% de personas que requieren de cuidados y asistencias de algún integrante de la familia. Usualmente son las madres quienes cumplen este rol tan fundamental para el bienestar de su hijo o familiar con discapacidad. Cabe señalar que muchas veces son las mujeres de la familia quienes cuidan de familiares en situación discapacidad, que no necesariamente pueden ser su hijo o hija.

Según una encuesta realizada en el año 2019, en Chile el 97% de los familiares directos que cuidan y atienden a personas en situación de discapacidad son mujeres. Y como ya mencioné, muchas de estas mujeres, madres, esposas, tías, sobrinas, abuelas o nietas, terminan postergando su vida personal y laboral, y pasan a segundo plano. Muchas de estas mujeres han logrado sacar adelante a sus familiares, pese a la adversidad, con estrategias en la modificación de sus rutinas y dinámicas familiares. Se necesita visibilizar esta problemática tan recurrente en nuestro país. Se necesita fomentar la responsabilidad compartida en este tipo de tareas y generar políticas públicas en que el Estado apoye a estas mujeres, a través de proyectos o programas que brinden el soporte necesario para salir adelante[1].

1 Información extraída de Fundación Chilena para la Discapacidad (FCHD).

Empoderada

> "Mi rosa por sí sola es más importante que cientos de ustedes juntas, porque es a ella a quien he regado, porque es a ella a quien he puesto bajo una cúpula de cristal, es ella a quien he protegido con un biombo, por quien maté a las cuncunas, es ella a quien he escuchado cuando presumía o se quejaba o incluso, a veces cuando guardaba silencio, porque es mi rosa"

Cuando todo comenzó, me sentía abrumada por la cantidad de terapias y sobre todo por los cuidados cuando "Dieguito" se enfermaba. Las kinesioterapias respiratorias fueron traumáticas al principio, pues son violentas a la vista y chocan a la mayoría de los padres. Sin embargo, lo que nunca imaginé fue que finalmente sería yo su principal y mejor terapista y kinesióloga. Cada vez que Diego recurría a urgencias por algún cuadro viral, aprovechaba de hacerles miles de preguntas a los kinesiólogos que lo atendían, les pedía que me enseñaran las técnicas y maniobras, y preguntaba cuanta cosa se me pasaba por la cabeza. Y fue así que comencé a aprender cada vez más sobre cómo poder realizarle yo misma las kinesioterapias respiratorias a mi hijo, lo que obviamente me hizo sentirme muy orgullosa. Y como el accidente de

"Dieguito" me dejó tan marcada, decidí también hacer un curso de maniobra de RCP para niños y adultos. Estrujé el curso haciendo muchas preguntas, y sí, soy preguntona cuando algo me interesa y me motiva. Ahora me siento mucho más segura para actuar ante un posible accidente.

Con el tiempo ya no solo le hacía yo misma las kines respiratorias y la aspiración de sus secreciones, sino que también comencé a leer más y a involucrarme sobre temas médicos que se relacionaban con las patologías que tenía Diego, que por cierto, ¡eran muchísimas! Me compré un libro sobre enfermedades respiratorias en los niños, leía cuanto *paper* médico conseguía por Internet, seleccionaba con pinzas mi lectura y me dejé asombrar por la maravilla de la medicina. El cuerpo de mi hijo en particular fue el que más me enseñó y el que nunca dejó de sorprenderme. Cada una de sus respuestas era un misterio, un verdadero oasis médico para la medicina, ya que salía completamente de la "norma"; las respuestas de su cuerpo muchas veces dejaron boquiabiertos a muchos. Diego era un libro médico con pies y cabeza, escrito por él y a su antojo, que lamentablemente muchos no supieron aprovechar.

Con el tiempo me sentí más confiada y segura de lo que sabía, de mis manejos con mi hijo, de mis conocimientos sobre su cuerpo y cada una de sus reacciones. Esto me ayudó a tener desplante y seguridad al momento de contradecir alguna indicación o alguna opinión médica que a mí no me parecía correcta. Por cada rechazo, aprobación, sugerencia y solicitud de lo que tuviese que ver con la salud de mi hijo, justificaba todo con una elocuencia que hasta yo misma me sorprendía. Aprendí a utilizar terminología médica, por lo que varias veces me preguntaron si acaso yo era doctora. Me di cuenta también de que ¡los médicos aman que les hablen así! Por alguna extraña razón, te responden de otro modo, como si merecieras respeto solo por hablar como ellos. Y no, no soy ninguna doctora, solo soy una madre informada, autodidacta, que quiso tener argumentos con base bien fundamentada en la medicina, que fuese capaz de defender a mi hijo, representarlo y manifestarme con fuerza, con inteligencia y conocimiento ante los médicos.

Bajé de esa nube a muchísimos ellos, dejé de temerles y hacerlos sentir omnipotentes. No solo me empoderé como mamá, sino también robustecí mi autoestima, que siempre he tenido muy dañada; mi autoimagen mejoró enormemente y me hizo sentir orgullosa de mí. Desde ese entonces jamás permití que ningún médico me subestimara, ni tampoco que lo hiciera con los síntomas de mi hijo, y si algo así pasaba, mi respuesta siempre era la misma: "Yo soy su mamá y lo conozco mejor que usted". Y ante esa respuesta no hay comentario médico que le haga el peso. Sé que mi "Dieguito" también se enorgulleció muchas veces de su madre, al verme envuelta en estas conversaciones con sus médicos. Por lo general, después de tener estas conversaciones, me acercaba a abrazarlo para sentirnos ganadores y fuertes, y le decía dulcemente en el oído: "¿Viste? La mami es seca, siempre estará para defenderte".

La vida es un reto

> "Qué planeta tan misterioso completamente seco, completamente puntiagudo"

Año 2013. A casi un año de su accidente, Diego pasó por un sinfín de experiencias, algunas muy emocionantes y satisfactorias para toda la familia, como fueron sus cada vez más recurrentes sonrisas, sobre todo cuando alguien lo tomaba en brazos y manifestaba con fuerza sus ganas de querer comunicarse. Esos pequeños y suaves sonidos que salían de vez en cuando de su boquita nos llenaban el alma y la esperanza se apoderaba de nosotros. Sin duda esos momentos eran de plena emoción, significaban un gran avance, un éxito total en su rehabilitación. Pero también estuvieron presentes los momentos llenos de impotencia: verlo con sus constantes y diarias convulsiones, y cómo su cuerpecito respondía frágil a los ataques de virus, generándole fuertes neumonías.

Todo esto, sea bueno o malo, nos ayudó a conocer mejor a nuestro Diego, sus diferentes formas de respuestas, sus emociones, sus gustos, su capacidad de manipulación, conocer las maneras de cuidarlo y que se sintiera protegido. En lo personal, conocí su capacidad de responder y comunicarse conmigo con tan solo mirar sus ojitos; en silencio su mirada me decía muchas cosas, podía sentirlo, y a veces esta conexión era tan fuerte que me costaba creer lo que era capaz de percibir. Con el tiempo, la sensibilidad con mi hijo iba creciendo maravillosamente, mis sentidos se agudizaron mucho y las percepciones ya eran algo frecuente y sin duda algo tremendamente real. Esta conexión ayudó a potenciar fuertemente mi intuición de madre, que muchas veces me ayudó a tomar decisiones muy importantes en torno a su salud, sobre todo en su último año de vida.

El accidente de Diego no fue lo único que nos paralizó y nos llevó al límite. Lamentablemente durante el año 2013, nuevamente me embargó la angustia y la desesperación de una nueva pesadilla en mi familia. Rocío, mi hija en ese entonces con casi seis años, sufrió un *shock* anafiláctico muy grave que casi le costó la vida. Estaba sola con mis hijos, y aquella tarde por accidente mi hija comió un trozo de caluga con maní. Rocío es extremadamente alérgica a este fruto seco, y en cuestión de segundos comenzó a presentar los primeros síntomas de anafilaxia. Por suerte ya había sido advertida anteriormente sobre los primeros signos de un *shock* anafiláctico; entre ellos estaba la tos. Apenas escuché toser a mi hija, me subí al auto y manejé rápidamente sola con ella, en medio de la autopista, tocando la bocina y pidiéndole fuertemente a mi hija que no cerrara sus ojos. Debía mantenerla despierta, pero se asfixiaba y perdía la conciencia lentamente. Yo estaba aterrada y con la adrenalina nuevamente por las nubes.

Durante el trayecto hice todo mi esfuerzo por mantenerla despierta, pero Rocío llegó inconsciente, con su cuerpo totalmente inflamado y enrojecido, cubierto por severas urticarias desde la cabeza hasta los pies. Nuevamente el cuerpo desfigurado de uno de mis hijos me atormentaba. Todo se volvía a repetir en mi cabeza, la vida de mi hija dependía de la rapidez de mi actuar y de las decisiones que podría tomar bajo la presión de una situación límite. Afortunadamente llegué a tiempo para que fuera reanimada y salvada por poco.

Rocío pasó cinco días en la UCI, lo cual fue poco para el nivel del accidente, y hasta el día en que salió de alta, su boca aún se mantenía inflamada. El trauma y estrés generado por esta experiencia nuevamente dejó huellas imborrables en mi cabeza, donde todo el tiempo solo cuestionaba mi vida, las cosas que me pasaban, para qué y por qué tendría que ser todo tan difícil, no entendía, todo lo encontraba injusto y casi sin sentido. Después de muchos años comprendí la sumatoria de situaciones dolorosas y difíciles que me hicieron crecer tanto como pudieron, aprendí grandes lecciones de amor, aprendí grandes lecciones de agradecimiento y aprendí a ver la vida con el espectro más amplio y valioso que ningún otro.

Durante el año 2013, Diego comenzó a ponerse de pie gracias a una tabla bipedestadora que le mandé hacer, que consiste en una especie de mesa firme, por lo general de madera, con sujetadores de cabeza, brazos, tronco y pies. El paciente va posicionado de forma vertical con algún ángulo de inclinación, según tolerancia, con el propósito de ejercitar y fortalecer sus huesos y músculos.

A Diego le encantaba estar en esta posición erguida, con sus piececitos firmes en la tabla, con una vista del mudo desde un nuevo ángulo. Otro gran acierto fue descubrir el gusto de "Dieguito" por la naturaleza. Las salidas al parque se convirtieron en nuestros paseos preferidos, después de que reconocí su amor por el aire libre, los entornos abiertos y los ruidos de los niños al jugar. Siempre en la búsqueda de nuevas alternativas para su rehabilitación, fue que comenzamos con hidroterapia. Al comienzo, su cuerpo se mantenía rígido en el agua y su cara de preocupación nos indicaba su temor y la presencia inconsciente quizás de recuerdos tormentosos de su accidente que hubiese querido borrar, una reacción normal y de esperarse al principio de esta terapia. Pero luego de tres clases su cuerpo se soltó y comenzó a disfrutar como nunca de sus movimientos fuera de gravedad, se sentía cómodo y feliz. Esta terapia duró solo seis meses, ya que "Dieguito" comenzó a enfermarse con frecuencia y tuvimos que dejarla.

Muchos cambios, muchos avances y una variada recopilación de experiencias nuevas y retos, que sin duda nos hizo fortalecernos y aumentar nuestro ímpetu de lucha.

Cómo dueles, Septiembre

"Han pasado seis años desde que mi amigo
y su cordero me dejaron,
y si intento escribirlo aquí, es para asegurarme
de que no lo olvidaré"

Era nuestro primer 24 de septiembre. Se había cumplido un año de haber vivido la experiencia más aterradora y dolorosa que una familia pudiese vivir. Perdimos a nuestro pequeño "Dieguito", a nuestro revoltoso, de energía inagotable y de una dulzura desmesurada, para darle paso a nuestro nuevo Diego, mi maestro, un niño rebosante de amor, de alma gigante, humilde y generoso, capaz de alterar el orden lógico y de ablandar el corazón más duro de este mundo. Ese es nuestro hijo, siempre lo fue desde ese 16 de marzo de 2011, y siempre será nuestro Diego valiente y mágico, que se mostró al mundo en todo su hermoso esplendor.

En esa fecha y sobre todo ese primer aniversario, sentía cómo el miedo revoloteaba a mi alrededor. Las imágenes, los ruidos y el dolor se volvían a presentar con fuerza esos días. La piel se me comenzaba a erizar un día antes, como preparando mi temple a lo que estaba por venir. Fue un día de muchas reflexiones, pero con cada vez menos cuestionamientos.

El tiempo sigue y sigue, pasan y pasan los años, y para mí siempre es como si hubiese sido ayer. Todo sigue aún muy vívido en mi cabeza, no es fácil recordar sin sentir algo en el corazón, pero reconozco que cada vez voy aprendiendo a ver esta traumática y dolorosa experiencia como la dueña y creadora de mi alma renovada, grande y luminosa que es hoy.

Después de su partida, viví mi primer 24 de septiembre sin mi hijo aquí en la tierra. Y después de muchos años, por primera vez puedo decir que es una herida que ya cerró en mi corazón. No sentí culpas por ello, no sentí el terror en mi piel, no tuve miedo. Lo sentí solo como la nostalgia de un recuerdo que cambió mi vida, la de mi familia y la de mi hijo para siempre. En mi mente me vi abrazando ese momento, entregándole cariño y liberándolo, porque dejó de pesarme en mi corazón. Ya no necesito ese dolor, transmutó en algo liviano, en un recuerdo fotográfico que puedo ver cientos de veces y que por cada repaso que hago de ese día, puedo sentir incluso la grandeza de lo aprendido.

Reportaje

> "Solo los niños van con sus narices pegadas al vidrio, solo los niños saben lo que buscan"

Año 2014. Me llamó a mi teléfono la relacionadora pública del Hospital Roberto del Río, hospital donde llegó "Dieguito" luego de su accidente. Este llamado obviamente causó gran curiosidad en mí, ya que habían pasado casi dos años desde aquel día. El propósito de su llamada era comunicarme que un periodista de un noticiero del país quería que contara nuestra experiencia sobre los accidentes en el agua y así además concientizar a las personas para que tomen precaución. Me llamó la atención que después de dos años del accidente de mi hijo, aún había personas que se acordaban de lo que pasó ese día. El caso de "Dieguito" marcó a muchos en aquel entonces y fue una noticia que estuvo por varios días presente en los medios de comunicación y redes sociales.

Me contacté con la periodista del noticiero, me contó cuáles eran los objetivos del reportaje y el propósito de involucrarnos en él. Accedí gustosa en su proyecto, porque pensé que podría ayudar a otras familias, a concientizar sobre este tipo de accidentes y además aprovechar de mostrarle al mundo entero que en circunstancias tan dolorosas se puede salir adelante, comenzar de nuevo y ser infinitamente feliz.

El día de la grabación llegó, nos juntamos en nuestra casa; estábamos los cinco reunidos y dispuestos para dar nuestras experiencias. Comenzamos primero contándoles a la periodista y al camarógrafo cómo fue, a grandes rasgos, el accidente, para irnos conociendo.

Cuando comenzamos con la grabación, partimos hablando de cómo vivimos el día del accidente desde donde nos encontrábamos Rodrigo y yo, cada uno con su propia experiencia y dolor de aquel día. Las emociones fueron inevitables al recordar abiertamente en voz alta lo sucedido. No fue fácil, después de todo, esa era la primera vez que hacíamos un relato del accidente con tantos detalles, y en esta oportunidad la historia llegaría a millones de personas en todo Chile. Recorrer ese día, ese instante, fue como abrir nuevamente una herida. Pero estábamos conscientes de que podrían brotar las emociones. Fue lindo, después de todo; compartimos fotografías de "Dieguito" de antes del accidente, mezcladas con imágenes actuales en las que salían mis hijas y nosotros, compartiendo y jugando con "Dieguito" en el jardín de nuestra casa. Imágenes reales, sinceras, en que el amor y la esperanza traspasaban la pantalla.

Quedé muy contenta y conforme con el resultado, creo que logramos transmitir lo que queríamos, y creo que esa fue la primera vez que tuve la sensación de que estaba contribuyendo positivamente a través de nuestra experiencia. Nuestro reportaje termina con una hermosa frase que dice: "Nuestra vida está llena de esperanza y lo importante es que Diego está entre nosotros, enseñándonos a ver la vida con otros ojos". Hoy, después de su muerte, esta frase me estremece, porque me hace más sentido que nunca. Sé que mi "Dieguito" sigue entre nosotros y continúa enseñándonos, pese a que su cuerpo físico no está conmigo.

Una ilusión

> "Principito, así poco a poco fui comprendiendo
> tu pequeña vida melancólica"

A medida que pasaba el tiempo, notábamos que Diego estaba cada día más conectado, lograba con mayor facilidad conectar su mirada con las personas y los objetos. Diariamente le hacía ejercicios a modo de juegos, para que lograra ejercitar la musculatura de su cuello, y fue así que rápidamente me di cuenta de que sostenía su cabeza por algunos segundos. Cada uno de esos pequeños logros eran celebrados como grandes hazañas; le hacíamos ver lo fuerte y grande que era.

Sin duda hubo varias etapas en su vida en que la esperanza volvía con fuerza, nos llenábamos de fe, nos proyectábamos, visualizábamos a nuestro "Dieguito" caminando, sonriendo, hablando, prácticamente haciendo una vida con autonomía, con algunas dificultades propias de las secuelas de una hipoxia, pero saliendo adelante, al fin y al cabo. Quizás fue mucha la ilusión, no lo sé, pero todas esas proyecciones me sirvieron en esa etapa para tomar energía, para aferrarme a algo, para motivarme a seguir. Mi hijo me inspiraba cada día a seguir adelante.

Sueños, proyectos, que se veían eclipsados con la presencia de sus convulsiones. A dos años de su accidente, la epilepsia comenzó a ganar fuerza, sus convulsiones comenzaron a mutar y a volverse incontrolables, fuertes y continuas. A esa altura ya conocíamos lo suficiente en este aspecto a "Dieguito" y sabíamos cuándo y bajo qué circunstancias comenzarían las crisis convulsivas.

La epilepsia se transformó en nuestra principal lucha, porque sabíamos que eso era lo que principalmente podría causarle un evidente retroceso. Sin embargo, a pesar de que teníamos conocimiento de las consecuencias que podría sufrir tras tener continuas y diarias convulsiones, nunca nos imaginamos que eso realmente podría afectarle, porque estábamos viendo un evidente avance. La esperanza y el optimismo nos tenían completamente enceguecidos, jamás se nos pasó por nuestras cabezas que algún día esto realmente podría provocarle un daño evidente e irreversible.

Segregado

"A los animales más grandes no les tengo miedo
alguno, para eso tengo mis garras"

"Dieguito" era pequeño, tenía tan solo tres años, y por más que siempre me esforcé en involucrarlo en actividades propias de los niños de su edad, la discapacidad te recuerda que estás excluido de lo cotidiano, de lo propio y "normal" de un ser humano, como ir al baño, pasear por la calle, subir a un segundo nivel, mudar a tu hijo, ir a los juegos de la plaza, tomar locomoción pública, etc. Fuera de nuestro hogar estábamos rodeados de trabas, rodeados de impedimentos y de bloqueos. La misma sociedad te anula, te invisibiliza y te aparta de su vida. Con su mirada te dicen que no eres como ellos, que no perteneces a su "normalidad", a su mundo. Te dejan claro que tú vives en un universo completamente paralelo al de ellos, eres la minoría. Sus miradas excluyentes, su frialdad y poca empatía te hacen el camino más difícil y muchas veces más doloroso.

Lo que a continuación relataré fue nuestra primera experiencia de discriminación, y así como sucedió una primera vez, más adelante nos vimos muchas veces envueltos en situaciones similares de exclusión, discriminación, burlas, palabras hirientes y mucho,

mucho dolor de madre, sumado a una impotente rabia.

Es difícil ignorar las actitudes, las reacciones y la estructura física de una comunidad en donde estás inserta, al menos para mí lo es. Donde todos convivimos y necesitas vivir con naturalidad, es difícil que no me afecte y más aún cuando tienes plena conciencia de tus esfuerzos, de tu ímpetu por sacar a tu hijo adelante, por lograr que tu hijo se sienta integrado, feliz, cómodo y aceptado. Pero aceptado de corazón, aceptado e incluido con voluntad y amor. Suena fácil, pero en la práctica, las cosas son distintas.

Cuando entré al mundo de la discapacidad, lo primero y en lo que siempre me enfoqué, fue en sacar adelante a mi hijo en su rehabilitación, en hacerlo feliz y proporcionarle todas las herramientas para que su vida fuese más fácil. Pero al comienzo nunca pensé en discriminación, en inclusión y mucho menos en luchar por hacernos visibles. No pensé en nada de eso, hasta que comenzamos a vivir en carne propia la crudeza del mundo y sus personas. Fue ahí que yo misma comencé a hablar de inclusión en mis redes sociales, a visibilizar la realidad que se vive en el mundo de la discapacidad, a luchar con fuerza por no ser segregados y discriminados por ser distintos al resto. Comencé a involucrarme en los derechos de las personas en situación de discapacidad, a educar a las personas sobre cómo llamarlos, cómo tratarlos, cómo empatizar con ellos y sus familias, cómo incluirlos sin causar daño ni ofensas. Realmente este tema y este nuevo mundo me puso de cabeza, pero me movilizó a formar parte de una corriente que lucha por hacerlos visibles, respetados e incluidos.

Hoy, pese a que mi pequeño no está conmigo físicamente, aún me siento parte de ese mundo y siempre sentiré que pertenezco ahí. Un mundo donde me siento reflejada, por el cual siento admiración y respeto, y al que le estoy profundamente agradecida. Reconozco que es un mundo al que extraño inmensamente.

Bajo mi esmero por querer involucrar a Diego en actividades propias de un niño de tres años, fue que se me ocurrió llevarlo a Happyland, un lugar lleno de juegos electrónicos infantiles, colores, sonidos, luces y muchos, muchos niños y niñas. Estábamos haciendo la fila para subirnos a un trencito, y cuando llegó nuestro turno, nos detuvieron rápidamente y nos dijeron que mi hijo no podía subirse, que el acceso a esos juegos estaba prohibido para niños con discapacidad. Se justificaron en que ellos no se hacían responsables de posibles accidentes que pudieran tener. Tan rápido como el trabajador comenzaba a darme sus explicaciones, comencé a llorar, a suplicarle que lo dejara subir, pero mis esfuerzos por convencer a esta persona fueron en vano. De todas las personas que estaban en el lugar, padres y madres que presenciaron esta humillación —pues así fue como nos hicieron sentir—, nadie fue capaz de empatizar con nosotros, de acercarse a apoyarnos, nadie hizo nada. Nos sentimos tan solos, tan humillados, tan discriminados, que solo había rabia y dolor.

Me senté en una esquina a llorar. Rodrigo trataba de tranquilizarme, intentando convencerme de irnos y de no seguir con esa pena. Me negué rotundamente a irme sin antes subir a mi hijo a un juego; encontraba que se estaba cometiendo una tremenda injusticia con mi “Dieguito”, y para mí la injusticia es el acto más intolerable e impotente de todos. Fuimos a hablar con la administradora del lugar, manifestándole nuestro malestar y nuestro dolor, pero sus justificaciones fueron las mismas; estaba claro que en ese lugar teníamos prohibido el acceso. Después de desahogarme y tratar de hacerle entender el dolor que cargábamos, la administradora accedió finalmente a que Diego subiera a unos avioncitos.

Me subí con mi hijo, con la cara llena de risa, un poco forzada quizás después de tanta pelea, con la sensación de haber levantado la voz en su nombre. Pero luego de tanta discusión y de habernos provocado ese inmenso sufrimiento, noté inmediatamente que Diego no estaba disfrutando del juego. Se mantuvo rígido (así se ponía al estar enojado, nervioso o si algo le molestaba), estaba con su ceño fruncido, haciendo sus sonidos quejumbrosos todo el tiempo. Dentro de mí solo pensaba: “Si esto se hubiese evitado, si tan solo nos hubiesen dejado subir a un juego desde el principio, si tan solo hubiese existido una persona amable, mi hijo no estaría tan dolido”. O quizás, visto de otra manera, ¿y si tan solo me hubiese ido del lugar sin ninguna insistencia? No, esa no era mi forma de actuar, menos cuando se trata de hacer justicia, de reclamar su derecho de niño, como mínimo. O quizás, quién sabe, posiblemente “Dieguito” ni siquiera tenía deseos de subirse a algún juego, o tal vez se le quitaron las ganas apenas nos prohibieron acceder a ellos.

Nunca lo sabré, pero de lo que sí estoy segura, es que jamás se hubiese quedado tranquilo mi corazón y mi conciencia, sabiendo que pude haberlo intentado, sabiendo que pude reclamar su derecho, que pude manifestar mi dolor y mi enojo, que dentro de todo no tiene nada de malo, salvo el mal rato para nosotros.

Al menos sé que pude dejar una nueva experiencia en ese pequeño parque de entretenciones, aunque no sé si logre trascender más allá de ese día. Al menos las personas que estuvieron ahí presentes pudieron ver reflejado en mí el dolor y la impotencia de lo que significa ser rechazados, que la discriminación está a la vuelta de la esquina. Porque, aunque la discriminación es algo habitual, hacerla visible a viva voz, en un lugar público, reclamando y exigiendo tus derechos, es algo que muy pocas veces se ve, algo que muy poca gente se atreve a hacer.

A veces pensaba que las emociones y reacciones de Diego se relacionaban directamente a mis acciones y a mis propios sentimientos, pero la verdad es que no siempre era así. Muchas veces no dependían de mí, sino de las circunstancias y de las personas que nos rodeaban, y lamentablemente cuando era así, todo se me escapaba de las manos, porque lo que más quería yo en la vida era protegerlo.

Desde siempre consideré a Diego como un niño muy, muy inteligente, sensible y con una gran capacidad de compresión. A pesar de su corta edad y de su daño neurológico, él nunca perdió sus facultades cognitivas, es más, me di cuenta de que las potenció después de su accidente. Se volvió un niño tremendamente sensible, con una capacidad de percepción impresionante, capaz de captar tu estado anímico a la distancia y capaz de identificar a las personas sin necesidad de usar sus ojos. A veces quería que su sensibilidad no fuese tanta, para evitar todo ese dolor que estaba demás en su vida.

Comunicación Aumentativa – Alternativa CAA

"Con mucha dedicación deshollinó los volcanes
que estaban activos"

Durante esos dos años transcurridos después de su accidente, nuestras ganas de verlo avanzar, de soñar con verlo prosperar en su rehabilitación, nos llevaron siempre a buscar alternativas para apoyarlo en diferentes áreas. Una de las cosas que más me inquietaba, era poder descubrir alguna forma para que Diego se comunicara.

Creo que la comunicación es por lejos una de las herramientas esenciales para cualquier persona, más aún en situación de discapacidad, porque la comunicación nos acerca al mundo y a la sociedad. Y considerando el gran potencial que tenía mi hijo, esa inteligencia y esa garra para luchar ante las dificultades, fue que nunca dudé que podría en algún momento dar en el clavo con algún sistema o señal para que pudiese comunicarse. Fue así que llegamos a una fonoaudióloga especialista en comunicación aumentativa y alternativa (CAA). Los profesionales especialistas en CAA utilizan múltiples herramientas y estrategias que ayudan a personas a aumentar, sustituir o complementar el habla natural o la escritura de personas con algún impedimento de la comunicación.

Sin duda la terapia de fono me permitió descubrir y sorprenderme de las capacidades y el tremendo potencial que Diego tenía. A través de varias averiguaciones sobre herramientas comunicativas para personas con discapacidad motora, llegué a los famosos y espectaculares *switch*, que son unos aparatos de señales electrónicas de apagado y encendido de alta sensibilidad. Este *switch* le proporcionaría a Diego la posibilidad de ser autónomo en el encendido y apagado de un aparato electrónico, como el computador, un juguete o cualquier sistema que tuviese un interruptor de encendido y apagado.

Se escucha fácil, pero para "Dieguito" el manejo de este *switch* ¡fue todo un reto! Poder levantar y bajar su dedo tan solo un milímetro del *switch* fue siempre un tremendo logro; celebrábamos cada vez que lograba detener un video en pausa o echar andar una batidora. Siempre las palabras de ánimo y de cariño lo alentaban para mover sus deditos y lograr su objetivo. Estuvimos un año con terapia de fonoaudióloga en la casa, y durante ese tiempo también intentamos otras formas de comunicación alternativa, como símbolos, imágenes, objetos con texturas y colores, pero a pesar de que la conexión de Diego había mejorado mucho en estos dos años, el seguimiento ocular y el nistagmo (temblor ocular) que presentaba, siempre fueron un obstáculo para este tipo de respuestas. Por esta razón, por años continué reforzando el tema comunicativo con muecas, gestos o movimientos simples que le fuesen más fáciles de hacer. Hasta que, por fin, después de muchos años, descubrimos que "Dieguito" manifestaba señales más definidas de respuesta, pero que no siempre resultaban, ya que dependía muchas veces del estado de conexión, ánimo, salud, etc. en que se encontraba. Más adelante, no me fue tan difícil darme cuenta de sus señales de respuesta; conocía ya tan milimétricamente bien a mi hijo, nuestra conexión siempre fue tan intensa, que me bastaba con mirarlo y probar estas respuestas un par de veces, para así tener un patrón determinado para un "sí" o para un "no". Sus respuestas eran a través de los ojos: parpadeos o miradas hacia arriba o hacia abajo. ¡Y cómo nos cambió la vida! Teníamos comunicación sutil, evidente y contundente, que aprovechamos al máximo, sobre todo en los momentos de mayor lucidez y conexión de "Dieguito".

Verde esperanza

> "Pensé que era rico con una flor única en todo el mundo, y solo tenía una rosa común"

Durante el año 2014 comenzaron a potenciarse las crisis epilépticas. Sus convulsiones se hicieron cada vez más fuertes y largas, los anticonvulsivantes ya no hacían efecto y a esa altura ya habíamos probado diez anticonvulsivantes sin éxito alguno. La impotencia era aterradora. Un buen día escuchamos por primera vez hablar sobre el cannabis medicinal, investigamos sobre el tema y leímos testimonios y variadas experiencias sobre el uso medicinal de la marihuana. Fue así como llegamos a Fundación Daya, una fundación de apoyo, orientación y ayuda a personas que necesitan de cannabis medicinal para sus diferentes patologías.

Hoy en día es una fundación muy reconocida a nivel nacional e internacional, con miles de pacientes a su amparo y con una excelente reputación y credibilidad. Pero cuando nosotros conocimos la fundación, tan solo llevaban un año en curso, y como el cannabis siempre ha sufrido prejuicios y cuestionamientos dentro de la sociedad y el Estado, por ese entonces trabajaba de manera muy sigilosa, resguardando su seguridad y la de sus pacientes. Envié un correo para que pudieran atendernos y orientarnos en esta innovadora medicina. Teníamos todas las esperanzas puestas en esto. El día de nuestra entrevista en la fundación, nos atendieron de manera muy cariñosa y personalizada; fuimos atendidos por una de sus fundadoras. Nos dieron una clase larga y detallada de cómo poder cultivar cannabis y extraer su milagroso aceite, y también nos explicaron cómo funcionan los cannabinoides dentro de nuestro cuerpo, sus características y cómo podría ayudarnos en el manejo de la epilepsia. Estábamos alucinados y esperanzados nuevamente.

Una vez que tuvimos todos los conocimientos sobre este tema, nos decidimos a probar con esta verde medicina. Para comenzar rápidamente con el tratamiento, nos contactamos con el amigo de mi hermana Valentina, que conocía muy bien este tema, y además ayudaba a otras personas como nosotros. Al ser un amigo de confianza de mi hermana, era una persona en quien podíamos confiar. Queríamos comenzar rápido y con la ayuda de esta persona concretamos nuestro primer cultivo *indoor* de cannabis. Plantamos nuestras semillitas con mucho amor y con toda la fe del mundo. Mientras nuestras plantas crecían, el amigo de mi hermana nos proporcionó un aceite, creado por él mismo, con unas cepas determinadas y una concentración adecuada para el peso y edad de Diego.

Comenzamos de manera tan intuitiva con esta medicina, que a veces veíamos resultados y otras veces nos frustrábamos al ver que todo seguía igual. Comenzamos a darle el aceite de cannabis a través de su gastrostomía, como cualquier otro medicamento, pero resultó que, al dárselo por esta vía, sus convulsiones se potenciaron de manera estrepitosa. Fue súper extraño, porque al menos hasta ese entonces nunca habíamos escuchado sobre una reacción como esa. Me aterró a tal punto que hasta pensé en abortar este plan de lo asustada que estaba al verlo empeorar de ese modo. Sin embargo, no me rendí tan rápido. Después de ver todo lo que estábamos haciendo y recordar los testimonios increíbles, me preguntaba: "¿Y por qué no mi Diego?"

Cambiamos la vía de administración y comenzamos a darle una gotita minúscula de aceite por la boca, del tamaño de un granito de arroz. Cuando apenas comenzaba a convulsionar, esta pequeña gotita la pasábamos con el dedo por el interior de sus mejillas. Fue increíble, pero por primera vez veíamos cómo cedía una crisis luego de tres minutos, cuando comúnmente las convulsiones de Diego duraban de diez a veinte minutos.

Este sistema comenzó a funcionar muy bien, estábamos muy contentos, pero lamentablemente teníamos poco aceite y nuestra alegría empezaba a apagarse, al ver que se nos agotaba rápidamente este elixir y nuestras plantas recién estarían listas dentro de cuatro a seis meses más. No tuvimos más opción que esperar a la cosecha y secado de nuestras plantitas. Rodrigo fue el que se introdujo en el manejo y proceso de la fabricación del aceite de cannabis. Puso todo su amor y esfuerzo para que siempre estuviese en orden, saludable, limpio, abundante, bonito, todo como tenía que ser, pensando en que sería la medicina para nuestro hijo.

Por ese entonces yo había conocido a una mamá que tenía una vasta experiencia en fabricación de aceite de cannabis. Lo utilizaba hace dos años en el tratamiento para la epilepsia de su hijo con parálisis cerebral. Después de haberme comunicado con ella por harto tiempo, la invité a mi casa para que nos ayudara y nos enseñara su forma de fabricar el aceite de cannabis. El proceso duró alrededor de ocho horas y consistió en varias etapas y mucho cuidado. Ya tarde por la noche, teníamos listo nuestro aceite para "Dieguito", listo para comenzar a usarlo. Fue un trabajo y un esfuerzo de seis meses para conseguir esta esperada medicina.

Esa noche cuando todos se habían ido, le dimos su primera dosis de aceite. Le administramos por su boca la cantidad que esta mamá nos había recomendado utilizar, la misma que ella le daba a su hijo de dos años. Dentro de la ingenuidad de ella y de nosotros, confiando en su experiencia, le dimos la cantidad de aceite que nos indicó. Lo que nadie consideró fue que su hijo, pese a ser menor que Diego, ya llevaba dos años consumiendo cannabis en dosis elevadas y con un cuerpo completamente acostumbrado a esta medicina.

A la hora después de haberle administrado el aceite, Diego comenzó a llorar como nunca antes lo había hecho; eran gritos desgarradores, su cuerpo se retorcía rígido en nuestros brazos. Recuerdo que Rodrigo lo paseaba por la casa, desesperado, intentando calmar su llanto, mientras yo hablaba por teléfono con la mamá que nos ayudó ese día. Con Rodrigo estábamos aterrados, nos sentíamos culpables y sin saber qué hacer. Teníamos miedo de llevarlo a urgencias, miedo por lo que podrían decirnos o hacer en nuestra contra. Teníamos mucho que perder al exponernos de esa forma con Diego en esas condiciones, sobre todo en un recinto de salud.

Pasadas las doce de noche, desesperada, volví a llamar a esta mamá. Sus palabras en algo me reconfortaron; me dijo que nada malo —más allá de lo que le estaba pasando— le sucedería a "Dieguito", que su hijo reaccionó de la misma forma la primera vez que comenzaron con el tratamiento. Solo me acordaba de la epilepsia tan controlada que tenía su hijo y de cómo gracias a esta medicina logró ganarle a ese monstruo. Así que me aferré a eso para lograr mantener la calma y alejar mi miedo. Fueron casi dos horas en que Diego permaneció en ese estado frenético de tensión y llanto.

Pasadas las tres de la mañana ya estaba completamente dormido. A la mañana siguiente, por primera vez desde su diagnóstico, vimos a nuestro hijo despertar tranquilo sin convulsionar. Acostumbrados a verlo cada mañana despertar con una crisis convulsiva larga que lo dejaba cansado y adormecido, no cabíamos en nuestra sorpresa y emoción al verlo tan lúcido, relajado y tranquilo. Durante los próximos cinco días "Dieguito" no presentó ninguna convulsión, su estado era de mucha conexión, alerta y tranquilidad, y una de las cosas que más me emocionaron también fue ver cómo su sonrisa fluía con tanta facilidad, algo que le costaba muchísimo hacer. ¡Ahora todo le causaba risa! Nunca lo habíamos visto tan bien, estábamos sorprendidos y maravillados de los efectos que estaban produciendo esos potentes cannabinoides que aún circulaban por su cuerpo.

Pese a que esta historia terminó bien, siempre quedó ese miedo presente y esa mala experiencia imborrable. Tuvieron que pasar varios años para volver a probar con tranquilidad y confianza el cannabis. Lo intentamos unas cuantas veces más, pero en situaciones de emergencia y en dosis muy mínimas. Afortunadamente nunca más volvimos a tener una mala experiencia con la medicina de cannabis, pero tampoco volvimos a ver grandes resultados con relación a la epilepsia. Siempre fueron respuestas leves, ocasionales y esporádicas en el tiempo o simplemente ninguna respuesta.

Ojos que no ven, corazón que más siente

> "Solo se ve bien con el corazón.
> Lo esencial es invisible a los ojos"

Siempre creí o sospeché que Diego veía, quizás no tan claro, algo borroso o con algún pequeño defecto producido por el daño neurológico ocasionado por la hipoxia del accidente. Siempre asumí esto, por ende, nunca me apresuré en llevarlo donde algún oftalmólogo, pero tarde o temprano tenía que hacerlo. Lo llevé a uno de los mejores oftalmólogos pediátricos que hay en Santiago; solo había recibido buenos comentarios de él. El día de la consulta, el médico nos pidió el examen de potenciales evocados visuales. Es un examen no invasivo, indoloro, solo un poco incómodo, que estudia la actividad eléctrica neuronal para comprobar la correcta función y estado del sistema visual, mediante diferentes estímulos sobre la retina.

Realizamos el examen en completa tranquilidad y bajo ningún tipo de expectativa, pero tampoco bajo ninguna perspectiva negativa. Para sorpresa mía, al término del examen, vi al médico mirarme de forma muy complicada. Demoró unos minutos para darme el diagnóstico, pero finalmente me dijo que Diego era prácticamente ciego, que no veía absolutamente nada, mucho menos más allá de un metro de distancia. Solo era capaz de percibir sombras y luces, porque sus nervios ópticos estaban completamente atrofiados. Los nervios ópticos son una especie de cables conectados directamente con el cerebro, y los de Diego sufrieron un daño permanente e irreversible que afectó directamente su visión.

No cabía tanto dolor en mí. Solo pensaba en las veces en que le mostré algún juguete o una película, en las veces que le decía ingenuamente “mírame, aquí estoy”. Solo lloraba y le preguntaba mil cosas al médico, intentando comprender sus palabras, negándome rotundamente a lo que estaba escuchando. Notaba al médico cada vez más complicado con mis preguntas, intentando una y otra vez explicarme la condición de mi hijo.

Salí destrozada de esa consulta y pensaba que quizás cuántas noticias lapidarias y dolorosas me esperarían los próximos años. A esa altura me daba terror hacerle exámenes. Nuestra vida era una montaña rusa todo el tiempo, teníamos días impredecibles: un día estaba en lo más alto, con la fe y la esperanza a toda prueba, y al siguiente día estábamos en el suelo, con la más mínima energía y con el dolor a flor de piel, y sobre todo con la incertidumbre más grande del mundo, que se traduce en preguntas y más preguntas.

Con el tiempo, me fui acostumbrando a mostrarle todos los objetos a menos de un metro de distancia, para que pudiera por lo menos apreciar sus colores, pensaba. Curiosamente cuando estaba aceptando este diagnóstico de forma derrotada, comencé a recordar las veces en que Diego se alegraba al sentirme entrar a la pieza, sin que yo hiciera el más mínimo sonido, como así también cuando llegaba a la casa o cuando reaccionaba emocionado al pasar frente a él.

Fue entonces cuando realmente me di cuenta de que nuestro "Dieguito" no necesitaba sus ojos para poder ver el mundo. Diego tenía la habilidad de poder sentir y ver con los ojos literalmente del alma, utilizando a su vez todos sus otros sentidos para ver o percibir a las personas. Nos tenía completamente identificados a todos, sobre todo a su familia, y reaccionaba alegremente con tan solo escuchar nuestra respiración.

Una vez más nuestro hijo nos sorprendía gratamente y entregaba ese bálsamo a nuestro corazón. Siempre confié plenamente en su manera de "ver" el mundo. Diego sabía perfectamente cuando estaba a su lado, cuando me iba o me movía sin necesidad de decirle nada. También reconocía cuando estaba con gente extraña; dependiendo de cómo eran estas personas o el ambiente donde se encontraba, su rostro cambiaba de expresión. Si algo no lo hacía sentir cómodo, simplemente reaccionaba muchas veces con alguna crisis de epilepsia o con rigidez en su cuerpo, como forma de respuesta.

A pesar de que mi hijo nunca pudo hablar ni ver, ni moverse, ni sonreír con facilidad, siempre su cuerpo supo manifestarse y enseñarnos su propia forma de sonreír, su propia forma de decir "no quiero" o "no me gusta", su manera tan singular de demostrar su enojo o su tristeza, o cuando estaba cansado. Simplemente "Dieguito" fue un niño con una capacidad impresionante de comunicación, aunque muy subestimada para los que no lo conocían.

Junto a él conocimos otras formas de expresiones. El habla y la escritura quedaban pequeñas al lado de las múltiples formas y sutilezas de expresión que su cuerpo sabiamente creó para comunicarse conmigo y su familia. Sus ojos, su mirada, su boca, los movimientos y la rigidez de su cuerpo fueron los protagonistas de esta tremenda hazaña, que nos cambió la vida tanto a él como a nosotros.

Mudanzas con Lennox

> "Vi la puesta de sol cuarent y tres veces, me gustan mucho las puestas de sol cuando uno está triste"

Durante comienzos del año 2015, tuvimos todo tipo de experiencias con Diego; muchas de ellas quedaron grabadas en mi retina para siempre. Como el día en que lo estaba sacando de la ducha y, mientras lo secaba, por primera vez vi la sonrisa más grande que jamás me había dado, y lo que más me impresionó, me regaló un lindo sonido de risa, suave, tímido, pero realmente hermoso, mostrando todos sus dientes y luciendo esa sonrisa perfectamente torcida. Fue un momento súper breve, pero tan mágico, y solo estaba hecho para mí, se lo agradecí tanto. Una vez más pude apreciar lo perfecto y hermoso que era mi hijo, expresaba tanta dulzura con sus ojos, su mirada era luminosa y gentil.

Siempre fue un misterio para mí saber cómo se escuchaba la voz de Diego, a medida que crecía. Cuando pequeño no alcanzó a decir ni una sola palabra antes del accidente. Posterior a este, solo pude escuchar sus quejidos, su llanto y a veces, muy de vez en cuando, un balbuceo casi imperceptible, pero que derretía a los corazones más duros. Y en relación con este tema puntual de su voz, más adelante la vida nos daría otro giro inesperado para todos.

Como era habitual, así como nos sorprendía muchas veces gratamente, también aparecían noticias que nos echaban al suelo una y otra vez. Fue así como ese mismo año, durante un electroencefalograma de control, recibimos el diagnóstico de un nuevo tipo de epilepsia, llamado síndrome de Lennox Gastaut. Un tipo de epilepsia que por lo general trasciende después de presentarse un síndrome de West, que era lo que justamente tenía Diego hasta ese entonces. La diferencia entre ambos síndromes es el cambio en los tipos de trazados eléctricos que manifiesta el electroencefalógrafo. Ambos síndromes son considerados como "epilepsias catastróficas de inicio temprano", es decir, que se detectan en la primera infancia hasta los cuatro años. Son de características clínicas similares, de muy difícil manejo y la mayoría de las veces con muy mal pronóstico. Esto solo nos hacía pensar en la búsqueda de nuevos tratamientos y nos hacía sentir el miedo en la posibilidad de que esa epilepsia se volviese incontrolable.

Su neuróloga de ese entonces nos recomendó un medicamento que solo vendían en el extranjero, principalmente en Europa, pero que era especial para el control de este nuevo síndrome. La doctora nos comentaba que muchos de sus pacientes pediátricos con el mismo tipo de epilepsia refractaria como la de Diego, habían tenido muy buena respuesta ante este fármaco. Decidimos probar sin cuestionamientos ni dudas este nuevo medicamento. Aunque era de elevadísimo costo y algo complejo de comprar, lo haríamos sin dudarlo. Nuestro "Dieguito" tenía mucho en juego, esta epilepsia lo devoraba a pasos agigantados cada día, por lo que valía cada esfuerzo de nuestra parte. Nuestras ganas de ver controlado o disminuido en algo este rebelde monstruo, nos tenía sedientos por ganarle esta guerra, esperanzados en recuperar a nuestro hijo.

Rodrigo tenía a su prima viviendo en Madrid, así que ella aceptó muy amablemente en ayudarnos con los trámites de compra y envío. Jamás pensamos que sería tan engorroso comprar un medicamento en Europa, pero allá las normativas de compra de medicamentos son súper estrictas. Cuando la prima de Rodrigo lograba después de muchos esfuerzos comprar más de cuatrocientos comprimidos, había que buscar un intermediario para que lo pudiese traer sin problemas a Chile. Fue así como nos contactamos con un piloto de una aerolínea chilena, quien muy gentilmente se ofreció a traernos los medicamentos.

Estuvimos durante años con este *modus operandi*; a veces fallaba el piloto de la aerolínea o no se podían conseguir cantidades suficientes de medicamento, o simplemente no teníamos el dinero para comprarlo. Pero siempre, de alguna u otra manera, lográbamos con mucho esfuerzo nuestra misión. Tiempo más adelante nos contactamos con un laboratorio chileno, que nos facilitó el trámite de compra y envío del medicamento.

Después de llevar años con este antiepiléptico, pensamos en algún minuto en quitarlo del repertorio de comprimidos que Diego consumía diariamente, pensando en alivianar un poco la carga. Después de todo, seguía con fuertes crisis y no veíamos ningún cambio aparente. Por esa razón y por el elevado costo, le planteamos a la neuróloga la posibilidad de quitárselo. Comenzamos entonces con una baja del fármaco de forma muy lenta y gradual (los antiepilépticos y benzodiacepinas hay que retirarlas de esta manera o si no se puede producir síndrome de deprivación, que puede ser muy perjudicial para el paciente). Después de dos semanas aplicándole una baja gradual del medicamento, le realizamos un electroencefalograma de control para ver la respuesta cerebral a este cambio en la dosis. Diego mientras estuvo consumiendo este medicamento, mantuvo su trazado eléctrico por mucho tiempo libre de este nuevo síndrome. Para sorpresa nuestra, esta pequeñísima baja en el medicamento provocó nuevamente la aparición del síndrome de Lennox Gastaut. Para mí era todo muy extraño y confuso, porque pese a que gracias a este fármaco "Dieguito" se mantuvo por mucho tiempo libre de este síndrome de Lennox, clínicamente nunca notamos algún efecto positivo, ya que nuestro hijo continuaba con crisis epilépticas diarias, frecuentes y muy largas.

Ese mismo año se produjeron muchos cambios. Luego del accidente de Diego nos planteamos la posibilidad de cambiarnos de casa. Yo casi no podía ver el patio, la piscina y el entorno de esa casa; todo me recordaba a ese día. El primer verano, después de lo que sucedió con Diego, se me erizaba la piel de tan solo ver a mis hijas jugando en esa piscina. En alguna ocasión recuerdo haber tomado la fuerza necesaria para llevarlo a disfrutar del agua junto a sus hermanas. Lo hice y ni yo podía creer que estaba siendo capaz de sobreponerme a mi peor pesadilla. Sin embargo, a pesar de que logré romper con ese miedo, toda la casa y cada uno de sus rincones tenían grabado los recuerdos de mi bebé, sus travesuras, sus primeros pasos, juguetes tirados, sus gritos de risas impregnados en cada uno de sus muros, como así también los crudos y tristes momentos. Ya era tiempo para hacer un cambio, y a mediados de 2015 nos mudamos muy lejos de donde vivíamos, con un entorno muy diferente.

En un comienzo no quería nada con piscina, pero vi a mis hijas entusiasmadas con tener siempre una casa con piscina y pensé que ellas no tenían la culpa de mi trauma. Además, eran muy pequeñas para dimensionar el daño emocional que esta experiencia había dejado en su mamá. Al momento de elegir la casa, cuidé que la piscina fuera diferente en todos sus aspectos para que no me recordara nada del pasado, y por supuesto que estuviese rodeada por una reja.

Dicen que cambiarse de casa es uno de los más grandes estresores que una persona pueda vivir. En total nos hemos cambiado de casa seis veces, pero sin lugar a dudas creo que este fue el más caótico de todos. Diego se descompensó con su epilepsia, ya que era muy sensible a los cambios, y como lo he dicho en otras oportunidades, una manera de responder ante el estrés era convulsionando. La casa "nueva" necesitaba de muchas reparaciones y cambios, que lamentablemente se tuvieron que hacer con todos nosotros adentro.

Rodrigo, como siempre, trabajaba en terreno por turnos, por lo que todos estos cambios y tomas de decisiones las tuve que vivir sola. Entré nuevamente en una etapa de mucha angustia y aunque suene redundante, de mucho estrés frente a todo el ciclón que estábamos viviendo. Mis dos hijas entraron a un colegio nuevo cercano a la casa, donde sufrieron ambas de *bullying* cuando apenas llevaban unas semanas. Diego descompensado de su epilepsia, los trabajadores metidos todos los días en mi casa, ruidos, suciedad, polvo blanco pegado en todos los muebles y en la ropa limpia, y un desorden por donde se miraba. Y entre medio de todo este caos, me hice el tiempo para conversar con todas las autoridades del colegio de mis hijas para poner fin al maltrato y humillaciones que estaban sufriendo.

Mi madre viajó desde Antofagasta para apoyarme y traer algo de paz y consuelo a mis días de locura. Qué salvadora y apañadora ha sido ella siempre conmigo. Cuando más la he necesitado, me ha dado su hombro para llorar, sus palabras de aliento, sus mensajes reflexivos y su ternura implacable que tanto la caracteriza. ¡Cuánto me ha ayudado esta tremenda mujer, esta dulzura de madre!

Señuelo de miradas

> "Uno corre el riesgo de llorar un poco si uno se deja domesticar"

A lo largo de la vida de Diego, pasamos por una infinidad de cosas, y podría decir que las situaciones dolorosas se relacionaban más que nada a su salud. Pero como ya lo insinué en un episodio anterior, hay un pequeño porcentaje de esto que involucraba situaciones que no tenían nada que ver con su salud o con lo que nosotros hiciéramos o dejáramos de hacer con él. Y es que las personas que nos rodeaban muchas veces eran potenciales desencadenantes de situaciones que hacían doler, molestar o incomodarnos.

Una de las situaciones que nos afectó muchas veces fue la actitud hiriente que tuvieron las personas hacia la presencia de Diego y la reacción de los niños en espacios públicos. Incluso a veces ni siquiera teníamos que salir a la calle para que sucediera algo desagradable; muchas veces bastaba con ir a un cumpleaños para sentir las miradas y recibir comentarios hirientes de los niños ahí presentes. Claro, y como todo en esta vida, no puedo meter dentro del mismo saco a todos los niños con quienes nos vimos enfrentados en estas situaciones puntuales. Muchos de ellos eran muy pequeños y muchos de sus comentarios, o más bien preguntas, venían de una inocencia que se traslucía en sus acciones. Y digo preguntas, porque se notaba que, a diferencia de los niños más grandes, los más pequeñitos siempre solían hacer preguntas simples e inocentes, como: "¿Por qué no habla?" "¿Por qué come por ahí?" (apuntando a su gastrostomía) "¿Por qué no camina?" Mis respuestas siempre eran las mismas e iban dirigidas con la misma calma y tolerancia: "No puede hablar, porque su cerebro no se lo permite, pero te puede escuchar y entender súper bien" "Come a través de un agujero en su estómago, porque le cuesta tragar por la boca, pero come lo mismo que tú" "No puede caminar, porque su cerebro no puede dirigir su cuerpo, sus manos y sus brazos. ¿Sabías que tu cerebro es el que te permite caminar y mover tus manos?" Intentaba decir la verdad, pero de una forma extremadamente sencilla para que lo lograran entender. En cambio, los niños más grandes, en su mayoría, comentaban con la pura intención de burlarse o herir intencionalmente. No hace falta ser muy inteligente para darse cuenta cuando las cosas están siendo crueles. Y dolía, a mí me dolía y mucho.

Manifiesto esto, porque cada vez que nos vimos enfrentados a una de estas situaciones incómodas y/o dolorosas, hubo algunas personas que me criticaron de exagerada o que estaba equivocada en mi percepción de estas situaciones, que debía comprender y normalizar las reacciones desde esa vereda. Cuando a veces les manifestaba a algunas mamás de hijos e hijas en situación de discapacidad, mi dolor sobre esto o lo que me molestaba en relación con estas situaciones, ellas me decían que a ellas les encantaba que los niños les hicieran preguntas. A mí no, nunca me sentí cómoda con las preguntas, aunque vinieran de inocentes niños pequeños, y pese a que tenía un mundo en común con aquellas madres, me sentía tan distinta a ellas, por pensar o sentir diferente. Me preguntaba si acaso era por haber sido un accidente lo de "Dieguito" y no algo de nacimiento, o quizás yo era muy sensible, no lo sé. Solo sabía que mi sentir y mi pensamiento eran algo que se tenía que respetar y no invalidar mis emociones por ser algo que al resto no le parecía correcto, aunque también había mamás que coincidían plenamente con mi sentir. Podía o no estar equivocada, pero los sentimientos, las historias, las sensibilidades entre una familia o entre una mamá y otra son tan diferentes entre sí, que cada sentimiento es válido.

Hablo de las personas, niños, niñas y adultos que nos apuntaban con el dedo, que se apartaban de nosotros como si tuviésemos una enfermedad contagiosa, que nos miraban con ojos lastimeros, que se reían, que le decían frases o palabras hirientes, o se burlaban de mi hijo muchas veces en sus narices. Me preguntaba, ¿por qué tendría que ser empática con ellos, entenderlos, ignorarlos o que no me afectara?

Creo que sin duda hay una ignorancia tremenda en la sociedad, una falta de educación y crianza en la primera infancia en temas de discapacidad. Hay una enorme tarea pendiente con nuestros niños, niñas y jóvenes, de empatizar con el sufrimiento ajeno, de ponerse en los zapatos del otro. Esas son actitudes generosas y humanas, como también aprender y tener conocimiento de la existencia de un mundo diferente al tuyo. Incorporar el concepto de "ser diferente" como algo positivo; que cuando veas esas diferencias físicas y/o intelectuales en las personas, sepas que tienen las mismas ganas de estar donde tú estás, de hacer lo que tú haces, de vivir, de incorporarse y ser incluidas a como dé lugar en este mundo, sin ser humilladas, ignoradas o agredidas. En este mundo cabemos todos y todas, es nuestro, como también es nuestro el derecho de vivirlo, de disfrutarlo y de ser felices sin dañar al otro, que por cierto ese es nuestro deber como ciudadano. Actuar de buena fe sin lastimar al otro, como también ejercer con responsabilidad cada uno de nuestros derechos y respetarnos entre todos y todas junto con nuestros espacios públicos y privados.

En dos oportunidades en la vida de mi hijo, tristemente le gritaron en la vía pública: "¡Miren al niño 'muerto'"! En ambas oportunidades estaban presentes los padres de esos niños; ellos solo agacharon su cabeza —de vergüenza, imagino— e hicieron callar a su hijo. Nunca nadie se disculpó ni tampoco yo me acerqué a decir nada, por lo chocante que me parecía la situación; quedaba impávida ante el niño.

La última vez que vivimos algo así fue en nuestras últimas vacaciones junto a "Dieguito", o más bien nuestro intento de vacaciones. En la piscina del hotel donde estábamos, un niño a viva voz enfrente de muchísimos adultos, gritó esta repetida y triste frase a Diego: "¡Miren el niño muerto!" Al recordar lo vivido en años anteriores, no me quedé callada. Cuando le iba a preguntar al niño por su madre para hablar con ella, llegó ella raudamente a sacar vergonzosamente a su hijo del lugar. A los pocos minutos volvió la madre y se acercó a mí con su hijo; debió haber tenido unos siete u ocho años. La mamá lo tomó firmemente de su brazo y lo forzó a pedirnos disculpas. En ese minuto me dio mucha pena el niño, que con su cara de confusión y vergüenza no entendía por qué debía pedir perdón. Quise acercarme para intentar explicarle lo de Diego y encontré que la mejor forma de introducir el tema de la discapacidad en mi conversación era mencionando la Teletón, pues daba por hecho que la conocía. Para mi sorpresa, cuando le pregunté al niño: "¿Conoces la Teletón?", el niño me respondió con su rostro confundido un rotundo: "No".

Ante eso, me sentí frustrada e impotente, porque yo tenía toda la intención de abrirme a conversar con el niño y contarle un poquito sobre Diego, pero en ese instante de decepción, sentí pena y rabia de pensar que el trabajo de educar y mostrarle un mundo de matices y diferencias era responsabilidad de su madre y no la mía.

Yo me quedé muda, la madre, incómoda, se alejó de nosotros con su hijo, mientras todos en la piscina miraban atentos la escena que estábamos viviendo. "Dieguito" inmediatamente comenzó a convulsionar en mis brazos. Lo saqué rápidamente del agua, donde solo estábamos sentados mojándonos los pies. Todos a nuestro alrededor se dieron cuenta de que algo malo o extraño estaba pasando a consecuencia de la situación con el niño.

Nos fuimos inmediatamente al departamento. Llegando ahí, me alejé de "Dieguito" y del resto para llorar en silencio, sin que me escucharan. Luego vi a mi hija mayor llorando también; Sofía y Rocío tenían una mirada de dolor evidente. Conversamos entre nosotros sobre lo que habíamos vivido recién en la piscina. Reflexionamos sobre el comportamiento de personas ajenas a nuestro mundo, sobre los niños con reacciones crueles ante la presencia de "Dieguito". Entre los cuatro pensábamos en cómo nos cambiaría la vida si en la crianza desde pequeños se hablara con naturalidad sobre temas de discapacidad en todas sus versiones. Pensaba que si este tipo de conversaciones se hicieran en una sobremesa, en una reunión familiar o ¡incluso mientras estamos en temporada Teletón!, sin duda sería muchísimo más fácil para los padres poder tocar estos temas. ¡Cuánto cambio serían capaces de provocar esos padres! Un verdadero giro positivo a la mente de esos niños y futuros adultos.

Si realmente las cosas fuesen así, los niños tendrían una mente y corazón abierto y receptivo a las diferencias físicas e intelectuales, conocerían sobre los distintos tipos de discapacidades, sabrían cómo actuar, qué decir o qué no decir, cómo cambiar de esa mirada temerosa a una mirada dulce, de una palabra cruel a una simple sonrisa; cambiarían de una burla, por acercarse sin miedo, a decirle algo amoroso. En fin, todo cambiaría y los corazones de familias como la nuestra no estarían tan dolidos, la convivencia sería por sobre todo respetuosa y no por lástima, sino gracias a la educación y empatía de quienes nos rodean.

Segunda parte
Respiración

“Un poco de sol es todo lo que necesita”

A mediados de 2015, Diego contrajo por segunda vez la bacteria micoplasma, que le ocasionó nuevamente una fuerte neumonía, dejándolo hospitalizado por dos semanas y con sus pulmones muy débiles. Para ese entonces, Diego ya había cursado varias neumonías anteriores, pero esta vez le produjo un daño pulmonar crónico irreversible. La salud de Diego se deterioró y mi hijo se hizo esclavo rápidamente del oxígeno, con lo que desgraciadamente su calidad de vida empeoró considerablemente.

A partir de ese momento, su respiración y sus pulmones comenzaron a fallar. Diego comenzó a tener una baja progresiva y considerable de peso. Nadie, ni los médicos sabían las razones de esta baja de peso tan repentina; años más tarde recién supimos la verdadera causa de lo que le estaba pasando. Por ese entonces, pese a que consumía una dieta rica en calorías, proteínas y vitaminas, nada hacía sospechar qué podría estarle pasando, y “Dieguito” continuaba a la baja de peso.

Fueron dos situaciones que comenzaron a presentarse en Diego. Por un lado, teníamos esta desnutrición importante que avanzaba precipitosamente, y por otro lado, teníamos la presencia de una dificultad respiratoria cada vez más compleja, que le impedía realizar una vida normal. Teníamos una bomba de aspiración de secreciones, nariceras, cilindros de oxígeno, nebulizador y oxímetro de pulso o saturómetro portátil. Con estos aparatos en nuestras manos podíamos controlar sus signos vitales más importantes y ayudarlo con el manejo de sus secreciones. Hasta nos habían regalado un concentrador de oxígeno, que es un aparato que capta el oxígeno del medioambiente, para alcanzar concentraciones terapéuticas para el paciente.

Con el pasar de los meses, me fui percatando de que Diego ya no resistía las terapias motoras, puesto que cada vez que intentaban ejercitarlo, se descompensaba rápidamente y comenzaba a desaturar, a tal punto de ponerse cianótico. Su rostro, uñas y labios se ponían morados y comenzaba a aletear las fosas nasales como signo del esfuerzo que hacía para poder respirar. Estas señales que Diego nos daba nos hacían mantenernos angustiados y nerviosos todo el tiempo. Junto con esto, comenzaron a aumentar los vómitos que ya tenía desde hace tiempo y la epilepsia se puso cada vez más rebelde y agresiva.

A raíz de esta descompensación repentina que comenzó a presentar "Dieguito", con mucha pena decidimos retirarlo del centro de rehabilitación Amancay. No tenía más opción, pasaba la mayor parte sola con mis tres hijos sin ningún otro apoyo, y necesitaba urgentemente disminuir la frecuencia de sus salidas. Mientras menos lo moviera, menos secreciones soltaría, por lo tanto, estaría con menos problemas para respirar. Su deterioro respiratorio fue avanzando muy rápido; no toleraba andar en auto, porque el mismo movimiento lo hacía soltar sus secreciones y tapar sus vías respiratorias. Lo que comúnmente ocurría es que cuando Diego se tapaba en secreciones, terminaba vomitando, como por una especie de rebalse. Eran bolas espesas gigantes de secreciones, y cada vez que lo aspiraba para ayudarlo, se llenaba rápidamente de secreciones otra vez; solo duraba un par de minutos tranquilo y volvía nuevamente a ponerse morado. Así fue la tónica que vivíamos día a día y que duró al menos dos años.

A pesar de que yo a esa altura ya tenía conocimientos sobre cómo realizar una fisioterapia respiratoria, pensé que lo más prudente, por lo delicado de la situación de "Dieguito", era llamar a un profesional para apoyarme, porque de todas formas era muy agotador abarcarlo todo. Contacté a un kinesiólogo respiratorio, que me recomendó la broncopulmonar de ese entonces. Era un profesional con mucha experiencia, que estuvo visitando a Diego todos los días durante un año. Este kinesiólogo no usaba bomba de aspiración, porque simplemente no era su técnica. Su técnica era más ruda y menos eficiente para niños como Diego. Confiaba tanto en la experiencia profesional de esta persona, que me demoré todo ese año en darme cuenta de esta falencia. Hasta que un día, en plena terapia respiratoria, "Dieguito" comenzó a botar secreciones con sangre por la boca. El kinesiólogo respiratorio presionó su tráquea tantas veces para provocar la tos para que así pudiese botar las secreciones, que le causó una traqueítis. Esto es una inflamación de la tráquea, dolorosa, que produce dificultades para tragar, respirar y toser. Esta fue la consecuencia de la mala manipulación del kinesiólogo, o más bien dicho, de la poca experticia en casos como Diego. Esto nos empeoró aún más la situación, porque Diego no podía ni siquiera toser para mover las secreciones, ni tragarlas tampoco. Desde ese entonces decidí hacerle yo misma su kinesioterapia respiratoria; de esa forma me sentía muchísimo más segura y tranquila.

Tuve que esperar alrededor de dos meses para que se calmaran los efectos de esta traqueítis. Fueron dos meses completamente dependiente de la bomba de aspiración, en los que también se intensificaron todos sus síntomas respiratorios.

Cirugía a la intuición

"Pero los ojos son ciegos,
uno debe buscar con el corazón"

Después de mucho tiempo, activamos nuevamente la campaña para "Dieguito". Esta vez necesitaba una operación para poder controlar sus frecuentes microaspiraciones. Vomitaba tantas veces al día, llegando a tener hasta diez vómitos diarios, que el riesgo de aspiraciones estaba siempre latente. Una aspiración es cuando las secreciones —saliva y/o comida— se van hacia los pulmones, por lo que los efectos en el sistema respiratorio son nefastos, hay mucho riesgo de neumonía y todo lo que eso conlleva. Los médicos nos decían que una cirugía de Nissen sería la solución a este problema. Esta cirugía consistía en hacer un "apretón" al paso de comida entre el esófago y el estómago, de tal manera que cuando el paciente haga fuerza para vomitar, los fluidos no se devuelvan y así se evite que se vayan a los pulmones.

La verdad, esta cirugía de Nissen me la habían propuesto los médicos hace un año atrás, cuando sus neumonías comenzaron a volverse más frecuentes, pues sospechaban que su principal causa podría ser la aspiración de sus vómitos. En ese entonces una parte de mí no quería hacer esta operación; algo me decía que no era lo mejor. Nunca supe bien por qué sentía eso tan fuerte dentro de mí; muchas veces dudé de la veracidad de mis sentimientos. Creo que el haber dudado de mi intuición fue lejos lo peor que pude haber hecho, porque el tiempo finalmente les dio la razón a todas mis corazonadas. Por aquel entonces la cirugía de Nissen se había fijado en tres oportunidades y en las tres veces me llamó insistentemente el mismo cirujano para intentar convencerme de que era lo correcto y la mejor decisión que podía tomar para mi hijo, pero yo siempre me negué.

Finalmente, después de casi un año de esa programación de cirugía, la situación respiratoria de Diego empeoró mucho y la angustia de verlo sufrir con cada neumonía, con cada ahogo, me aterrorizó y finalmente cedí y concreté la operación de reflujo. Esa fue la última vez que dudé de mi intuición sobre Diego. Las lecciones se aprenden muchas veces cuando la vida te demuestra que te equivocaste, y si sufriste por ello, con mayor razón eso jamás se olvida, te confirma que tu corazón estaba en lo correcto. Después de la cirugía de reflujo, siempre estuve atenta a mis corazonadas y al lenguaje no verbal de mi hijo; él más que nadie podía sentir y presentir tan fuerte como yo.

Cuando digo que no escucharme o prestar atención a mis sensaciones profundas e intensas es el peor error que he cometido, creo estar en lo cierto, porque si creemos en esa voz interior, y ¡mejor aún!, si la escuchamos y le hacemos caso, muchas cosas podrían fluir a nuestro favor. La culpa es un sentimiento muy tormentoso, una sensación horrible, que te atrapa y cuesta mucho dejarla ir. Las madres en general muchas veces caemos en este sentimiento que oscurece nuestra vista, sin dejarnos avanzar. En lo personal, las pocas veces que me he culpado con "Dieguito" (sin mencionar la culpa que sentí por su accidente, que me persiguió por muchos años) ha sido precisamente cuando no le he prestado atención a esa voz fuerte y clara que palpita en mi corazón. Quizás la escuché alguna vez, o varias veces, pero al dudar sobre su veracidad, no escuché ni vi más allá, y es así como la racionalidad nos traiciona.

El cuerpo de Diego estaba tan débil que, a pesar de ser una operación de poco riesgo y prácticamente simple, sería muy preocupante para todos. Desde que se replanteó nuevamente esta cirugía, alcanzó a pasar solo una semana y "Dieguito" ya estaba en pabellón. Teníamos todas las esperanzas puestas en esta operación; definitivamente inhibiríamos los vómitos, evitaríamos neumonías aspirativas y mejoraríamos considerablemente su calidad de vida. La esperanza nuevamente estaba con nosotros, esta amiga que iba y venía a mi vida.

El día llegó, y como era de esperar, nuestro campeón nos sorprendió a todos saliendo sin ventilación mecánica, respirando por sus propios medios y tolerando muy bien todo. Las incisiones eran pequeñas y la sanación de sus heridas fue rápida. Sin embargo, hubo algo que nos llamó mucho la atención. Al segundo día de la operación, Diego comenzó con su alimentación habitual (leche Pediasure) vía gastrostomía, como siempre. Al poco tiempo de recibir su alimentación, comenzó a hacer fuerza, como queriendo vomitar; hacía unos espasmos estomacales muy bruscos y junto a esto comenzaba a ponerse rojo, luego morado; incluso hasta las alarmas de taquicardia y desaturación sonaban cada vez que esto pasaba. Inmediatamente llamé a la enfermera; no parecía entender mucho qué estaba pasando, pero ella me respondió que era una reacción totalmente normal después de este tipo de cirugía. No contenta con su respuesta, pedí hablar con el cirujano. El médico cirujano me dijo que no debía de preocuparme, que todo esto era parte del proceso postquirúrgico, y definitivamente le bajó el perfil a la situación. Aun así, siempre noté en el rostro del médico que esta reacción de Diego le parecía un tanto anormal, pero por más que insistí, jamás lo reconoció y mucho menos nos ayudó.

A pesar de toda esta sintomatología extraña que tenía mi hijo, nos dieron el alta. En la casa todo continuó igual, de hecho, con el paso de los días, estas reacciones en "Dieguito" se volvieron cada vez más frecuentes durante el día. Después de cada alimentación comenzaba con los espasmos musculares en su estómago y se ponía rojo y luego morado. Diego definitivamente se estaba ahogando. Lo grabé varias veces y partí a ver al cirujano, buscando respuestas y una solución concreta. Cuando le mostré los videos, el médico me miró y se rio, y dejó inmediatamente de ver mis grabaciones. Nuevamente me pidió que me tranquilizara y me dijo que eso se le pasaría muy pronto.

Decidí llevar a Diego con su gastroenteróloga de cabecera, quien sin entender lo que estaba pasando, le pidió un estudio de compatibilidad del Nissen. Le realizaron numerosos estudios y todos resultaron normales y con un Nissen competente y bien hecho.

En conclusión, no había explicación médica para tales reacciones de "Dieguito". Muchas veces pensé incluso que hubiese sido mejor que ese examen saliera malo, porque así tendríamos alguna explicación y se pensaría en soluciones. Siempre he pensado así, aunque suene medio bruto, pero a veces pienso que cuando los síntomas son muy confusos y los exámenes son normales, al final te quedas sin diagnóstico, sin respuestas ni soluciones, se transforma todo en una incertidumbre tremenda y entras en una nebulosa infinita, y finalmente quedas como a la suerte.

Entré en desesperación, la angustia me consumía, mientras me acordaba de todas las veces que había postergado esta cirugía por mis presentimientos. Ahora lo entendía todo, eso era lo que mi corazón me decía; me hablaba fuerte y claro, pero no supe interpretarlo y el miedo me ganó, por eso accedí a la operación. Sentía tanta culpa por haberle hecho esta cirugía. Si bien mi hijo ya no vomitaba, ahora se estaba ahogando de manera inexplicable ante mis ojos todos los días.

Como pez fuera del agua

"No dejo de preguntarme,
¿qué estará pasando en su planeta?"

Una noche, mientras "Dieguito" dormía profundamente en mis brazos, comenzó repentinamente a ahogarse, haciendo esa fuerte contracción abdominal. Comenzó a ponerse muy rojo, así que puse el saturómetro de oxígeno en su dedo para corroborar sus signos vitales. En ese momento Diego despertó y comenzó a ponerse morado, y en fracción de segundos sus latidos se aceleraron hasta 210 y su saturación bajó hasta 57%, ¡números imposibles de creer! Con tal escenario fácilmente podría entrar en un paro cardiorrespiratorio en cualquier momento. Todo fue demasiado rápido, estaba sola, mis hijas dormían y el pánico se apoderó de mí. Lo tomé de los brazos y lo sacudí sin parar, golpeando su espalda hasta que tomó su color rosado y sus signos vitales se normalizaron como por arte de magia.

Después de este episodio horrible, conseguí un Ambú, un resucitador manual, y aprendí a usarlo en caso de tener que rescatarlo ante un eventual paro. No podía creer hasta qué punto habíamos llegado con estos ahogos. El panorama se veía aterrador, su calidad de vida empeoró aún más, su vida y la de nosotros se vio envuelta en una angustia constante, más aún de no saber cómo ni por qué estaba ocurriéndole esto después de su operación.

Estuvimos viviendo así durante varios meses, sin respuesta médica, sin solución a su problema, casi sin poder salir, sin poder retomar nuestras vidas. Hasta que un buen día "Dieguito" comenzó a vomitar nuevamente (que en ese momento era el mal menor) y fue ahí cuando esta pesadilla se terminó para siempre, dando paso una vez más a las neumonías. Después de haber vivido tantas cosas con "Dieguito", ya no sabía qué era peor, tenía miedo de tomar otra decisión desafortunada, temía de nuevas indicaciones médicas o de una nueva cirugía. Cuidaba a Diego con mi vida, cuidaba cada uno de sus respiros cada noche y cada día.

Junto con todos sus temas que ya eran habituales en él, "Dieguito" en ese entonces ya se encontraba extremadamente enflaquecido y esta condición física se hizo cada vez más preocupante, como también sus múltiples vómitos y cianosis a diario, neumonías recurrentes y un permanente estado de cansancio. Visitábamos al broncopulmonar más de tres veces al mes, busqué incansablemente otras opiniones para encontrar una solución. Investigaba sobre diferentes tipos de medicina que pudieran ayudar a mi Diego, como también diferentes tipos de alimentación, saludables y ricas en grasas, dietas hipercalóricas especiales para desnutrición crónica.

Lo llevé durante un largo tiempo con una doctora especialista en biomedicina, la precursora de biorregulación en Chile. Usamos biomedicina alemana de altísimo costo, que había escuchado que tenía muy buenos resultados. Ocupamos todo el recurso necesario con tanta fe, con la mayor de las esperanzas puestas en cada una de estas aventuras médicas que nos embarcábamos. Los resultados eran lentos y no se mantenían en el tiempo, lo que provocaba un estado permanente de ansiedad y frustración.

Después de un año, decidí probar con otro tipo de medicina complementaria. Llevé a Diego con una nutricionista especialista y pionera en Chile de nutrición ortomolecular, que consiste en la suplementación nutricional natural. El sistema y los fundamentos de este tipo de nutrición eran súper buenos, innovadores e integrales, al igual que la biomedicina, pero el caso de "Dieguito" era tan complejo, que muchas veces mientras me enfrascaba en algún tratamiento innovador, los resultados eran prácticamente nulos, lo que hacía pensar que la solución no iba por esos caminos. Lo peor de todo es que no sabía cuál era ese misterioso camino que teníamos que seguir.

Al no ver resultados en los tratamientos y terapias de los diferentes especialistas de medicina complementaria, continué la búsqueda de respuestas y de resultados con medicina alópata, tradicional. Dentro de mí cada vez me convencía más de que su problema no era tan solo nutricional, sospechaba que había algo más que estaba causando esta baja constante de peso. Recorrimos varios nutriólogos, pero su condición a esa altura era de una "desnutrición aguda grave" con un gran debilitamiento físico.

Un escolar *part-time*

"La casa, las estrellas, el desierto, lo que los embellece es algo invisible"

Corría el año 2016 cuando por fin, después haber batallado tanto por sus ahogos, encontramos que "Dieguito" estaba más estable y preparado para conocer el mundo escolarizado, al menos así quería llamarle yo, "su colegio". Así fue como tuvimos la alegría de matricularlo en la Fundación Alter Ego, una fundación privada sin fines de lucro, dedicada hace más de veinte años a la educación y rehabilitación integral de niños, niñas y jóvenes con parálisis cerebral y trastornos neuromotores. Ellos les brindan herramientas para que desarrollen todas sus potencialidades y así puedan tener una mejor calidad de vida, al mismo tiempo que cuidan su bienestar físico y emocional, a través de las múltiples áreas de trabajo que ahí existen.

Ya habíamos visitado junto a Diego y Rodrigo las dependencias del lugar y sus estudiantes, unos días antes de la entrada a clases. Esa vez aproveché de preguntar si acaso podía asistir a las clases junto a Diego; las profesoras entendieron mi aprensión y mi preocupación, y accedieron sin problemas, diciéndome que muchas mamás al comienzo hacen lo mismo y se quedan merodeando por el colegio.

No quería perder mi oportunidad de verlo interactuar y participar en sus clases, de ver cómo reaccionaba ante este espacio nuevo, cómo era la reacción también de sus demás compañeritos y compañeritas, y cómo era esa dinámica que hasta ese entonces para mí era completamente un misterio.

Soy educadora de párvulos de profesión, y recuerdo que cuando trabajé con niños y niñas siempre tuve un *feedback* de su parte, alguna respuesta ante una pregunta, acción o estímulo; había todo tipo de comunicación y reacción, había llantos, peleas, gritos, risas, besos, abrazos, pataletas, etc. Esa vez que acompañé a "Dieguito" en su primer día, me sentía muy emocionada de poder conocer este otro espacio escolar, algo distinto a lo que yo ya conocía, pero que finalmente tenían muchísimas cosas en común: aula, pizarrón, enseñanza y aprendizaje, niños, niñas, pedagogas, técnicos, canciones, risas, cariño, colores, música, y todo ese ambiente que a mí en lo personal me enloquece de amor. Y bueno, no puedo hacerme la desentendida, también quería ir de aprensiva y preocupada que estaba. Primero, me angustiaba la idea de separarme de él; eso me tenía con el corazón apretado, porque por un lado lo extrañaría demasiado y por otro lado, imaginaba que podía echarme de menos también. Por otra parte, mi cabeza explotaba imaginando cosas terribles, como que podría vomitar sin que nadie se diera cuenta o que tuviese alguna manito doblada y que nadie la vería, o que tuviese su cabecita chueca o su saliva sin limpiar. Todas esas cosas pasaban por mi cabeza, no eran pocas y eran bastante angustiosas para mí.

El primer día llegó y el nerviosismo y la ansiedad ¡me comían a pedazos! Me enterneció la forma tan cariñosa y alegre en que todos nos recibieron. Su profesora, sus técnicos, el fonoaudiólogo, la kinesióloga, la directora, todos estaban ahí presentes para saludarnos y darnos la bienvenida. Diego tranquilamente observaba, como analizando cada detalle. Él ya estaba súper mega enterado de todo, ya le había hecho tanta fiesta por su entrada a clases, que tenía clarísimo a dónde iba, qué actividades tendría, con quién estaría, por qué iría e incluso a qué hora lo iría a buscar. También le conté que todos estábamos muy orgullosos y felices por su entrada al colegio, y que yo lo estaría esperando para darle muchos besitos.

Cuando la puerta de la sala se cerró, comenzó inmediatamente la bienvenida y la "hora del saludo", ese momento que tanto me gustaba a mí cuando hacía clases. Eran nueve estudiantes en total; la profesora tocaba el pandero, mientras quienes podían mover sus manos tenían también un cascabel para hacerlo sonar. La hora del saludo y la asistencia era muy alegre y con mucho sonido; la profesora junto a las técnicos movían las sillas de ruedas de los niños y niñas al ritmo de la música, o les movían las manos para hacerlos aplaudir o hacer sonar un cascabel. De esta forma los hacían participar de manera dinámica y entretenida. También estaban las fotografías de los y las estudiantes pegadas en el pizarrón, quienes con ayuda ponían para marcar su asistencia.

La verdad es que fue muy lindo poder presenciar esos momentos, agradezco que se me haya dado esa oportunidad, porque son vivencias que jamás olvidaré, momentos de suma emoción y ternura, en que pude conocer otra forma de hacer pedagogía, de comunicarse, de interactuar con los y las estudiantes, otras formas de expresión y muestras de cariño. Realmente una experiencia y un ambiente que emociona y que te hace una vez más abrir los ojos y ver más allá de tus narices.

Cumpleaños soñado

> "Siempre serás mi amigo y querrás reír conmigo,
> a veces querrás abrir la ventana
> para darte ese placer"

Siempre quise celebrar el cumpleaños de "Dieguito" junto a niños y niñas que fuesen como él, y qué mejor que hacerlo en su propio colegio. Hasta ese entonces siempre habíamos celebrado juntos nuestros cumpleaños y en compañía de la familia, pero durante los dos años que Diego estuvo en la Fundación Alter Ego, aproveché para celebrárselo como siempre lo había soñado.

Diego cumplía cinco años, y una semana antes me preparé muy bien, informándome de las cosas que sus compañeritos y compañeritas podrían consumir. Así, ese día llegué temprano para acomodar y decorar la mesa con todas las cosas lindas y ricas que llevé. Llegaron a la fiesta su fonoaudiólogo y la kinesióloga que lo atendían, las técnicos y profesoras de otros niveles, e incluso invitamos a otro curso para que pudiesen disfrutar junto a nosotros.

Hay que recordar que la Fundación Alter Ego la integran niños y niñas con parálisis cerebral y trastornos neuromotores, por lo tanto, en su mayoría son portadores de gastrostomía para alimentarse. Al momento de comer estas cositas ricas, todo el personal se disponía a moler los alimentos para pasarlos por la gastrostomía de cada uno, invitándolos a oler estos alimentos, como también untar una pequeñísima cantidad de ellos en sus labios, para que de esa forma pudiesen disfrutar, reconocer y saber qué estaban consumiendo. Todo esto siempre lo hacían con el máximo cuidado, apoyados con el fonoaudiólogo y con la autorización previa de los padres.

Lo que más me emocionó de ese momento de apoyo entre el equipo de profesionales, fue ver cómo se esforzaban por integrar e incluir a los niños y las niñas en acciones propias de una convivencia como un cumpleaños infantil. Hacían de ese momento social, un lugar en que todos y todas pudiesen disfrutar, ya fuese con algo para comer, participando de canciones o entregándole el regalo a "Dieguito"; la idea siempre era hacerlos partícipes de la fiesta.

Ese día lamentablemente a Rodrigo le tocó estar en el norte trabajando, pero nos acompañaron mis dos hijas y además estaban también mi mamá y mi papá, quienes cada año viajaban en marzo para nuestros cumpleaños.

Al año siguiente, para su cumpleaños número seis, decidí invitar a todo el colegio, grandes y chicos a un espectáculo de magia muy lindo y entretenido en el patio del mismo establecimiento. Ese día también nos acompañó Catalina, hija de mi amiga Cybell. En el año 2014 conocimos a Catalina y a su mamá en una charla sobre cannabis medicinal. Ese día tuvimos nuestra primera conversación, y desde ese entonces jamás nos hemos separado; ellas han sido parte muy importante de nuestra historia. Catalina es siete años mayor que Diego y también tiene parálisis cerebral; es una adolescente dulce, risueña, de sonrisa amplia y ojos luminosos. "Catita" tiene una inocencia y una sensibilidad que emana de sus poros, todas estas cualidades en ella me enternecen, me recuerdan a mi hijo y me provocan una inevitable sensación de protegerla y mimarla. Catalina fue y será siempre la mejor amiga de "Dieguito"; compartieron tantos momentos lindos y entrañables juntos, y Cybell se convirtió en mi mejor amiga. Junto a ella encontré a una mujer de hermosos valores y de una valentía impresionante. Tiene una historia tremenda de lucha y de abnegación, cuidando y sacando adelante sola a su hija. Ambas hemos podido encontrar en la otra esa contención emocional que nos hacía tanta falta, y por sobre todo, comprendemos ese sentimiento y pensamiento que solo madres como nosotras somos capaces de entender sin juzgarnos.

Durante esos dos años en la Fundación Alter Ego, Diego tuvo muchísimos avances, sobre todo en comunicación, y cada avance o simplemente algún detalle que fuese para admirar su carita, las profesoras del colegio me mandaban registro de videos o de fotos. De esa forma siempre me mantenía en contacto con ellas durante el día. Vivimos un montón de experiencias entretenidas y hermosas en ese lugar, un ambiente lleno de inclusión y participación de sus estudiantes. Algunas de estas actividades fueron las fiestas patrias, y a Diego en una oportunidad le tocó ser el cajero de las "ramadas" ¡del puesto de los choripanes! También participó de un desfile, modelando su traje de huaso elegante. Siempre me acuerdo de la emoción que sentí, al ver cómo todos le aplaudían y lo vitoreaban. ¡Dios, cómo extraño todo eso!

Recuerdo que una vez los acompañé al circo; esa fue la primera vez que Diego conocía el circo y que se subía a un bus (donde nos trasladamos). Dije "vivimos" antes, porque pese a ser actividades propias del colegio, siempre estaba abierta la posibilidad de que participaran apoderados, aunque yo era la única presente en ese tipo de salidas o actividades. Y la verdad es que jamás me avergoncé, porque gracias a esa decisión que tomé, llevo conmigo cada recuerdo junto a mi hijo. Agradezco haber visto su rostro de alegría, conocer el entorno en que se desarrollaban estas actividades, cómo se generaban las dinámicas y cómo se entregaban los cuidados tan amorosos de sus profesionales. Es en realidad todo un mundo lleno de matices, de sutilezas y de contrastes. Siempre que estuve rodeada de ellos, me generaba esa pena tremenda por saber que allá afuera el mundo es tan cruel y difícil para nuestros niños, niñas y jóvenes con discapacidad.

Cuerpo sabio

> "Y por las noches mirarás las estrellas. Donde vivo todo es tan pequeño que no puedo decirte dónde encontrar mi estrella. Es mejor así"

Diego en ese entonces aún presentaba muchos vómitos y su peso seguía muy bajo. Por esta razón, la gastroenteróloga que lo veía me propuso instalarle una sonda llamada sonda transpilórica, también conocida como "transyeyunal" o "gastroyeyunal". Esta sonda iría desde su estómago, a través de su gastrostomía, hasta el yeyuno. De esta forma, según la doctora, lograríamos tres cosas: evitar los vómitos, las aspiraciones y sobre todo, lograríamos alcanzar un aporte calórico mucho más rápido y eficiente, saltándonos el estómago. Me contó además que esta sonda era muy usada por niños y niñas como Diego, que presentan una baja de peso considerable, y que tenía muy buenos resultados. Además, los estudios habían comprobado que era muy eficiente y adecuada para este tipo de casos.

La verdad es que, aunque me hablara maravillas de esta sonda, a mí me seguía causando algo de miedo, sobre todo después de haber vivido la experiencia reciente de la cirugía de Nissen, respecto a la que el cirujano también me contó solo cosas positivas. Pero esta vez debo reconocer que aparte del mismo miedo no sentía nada más y pensaba que, si continuaba con ese trauma, me quedaría estancada sin poder ayudar a mi hijo. Sabía que en algún momento tendría que dar mi brazo a torcer ante algún nuevo tratamiento para sacarlo adelante de una u otra manera.

Para instalarle esta sonda tendría que estar dormido, así que lo ingresamos de forma ambulatoria para hacerle una endoscopía digestiva y así aprovechar de ponerle la sonda. Nos fuimos a casa ese mismo día, poniendo en marcha el uso de esta sonda milagrosa.

Había pasado solo un día desde que instalamos la sonda, cuando Diego de un momento a otro comenzó a quejarse y a llorar de forma intermitente. Inmediatamente pensé en la sonda, pero no entendía qué podría estar pasando. Sin embargo, el quejido de Diego se volvió cada vez más constante; era evidente que algo le estaba pasando. Independientemente de si lo alimentaba o no, a él parecía molestarle o dolerle algo. Esa misma noche lo llevé a urgencias para que le realizaran una radiografía de abdomen. Me atendió un médico cirujano pediátrico que nunca antes había visto, ni siquiera había escuchado su nombre. El doctor le realizó la radiografía y me dijo que "aparentemente" la sonda estaba aún en su lugar, pero que no dejaba de tener dudas al respecto, ya que la imagen igual estaba un poco confusa. Me dijo que, si "Dieguito" continuaba con signos de molestia y dolor, fuera a verlo a su consulta dentro de dos días, pero que de todas maneras me daba el número de su celular por si acaso, cosa que me llamó muchísimo la atención; ningún médico hacía eso, menos sin conocernos.

Nos fuimos nuevamente a la casa, con la incertidumbre de no saber qué estaba pasando. Esto fue un sábado, y al día siguiente por la mañana, cuando destapé a Diego para conectarle su leche, me di cuenta de que casi medio metro de sonda colgaba fuera de su gastrostomía y tenía también algo de sangre, lo que provocó que me asustara muchísimo más. En ese mismo segundo, mientras me alteraba por lo que estaba pasando, me llamó la atención que "Dieguito" no estaba llorando. Es más, se veía súper relajado y hasta aliviado, diría yo; parecía que las molestias y el dolor habían desaparecido, y aparentemente pareciera no haberse dado cuenta de lo sucedido. Como no supe cómo reaccionar y el pánico me congeló al ver la sangre, me acordé de que el médico cirujano de urgencias me había dado su número de teléfono. Me dio algo de pudor molestarlo un domingo por la mañana, pero de todas maneras lo llamé, ya que no sabía cómo solucionar este problema y debía además alimentarlo de alguna manera. Algo nerviosa por la situación, le expliqué lo que había pasado y el doctor sin dudarlo me dijo que en diez minutos estaba en mi casa, y así fue. Diez minutos en punto demoró en llegar a mi casa, llegó casi en pijama, y yo le tenía preparado algunos insumos que me había pedido.

En cinco minutos el médico tenía solucionado el problema de la sonda; simplemente había que cortarla y su funcionamiento quedaría transformado como si fuese un botón de gastrostomía cualquiera. Esto quería decir que Diego nuevamente volvía a recibir su alimentación por el estómago. Pero, como era un arreglo improvisado, me dijo que tenía que volver a poner un botón de gastrostomía lo antes posible.

El cirujano sacó sus propias conclusiones sobre este caso, diciéndome que muy rara vez ocurre algo así, pero que a veces este tipo de sondas se doblan dentro del intestino, provocando dolor y molestias, como le ocurrió al Diego. Ahora tenía una explicación de todos sus síntomas, incluyendo la sangre que salió luego de que expulsara la sonda.

Desde esa vez, "Dieguito" volvió a estar tranquilo nuevamente, sin embargo, tenía que llevarlo donde su gastroenteróloga para que lo examinara y así también contarle sobre este inédito suceso médico (otro más). Cuando lo llevé donde la gastroenteróloga, sin decirle nada, apenas entré a la consulta, le levanté la polera a "Dieguito" para mostrarle que ya no tenía la sonda transpilórica. Le conté detalladamente todo lo sucedido desde que le pusimos la sonda. Estaba atónita, no podía creer lo que le contaba. Me dijo que era la primera vez en su carrera como médico que veía una reacción tan extraña de una sonda de ese tipo, a lo que recordó también la reacción que tuvo con la cirugía de Nissen, que también fue un hecho médico súper inédito.

Ciclón de fin de año

> "Si alguien ama a una flor, de la que solo existe un ejemplar en todo el universo de millones y millones de estrellas, basta con mirar las estrellas para sentirse feliz"

Ese año 2016 sentí que mi hijo crecía y se transformaba en un niño más grande, con gustos, preferencias y actitudes de un prepúber. Todo esto provocó en mí una mezcla de nostalgia, emoción y ternura.

Botó su primer diente, lo que me llenó de orgullo; mi niño estaba transformándose lentamente, creciendo y creciendo sin parar. Junto con esto descubrí de manera casual que ya los juguetes de estimulación como cascabeles, tambores y sonajeros ya no eran de su agrado. Cada vez que los hacía sonar para que trabajara la vista y la audición, simplemente tomaba una actitud de ignorarlos completamente, casi como enojado.

Otra cosa que me di cuenta fue que cambiaron sus gustos de programas infantiles, pasando de algo muy de niños pequeños, para dar paso a series infantiles de niños grandes; los superhéroes y dinosaurios fueron sus favoritos. Había un estilo de programas y películas que le gustaban mucho. ¿Cómo lo supe?

Fácil, simplemente porque su mirada se pegaba a la pantalla, su mirada cambiaba, su boca se abría aún más y su saliva comenzaba a caer. Esa era la señal de que definitivamente estaba entretenido.

Fue gracias a estos descubrimientos que comencé a probar con otro tipo de juguetes, otro tipo de material de estimulación, como así también otra programación de televisión. No demoré nada en darme cuenta de estos cambios. Estas actitudes en Diego las teníamos muy identificadas como familia. Nos causaba ternura y risa esa actitud un poco agrandada que tenía, cuando todos en la casa lo veíamos todavía como un niño pequeño.

Comencé a comprarle dinosaurios de juguete que hicieran sonidos, como también le regalé la colección completa de los superhéroes de Marvel. ¡Diego amaba sus juguetes nuevos! Guardo con mucho cariño una fotografía que le tomé mientras sostenía en su mano al Capitán América. Diego estaba con su rostro completamente feliz, como no queriendo soltar sus nuevos juguetes. A nosotros nos llenaba de felicidad y satisfacción ver su rostro lleno de felicidad, esa sonrisa escondida que "Dieguito" tenía. Sus ojitos hablaban por él y nos decían que todo este nuevo mundo que acababa de descubrir le gustaba.

Ese año finalizó con una dualidad muy especial, algo que nos dejó muy emocionados y felices, y por otro lado, algo que nos rompió el corazón una vez más. Se acercaba navidad y el "colegio" de Diego, como le decía yo a la Fundación Alter Ego, preparaba su clásico y tan esperado acto de Navidad. Era el primer acto que Diego tenía en su vida, algo que me ponía la emoción de punta. Esta vez harían un musical, y a

"Dieguito" le tocó representar a la estrellita de Belén. Apenas me enteré de su papel, me puse manos a la obra con su traje, pero se lo mandé hacer, porque yo ¡no coso ni un botón! Ya tenía en mi mente cómo quería que luciera mi hijo, sería la estrellita más linda y brillante del mundo. Su traje quedó bellísimo, de un dorado brillante; se lo probé al llegar a la casa. Todo el tiempo pasaba diciéndole lo hermoso que se veía, lo felices y orgullosos que nos sentíamos de él y lo bien que lo pasaría ese día.

El día del acto de Navidad llegó y todos queríamos ver a nuestra estrellita de Belén en su primera actuación. Para ese día fue mi papá Ignacio, mi hermana Carla, mi suegra y mi suegro, quienes se encontraban en Santiago, y obviamente también asistieron sus hermanas y su papá. Para ser honesta, no solo lloré cuando apareció mi pequeño, sino que lloré desde el comienzo. Dentro de mí, mientras contemplaba el entorno con especial afecto, me repetía una y otra vez lo afortunados que éramos en presenciar un acto tan hermoso, con estudiantes que reflejaban el esfuerzo detrás de cada una de sus familias por sacarlos adelante. Las sonrisas de esos niños, niñas y jóvenes que participaban, tenían la capacidad de transmitir tanta alegría, una felicidad genuina que brotaba desde lo simple; todo eso me estremecía el alma de alegría. Además de todo lo que sentía mientras admiraba cada detalle de la presentación, sentí tanto respeto por todo el equipo de profesionales que se esforzaban siempre para que cada una de sus presentaciones y actividades resultaran hermosas y exitosas.

Recordé lo que fue para mí hace años atrás, en mi época de educadora de párvulos, preparar cada detalle y ensayar junto a los niños y niñas alguna presentación o actividad en el jardín infantil. Sentí nostalgia, ternura y añoranza por volver a vivir ese tipo de experiencias que sin duda me llenaban el corazón. La profesión que involucra educar, guiar y proporcionar herramientas y experiencias significativas en los escolares, es una de las tareas y vocaciones más hermosas y valiosas. Es ahí en la niñez cuando se generan las bases para construir un ser humano con características apropiadas para convivir en sociedad, bajo las normas del respeto, empatía, solidaridad y tolerancia. Factores que se trabajan con dedicación, esfuerzo y cariño cada día en el aula, pero sobre todo en cada familia.

El momento tan esperado llegó y ahí estaba frente a todos nosotros, nuestra estrellita de Belén, brillante y danzante en su silla de ruedas, que manejaba su profesora guía con entusiasmo y cariño, al compás de la música. Mi pequeño apenas podía abrir sus ojitos por la gran cantidad de luz que había en el patio; me causaba ternura hasta su fotosensibilidad, que era tan propia de él. Todo en mi pequeño Diego me enternecía con vehemencia, mis suegros lloraban emocionados y yo intentaba controlar mi llanto, pues sentía que venía una especie de catarsis asomándose por mi garganta. La atmósfera además hacía lo suyo: la música navideña, las sonrisas de los y las estudiantes, los rostros orgullosos de sus profesoras y asistentes, la mirada brillante y acuosa de todos los espectadores presentes. Fue una jornada sin duda inolvidable, que quedó para siempre en mi retina.

Se acercaba el término de año y nos preparábamos para recibir a toda mi familia en nuestra casa para celebrar el Año Nuevo; esperábamos un total de veinte personas entre primos, sobrinos, tías, tíos, abuelitas y mis padres. Siempre me ha gustado unir a la familia, y ser la anfitriona es también una de mis cosas favoritas; me gusta eso de tener una manada inmensa metida en mi casa. Rodrigo siempre me dice a modo de broma que me encanta estresarme, pero la verdad es que me entretiene y me hace inmensamente feliz. Me gusta servirles a mis invitados, deleitarlos con cositas ricas o con alguna decoración entretenida, o quizás tenerles alguna actividad que nos divierta a todos. Hacerlos sentir cómodos y felices en nuestra casa me ha dado siempre una enorme alegría y satisfacción.

Por esos días previos al 31 de diciembre, Diego comenzó a presentar unos sarpullidos muy extraños en su pecho; eran rojos, pero no parecía sarampión. Mis hijas habían tenido esa peste cuando eran chicas, entonces ya sabía identificarlo. Esto era algo completamente nuevo para mí, además no tenía relieves, eran como pequeñas manchitas de puntos rojos. A las pocas horas que comenzó con esta reacción cutánea, comenzó a presentar fiebre alta y un decaimiento que asustaba. Le pedí ayuda a la hermana de una amiga, que era médico pediatra, para que viera a Diego de forma urgente en su consulta. Cuando llegué con Diego, él ya presentaba poca reacción a los estímulos, estaba demasiado decaído y aunque la fiebre había pasado, parecía no repuntar. La doctora me dijo que lo que tenía Diego parecía más bien escarlatina, una enfermedad bacteriana que afecta principalmente a niños y niñas en la preadolescencia. De todas formas, Diego no cumplía con todos los síntomas propios de esta enfermedad, y ver la duda de la doctora también me hizo dudar de su diagnóstico. Pese a eso, ella me dijo que me relajara, que lo más probable es que fuese eso y que era algo súper normal en un niño de la edad de Diego. Quise creerle, pero había cosas que no me cuadraban en la sintomatología. De todas formas, nos fuimos con tratamiento de antibióticos para la casa.

Faltaba solo una semana para la noche de Año Nuevo y Diego continuaba sin repuntar, es más, sus signos y síntomas iban empeorando cada día más. Con mucha pena tuve que cancelar la celebración de Año Nuevo en mi casa y trasladé a toda mi gente a la casa de una prima para que nadie se quedara sin su celebración de fin de año. Nosotros quedamos con la mente y la preocupación puesta en Diego. Su respiración comenzó a fallar y tuve que ponerle oxígeno para ayudarlo, sin embargo, lo que más me preocupaba era que, pese al tratamiento de antibióticos, la fiebre no lo soltaba y tampoco ese profundo decaimiento que no le permitía despertar. Diego comenzó a estar cada vez más y más dormido, y esa situación me asustó muchísimo.

Lo llevé a urgencias y, como era de esperar, quedó hospitalizado. Siempre intentaba a toda costa manejar la situación en casa lo más que pudiese y que mis máquinas y medicamentos me lo permitieran. Estar hospitalizados con Diego siempre significaba un agotamiento extremo para ambos; era estar sometidos a un constante estrés de todo tipo. Y también, como lo he dicho anteriormente, debíamos coordinar logísticas para cuidar de las niñas en casa. En fin, era siempre un tema con letras mayúsculas. Pero cuando las situaciones escapaban de mis manos, no tenía más remedio que correr a urgencias para hospitalizarlo.

Habían pasado varios años desde que "Dieguito" no quedaba hospitalizado en UCI. Fue realmente fuerte volver a ver ventiladores mecánicos, tubos, máquinas y más máquinas, rodeados de alarmas, sonidos escalofriantes y ese ambiente de tensión y dolor que se impregna en cada sala de cuidados intensivos.

Diego llevaba cerca de tres días casi sin despertar, y cuando llegamos a la UCI no despertó en los cuatro días que estuvimos ahí, cuatro días consecutivos sin siquiera abrir medio ojo. Solo me tranquilizaba el hecho de que estaba completamente monitoreado y con mil ojos puestos en él. Le hicieron múltiples exámenes, lo visitaron muchos especialistas, entre ellos una infectóloga que descartó por completo que tuviese escarlatina. Solo sabíamos que lo estaba atacando una bacteria y que además estaba cursando una influenza. Una bacteria y un virus juntos era la peor mezcla que podría atacar a un niño como el mío.

Me acuerdo de que una mañana llegó el jefe de la UCI pediátrica, contempló en silencio a Diego, luego me miró y con una cara de preocupación me dijo: "¿Alguna vez han pensado qué hacer en caso de que Diego presente una falla cardiorrespiratoria y tengamos que hacer maniobras de resucitación?" Me quedé helada con su pregunta, me pilló de sorpresa y sabía perfectamente a qué se estaba refiriendo. Era un tema que nunca hasta esa fecha habíamos conversado con Rodrigo, pero que sin duda era un tema pendiente. Ese día mi respuesta fue simplemente un "no", a lo que él me respondió: "Sería bueno que lo hablaran con tu marido, porque nosotros como equipo médico tenemos que saber cómo responder ante una emergencia, pero respetando lo que los padres quieren también, sobre todo en la condición de tu hijo". Después de una pausa larga, mientras él no paraba de mirar a Diego, me dijo: "Diego está súper delicado, pero al menos no está con ventilador mecánico y eso es una gran cosa. Él va a salir de esto, pero necesitan pensar qué van hacer en una próxima hospitalización". Sabía que era un tema delicado de conversar con Rodrigo, más que nada, doloroso. Si bien entendía la postura del médico, en ese momento me sentí absolutamente negada a quitarle una salida a mi hijo ante una posibilidad de muerte. ¡Era impensado para mí! Me sentí casi ofendida con la pregunta del médico. Lo volví a ver dos años más tarde en esa misma UCI; jamás me olvidé de su cara y mucho menos de la pregunta que me descolocó y que tanto me hizo reflexionar.

Diego pasó cinco días en UCI y luego fue trasladado a una habitación; ya tenía mejor cara y todo estaba en retirada. Pasamos el Año Nuevo 2017 los tres solos en esa pieza con nuestro campeón. Guardo con mucho cariño la foto que nos sacamos esa noche, los tres sonriendo, como si nada hubiese pasado y dándole la bienvenida a un nuevo año. Pasar de un año a otro fue siempre motivo de agradecimiento y de preocupación, ya que cada año que terminaba sentía como si hubiésemos logrado una gran hazaña. Que "Dieguito" estuviese vivo un año más era motivo de agradecimiento y de celebración, sin duda. Pero por otro lado, dar paso a otro año de vida era una incertidumbre que me erizaba la piel, ya que jamás sabíamos qué nos depararía la vida una vez más.

Santa Pregabalina

"Todas las estrellas derramaran agua fresca para que yo pueda beber"

A mediados del año 2017, "Dieguito" comenzó a llorar inexplicablemente sin parar. Evidentemente era dolor, sus lágrimas y sus gritos decían cuán adolorido se sentía. Lloraba todos los días, pero su llanto comenzó de durar solo unos minutos a volverse prácticamente constante. Cada vez que Diego lloraba, solía revisarlo completo, pero lo que llamaba mi atención era que cada vez que lo tocaba o movilizaba, gritaba aún más fuerte. Como "Dieguito" llevaba varios años ya con su cadera izquierda subluxada, pensé que definitivamente su cadera se había salido por completo y que eso era lo que estaba generando tal dolor. Lo llevé a urgencias y al tomarle la radiografía de pelvis, notaron que su cadera estaba prácticamente afuera del acetábulo, es decir, una evidente luxación. Me derivaron donde un traumatólogo especialista, que corroboró mediante el examen físico que efectivamente esta cadera estaba causando dicho dolor. Teníamos fijado día, hora y pabellón para su cirugía de caderas, y junto con esto, teníamos una mezcla de nerviosismo, miedo, pero a la vez tranquilidad de por fin saber cuál era la causa de todo este sufrimiento.

Pero un día antes de la cirugía, nuevamente comencé con esta intuición tan fuerte y clara, que me decía que su dolor no provenía de las caderas; había signos que me alertaban que había algo más en todo esto. Yo misma en la casa comencé a realizarle movimientos y pruebas para asegurarme una y otra vez que fueran sus caderas la causa del dolor; después de todo, había una cirugía *a portas* de realizarse. Noté que había un movimiento que extrañamente no generaba dolor. Probé realizándole movimientos de cadera y piernas que, en caso de tener una luxación como tal, tendrían que doler demasiado, probablemente gritaría de dolor. Sin embargo, no parecía aumentar el dolor con los movimientos. Después de mucha observación y pruebas que hice, me percaté de que, al darle un beso en su mejilla, al tomarlo en brazos o con tan solo acariciar su mano, gritaba de dolor. Mi seguridad era de 100%: a "Dieguito" no le dolía su cadera. Había otra causal, que hasta ese minuto desconocíamos. Sin dudarlo, cancelé la cirugía, me sentí segura y tranquila de dar ese paso; prestar atención a mis instintos de madre me hizo sentir orgullosa de mí. Me confirmaba una vez más que no estaba loca, que esto de la intuición, de las sensaciones intensas dentro de tu corazón son reales, tan reales como nuestra existencia.

Los llantos no cesaban y así pasaron dos semanas más, entre visitas al médico, exámenes básicos y dándole desinflamatorios por horario, hasta que su nueva gastroenteróloga, que a su vez era también nutrióloga, nos pidió hospitalizar a Diego de manera rápida para realizarle un estudio en detalle.

Estuvimos hospitalizados en un piso de oncología infantil, lo que definitivamente causó una tristeza adicional en nuestra estadía. En lo emocional no fue fácil estar en ese lugar, que definitivamente era diferente al resto de los lugares donde habíamos estado hospitalizados anteriormente. Fue para mí realmente impactante, me provocó una sensación permanente de tristeza y de injusticia muy grande. Todos los días escuchaba gritos y llantos de los niños de habitaciones vecinas. Intentaba imaginar lo tremendamente desgarrador que puede ser para una madre un diagnóstico como ese, pero al mismo tiempo me sentía tan parecida a esa mamá que, aunque nuestros hijos tenían patologías muy distintas entre sí, había algo que me hacía sentir idéntica a ellas. Tanto ellas como yo vivíamos el día a día, agradecidas por un día más de vida en nuestros niños; ambas sentíamos miedo de perder a nuestro hijo, ambas luchábamos sin parar para sacarlos adelante, ambas vivíamos en una constante incertidumbre. A todas nos dolía el corazón estar allí. Y creo que lo único que me hacía sentir algo distinta era el hecho de que mi hijo nunca tendría la posibilidad de sanarse, mi hijo estaba destinado a vivir el resto de su vida en una silla de ruedas con un daño neurológico irreversible y, lo que era peor, un daño que muy probablemente podría terminar con su vida más temprano que tarde.

Pude compartir un par de veces con algunas de ellas, sobre todo para el Día del Niño, cuando todas las familias de espíritus valientes nos reunimos en una sala en común, donde pudimos compartir junto a nuestros hijos e hijas, de actividades y de música. Pude evidenciar a través de una conversación íntima con una de ellas, el pesar y la angustia de llevar años en tratamiento sin remisión, con un diagnóstico desolador desde los pocos meses de vida de su hijo. ¡Cuánta injusticia y dolor me daba su relato! En mi cabeza nuevamente volaban esos cuestionamientos de la vida, el porqué, el para qué, no dejaba de preguntarme.

Nuestra estadía fue de dos agotadores meses, en los que se le realizaron numerosos exámenes gástricos, hematológicos, hepáticos y todo lo que necesitara para detectar el origen de tanto dolor. Mientras todo esto sucedía, el dolor iba empeorando, lo que a su vez empeoraba sus crisis epilépticas, necesitando muchas veces de benzodiacepinas para poder calmar las convulsiones. Los exámenes gástricos salieron alterados; aparecieron algunas úlceras que podrían estar afectando, pero al recibir tratamiento, sus dolores no cesaban; todo hacía pensar que el tema no era solo ahí. Había continuas reuniones médicas de todos sus especialistas para decidir los pasos a seguir. Nos enviaron al equipo de cuidados paliativos y manejo del dolor, que a su vez atendían a los pequeños que ahí estaban hospitalizados, pero "Dieguito" estaría bajo el alero del equipo de manejo del dolor. Sentí angustia y miedo por lo que sucedería, ya que esta especialidad médica era desconocida para mí hasta ese entonces. Pero lo que efectivamente harían sería brindarle un auxilio desesperado para ese momento.

Fue así como decidieron partir administrándole metadona endovenosa, ya que era un medicamento para el dolor muy probado entre los niños oncológicos y con muy buenos resultados. Pero para sorpresa de nosotros y del equipo médico, a los segundos de recibir su primera dosis, "Dieguito" comenzó a tener dolores aún más fuertes; lo sabía porque sus gritos se potenciaron luego de recibir este medicamento. Le referí a los médicos lo que estaba pasando, un hecho sin duda poco frecuente y extraño para todos ellos, por lo que, ante sus dudas, insistieron en continuar con la administración de este fármaco. Sus gritos desesperados me hicieron exigirles no administrar nunca más metadona, ya que le estaba causando efectos paradojales (efecto contrario al deseado o esperado por un medicamento). A cambio de este fármaco comenzaron a administrarle morfina endovenosa y de esa manera sus dolores se vieron aliviados. Eran breves los momentos en que Diego y yo teníamos tranquilidad, en que él podía dormir sin llorar ni despertar gritando.

Pasaba mucho tiempo sola con Diego en esa habitación. Siempre esperaba ansiosa que llegara el fin de semana, porque era ahí cuando llegaba Rodrigo de su turno de trabajo en el norte y yo aprovechaba para descansar algo. Podía sentir el peso de mi cuerpo; el cansancio emocional que había tenido en el último mes era tremendo. Ese viernes llegó Rodrigo junto a mi hija mayor, así que apenas llegaron, le dije a Sofía que me acompañara a la cafetería del primer piso para tomarme algo y así despejarme un rato. Bajamos a la cafetería, había pocas personas esa mañana. Ya estábamos por terminar, cuando de un segundo a otro mi visión se volvió doble, comencé a ver todo doble, como cuando nos ponemos turnios; creo que así describiría lo que sentí. No veía absolutamente nada, me desesperé, no distinguía a mi hija que estaba sentada frente a mí; solo atiné a cerrar los ojos mientras gritaba desesperada. Los trabajadores del lugar inmediatamente vinieron a ayudarme, pero apenas llegaron con el vaso de agua para calmarme, mis manos, mis piernas, mi boca, todo mi cuerpo comenzó a temblar fuertemente, como si cada parte de mi cuerpo tuviese vida propia. Eran movimientos bruscos, espasmos fuertes, imposibles de controlar. Mi lengua se puso dura y retorcida, no podía hablar y caí al suelo con todo mi cuerpo rígido, sacudiéndose sin control.

Para cuando estaba ya en el suelo, mi visión se había normalizado y de un momento a otro vi a mi alrededor cerca de quince personas, entre médicos, auxiliares, enfermeras, gritando: "¡Código azul!" Intentaban una y otra vez buscarme una vía venosa para administrarme un medicamento, mientras me ponían oxígeno. Mi conciencia, sin embargo, estaba intacta; podía escuchar todo. Quería hacerles saber que estaba consciente, que los escuchaba, pero me hacían preguntas y no podía responderles, porque mi lengua estaba completamente rígida. Sofía tuvo que responder por mí, y enseguida llegó mi marido. Vi su cara de pánico y de no entender nada. Ni yo podía entender realmente lo que me estaba pasando.

En cuanto lograron administrarme benzodiacepinas en altas dosis, pudieron llevarme a la sala de reanimación para controlarme y estudiar mi caso. La situación de salud de Diego me llevó hasta los límites; mi cuerpo efectivamente colapsó ese día y respondió ante el estrés de la forma más violenta e inesperada para mí. Fui dada de alta con un diagnóstico de estrés postraumático y derivada a consulta psiquiátrica. El psiquiatra que me atendía, iba todos los días a controlarme a la habitación de "Dieguito". Titulaba mis dosis de medicamentos y me mantuve controlada durante varios meses con el tratamiento que me indicaron.

Ya había transcurrido tiempo suficiente y aún no teníamos respuestas concretas sobre el origen de su dolor, hasta que un buen día llegó su gastroenteróloga con un tratamiento experimental; "prueba terapéutica" le llaman los médicos. Se trataba de la pregabalina. La doctora nos contó que ella creía que podía tratarse de dolores neuropáticos, es decir, una alteración o daño en el sistema somatosensorial ubicado en el cerebro, que provoca sensaciones anormales en el cuerpo. Todo tenía muchísimo sentido; Diego había sufrido daño irreparable en su sistema nervioso central, a raíz del accidente, y había una alta posibilidad de que el daño neurológico y todo lo que ello implicaba podía deteriorarse aún más. Al primer intento que hicimos con una dosis de pregabalina, los llantos y el dolor desaparecieron como por arte de magia. No podíamos creer que todo esto que nos persiguió durante tres largos meses, se tratara de algo tan inusual y de tan difícil pesquisa, y que gracias a esta doctora le dimos un punto final y pudimos conocer algo más y algo completamente desconocido de nuestro "Dieguito".

Otro de los cambios que se presentaron en aquella hospitalización fue que debimos alimentar a Diego con una bomba de infusión continua. Esto quería decir que estaría conectado las veinticuatro horas al día a una bomba que infundía leche de forma muy lenta, casi por un goteo. De esta forma disminuiríamos los vómitos, al bajar considerablemente el volumen de leche que recibía en su estómago, exigiéndole de esta forma menos trabajo a su cuerpo.

Un día desperté con una sensación muy rara, sentía mucho dolor, sentía como si mi piel me quemara y como si mi estómago me ardiera con fuerza. Cada vez que mi mamá me daba un besito en la mejilla o me hacía cariño, sentía que me quemaba, todo el cuerpo me dolía, no sabía de dónde venía el dolor, todo me ardía. Lo único que me tranquilizaba era ver la incansable búsqueda de mi mamá por intentar calmar mi sufrimiento. Me llevó a urgencias y en un comienzo le dijeron que eran mis caderas, pero no me dolían los huesos. Sentí la angustia y el dolor de mi mamá por verme sufrir de esa forma, pero yo no lo podía evitar, me dolía demasiado. Decidieron hospitalizarme y aunque a mí no me gusta, esta vez hasta me dieron ganas de ir, porque me dolía mucho mi cuerpo. Y sabía que mi mamá me ayudaría, yo nunca dudo de ella. Hay una doctora que me cae muy bien, es mi nueva doctora de estómago, como le digo yo. Ella se preocupa de mi peso, de mi alimentación y de toda mi "guatita". Siento que ella nos entiende mucho y se esfuerza siempre por ayudarnos.

Montañas empinadas

"Su mirada era seria como de
alguien perdido en la lejanía"

En el transcurso de aquella hospitalización, como sabíamos que la salud de Diego se había vuelto más vulnerable y dependiente de una bomba de alimentación, decidimos buscar apoyo en nuestra ISAPRE, elevando una solicitud de hospitalización domiciliaria. Adjuntamos todo tipo de certificados, informes médicos y exámenes que acreditaban que la salud de Diego había cambiado desde el año 2012, día del accidente. Sin embargo, desde nuestra ISAPRE nos respondieron que el caso de nuestro hijo no justificaba dicha atención hospitalaria. Continuamos intentándolo durante los dos meses siguientes, elevando esta misma solicitud entre tres oportunidades más, adjuntando más y más informes médicos que lo respaldaban. Nuestra ISAPRE continuaba sin atender nuestro caso, respondiendo siempre lo mismo: que Diego no contaba con las condiciones mínimas para obtener dicho beneficio. Durante esos dos meses de hospitalización, nos esforzamos por obtener esta ayuda que tanto necesitaba, pero la constante negativa de nuestra ISAPRE lo hacía todo muy difícil, y Diego médicamente estaba listo para volver a casa. Sin embargo, antes de irnos de alta, dejamos una denuncia en la Superintendencia de Salud, pensando que en el transcurso del año podían darnos buenas noticias.

Lamentablemente este es un organismo del Estado de Chile que, pese a que su misión es promover y proteger los derechos de la salud de las personas, tiene una demanda de clientes tan grande, que su capacidad de respuesta y de resolución de problemas es extremadamente larga. Nuestro caso fue respondido con una primera carta certificada, luego de un año de elevada la denuncia contra nuestra ISAPRE; primera de tres cartas más que vendrían en un período total de dos años, sin resolvernos absolutamente nada. La eficacia y la eficiencia de resolver problemas de este organismo estatal es algo que muchos abogados, pacientes y personas en general ya conocen, y ante un evento de disconformidad o malestar en el ámbito de la salud, muchos prefieren recurrir a un abogado particular o bien dejar desestimado su reclamo.

Con un diagnóstico y tratamiento en mano nos fuimos a casa, luego de dos agotadores meses. Diego estaba tranquilo y con los vómitos más controlados. Añorábamos con volver lo antes posible a nuestra vida, a nuestra rutina y qué mejor que comenzar retomando sus actividades de colegio. La vuelta al colegio se hizo con todo el entusiasmo del mundo, pero también tomando todos los resguardos necesarios para que Diego continuara de manera óptima sus tratamientos y nuevas indicaciones médicas. Afortunadamente la Fundación Alter Ego tiene a grandes profesionales, muy capaces, empáticos y responsables, que siempre nos dieron su apoyo y me hicieron sentir tranquila.

Intentamos también retomar sus paseos al parque, reuniones familiares, todo aquello que nos hiciera sentir cómodos y con una vida normal.

El tiempo pasó y los días se volvieron cada vez más intensos, ya que Diego comenzó nuevamente con una persistente dificultad para poder respirar. Una acción tan simple que hacemos todos los días, de manera tan refleja y natural, para mi hijo era una verdadera tortura. Sus esfuerzos por respirar lo tenían agotado y enflaquecido; ocupaba reservas calóricas solo en intentar ventilarse, por eso entendí después que mi hijo nunca lograba subir de peso. Comencé a recorrer muchos especialistas vinculados al área respiratoria y trastornos deglutorios, como broncopulmonares, fonoaudiólogos y otorrinos, pidiendo sus opiniones y viendo qué alternativas nos ofrecían para mejorar su ventilación. Mi pregunta principal siempre apuntaba en la real necesidad que tenía Diego de hacerle una traqueostomía, porque eso era lo que me habían planteado hace un tiempo, pero a mí me generaba muchas dudas y miedo también. Porque pese a que las traqueostomías son reversibles, sabía que en el caso de hacerle una a "Dieguito", esto sería algo definitivo, sin vuelta atrás; al menos eso me decía mi corazón. Era una cirugía que además implicaba un cambio radical en sus cuidados y manejo, incluso eso nos derivaría a una eventual hospitalización domiciliaria. Además había muchos factores que considerar: su peso, su fragilidad, los riesgos, los cuidados, etc.

Después de dos meses de intensa búsqueda llegué a un equipo de broncopulmonar, gastroenteróloga y nutrióloga. Fue la broncopulmonar quien me dio la última alternativa terapéutica para ayudar a Diego:

un set completo de antibióticos y broncodilatadores; era un tratamiento especial para asmáticos y obstrucciones respiratorias. Este medicamento se encontraba en Chile, pero la ampolla de unos pocos miligramos costaba quinientos mil pesos chilenos, una tremenda burla para las personas y una brutalidad de dinero, considerando que no era nada tan especial. Era completamente desmedido el precio, lo hacía un tratamiento inaccesible para las personas que lo necesitan. Averiguamos que en Argentina se encontraba este mismo medicamento, pero costaba casi cuatrocientas veces menos que en Chile, así que se lo encargué a una amiga de mi mamá que viajaba a Buenos Aires por esos días. Ella amorosamente se ofreció y nos trajo varias cajas de regalo para nuestro "Dieguito". Decidimos probar durante los dos meses siguientes, haciendo solo un ajuste de dosis. El plan era simple: si esto en dos meses no daba resultado, la única opción que nos quedaría sería una traqueostomía.

Hay que considerar, como saben, que Diego ya había pasado por una variedad de tratamientos y diferentes tipos de medicinas alternativas y complementarias, todas sin resultados sostenibles en el tiempo. Es decir, a esa altura ya lo habíamos intentado todo, y aun así tenía dudas sobre este paso tan radical que nos ofrecían.

Comenzamos el tratamiento a la par que la nutrióloga y la gastroenteróloga nos apoyaban para que recuperara algo de peso, para que de esta forma estuviese mejor preparado para una eventual cirugía. En este período lo estuve cuidando muchísimo, sin salir ni exponerlo a visitas; era de vital importancia que se mantuviera estable dentro de lo que más se pudiese.

Un antes y un después

“Avanzando hacia adelante nadie puede ir
demasiado lejos”

Después de recorrer y escuchar muchas opiniones, finalmente nos quedamos con esta broncopulmonar, con quien probamos la última alternativa no invasiva que la medicina nos ofrecía: el tratamiento de broncodilatadores. Habían pasado dos semanas de comenzado el tratamiento y una vez más no vimos ninguna respuesta ni cambios en la conducta de su respiración, así que, pasadas las dos semanas de prueba, consideramos que ya era tiempo de tomar una decisión, que sería la más trascendental hasta ese entonces en la vida de Diego y nosotros.

Tuvimos tres reuniones con la broncopulmonar antes de la decisión final; nosotros pedíamos estas reuniones con ella para poder despejar dudas, evaluar el escenario y los posibles fracasos que podrían suceder en esta cirugía. Nuestra decisión no fue hasta que le hice una pregunta categórica a la doctora, poniéndola en evidente compromiso. Le pregunté qué haría si Diego fuese su hijo, a lo que ella respondió después de un suspiro: “Le haría una traqueostomía, porque querría que estuviera más tiempo conmigo”.

Su respuesta fue lo que necesitaba escuchar; al fin una doctora se alejaba de su rol de médico, para responder desde el sentir de una madre. Esto fue lo que finalmente me convenció para poner término a los miedos y las preguntas. Visitamos al otorrino, quien sería el cirujano a cargo, y conversamos sobre el lugar en que realizaríamos la cirugía. La única opción que se nos daba era un hospital clínico donde, según los médicos, estaban acostumbrados a recibir pacientes críticos y crónicos. Según ellos, este sería el mejor lugar para atenderlo y así disponer de las máquinas necesarias ante una emergencia. Mi amiga Cybell atendía hace trece años a Catalina en ese hospital, lo que me daba mucha más confianza, y además ante todas las ventajas de seguridad que los médicos me decían que tenía este hospital, obviamente confiamos en que sería la mejor opción.

Tuve varias conversaciones con "Dieguito" sobre lo que estábamos planeando para él. Le conté sobre su próxima cirugía, cómo le iba a ayudar este cambio, en qué consistía y cómo podría sentirse posterior a la operación. Pero principalmente siempre le hice saber que tanto yo como su papá estaríamos siempre a su lado, en cada proceso, que jamás lo dejaríamos solo y que no tenía que sentir miedo, que todo lo que estábamos planeando era por su bien y que gracias a esto sus problemas de respiración se acabarían para siempre. Siempre se lo enfaticé para que supiera que esta decisión había sido tomada con mucha meditación y pensando solo en ayudarlo. Sé que "Dieguito" nunca tuvo duda de ello y también estoy segura de que estaba al tanto de toda mi carrera por intentar averiguar sobre los mejores tratamientos para poder ayudarlo.

Veía que mi mamá me llevaba a varios médicos, que hablaban de lo mucho que me ayudaría una operación. No entendía a lo que se referían realmente, pero ya esa palabra me daba susto. Me tranquilizaba siempre pensar que mi mamá tarde o temprano me contaría de qué se trataba todo esto. Unos días más tarde estábamos solitos con mi mamá y me contó lo que estaban planeando junto a mi papá y los doctores. Me tomó un rato poder darme cuenta de lo que me estaba explicando. Según lo que me contaba, parece que mi vida cambiaría con esa operación, pero aun así sentía miedo, sobre todo cuando mi mamá me decía que en un principio no iba a poder hacer más mis ruidos que tanto me gustaban. Eso me preocupaba, porque con esos ruidos yo llamaba a mi mamá y le hacía saber si estaba feliz, enojado o si quería estar con ella; ahora no sabría cómo llamar su atención. Como sea que vaya a ser todo, siempre confío en todas las decisiones que mi mamá y mi papá planean para mí. Me dicen que nunca me dejarán solo en esto, que siempre estarán junto a mí, que nunca permitirán que pase algo malo, pero que tengo que ser fuerte otra vez y confiar en que todo estará bien. Y eso fue lo que hice.

Teníamos fecha, pabellón y todo dispuesto para su cambio de vida. Hasta que tres semanas antes de la fecha fijada, Diego contrajo una neumonía, que nos hizo postergar un mes más la cirugía. Durante los días de cuidado, tuve una emergencia con mi hija mayor. Estaba con dolores abdominales agudos, que le provocaron convulsiones muy fuertes. Tengo experiencias en convulsiones con "Dieguito", pero esto me superó con creces. Ver a mi hija mayor, una niña saludable, grande, desplomarse y temblar en mis brazos con los ojos en blanco, fueron segundos de pesadilla para mí. Mi hija fue trasladada en ambulancia para una evaluación en urgencias.

Aún no salíamos de los problemas de salud de Diego y me vi enfrentada a esta nueva situación. De alguna forma u otra siempre zafaba de mis problemas o se me ocurría algo improvisado, o me caía una ayudita del Cielo, como decía yo. Cuando esto ocurría, siempre pensaba que, a pesar de todo, era afortunada de poder contar con un auto para mis traslados, de poder atender a mis hijos en la salud privada, de poder contar con mis familiares, aunque fuese en contención emocional, y contar con mi madre, quien siempre ha sido un pilar fundamental para mí. Todos estos factores, pensaba, si bien no solucionaban mis problemas de raíz, hacían que mi vida de cierta forma se sintiera contenida por los lazos de personas trascendentales para mí.

La tormenta había pasado, Diego ya estaba recuperado de su neumonía y nos preparábamos para su cirugía de traqueostomía, con mucho nerviosismo y ansiedad, pero por sobre todo con la esperanza en alto y a la vez con la incertidumbre tremenda de enfrentarme a lo desconocido con Diego.

El día llegó, estábamos todos especialmente nerviosos ese día, incluyendo Diego, quien a pesar de que no hacía ningún gesto, se le notaba una tristeza en su mirada, una preocupación que no había visto antes. Al llegar al hospital, entramos a una habitación donde nos prepararon administrativamente antes de subir a la Unidad de Cuidados Intensivos. Estuve todo ese tiempo con mi bebé en brazos, conversando con él un largo rato, en la tranquilidad que afortunadamente me ofrecía esa habitación, intentando calmar esa mirada entristecida. Conversamos, volví a recordarle por qué estábamos ahí, qué sucedería dentro de unas horas más, hablamos nuevamente de las sensaciones físicas que podría sentir luego de la cirugía. Quería ser sincera, sin asustarlo obviamente, pero merecía saber lo que pasaría. Sin embargo, sé que Diego sintió mi nerviosismo, como lo hacía otras veces; mi hijo me conocía tan bien que era imposible engañarlo. Lo acariciaba como nunca, lo besaba como nunca, estaba muy asustada de lo que estaba a punto de pasar, no quería perder la fe, no quería tener miedo. Me aferré fuertemente a mi intuición, recordándome a mí misma todo lo que recorrí para tomar esta decisión, todo tenía que salir bien. Si bien "Dieguito" había recuperado algo de peso para esta cirugía, aún no era el peso suficiente como para transformarse en un niño de apariencia saludable y fuerte. Sus huesitos aún sobresalían con preocupación en todo su cuerpo, su apariencia débil y pequeña me asustaba, pero ya estábamos ahí, no había marcha atrás.

Recuerdo que miraba mucho su cuellito y pensaba en que nunca más volvería a verlo como hasta ese entonces. Pensaba en el rotundo cambio que se nos venía en unas cuantas horas más; su voz desaparecería, sus cuidados se transformarían para siempre. Estaba intentando lentamente asumir esta nueva condición de Diego, consciente de que el principal cambio traumático lo tendría que asumir él, pero ahí estaría yo para acompañarlo y entenderlo.

Cuando subimos a la UCI prepararon a Diego para entrar a pabellón, me explicaron los últimos detalles de la cirugía, número de cánula que usaría, cómo sería la incisión, etc. La verdad es que yo apenas escuchaba.

Dejé a mi pequeño en el pabellón, en manos del equipo médico, me despedí de mi príncipe con el más dulce de los besos y con un cariñoso abrazo, diciéndole al oído que estaría afuera esperando por él, que cuando abriera sus ojos, yo estaría a su lado, yo sería lo primero que vería. Se lo prometí. Mientras el tiempo transcurría en medio de la espera y la angustia, hice como siempre un llamado a mi familia y mis contactos para que se unieran en oración y fe para que todo saliera en favor a mi "Dieguito".

Cuando todo terminó, subieron a mi pequeño a la UCI, y para sorpresa de todos, una vez más no hubo necesidad de continuar con el ventilador mecánico que utilizan en pabellón. Diego estaba respirando por sus propios medios postcirugía; eso nos hablaba de una tremenda fortaleza y nos daba los mejores augurios para su recuperación.

Mi bebé apenas abrió sus ojitos lo primero que vio fue a su mamá con su papá, tal como se lo había prometido, tomándole su mano para que sintiera nuestra presencia, porque apenas podía mantener abiertos sus ojos con tantos sedantes.

Recuerdo que lo que más me impactó fue presenciar su primera aspiración, que hacen generalmente muy luego después de esta cirugía, ya que se llena rápidamente de secreciones. Su tos me impactó, tosió con fuerza, pero no logré escuchar su voz, fue un ruido sordo. Sentí mucha pena, y como siempre solía sucederme, me embargó una sensación tremenda de culpa. Pude notar inmediatamente en el rostro de mi Diego la angustia de lo que estaba pasando.

Cuando llegó el día de mi operación, mi mamá se mantuvo conmigo muy cerquita, abrazándome. Mi papá también estuvo acurrucándome para no sentir miedo. Pero yo estaba muy asustado, no hacía ningún ruido, no ponía ninguna cara, porque el miedo me tenía paralizado. Sabía que mi mamá se estaba dando cuenta de lo que sentía y más me abrazaba y me decía lo mucho que me amaba, y que no me dejaría nunca solito. Mi mamá siempre cumplía lo que me prometía, así que comencé a sentirme un poquito más tranquilo. Tomar su mano y sentirla cerca siempre me ayudó a tranquilizarme. Cuando llegó el momento de operarme, mi mamá me acompañó hasta el pabellón. Sabía que tenía que dejarme solo ahí y eso me dio mucho miedo, pero me dijo que estaría afuera esperándome con mi papá; tenía que ser fuerte y quedarme con el besito que me dio.

Cuando abrí los ojos la próxima vez, lo primero que sentí fue la presencia de mamá a mi lado. Mi papá me hacía cariño en mi cabeza y me decían lo bien que lo había hecho, que estaban orgullosos de mí, que ahora me esperaba una mejor vida para mí. Eso me costó creerlo al principio, porque sentía dolor aún en mi garganta, porque además no lograba hacer sonidos, entonces no sabía cómo sería una mejor vida para mí con lo que estaba sintiendo en ese momento. De un segundo a otro se acercaron para aspirarme por dentro de ese aparato que me pusieron en mi garganta. Mi mamá me anticipó a eso, como solía hacerlo siempre, para sentirme preparado. Me molestó muchísimo las primeras veces, se sintió como picazón, y también me dolió un poquito, pero sentí un gran alivio porque cada vez que lo hacían, sentía que despejaban de mi garganta todos los mocos que se me juntaban, y podía después respirar mucho mejor. Fue de a poco que comencé a darme cuenta de que de eso se trataba este hoyo que hicieron en mi cuello: evitar que me ahogara con mis mocos.

Oídos sordos

> "Érase una vez un principito que habitaba un planeta apenas más grande que él mismo, necesitado de un amigo"

A los pocos días postcirugía, Diego comenzó con una fiebre misteriosa, sin embargo, los médicos y las enfermeras no le tomaron importancia a esto, ya que era una fiebre que le daba solo día por medio. Estuvo así durante una semana. Obviamente cuando le dio su primera fiebre, al ver que no le tomaron exámenes, los solicité yo misma, sin embargo, costó muchísimo que el equipo médico tomara mi solicitud en serio. Después de mucha insistencia, accedieron a tomarle una radiografía de tórax y exámenes de sangre. Pese a mis esfuerzos por dar con la causa de todo esto, todos sus exámenes salieron negativos. Según los médicos no había de qué preocuparse. Así, pese a que continuaba con fiebre, ellos continuaron ignorándolo.

Siempre la fiebre para mí había sido un signo de preocupación, la evidencia empírica de que algo malo estaba pasando, por lo tanto, nunca bajé la guardia. A pesar de sentirme sola en ese hospital, nunca dejé a mi hijo, todos mis sentidos estaban puestos en él. Tuve en total tres reuniones con el equipo médico junto con el jefe de la UCI, reuniones que surgían por la preocupación de los médicos, pero no porque les preocupara su paciente, sino porque les preocupaba la actitud de una madre desesperada por reclamar atención para su hijo. Eso era finalmente lo que los convocaba a las reuniones clínicas. Me preguntaban: "Natalia, ¿qué es lo que tanto te preocupa de tu hijo?" "¿Qué es lo que buscas de nosotros?" Y yo siempre les respondía lo mismo: "Mi hijo no tiene esa frecuencia cardíaca" "Mi hijo debería estar saturando mejor con la traqueotomía" "Si tiene fiebre es porque algo está sucediendo con él, necesito ver preocupación o al menos interés de parte de ustedes en sus signos vitales, que nos vean, que me escuchen, ya que soy yo quien conoce mejor a mi hijo".

Aproveché también de decirles cómo realmente me sentía con ellos en ese hospital y cómo siempre nos hacían sentir en general los médicos cada vez que teníamos que hospitalizarnos; el desamparo médico era una penosa realidad en niños y niñas como mi hijo. Por sus caras de asombro, sentí que le estaba dando una charla de recursos humanos a alguna empresa, o quizás más bien un sermón sobre la empatía y la solidaridad del padre Alberto Hurtado. Pero daba lo mismo lo que yo parecía ahí enfrente de ese puñado de médicos letrados. Me sentía tan segura, empoderada y valiente, que en mi mente solo pensaba en mi hijo y en todas las veces en que tuve que alzar una y otra vez la voz por él y por mí. Les dije que ya estaba cansada de tener que rogar por atención, de sentirme junto a mi hijo completamente ignorados por ellos, que siempre nos hacían sentir como un número más, que cada vez que nos hospitalizábamos, lo estigmatizaban por su parálisis cerebral y su daño neurológico, ignorando cada signo o síntoma nuevo que aparecía en él, diciéndome siempre la típica frase "es que en estos niños todo es tan impredecible" o "la expectativa de vida en ellos es… bla bla bla".

A pesar de mis esfuerzos por hacerles ver mi sentir, todo siguió igual, su actitud arrogante continuó siendo la misma. Y ahí continuaba yo, firme, sin bajar ni un segundo los brazos, haciéndole sentir siempre a mi hijo que estaba protegido por quien más lo amaba en esta vida, pendiente de hasta el más mínimo detalle en su salud. Si no vigilaba yo sus signos vitales, su clínica, su rostro, su cuerpo y todo, ¿quién lo haría? Esta pregunta jamás debiera una madre hacérsela teniendo a su hijo hospitalizado en una unidad de cuidados intensivos, ¡jamás!

Le lloré en una ocasión a una intensivista en aquella UCI, creyendo tocar su corazón de mujer. Le dije cómo me sentía, cómo mi hijo había sido capaz de percibir el abandono de ellos, pero no moví ni una sola fibra de su ser y las cosas siguieron igual. Una noche, de un segundo a otro, mientras mi hijo dormía entre todas esas máquinas sonando, vi que su frecuencia cardíaca estaba elevadísima y su saturación un tanto baja. Sin embargo, las alarmas de su monitor habían sido silenciadas y evidentemente que los parámetros también habían sido modificados para que sonara solo cuando la situación ya no diera más. Respiraba con dificultad. Me acerqué al enfermero que estaba junto a otros pacientes, le pedí que lo auscultara para saber si estaba ventilando bien, y con una sonrisa irónica en su rostro me dijo: "Tranquila, mamita, su hijo está respirando súper bien". Pero sabía que algo andaba mal con Diego, estaba evidentemente cansado.

Además, las crisis epilépticas aumentaron durante esas semanas; el estrés y el cansancio de "Dieguito" y el mío eran evidentes.

Como era de esperar, exigí un electroencefalograma para controlar su epilepsia y hacer un ajuste de fármacos, si así lo necesitaba. Cada vez que solicitaba algún examen, control o algo para mi hijo, veía esa mirada de desagrado, como si los estuviera molestando o pidiéndoles un inmenso "favor", y con gestos de un evidente fastidio se acercaban a atenderlo. Siempre intenté ignorar toda esta actitud arrogante, me daba mucha rabia la falta de empatía de estos médicos. Trabajar en UCI, con situaciones tan límites, tan duras en los niños, hace que muchas veces el corazón de los médicos se vuelva duro y áspero. Pero lo que más me dolía era ver el rostro de mi hijo, cómo se daba cuenta de todo lo que estaba pasando a su alrededor, sabía que sentía todo ese rechazo y ese abandono. Yo intentaba explicarle a Diego, que quienes estaban equivocados eran ellos, que algún día ellos se darían cuenta de su error. Le decía que yo siempre lo defendería, siempre lo iba a proteger ante todo y que jamás dejaría que nada malo le pasara, y que por eso la mamá hacía lo que hacía.

En aquella UCI estábamos rodeados de cerca de quince niños y niñas en situaciones de extrema gravedad, en su mayoría trasplantados, cardiópatas y oncológicos, y claro, mi hijo "solo" estaba ahí por una traqueostomía, que según ellos estaba evolucionando súper bien; a sus ojos, Diego estaba de maravillas. Concluí que ese trato, esa respuesta del equipo médico, era consecuencia de la valoración entre sus pacientes, una valoración según sus ideas y prejuicios, para mí, injusta, a pesar de todo. Porque nada puede justificar un trato deplorable, discriminatorio, una sensación de soledad y de desamparo total en una UCI, donde se supone que deberíamos sentirnos acompañados, cuidados y protegidos.

Los días pasaban en ese cubículo gigante, lleno de máquinas y alarmas sonando todo el día, y para sentirnos más en intimidad e intentar que el estado de salud de los niños y niñas que nos rodeaban no afectara mis propias emociones, que ya estaban al desborde, cerraba la cortina que separaba la cama de Diego con la cama del paciente de al lado, pero inmediatamente las enfermeras y las técnicos las abrían. La mayoría de las mamás se iban a su casa por la noche, pero ahí estaba yo, las veinticuatro horas, todos los días, acompañando a mi hijo, sentada en una silla, intentando alzar los pies durante la noche para que no se me hincharan. Ya pasadas varias semanas, mi espalda me pasó la cuenta; el cansancio, la falta de sueño y el estrés constante fueron insostenibles.

Estigmatizado

Esta es nuevamente, como mucho de lo que narro en este libro, una experiencia y una mirada muy personal sobre la relación médico y paciente. Un concepto que he logrado definir y descifrar tristemente con los años, a través de las innumerables hospitalizaciones y consultas médicas que tuvo mi hijo durante sus casi diez años. No todas las experiencias son iguales, de eso no me cabe duda, y de hecho conozco casos aislados de madres con excelentes experiencias junto a sus hijos e hijas en distintas hospitalizaciones.

Este trato poco digno y poco empático por parte de los médicos ya lo habíamos sentido anteriormente en clínica privada, y no hay ningún tipo de diferencia con un hospital; el problema no es dónde estemos, sino el pensamiento prejuicioso que los médicos tienen hacia nuestros niños y niñas con daño neurológico. Los y las estigmatizan de personas carentes de sentimientos, de comprensión, como si nuestros hijos e hijas no supieran distinguir entre un trato cariñoso de otro frío, de un trato amable a uno desagradable e incómodo; como si no supieran cuando realmente se les mira, se les saluda, se les considera, o cuando se les ignora descaradamente. Con el tiempo he conocido muchos casos como el mío; mamás como yo, que sufren impotentes porque no se sienten respaldadas por los médicos, porque nadie ve a sus hijos e hijas como una persona con posibilidades de vivir, nadie le da más alternativas, nadie apuesta por sus vidas. Es tremendamente triste, pero es una realidad silenciosa que solo vivimos las familias que cuidamos a nuestros niños, jóvenes y adultos con daño neurológico o con algún tipo de discapacidad. En el caso de los niños como mi hijo, muchas veces no existe el esmero por sacarlos adelante, como a otros pacientes pediátricos, porque creen que sus "bajas expectativas de vida" no merecen gran esfuerzo médico y muchas veces lo dan por perdido.

En cierta forma, es verdad, la parálisis cerebral puede causar más riesgos de padecer alguna otra patología asociada o presentar durante su vida algún trastorno o síndrome que se relacione con su enfermedad de base, como también puede que no pase absolutamente nada y los males sean menores a lo que estaba estimado desde un principio. Nada de lo que le pueda suceder a una persona con parálisis cerebral es más ajeno a lo pudiese sucederle a una persona neurológicamente sana con enfermedades a cuestas que podrían acabar con su vida en cualquier minuto. Por eso, ¿de qué expectativas hablan ellos? Si al final tú y yo podemos tener mucha menos "expectativa de vida" que nuestros hijos e hijas con daño neurológico, ya sea porque tenemos diabetes, porque fumamos en exceso, porque sufrimos de insuficiencia renal, hipertensión arterial, enfermedad pulmonar, cáncer, etc. Quiero pensar que hay excepciones en alguna parte del mundo, quiero pensar que hay corazones de médicos que, a pesar de trabajar en situaciones médicas extremas, aún se conmueven al ver una madre desconsolada o un paciente vulnerable.

Estallido social 2019: Desigualdad en salud

Después de treinta años, se me presentó la oportunidad por medio del estallido social de 2019, de poder expresar mi descontento, mi impotencia y mi rabia hacia la desigualdad en mi país, principalmente en la salud.

Como familia nos hemos visto varias veces en una situación económica desesperada por lo gastos que incurrimos con Diego, pero nada que no se haya podido solucionar con créditos bancarios, préstamos, ventas de garaje, rifas, remate de mis muebles y todo lo que se nos ocurriera para poder amortiguar los gastos. Pese a esto, nada, pero nada de lo que nos ha tocado a nosotros se puede comparar con lo que miles de familias viven cada día en relación con la salud, su atención y los costos que conlleva. He vivido por años dentro de lo que puede ser para muchos un privilegio: nos atendemos en sistema de salud privada, vale decir, en clínicas, con hotelería de lujo, poder acompañar a mi hijo de manera cómoda y tranquila, pedir cita para cualquier tipo de atención médica, sin problemas de fechas ni horas, y más encima en un lugar que huele bien y donde todo brilla como espejo. Podemos realizarle a Diego los exámenes que necesita y comprarle los medicamentos sin problemas, sin mencionar la oportunidad maravillosa de acceder a una hospitalización domiciliaria a la que, dicho sea de paso, "solo" se puede acceder si estás en alguna Institución de Salud Previsional (Isapre).

¿No creen ustedes que esto es demasiado, solo para un grupo reducido y selecto de personas? ¿No creen que esto es tremendamente violento e injusto para las personas que se atienden en el sistema de salud pública o que pertenecen al Fondo Nacional de Salud (Fonasa)? Que a mí no me toque, que yo no lo viva, o que no lo vea en mi día a día, ¡no quiere decir que no exista! Hay una tremenda brecha de desigualdad social en nuestro país. Me ha tocado conocer de cerca historias de muchos niños y niñas que se atienden en la salud pública, muchos de ellos bajo las mismas condiciones médicas que mi hijo. La mamá tiene solo una incómoda silla de madera para poder acompañar a su hijo o hija en hospitalizaciones de semanas, meses y hasta años. Nadie les ofrece ni un vaso de agua, reclamar por la paupérrima atención es bancarte una mirada de "no moleste", ni siquiera hay gasas o algodones para una curación, hay que esperar meses para una operación o un examen de "urgencia", y muchos de los pacientes fallecen, porque simplemente no llegaron a tiempo o no los tomaron en cuenta.

Hay niños y niñas que llevan años viviendo en un hospital, ¿y saben por qué? Porque el Estado no los provee de una hospitalización domiciliaria en condiciones mínimas para su salud. Esto es violento, inhumano, denigrante y vulnera los derechos mínimos de los niños y niñas, de poder acceder a una salud digna. ¿Por qué las personas deben callar y resignarse a esta desigualdad, solo porque no tienen el dinero para pagar o porque piensan que así nomás son las cosas?

La salud no debe ser un privilegio de algunos pocos, porque la salud es un DERECHO HUMANO FUNDAMENTAL de todos y todas. Mantendré firme la esperanza de ver a mi país convertido algún día en un lugar con la brecha de desigualdad más estrecha en la salud, más justa, con más dignidad y menos diferencias.

Navidad entre cubículos

"Sabía que no podría soportar no escuchar esa risa nuevamente, era para mí como un manantial de agua fresca en el desierto"

Era 24 de diciembre y nos tocó vivir una navidad diferente y principalmente muy triste para mí. Habían viajado mi suegra y mi mamá desde el norte del país para estar con nosotros esa noche, nos tenían preparada una cena en nuestra casa, pero en mi mente solo existía la imagen de Diego, en ese frío e inhóspito lugar.

Esa noche buena, el personal de salud cantó villancicos navideños muy lindos, Rodrigo y mis hijas estaban con nosotros, nos reunimos los cinco. Mientras escuchábamos esas canciones, sentía como si no existiera nadie más que nosotros en ese cubículo frío. Yo solo lloraba recordando todo lo que habíamos pasado hasta ese entonces. El estar separada de mis hijas también me generaba una pena enorme y un sentimiento de culpa, más aún cuando sentía esa contradicción dentro de mí, de no querer dejar solo a Diego ni un instante. Nos abrazamos, intentamos reírnos, hacer como si todo estuviese bien, intentamos con todo nuestro amor crearnos un momento que fuese lindo e inolvidable, no solo para nuestro hijo, sino también para los cinco. Le entregamos a Diego el regalo que le trajo el Viejito Pascuero: su primer peluche, un duende mágico llamado Goldy, que se transformaría a partir de ese día en su amigo de batallas, de aventuras y que cuidaría de los sueños de mi hijo.

Esperé a que Diego se durmiera esa noche para poder irnos a casa a compartir con mi familia, que nos esperaba a cenar. Lloré amargamente antes de irme del hospital, tenía tantas aprensiones, tanto miedo de dejarlo solo en ese hospital, pero debía ser fuerte y hacerlo por mis hijas; ellas también tenían derecho a tener su navidad y una cena junto a mí.

Apenas logré compartir un poco en la cena; mi cabeza estaba en otra parte y quise desesperadamente irme a ver a "Dieguito" en medio de la madrugada. La calma que sentí al verlo nuevamente era tan grande que no quería nada más que acurrucarme junto a él en su cama. Los días transcurrieron y para mi buena suerte, Catalina, la hija de mi amiga Cybell, se internaba por esos días en la misma UCI para un chequeo médico. Ver una cara cercana y querida por mí, traía una paz y un consuelo tan grande a esos días difíciles.

Pasamos Año Nuevo con Rodrigo y mi amiga Cybell, junto a nuestros pequeños hospitalizados, cada uno en su cama, separados por unos cuantos metros de distancia nada más. Mi amiga querida me devolvió la sonrisa; su compañía y nuestras conversaciones profundas, que solo nosotras entendíamos, trajeron paz a mi corazón.

Con garras y dientes

"Hasta que mis desgracias sean
tomadas con seriedad"

Era primero de enero, Rodrigo aún no llegaba al hospital, y junto a mi amiga Cybell aprovechamos de salir a tomarnos un café mientras nuestros hijos dormían. Solo fuimos a la máquina dispensadora de café que se encontraba afuera, junto a la puerta de la UCI. Jamás me atreví a ir a una cafetería ni salir a comprarme algo; el solo hecho de alejarme mucho de Diego me aterraba.

Nos demoramos veinte minutos, cuanto más, y al regresar caminé rápidamente hacia el fondo de la UCI, donde se encontraba el box de mi hijo. Me encontré con Diego tapado en secreciones espumosas cubriendo toda su boca y su traqueotomía, con un color azulado en su rostro, llorando desesperadamente en silencio. Miré su monitor y estaba en taquicardia elevadísima y saturando muy bajo. Todo esto fue en milésimas de segundos, porque rápidamente tomé el paño que se encontraba al lado de Diego, limpié su boca y saqué de su traqueotomía el filtro tapado en mocos, para así dejar entrar el aire. No tenía por dónde respirar; se estaba ahogando frente a los ojos de todo el personal de la UCI. Lo más grave no fue solo eso, sino que las alarmas de su monitor estaban nuevamente apagadas y modificadas para que no sonaran. Había dos enfermeras a menos de dos metros de distancia de la cama de Diego, ambas viendo su teléfono, ignorando por completo lo que estaba pasando frente a sus narices.

Con el mismo paño que había secado su boca y su cuello, golpeé fuertemente el mesón de la central de enfermería, donde se encontraban todos los técnicos, enfermeras, médicos intensivistas y otros especialistas. La UCI en pocos segundos se paralizó completamente, se estaban haciendo procedimientos médicos, había médicos conversando con unos padres, todo, absolutamente todo se paralizó. Rompí en un llanto desgarrador, gritaba con todo el dolor y la impotencia del mundo: "¡Basta, mi hijo no es una planta! ¡Mi hijo merece ser tratado como todos los niños de acá! ¡Llevamos un mes suplicando y mendigando por un trato digno! ¡Mi hijo se estaba muriendo en sus narices y nadie fue capaz de auxiliarlo, nadie fue capaz de mirarlo, que sea!"

Mientras gritaba de impotencia, llegó el jefe de la UCI para calmarme, pero ya era demasiado tarde para mí; esto sin duda había sido la piedra de tope. Con mis ojos llenos de lágrimas y mi respiración agitada, le dije fuerte y claro al jefe de la UCI: "¡Te lo dije tantas veces, esto era lo que yo más temía!". Él solo guardó silencio y agachó su mirada, y yo le exigí trasladarme rápidamente de esa UCI a otro centro de salud.

Me estaba quedando dormido y mi mamá me avisó que saldría a tomar un café solo unos minutos, que estaría luego conmigo nuevamente. De un momento a otro comencé a notar que mi garganta se llenaba rápidamente de mocos, no podía tragar, así que también comencé a llenarme de saliva y de mucha espuma por mi boca. Me puse muy nervioso, porque me estaba costando respirar, me asusté tanto que hasta me puse a llorar. Cada vez me entraba menos aire, nadie podía escuchar mi llanto y eso me angustiaba aún más. Pensaba, "por qué no llega mi mamá". Las enfermeras y las técnicos se paseaban a mi alrededor sin mirarme. Ya no aguantaba más. Hasta que vi a mi mamá aparecer y ella rápidamente sacó el filtro de mi cuello, que estaba tapado en mis mocos y saliva, y luego limpió mi boca. Fue un alivio inexplicable el que sentí. Una vez más, mi mamá estaba ahí para ayudarme. En ese hospital solo contaba con ella, siempre estaba pendiente de mí, siempre estaba ahí para defenderme y ayudarme.

Escuché cómo lloraba y les gritaba con mucha rabia y pena a todo el personal médico que estaba ahí, porque ella sabía que había estado a un paso de perderme por culpa de ellos. Mientras escuchaba el llanto desesperado de mi mamá, el médico y las enfermeras vinieron a verme rápido, porque mi corazón y mi oxigenación estaban muy mal; me pusieron oxígeno y así de a poco comencé a calmarme. Tuvieron que sacar a mi mamá de ahí, porque estaba muy nerviosa y lloraba mucho. Yo me quedé tranquilo, porque sabía que ahora ya nadie me volvería a dejar solo. Ahora cuando pasaban delante de mí me miraban y eso se sentía muy bien. Además, muy pronto llegó a acompañarme mi tía Cybell, que tanto me quiere. Más tarde llegó mi mamá más tranquila y me puse muy contento cuando me dijo que ese mismo día nos iríamos a un lugar mejor.

Generoso agobio y paciencia

"El agua que me diste de beber era como música.
¿Recuerdas lo deliciosa que estaba?"

Nos trasladamos a una UCI de una clínica privada, donde nos recibieron con mucho cariño. A esta altura yo desconfiaba de todos, solo podía sentir miedo y desconfianza del personal de salud. Había algo que, sin embargo, me hacía sentir algo más tranquila: extrañamente éramos los únicos pacientes en esa UCI y solo había cuatro habitaciones, aisladas entre sí por muros con ventanas, por lo que ya no tendríamos los ruidos molestos de otras máquinas.

Ya había pasado un mes desde su cirugía de traqueostomía, así que comenzamos nuevamente a planear la solicitud de una hospitalización domiciliaria. Ya era la segunda vez que hacíamos el intento, pero como las condiciones de salud en "Dieguito" habían cambiado drásticamente, pensamos que esta vez las cosas se darían más fácilmente con nuestra ISAPRE. Sabíamos que una traqueotomía era una condición de salud irrefutable, completamente idónea para acceder a este servicio especial de hospitalización.

Por lo general, las solicitudes de hospitalización domiciliaria son aceptadas cuando el paciente califica dentro de los requerimientos mínimos para las ISAPRES, como son la consideración del estado y complejidad de la salud del paciente, que exista una prescripción médica que indique dicha hospitalización (en casa), que existan también documentos y certificados médicos que acrediten detalladamente el tipo de asistencia y atención que el paciente requiere en su domicilio, que sea equivalente al estar en un centro asistencial.

Una vez instalados en este otro lugar, comenzamos con el papeleo para ser presentado en nuestra ISAPRE. Al principio lo intentamos por lo menos cuatro veces, con mucho respaldo de certificados e informes médicos de los especialistas de Diego y los intensivistas que ahí trabajaban. Sin embargo, la respuesta de la ISAPRE siempre fue negativa, rechazando por completo alguna posibilidad de hospitalización domiciliaria para Diego. Comenzamos a desesperar, viendo que los días y las semanas pasaban sin lograr absolutamente nada. Hasta que un día casualmente, mientras conversaba con un chofer de Uber, me contó sobre una abogada amiga de él, especialista en defender pacientes con demandas a las ISAPRES. En ese entonces yo solo escuchaba, atenta y cautelosa. Sin embargo, otro buen día, mientras intentaba a través de redes sociales averiguar sobre demandas a las ISAPRES, me escribió una persona, recomendándome a una abogada especialista en casos como el mío. Cuando consulté por los datos de esa abogada, para mi sorpresa resultó ser la misma persona que el chofer de Uber me había nombrado, días atrás. Sin pensarlo más, nos contactamos con esta abogada, le contamos nuestro caso y se dispuso a ayudarnos.

Durante mucho tiempo nuestra abogada tuvo que pelear en la Corte de Apelaciones, defendiendo el derecho que tenía nuestro hijo a recibir esta atención que tanto necesitaba. Nuestra ISAPRE respondía insistentemente que nuestro hijo no calificaba para recibir esta atención en su casa, argumentando que Diego no la necesitaba, ya que no se habían producido cambios significativos en su salud en los últimos años. ¡Una absoluta barbaridad! Diego pasó de tener solo una gastrostomía, a tener dependencia total de una bomba de alimentación, y pasó de respirar por su nariz como todos nosotros, a respirar a través de una cánula insertada en su tráquea. Sumado a esto, había que considerar el cuidado y manejo especializado que todo esto requería.

Los temas de estrés y angustia en esta hospitalización ahora ya no eran por el trato del personal médico ni auxiliares, ni tampoco eran por la salud de Diego, muy por el contrario. "Dieguito" estaba súper estable en su salud y además construimos un lazo y una conexión muy especial con las enfermeras y técnicos del lugar. En ese entonces la preocupación estaba puesta en salir con hospitalización domiciliaria lo antes posible. Nos negábamos a irnos sin este sistema, por lo demás, tampoco los médicos nos autorizaban a irnos sin ese apoyo para Diego.

Durante esos cinco meses que duró en total nuestra hospitalización, a la espera del término del juicio, me dediqué a tener una rutina de panoramas entretenidos para mi hijo. Además, "Dieguito" contaba con terapia de fonoaudióloga todos los días y su infaltable kinesioterapia motora, en la que realmente lo pasaba muy bien. Las terapistas, técnicos y enfermeras lo consentían mucho, lo mimaban y hacían sus días más cálidos. Durante este tiempo fue que comenzaron a aparecer sus primeras infecciones urinarias, muy sintomáticas por lo demás, con fiebre alta; lloraba mucho a causa del dolor que esto le provocaba. Al poco tiempo tuvo retenciones de orina, por lo que necesitó sondeos cada seis horas, que por suerte con el paso de las semanas se hicieron cada vez menos necesarios. Sus exámenes vesicales al menos estaban normales, todo indicaba que no había vejiga neurogénica, lo que nos dejaba tranquilos.

Con Diego la pasábamos entre dibujos, pintura, películas y libros; fue en esta etapa que descubrí la pasión de Diego por la lectura. El único momento del día en que yo salía con tranquilidad de esa UCI era en la noche. Sí, el equipo médico conformado por mis queridas enfermeras y técnicos, me daba tal tranquilidad y confianza, que sabía que, ante cualquier situación de emergencia o eventualidad con "Dieguito", irían inmediatamente a verlo. Además, como durante todos esos meses éramos casi los únicos pacientes en esa UCI, cuando yo salía a comer algo o tan solo a respirar un poco de aire fresco, ellas se sentaban en el bergere con él en brazos y lo mimaban todo ese tiempo.

Cuando Diego se dormía, me iba como a las diez de la noche a un restaurante ubicado a una cuadra de la clínica. Me iba caminando a paso lento, sintiendo el viento fresco en mi cara, la sensación de libertad era tremendamente encantadora. Luego comenzamos a pasear a Diego en su coche por los pasillos de la clínica, para que saliera de su rutina, y así nos reinventábamos cada cierto tiempo. Para sobrevivir al estrés del encierro se necesita no solo paciencia, sino mucha creatividad.

Pero a pesar de mis esfuerzos por mantenerlo entretenido, Diego muchas veces me mostraba con evidentes gestos que estaba molesto, enojado, cansado de las rutinas y cansado de estar prisionero en esa UCI. Era ahí cuando más me afligía la situación en que nos encontrábamos. Mi cuerpo comenzó a somatizar todo el estrés, recordando inevitablemente lo que viví en la hospitalización del año 2017. Me dio susto que algo malo nuevamente me pasara, pero a cambio de eso solo comenzó a dolerme el cuerpo, el estómago, la cabeza y las articulaciones. Si bien no tuve esa especie de convulsión como en 2017, la sensación de dolor físico me tenía bastante agotada y molesta. Así pues, después de tres meses encerrada con mi hijo, decidí irme los fines de semana a dormir a mi casa (Rodrigo me relevaba) para evitar un posible colapso. Tenía que cuidarme y aprovechar ese tiempo con mis niñas, dormir un poco y darme un buen baño. Dicho sea de paso, tengo que aclarar que comúnmente las UCI no tienen baño ni duchas para los padres o acompañantes, por lo tanto, siempre llevaba cinco días sin bañarme. No estaría nada mal que tanto los hospitales como las clínicas se pongan a pensar en tener un baño para los padres o apoderados que cuidan a su familiar en las UCI. Después de todo, es un derecho mínimo tener un baño donde hacer las necesidades y asearte, al menos eso pienso yo.

Era tan gratificante llegar a mi casa, que me recibieran mis hijas y poder ducharme al fin después de cinco días. Uno de esos días, saliendo de mi casa un domingo, preocupada por llegar rápido a ver a

Diego, me tropecé camino al auto, fracturándome mi pie izquierdo. Al principio no me dolió y continué caminando un poco coja, manejé hasta la clínica, pero llegada la noche, el dolor se me hizo insoportable y mi pie ya estaba muy hinchado. Apenas caminando y llorando de dolor, esa noche fui a urgencias con una técnico, en el primer piso, mientras esperábamos que llegara Rodrigo. Efectivamente tenía una fractura que demoró dos meses en sanar. Comencé usando una silla de ruedas, luego pasé a unas muletas. No era el mejor momento para estar convaleciente, pero la suerte no estaba conmigo, y el *show* tenía que continuar, con o sin pierna rota.

Tuve crisis de pánico en varias oportunidades, esa sensación terrorífica por la que crees que te vas a morir, y después de muchos años sentí la necesidad urgente de recurrir a un psiquiatra nuevamente para buscar apoyo y tratamiento. A decir verdad, era la primera vez que recurría a un psiquiatra por mi propia voluntad; las otras dos veces anteriores me forzaron a ir para recibir medicación por mis somatizaciones del estrés. Pero esta vez lo creí necesario, sentía que me estaba volviendo loca, lloraba mucho y no me sentía capacitada para contener a mi hijo si algo le pasaba. Necesitaba cuidarme y tomar fuerzas con la ayuda externa de alguien y de algo.

Fruto de nuestra libertad

> "El principito, habiendo completado sus
> preparativos para partir,
> no deseaba entristecer al monarca"

A medida que fue pasando el tiempo, los temas legales con mi Isapre fueron avanzando lentamente. Unos días teníamos buenas noticias, otros días eran malas noticias, pero al menos nuestra abogada nos mantenía súper informados y se notaba que se esforzaba por sacar adelante nuestro caso. Hasta que el ansiado día llegó y recibimos la noticia de que Diego al fin tenía aprobada su hospitalización domiciliaria; nuestra abogada había ganado el caso de mi hijo en la Corte de Apelaciones. No lo podíamos creer, estábamos muy emocionados, esperamos cuatro meses hospitalizados para que llegara este día. El equipo de enfermeras y técnicos nos felicitaban y se emocionaron por nosotros.

Ya podíamos comenzar a buscar una clínica domiciliaria elegida por nosotros, que era justo lo que siempre habíamos querido. No queríamos depender de la elección de nuestra Isapre, porque o si no, ellos tendrían el manejo completo de la clínica domiciliaria. Para eso, debíamos negociar los términos contractuales con la clínica domiciliaria que elegiríamos, para que ellos se ajustaran a nuestro plan de Isapre y a nuestro presupuesto, detalle no menor.

Mientras Diego aún permanecía hospitalizado, entrevisté a tres empresas *homecare* (así se les dice comúnmente a las clínicas domiciliarias). Después de evaluar y buscar opiniones sobre pacientes que se atendían con ellos, ya teníamos claridad con quién nos iríamos a nuestra casa.

Durante esos meses, estuvimos haciendo modificaciones importantes a nuestra casa; había que acondicionarla para poder recibir con todo en orden a nuestro "Dieguito": baño, pieza, enchufes, todos los detalles que una hospitalización domiciliaria podría exigirnos.

Cuando ya estábamos en la cuenta regresiva para irnos a la casa, el personal médico decidió que era tiempo de enseñarme algunas cosas básicas para atender a mi hijo y estar preparada en mi casa. Una de ellas fue capacitarme en el uso del Ambu, aparato que ya tenía en casa y que sabía manejar. El Ambu es un resucitador, que sirve para ventilar, es decir, entrega aire a presión positiva, a través de un globo que presionamos con la mano. Esto se puede usar en personas con traqueotomía o sin ella, y permite salvarle la vida a una persona con su correcto uso.

Como las condiciones de Diego habían cambiado, el uso de este aparato se debía hacer de una forma diferente a la que estaba entrenada para manejar, por lo que debía aprender nuevamente su uso. Cuando los kinesiólogos de la UCI comenzaron con mi capacitación, como siempre estuve atenta y memorizando cada paso y cada concepto. Es sin duda un aparato que uno nunca desea ocupar, pero es necesario saber su manejo y siempre se debe estar muy cerca del paciente. Me enseñaron a "canular", que es la acción de insertar una cánula en una traqueotomía; también aprendí a aspirar a través de esta cánula, y por último me enseñaron a realizar sondeos vesicales. Ahora con estos nuevos aprendizajes adquiridos me sentía lista y preparada para llevar a mi hijo a nuestra casa. Nada de esto hubiese sido posible sin la ayuda y el apoyo del personal de enfermería, técnicos y kinesiólogos, que con mucha voluntad y paciencia me enseñaron las cosas más importantes y delicadas en los nuevos requerimientos y manejos en la salud de "Dieguito".

El ansiado día llegó al fin, la clínica domiciliaria venía por nosotros para llevarnos a casa. Ese día fue algo extraño, había sentimientos encontrados. Estábamos tan seguros en esa UCI, nos sentíamos tan queridos, tan protegidos, que no quería salir de ahí, pero al mismo tiempo moríamos de ganas de regresar a nuestro hogar. Sin duda alguna extrañaríamos esos mimos y esos rostros queridos y familiares. Salimos de esa UCI llenos de besos y abrazos, todos fueron a despedirnos, todos lloramos e increíblemente Diego también lloró. Esa debió haber sido la primera y última vez que lo vi llorar de emoción; unos lagrimones llenos ternura, de agradecimiento y de cariño. Hasta ese minuto no sabía que para Diego era tan importante ese lugar y esas personas. Realmente a mi hijo lo emocionaban las muestras de cariño, los afectos y las buenas personas. Solo puedo agradecer esa grata experiencia que revirtió y remedió la pesadilla que comenzamos en un principio de esa hospitalización.

Llegar a nuestra casa fue un golpe muy fuerte. Diego estaba en condiciones diferentes, que requerían cuidados diferentes, y a eso se le sumaba toda esta nueva dinámica; era sin duda una irrupción en nuestra vida en familia. De un día para otro nos vimos envueltos en una casa distinta, entre técnicos, enfermeras, terapias y máquinas. Era una nueva forma de vida, a la que no tenía más opción que adaptarme. El cambio fue traumático tanto para "Dieguito" como para todos en la casa.

Los primeros meses fue muy difícil adaptarse al sistema, el ver entrar y salir gente de la casa todos los días, y que otras personas me ayudaran a cuidar de mi hijo me era tan extraño que sentí una incomodidad tremenda. Encargarme de los cuidados de mi hijo sin ayuda de nadie era algo a lo que yo estaba acostumbrada. Se sentía la invasión al espacio privado, tu casa, tus cosas y la inevitable sensación de que me quitaban a mi hijo. Con "Dieguito" estábamos acostumbrados a estar pegados el uno al otro, llevábamos exactamente siete años durmiendo juntitos. Era nuestro primer día de hospitalización domiciliaria y ya sentía muchísima pena por no tener cerca a mi hijo, y me angustiaba también el hecho de no saber qué era lo que Diego estaba pensando respecto a esta separación. Estaba segura de que no le estaba gustando mucho la idea de separarse de la mamá.

Desde que me convertí en mamá de Diego, por primera vez me sentí una madre inútil, rara, que estorbaba en esa pieza, no sabía dónde ponerme ni qué hacer. Salí raudamente hacia mi pieza a romper en llanto, quería estar sola con mi hijo, como era la costumbre, abrazarlo, acostarme con él, besarlo, mudarlo yo, vestirlo yo, bañarlo yo. Todo lo que por años hice con tanto amor y dedicación, sentí que me lo arrebataban injustamente. Ahora otra persona estaba ocupando ese lugar y eso me hacía sentir triste, culpable y arrepentida de toda esta pelea por obtener su hospitalización. Miraba mi entorno y me decía a mí misma que no entendía por qué me había metido en este sistema, si yo sentía que podía sola con todo esto. Quería a mi hijo de vuelta a toda costa, lo extrañaba tanto, lo necesitaba junto a mí. En medio de mi llanto llamé a mi amiga Cybell, quien ya llevaba casi un año con este sistema de hospitalización domiciliaria con Catalina. Sabía que hablando con ella y escuchando su experiencia podría de alguna forma encontrar algo de tranquilidad.

Cybell me dijo: "Anda, no te quedes ahí llorando, anda a buscar a tu hijo, se necesitan, y que nadie ni nada te impida estar con él, eres su mamá, Natalia". Mi amiga tenía razón, escucharla me dio el coraje para pararme e ir por mi pequeño tesoro y retomar lo que tanto nos gustaba: nuestros regaloneos. La verdad, no fue tan terrible, pensé que sería más difícil. No quería hacer sentir mal a la técnico, pero tampoco quería sufrir yo, ni pensar que Diego estaba impotente de ser alejado de su mamá. Me dio la sensación de que la técnico me entendía y que estaba acostumbrada a ver esta dinámica entre mamá e hijo, de hecho, fue muy amable, como si fuese algo muy normal. Por cierto, era una técnico que tenía años de experiencia en este sistema de hospitalización, así que ella estaba segura de que haría este robo a mano armada más temprano que tarde. La cosa fue súper simple, fui a la pieza de Diego y le dije a la técnico que me lo llevaría a mi pieza, y ella con toda la amabilidad del mundo me ayudó a acomodarlo en mi cama. Ahí estuvimos los dos, solitos, juntitos, como siempre lo hacíamos, y mi alma volvió a reposicionarse.

El tema de las noches fue todo un desafío. Diego siempre tuvo problemas para conciliar el sueño, sus convulsiones además hacían que sus noches fuesen muy difíciles; había que estar siempre alerta. Tenía tres técnicos que hacían turnos en la casa. Un día, una de ellas me sugirió tener un timbre para llamarme en caso de que Diego tuviese una crisis o para la razón que fuese necesaria. Con ese nuevo sistema de llamado ya me sentía mucho más tranquila y segura. Sabía que, ante algo importante con Diego, me llamarían sin dudarlo.

En definitiva, la hospitalización domiciliaria necesitó de la adaptación de todos nosotros, de cada uno de los miembros de nuestra familia. Fue todo un proceso, largo, agotador, estresante, donde cada uno debió poner su granito de arena para que fluyera de forma favorable para nuestro "Dieguito". Quisiera destacar la solidaridad y ese corazón enorme y generoso que tanto caracteriza a mis dos hijas. Siempre pacientes y apoyando incondicionalmente a su hermano; en esta oportunidad sobre todo ellas se vieron afectadas y tuvieron que ajustarse a este nuevo cambio.

Había transcurrido solo un mes desde que llegamos a la casa, cuando un llamado de nuestra abogada nos alertó de una contrademanda de nuestra Isapre en la Corte Suprema. Afortunadamente, al cabo de dos meses nuestra abogada logró ganarle a nuestra ISAPRE nuevamente, y esta vez sería para siempre.

Teníamos de nuestro lado ahora a la Corte Suprema, el órgano judicial de máximo poder dentro del sistema judicial chileno. Ya nada ni nadie podría impedir que Diego tuviese su hospitalización domiciliaria.

Desde ese entonces, todas las tardes llevaba a "Dieguito" a mi pieza para que pasara el rato conmigo. Al principio no lo hacía todos los días, porque todavía me sentía torpe, como interrumpiendo el trabajo de la técnico, pero poco a poco comencé a darme cuenta de que no tenía de qué temer ni de qué avergonzarme. Me decía a mí misma: "Soy su mamá, Diego es mi hijo, a quien he cuidado prolija y amorosamente durante años. Tengo derecho a estar con él cuantas veces quiera y cuando quiera".

Respira otra vez

> "Lo he transformado en mi amigo, ahora es único en el mundo"

Había pasado un mes desde que estábamos en la casa, cuando un día noté algo distinto en Diego. Su respiración se notaba diferente, era un cambio muy leve, pero yo lo notaba enormemente; tenía un aleteo nasal, a mis ojos, muy evidente (abría y cerraba las fosas nasales). Al principio era sutil, pero con el paso de los días se hizo más evidente y mis técnicos comenzaron también a percatarse de este leve cambio. Después de haberlo visto por casi tres años con dificultad respiratoria a diario, me era muy fácil reconocer algún cambio en su respiración. Esto era algo que podía fácilmente ser motivo de mi preocupación, porque después de su traqueostomía, todos sus temas respiratorios mejoraron; le cambió la vida a Diego y a nosotros también. Hasta ese momento, el objetivo de su cirugía se había cumplido perfectamente. Entonces, ¿por qué tendría ahora dificultad para respirar?

Algo estaba pasando, eso era un hecho. Diego estaba haciendo un esfuerzo para poder respirar. Aunque era algo mínimo, para mi hijo hacer ese trabajo era como subir una montaña empinada. Su cara me decía algo que no me atrevía a asumir. "Dieguito" estaba cansado, exhausto de sus respiros esforzados. Comencé a llamar al *homecare* para dar aviso de lo que estábamos evidenciando día a día; había una sospecha de que Diego podría estar reteniendo CO_2 y que esa podría ser la razón de su cansancio. Vinieron a hacerle un examen y los resultados no arrojaron nada concluyente, todo estaba normal. Decidí llevar a Diego donde su broncopulmonar, que ya lo conocía lo suficiente. La doctora creía que Diego podría estar necesitando de un apoyo ventilatorio para poder dormir mejor por las noches; de esta forma despertaría más descansado y así podría respirar tranquilo durante el día, por ende, sin esfuerzo respiratorio. A mí me pareció una opinión y una decisión muy razonable, así que nos fuimos a la casa con esa indicación médica. A los pocos días estábamos probando un ventilador mecánico con modalidad de Cpap, esto quiere decir que la máquina le entregaría aire a una presión muy bajita. Así disminuiría un poco los esfuerzos por respirar durante las noches, ya que la máquina lo estaría apoyando constantemente.

Comenzamos a probar esta modalidad de ventilación por las noches. "Dieguito" se acopló muy bien al ventilador, y al día siguiente después de haber pasado toda la noche con el Cpap, se notó inmediatamente el cambio en su respiración; ya no tenía ese aleteo nasal, su cara tenía otro semblante. Yo me sentía completamente aliviada de haber encontrado una solución de forma tan rápida, cosa que era algo muy inusual en nuestra vida.

Al poco tiempo de haber comenzado con la modalidad de Cpap, vi a "Dieguito" nuevamente cansado durante el día, así que por indicación de su broncopulmonar comenzamos a utilizar el ventilador en el día, en los ratos que lo viéramos con esfuerzo respiratorio. Lo dejábamos conectado quince o treinta minutos la mayoría de las veces, pero a medida que pasaba el tiempo, lo comenzó a requerir más seguido y por períodos más largos. Estuvimos un mes con esa dinámica, y en un abrir y cerrar de ojos, nos dimos cuenta de que Diego estaba usando prácticamente todo el día el Cpap.

Verlo en estas condiciones me hizo darme cuenta de que su daño neurológico había aumentado a pasos agigantados. Llevaba ya cinco años convulsionando todos los días; en algún minuto su cuerpo le pasaría la cuenta de manera evidente. Algo que nosotros jamás nos imaginamos que le sucedería, pese a que teníamos pleno conocimiento de los riesgos de las convulsiones, que sabíamos que era una probabilidad médica real y para nada exagerada. Fue algo que yo, al menos, descarté como algo que le fuese a suceder a mi hijo, más aún después de su traqueostomía. Pensé que esa sería la extensión de su vida, la mejoría de su calidad de vida, la recuperación de su conexión, de su cansancio, de un futuro promisorio y favorable para Diego. Nada de eso veía venir, no entendía qué pasaba, o mejor dicho, no quería ver a lo que realmente me estaba enfrentando.

Volví a llevar a Diego con la broncopulmonar y pensamos que quizás la modalidad Cpap que estaba usando por las noches, le estaba siendo insuficiente ahora y quizás necesitaba un soporte ventilatorio más fuerte. Fue así como comenzó a usar por las noches el ventilador mecánico de forma más invasiva, en una modalidad llamada ST. Esto quería decir que el ventilador estaría programado para darle inspiración y espiración en una frecuencia preestablecida según su peso o según su requerimiento, garantizando un mínimo de respiraciones por minuto. Es decir, el ventilador ahora haría toda la acción de respirar por Diego.

Ya habían pasado tres meses desde que comenzamos a utilizar un ventilador mecánico para cubrir sueño, cuando una noche de aquellas, de esas arduas y largas en que me paraba una y otra vez por sus convulsiones, en que me quedaba horas esperando a que se calmara todo, ocurrió lo que siempre temíamos que podía pasar: un "estatus convulsivo" (una convulsión de más de treinta minutos sin parar). Esta vez fueron más de dos horas convulsionando. Nada, ningún fármaco lo ayudó, ninguno de los distintos medicamentos de rescate de benzodiazepinas lo pudo ayudar a salir de ese estado. Tuvimos que trasladarlo a urgencias de la clínica para que le hicieran un electroencefalograma y ver en qué condiciones estaba su cerebro, y según eso, se decidía si nos quedábamos o no. Afortunadamente, camino a la clínica la crisis comenzó a ceder y cuando llegamos a urgencias, su examen de electroencefalograma ya no mostraba el estatus convulsivo. El susto había pasado, nos regresamos más tranquilos a la casa, pero con el persistente temor a que algo así volviese a suceder.

Esa noche, producto del estatus convulsivo en que se encontraba Diego, no quise sacarle el soporte ventilatorio que usaba por las noches. Me daba tranquilidad saber que gracias a eso teníamos asegurada su vía aérea, es decir, teníamos garantizada una respiración óptima y que nada podía pasarle en cuanto a lo respiratorio. Al día siguiente, cuando intenté sacarlo de la modalidad ST y volver a la modalidad Cpap que usaba de día, "Dieguito" comenzó inmediatamente a tener problemas para poder respirar; ni siquiera la modalidad de Cpap le servía, se ahogaba con mucha facilidad. A partir de ese entonces se nos hizo muy difícil volver a lo que estábamos. Diego dependía completamente de su ventilador para respirar, se sentía cómodo y seguro, esa máquina hacía el trabajo duro que a él tanto lo cansaba.

Negociando ando

"Seguramente, nadie había podido encontrarlo;
quizás ni siquiera lo habrían buscado"

El *homecare* que nos prestaba los servicios clínicos en la casa, no estaba vinculado a nuestra Isapre, por lo que casi la totalidad de los gastos en insumos médicos que necesitaba Diego no los cubría la Isapre y teníamos que pagarlos nosotros. Tuvimos que llegar a un acuerdo de palabra con el área administrativa y de cobranza de la clínica domiciliaria, que básicamente se comprometieron a ayudarnos a cubrir la mayor parte de estos costos, para que fuera viable para nosotros y conveniente para ellos también. La empresa pasaría estos cobros por nuestro plan de Isapre en el ítem de más cobertura y nosotros de forma particular pagaríamos un delta mínimo súper razonable a nuestro presupuesto. Sé que se lee o se escucha súper enredado, y realmente así lo era. A la larga fue tan engorroso el tema de los gastos en que incurrimos con esta hospitalización domiciliaria, que me convertí en una experta sacando cuentas, manejando costos, cotizando, ahorrando y reutilizando insumos. Había que manejar muy bien todo lo que entraba y salía de la casa en cuanto insumos, había que tener un orden y un detalle meticuloso de estos gastos, así que los asumí como parte de mis cuidados con Diego.

Cuando llevábamos un mes con esta empresa, nos llegó la primera factura del mes, que ascendía a los cuatro millones de pesos. ¡Casi me morí de la impresión! Después de recibir esa primera cuenta, tuvimos que sacar todas las terapias de rehabilitación de Diego y solo dejar la terapia respiratoria de manutención. Ya no podíamos pagar visitas médicas ni de enfermería, ni traslados, ni siquiera las gasas que le poníamos a "Dieguito" en su traqueotomía, porque eran extremadamente caras y venían muy pocas en la caja, y considerando que Diego usaba muchas durante el día, opté por ponerle toallas de papel suave en su cuellito.

Jamás imaginé llegar a ese límite. Siempre quise lo mejor para mi hijo y eso francamente no lo era, pero no teníamos alternativa en ese entonces. Cerraba mis ojos y actuaba sin pensarlo mucho, porque mientras más lo hacía, más me dolían esos recortes en suministros y en atenciones que "Dieguito" tanto necesitaba. Esto nos enseñó a valorar, reducir y utilizar muy bien nuestros recursos de insumos, todo era extremadamente valioso en esos momentos. Varias veces a la semana me tenía que convertir en una especie de secretaria/contadora, haciendo estas tareas que involucraban los gastos y orden de insumos, llamaba a importadores directos, compraba al por mayor varias cosas de las más baratas y muchas veces de menor calidad. Una de las tantas cosas que hacíamos para abaratar costos era reutilizar insumos, cosa que comúnmente en una clínica ¡es completamente impensado, casi un crimen! Sin embargo, muchas veces en hospitales públicos, por temas de escasez de insumos, es algo que suele hacerse y no es mal visto.

Le extendíamos la vida útil a varias cosas que sabíamos que se podían utilizar dos a tres días más de lo que dicen los famosos protocolos; esto nos ayudaba muchísimo a economizar. Además, intentaba a través de mi amiga Cybell conseguirme algunas cosas que Catalina no utilizaba. Revisaba constantemente los insumos, contabilizaba todo lo que se sacaba y lo que se reponía, tenía un catastro impecable y detallado de todo.

Pese a que fuimos a conversar una y otra vez con el área de cobranza del *homecare*, nada hizo cambiar la situación, y al cabo de tres meses teníamos una deuda de más de doce millones de pesos. La situación rápidamente se nos hizo insostenible; teníamos deudas en dos bancos. Pensamos en poner a la venta nuestra casa y el auto; no teníamos cómo continuar defendiéndonos económicamente. Todo esto nos obligó rápidamente a activar un seguro de salud que nos haría completamente dependientes de las decisiones de nuestra Isapre, vale decir, desde la elección de nuestro próximo *homecare*, hasta la aprobación o rechazo de exámenes médicos o medicamentos para Diego. Y fue así que comenzamos con un nuevo *homecare*. Eso significaba perder a las técnicos con que nos habíamos acostumbrado y con las cuales estábamos formando un vínculo afectivo importante tanto para nosotros como para Diego.

Cuando llegó a instalarse esta nueva clínica domiciliaria a la casa, fue volver a vivir lo mismo que hace cuatro meses atrás. La pieza de "Dieguito" con una cantidad enorme de personas moviendo todo, organizando, reubicando mobiliario, instalando el catre clínico, etc.

"Dieguito" al fin contaba con todas las terapias de rehabilitación, como también con todos los insumos adecuados e imprescindibles, sin escatimar en precios. La Isapre cubría todo, así que solicitaba lo mejor y lo necesario para mantener a mi hijo bien cuidado. Los siguientes días fueron de evaluaciones de los kinesiólogos respiratorios, de los kinesiólogos motores, enfermeras, fonoaudióloga, terapeuta ocupacional y de la visita de la nueva doctora de cabecera de "Dieguito", quien se transformaría a futuro en mi mano derecha.

Fue tal la magnitud de las vistas diarias, del ir y venir de personas en la pieza de Diego, que finalmente le pasó la cuenta, y al poco tiempo sus convulsiones se agudizaron muchísimo. Como lo he mencionado en otras oportunidades, Diego siempre solía manifestar su estrés a través de las crisis convulsivas o espasmos involuntarios. Estaba muy descompensado de su epilepsia, así que llamé al *homecare* para advertirles de lo que le estaba pasando a mi hijo, y ponerle un freno a la situación. Manifesté firmemente mi preocupación ante la intensidad de atenciones; era muy invasivo todo. Sabía que Diego necesitaba esos cuidados, pero su salud era prioridad número uno, necesitaba estabilizarse y darle un respiro. Fue así como bajamos la intensidad, reduciendo al mínimo las visitas durante un tiempo; de esta forma íbamos aumentando gradualmente sus atenciones. A partir de ese entonces todas las visitas, terapias, y controles se harían al compás de la salud de Diego. Eran ellos los que tenían que acoplarse a su vida y a su ritmo, y no al revés.

Una de las cosas que me gustó mucho de esta nueva clínica domiciliaria era que se proponían objetivos a largo y corto plazo con sus pacientes. Hacían informes mensuales por escrito, en los que notificaban el trabajo realizado, acorde a los planteamientos que se habían hecho al principio. Uno de los objetivos a largo plazo propuestos por los kinesiólogos respiratorios fue intentar sacar el ventilador mecánico en su totalidad y volver a como estábamos en un principio, es decir, respirando por sí solo y usando nada más que un filtro de traqueotomía. Sus palabras me sonaron un poco ingenuas, pero, sin embargo, el entusiasmo y positivismo del equipo me contagió de la esperanza de volver a ver a mi hijo respirando por sus propios medios. Todo esto era posible según ellos y también para mí lo fue.

Comenzamos con la llamada terapia de rehabilitación respiratoria. Yo estaba impregnada de entusiasmo y de fe, confiaba mucho en la fuerza y poderío de mi hijo, esa garra inagotable que nos había demostrado por años. Esta rehabilitación respiratoria consistía en desconectarlo del ventilador y ponerle el filtro para que respirara solito. Al principio solo fue por tres minutos y luego lentamente fuimos aumentando el tiempo de desconexión a cinco minutos, y así sucesivamente. Todo fue muy lento y muy a su ritmo, nada nos apuraba, y "Dieguito" volvió nuevamente a sorprenderme. ¿De dónde sacaba esa fuerza? Amor por la vida, por su familia, por su mamá, quizás, no lo sabía. Yo me respondía a mí misma esta pregunta, porque no cabía el asombro en mí, no dejaba de admirar a mi pequeño gigante.

La vida transcurría maravillosamente, entre paseos al parque, a la feria, la visita de los primos, la familia. Su estabilidad y sus avances en sus desconexiones me hacían sentir cierta paz. Recobrar la esperanza siempre es una sensación tan energizante, pero a la vez me provocaba cierto temor, porque la esperanza a veces te decepciona y te da una puñalada por la espalda cuando menos te lo esperas. Al menos eso siempre pasaba cuando me encontraba con la esperanza en lo alto. En ese entonces solo existía la misma tormenta de siempre, la misma nube negra posada sobre mi hijo, esa nube gris que no se iba. Sus convulsiones eran como la tormenta que se asomaba en cada despertar de Diego, nos mantenía atentos siempre cuando su sueño terminaba, era lo único que opacaba el final del día.

Otro primero de Enero

"Hoy es el día exacto, pero no es el lugar"

Tuvimos una técnico que llevaba tan solo un mes en la casa. Era una persona preocupada y cariñosa con Diego, y en definitiva, cumplía muy bien lo que siempre buscaba en una técnico. Personalmente, creo que las habilidades técnicas pueden adquirirse, pero la esencia de una persona es algo que, según yo, viene en el relleno del envase de un ser humano.

Siempre me fijaba si la persona que atendía a mi hijo conectaba con él, si lo trataba como el niño inteligente que era, que no lo subestimara, que se preocupara por hacerlo sentir presente e importante, detalles que durante toda la vida de Diego fueron importantes para mí en otras personas. No permitía bajo ningún punto de vista que se durmieran por las noches; sus crisis convulsivas nocturnas eran un tema delicado que no se podía descuidar. Para esto, desde un principio de nuestra hospitalización domiciliaria comencé a usar mi monitor de bebé, con cámara infrarroja; fue de gran ayuda. Más adelante lo quise cambiar por una cámara de seguridad con wifi, para verlo desde cualquier lugar al momento de tener que salir de la casa. Esa fue una excelente compra; la sensación de tranquilidad y de tenerlo todo bajo control bajaba mucho mi angustia y ansiedad, sobre todo considerando que muchas veces tuve que cambiar de técnicos.

Me gustaría detenerme un momento en esta idea estratégica que muchos tenemos, producto de la desconfianza de las circunstancias de la vida misma. La necesidad de querer tener el control de todo tu alrededor, o de al menos sentir que lo tienes, es una actitud completamente negativa y lo sé. Por muchos años fui una persona incapaz de pedir ayuda a terceros, porque siempre quise resolver lo que fuese por mis propios medios, siempre queriendo observar las situaciones en primera persona, ver qué es lo correcto o lo incorrecto, qué se hace y que no. Sin duda solucionaba como sea las situaciones sola, con algunos costos emocionales y físicos que asumía. Pero, si lo pensamos en profundidad, cada vez que queremos tener el control de las situaciones (en mi caso, especialmente relacionado a mis hijos), es porque dentro de nosotros rondan ideas, pensamientos, historias horribles que nos creamos, aterrorizándonos, provocando un incontrolable deseo por evitar que suceda alguno de ellos. Confundimos el control con el querer resolver situaciones, y no es más que nuestro propio ego lo que nos juega esta mala pasada, sin dejarnos avanzar.

Sé que es importante que aprenda a soltar el control. No se trata de ser conformista, sino de pensar que ya es tiempo de traer amor o aceptación a esa sensación que me da pánico. Soy consciente también de mi error, al menos comencé a darme cuenta de que no es sano, que nada bueno me trae continuar movilizándome a través del miedo. El miedo se puede manifestar de diferentes formas, puede ser a través del enojo, de sentirnos frágiles, víctimas, etc., pero es precisamente ese sentimiento de miedo lo que nos hace incapaz de liberarnos, de avanzar, de soltar hasta lo más mínimo en nuestras vidas, lo que tarde o temprano nos provoca unos deseos incontrolables de abarcarlo todo. Cada vez estoy más convencida de que es necesario soltar el resultado de esa liberación que nos estresa y que nos angustia, es necesario dejarlo ir. Es importante no hacerles caso a nuestras historias mentales y creer y confiar en que "lo que no tiene que pasar, simplemente NO pasará" y, por el contrario, "lo que tiene que pasar, pasará". Así al menos es como hoy estoy comenzando a ver la vida.

Había llegado nuestro primer Año Nuevo en familia y en casa. Al fin, después de dos años pasando esta fecha con "Dieguito" hospitalizado. Fue una noche linda, tranquila, solos los cinco disfrutando de una cena y buena conversa, nos acostamos temprano, como solíamos hacerlo siempre esa noche. A la mañana siguiente, esta nueva técnico que ya llevaba un mes desenvolviéndose súper bien a solas con Diego, nos dio nuestro primer gran susto. Fue una mañana de locura ese primero de enero.

Ese día, como nunca, me levanté súper tarde. Ya era casi mediodía cuando me despertó el sonido de la alarma del ventilador mecánico. Pensé: "Lo estará aspirando o acomodando el circuito de ventilación, o poniéndole los inhaladores". Siempre que se hacían esas cosas, el ventilador solía tocar la alarma. Me levanté rápidamente y me metí a la ducha; menos mal que siempre me ducho rápido, porque al salir del baño me llamó la atención que el sonido de la alarma aún retumbaba fuertemente.

En una fracción de segundo mi mente imaginó lo peor. Corrí a su pieza. Rodrigo no advirtió absolutamente nada y a mí tampoco se me ocurrió decirle qué es lo que estaba sospechando. Llegué a su pieza y ahí estaba mi pequeño, en su cama, cansado, apenas respirando y con los ojos entreabiertos, mientras a su lado y dándole completamente la espalda, estaba la técnico, que no soltaba ni despegaba los ojos del teléfono. Toda esta escena creo haberla vivido en un segundo. La verdad es que ya no sé cómo poder explicar nuevamente una situación como esa, donde todo transcurre a la velocidad de la luz, pero al mismo tiempo ves todo en cámara lenta. Como ya saben, me ha tocado vivenciar situaciones de esta naturaleza más de una vez, al completo límite de mi resistencia, donde tu mente distorsiona los tiempos y a la vez todo lo que pasa fugazmente frente a ti se queda congelado para siempre, cada escena y cada sonido.

En casos como estos, mi cuerpo y mi mente juegan un rol muy importante. Intento no bloquearme ni mucho menos paralizarme, actuando siempre instintivamente, volcando todas mis fuerzas en intentar manejar la situación lo mejor que pueda o que mis emociones me lo permitan. En mi caso, la adrenalina no me permite sentir dolor, frío ni angustia; solo actúo rápida y fríamente. Junto con eso llegan a mi mente recuerdos en forma de *flashes*, de todo lo que algún día aprendí sobre reanimación o sobrevivencia. Luego, cuando todo pasa, llega la calma junto con el llanto, el miedo, las preguntas y la locura.

Me acerqué rápidamente, mientras pregunté qué estaba pasando y la técnico me dijo que de un momento a otro el ventilador mecánico dejó de funcionar.

Prácticamente a mis oídos me estaba diciendo con toda tranquilidad que los pulmones de Diego no estaban funcionando. El único soporte vital de mi hijo ¡estaba detenido! Mientras me iba contando, vi que Diego comenzaba a ponerse azul, y ahí figuraba una técnico supuestamente capacitada para las labores de rescate ante una emergencia, más una madre que creía formar un equipo en colaboración entre ellas dos, pero me equivoqué. Rápidamente le dije que le pusiera a Diego el Ambu para ayudarlo a respirar, mientras yo revisaba insistentemente el ventilador, al mismo tiempo que llamaba al kinesiólogo de emergencia. Vi a la técnico tomar torpemente el Ambu, conectándolo mal. Se lo quité inmediatamente de sus manos y lo conecté yo misma en su traqueotomía. Diego ya estaba pálido y azulado, y comenzó a cerrar sus ojos, desvaneciéndose lentamente. El monitor de signos vitales sonaba sin parar su alarma, estaba taquicárdico y su oxigenación estaba crítica. Lo llamaba con desesperación para que no cerrara sus ojos. Inmediatamente mi mente recordó el accidente en la piscina, cuando le gritaba con fuerza que no se fuera.

Con mis gritos Rodrigo llegó a la pieza y se encontró con esta escena, mientras yo no dejaba de entregarle ventilación manual a "Dieguito" con el Ambu. Rodrigo lo primero que hizo fue tomar el ventilador y llevárselo para intentar solucionar su problema. La técnico permanecía inmóvil en un rincón de la habitación y no despegaba los ojos de su teléfono; según ella, esperaba las indicaciones de los kinesiólogos ante la emergencia. Yo continuaba reanimando a Diego, sin dejar de ventilarlo, y recién como al minuto después de haber iniciado la reanimación, noté que los colores del rostro de mi hijo comenzaron a aparecer, sus ojos comenzaron también a abrirse y mi alma comenzó a volver en mí.

Lo había salvado una vez más, pero en esta oportunidad su papá me ayudó a devolverle la vida. A los pocos minutos después de que "Dieguito" lograra reincorporarse, Rodrigo me dijo que arregló el ventilador mecánico. Le pregunté cómo lo había hecho, si el aparato estaba completamente muerto, y me dijo que ni siquiera él sabía muy bien cómo lo echó a andar, pero ahí traía su papá el pulmón de nuestro hijo, su amigo fiel, listo para ser conectado a él. La verdad es que, sin el ventilador a tiempo, el escenario hubiese sido muy distinto, tan distinto que me duele hasta pensarlo. Cuando pasan estas cosas, inexplicables para muchos, no hay nada más que agradecer al Cielo por esa mano invisible que se hace presente cuando uno más lo necesita, porque hace mucho rato que dejé de creer en las coincidencias. Para mí, hoy solo existe la razón del por qué y el para qué.

La técnico, en todos esos momentos de angustia, no fue capaz de ayudarme ni de acercarse; su indiferencia me dejó impactada. Inmediatamente solicité cambio de técnico, como también cambio de ventilador mecánico. Ambos elementos que deberían darme esa tranquilidad única, me daban ahora una desconfianza tremenda.

Luego, con más calma, me puse a sacar el cálculo de cuánto tiempo "Dieguito" estuvo sin el apoyo del ventilador, y me sorprendí al saber que mi hijo había pasado ¡cuarenta y cinco minutos sin ese soporte vital! Reflexioné sobre esto y llegué a la conclusión de que la única forma en que Diego lo pudo haber resistido por tanto tiempo fue gracias a las desconexiones que hacía en su rehabilitación respiratoria. En definitiva, esta práctica que hacía Diego todos los días junto a sus kinesiólogos fue su salvavidas. Sin ese entrenamiento no hubiese sido capaz de resistir ni cinco minutos sin su ventilador mecánico.

Nada pasa sin alguna razón, y ahora comprendo que la única razón que tenía mi hijo para hacer estas terapias de rehabilitación respiratoria era para ayudarlo a resistir aquel evento, y nada más. ¿Cómo lo sé? Porque más adelante, estas desconexiones con su ventilador mecánico se fueron haciendo cada vez más difíciles de lograr, llegando a ser completamente inviable un intento de desconexión, ni de segundos siquiera.

Apartado fotográfico

Abril de 2020. Diego de nueve años. Estábamos en pandemia, pasábamos mucho tiempo juntos en familia. En esa extensa cuarentena encontramos la oportunidad para compartir y crear recuerdos juntos. Esa vez nos convertimos en una familia de gatos, nos reímos y Diego se conectó con nosotros. Esas sonrisas jamás sospecharon lo que estaban a punto de comenzar a vivir dos meses después.

Septiembre de 2012. Imagen que inmortalicé y valoré para el resto de mi vida. Domingo 23 de septiembre, un día antes de que cambiara nuestras vidas para siempre. Diego tenía dieciocho meses. Mis tres hijos en la plaza del condominio, compartiendo y riendo. Yo en cambio, observandolos con amor, pero con un miedo aterrador e incomprensible hasta ese momento.

Junio de 2012. Diego de un año y tres meses, jugando en la plaza mientras coqueteaba con el lente de mi cámara. Diego, un pequeño, risueño y escurridizo niño. Imparable, inteligente con unas ganas enormes de devorarse el mundo a sus escasos doce meses.

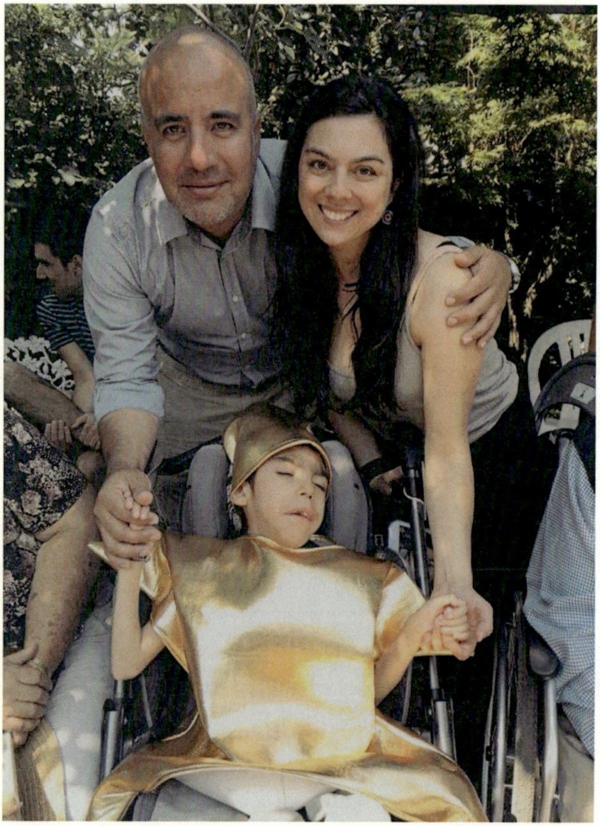

Diciembre de 2016. Aquí mamá y papá orgullosos de su valiente y delgada estrella de Belén de cinco años. Este fue el primer y último acto que hizo Diego en su vida escolar. Esta presentación estuvo acompañada de muchas emociones, respeto y orgullo por nuestro hijo y por el tremendo equipo de profesionales.

Julio de 2017. Diego de seis años, viendo con su papá un partido de fútbol. A Rodrigo le gustaba acurrucar a Diego para compartir junto a él momentos que fuesen de su interés, como ver un partido de fútbol, dormir una siesta o ver una pelea de lucha libre. Me encantaba que Diego disfrutara de momentos tan distintos al estar conmigo y su papá. Cada uno entregando su cariño y dedicación de forma individual.

Noviembre de 2017. Con Diego de siete años ocho meses, en una de esas tardes largas de abrazos, juegos o lo que se me ocurriera. Cada día de su vida que nos regalamos un momento para los dos, no perdía la oportunidad de fotografiarnos juntos y sacarle una sonrisa, eso siempre fue mi mayor reto y felicidad, ¡cuanto amaba esa sonrisa chueca!

Diciembre de 2019. Una imagen familiar que adoro. Diego con casi nueve años, compartiendo una tarde de navidad, diseñada y pensada especialmente para él. Uno de mis sueños para mi hijo hecho realidad y compartirlo junto a mi familia, fue un regalo para el alma. Más aún con un corazón quebrantado que sabía que sería su última navidad junto a ellos.

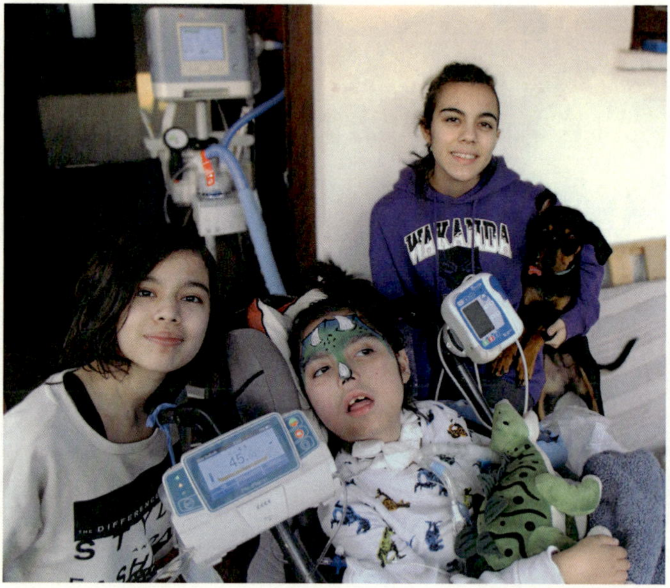

Agosto de 2020. Diego de nueve años y medio. Nuestra pesadilla estaba recién comenzando. Hace muy poco habíamos tenido eventos donde casi perdemos a nuestro hijo y hermano. Esto nos llevó a vivir ese año intensamente, llenándolo de recuerdos. A Sofia le encantaba pintar a su hermano, porque se relajaba y sonreía. A nosotros nos colmaba de amor verlo disfrutar con sus hermanas y ser mimado por ellas.

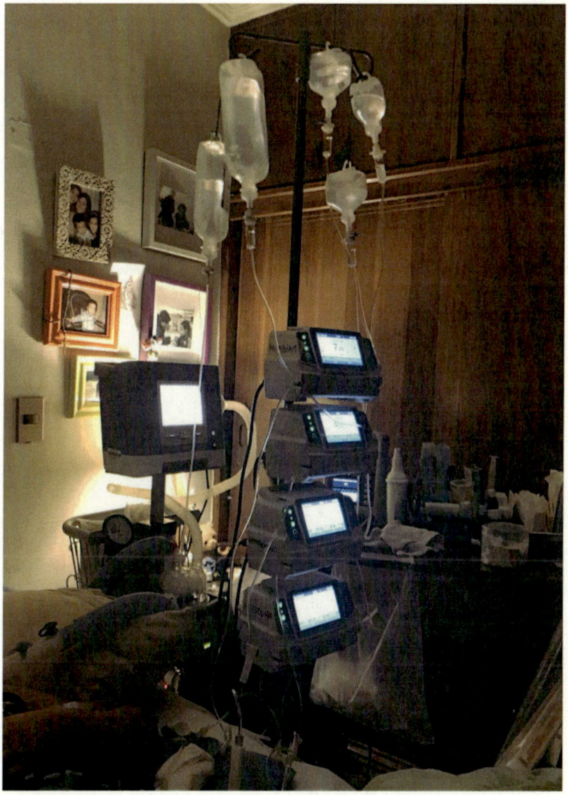

Enero de 2021. Diego a portas de cumplir diez años. Una noche de vigilia sin descanso, como muchas que tuve en esos últimos siete meses. Una imagen inédita de la "Sedación Paliativa" de mi hijo. No recordaba haber tomado esta fotografía, fue a tan solo tres días antes de su muerte. Cuatro bombas de infusión continua le regalaban la paz que merecía y el sueño reparador de un viaje sin dolor, pero sin retorno.

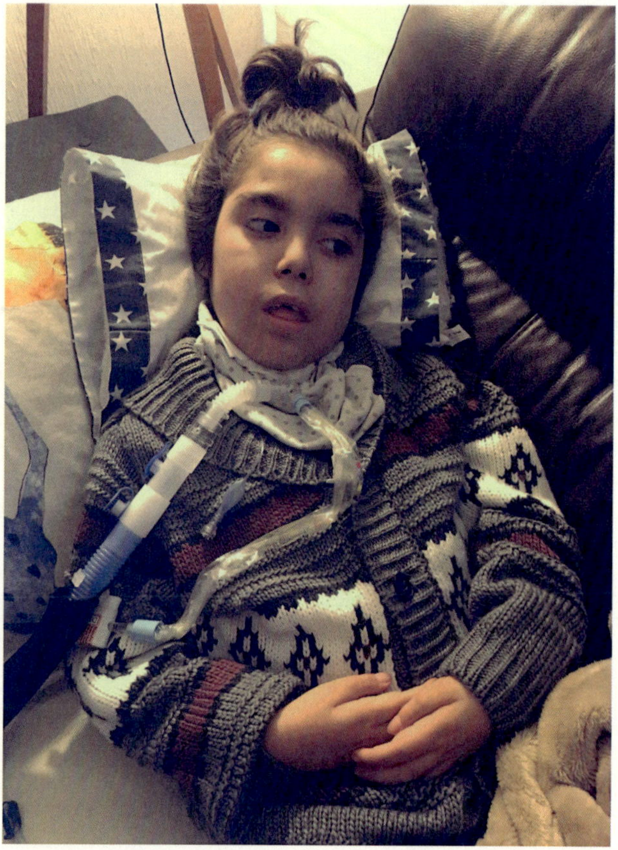

Junio de 2020. Diego de nueve años, poco antes de que comenzáramos a vivir la seguidilla de tormentos. Diego en un semblante de extrema paz y conexión con nosotros y el entorno. Esta imagen me recuerda a ese niño hermoso, atento y consentido. Luciendo orgulloso el chaleco que le traje de regalo y presumiendo ese pelo largo recogido y alocado, que usó hasta su último día de vida.

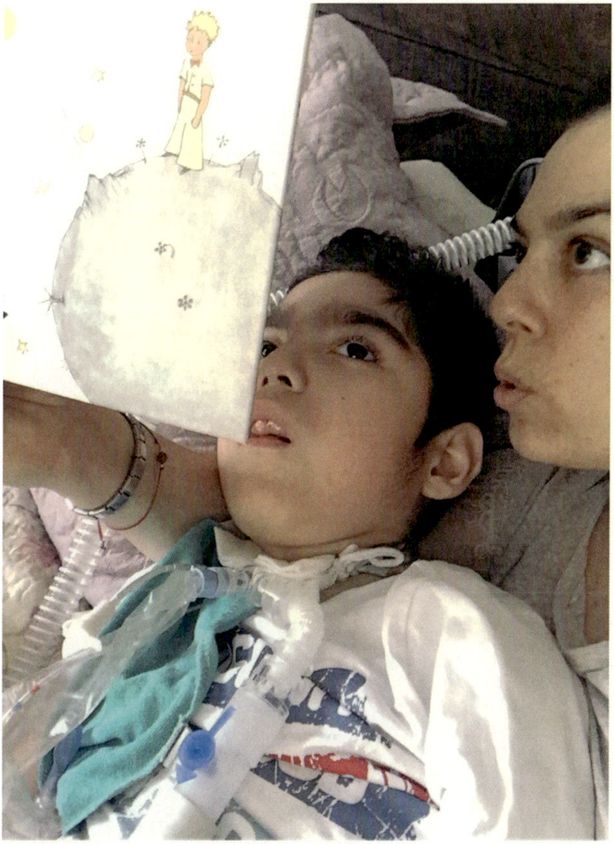

Diciembre de 2018. Tenía siete años cuando comenzamos a leer por primera vez "El Principito". Me di cuenta que esta lectura en especial, lo mantenía atento y conectado, despertaba y se introducía en mis reflexiones del libro. Conocí una parte encantadora de mi hijo, su fascinación por la lectura fábula en forma de novela. Fue así como leímos libros de estos géneros literarios. Pero "El Principito" lo leímos tres veces más, hasta el año 2020, inclusive le leí algunos extractos mientras dormía y viajaba a la luz del creador.

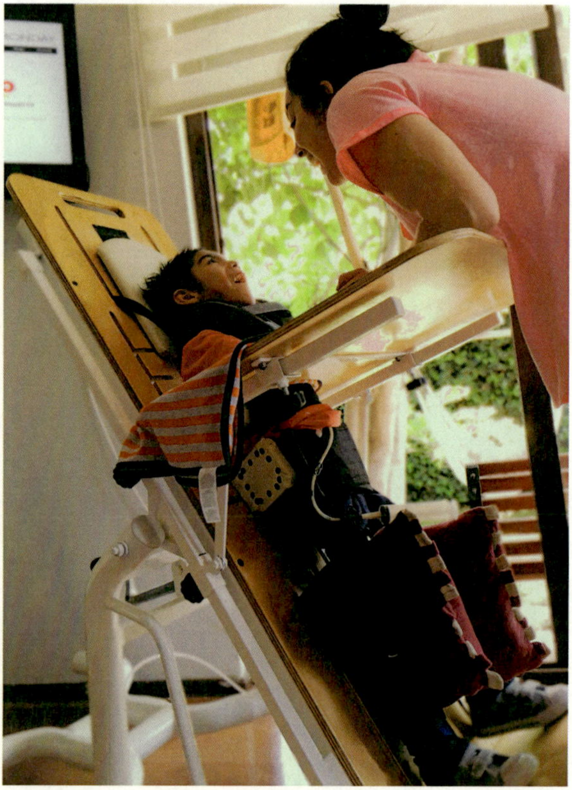

Febrero de 2017. Con seis años y sin hospitalización domiciliaria, trabajaba con Diego casi a diario. Intentaba hacer de sus días entretenidos, pero a la vez donde pudiese ejercitar sus músculos y huesos. Aquí está en tabla bipedestadora, le permitía fortalecer sus piernas y caderas, pero sobre todo me gustaba poder entregarle una sensación física distinta a la habitual. "Estar de pie", le permitía sentir el peso de su cuerpo como también tener una visión vertical e integral del mundo que le rodeaba, a su vez lo relajaba y lo hacía muy feliz.

Tercera parte

Días lentos. El principio del fin

“Pareciera que estoy sufriendo, me veré un poco
como si me estuviera muriendo.
Así será, no vengas a ver eso, no vale la pena”

Ya habíamos echado a andar nuestras rehabilitaciones respiratorias con mucho éxito, con buena tolerancia por parte de Diego. Por supuesto, eso me tenía muy contenta, aprovechábamos los momentos de desconexión del ventilador mecánico al máximo, lo tomaba en brazos, lo sacaba al patio, lo subía al columpio. Todo aquello ¡le encantaba! y cómo no, si podía tener más libertad de movimiento. Podía visualizarlo sin el ventilador, respirando por sí solo; imaginar que lograríamos ese paso me llenaba de emoción, el corazón se me aceleraba de tan solo pensarlo, sería un sueño. Con eso logrado tendríamos a futuro a un “Dieguito” más estable, con más posibilidades de trasladarse, salir y manipularlo. Pensaba y soñaba despierta en la gran cantidad de cosas que se nos permitiría hacer juntos sin depender de un soporte vital.

Así pasaron cerca de cuatro meses. Todos los días se trabajaba su respiración, hasta que un día comencé a notar nuevamente su aleteo nasal, su cansancio y su esfuerzo para poder respirar. A partir de ese entonces tuvimos que retroceder en tu terapia respiratoria,

Diego ya no toleraba desconectarse por tanto tiempo. Hasta hace unos días antes de este cansancio, "Dieguito" había logrado mantenerse desconectado por casi una hora, todo un récord, un tremendo logro para él. Sin embargo, tuvimos que comenzar la terapia respiratoria desde cero. Vale decir, desconexiones cortas y avanzando poco a poco.

Lamentablemente Diego ya no toleraba ni tres minutos desconectado de su ventilador. Por más que insistíamos cada día en ejercitar esos tres minutitos, Diego lo pasaba muy mal, se esforzaba muchísimo para poder respirar por sí solo, su cansancio era demasiado grande y muy evidente. Ante esto, nada más podíamos hacer.

Por esos días, personalmente tuve que comenzar a trabajar una parte de mí que no estaba preparada todavía, tuve que vivir un proceso de aceptación que, aunque al principio me dolió en lo más profundo, lo logré con el más infinito amor, porque siempre respeté y puse por delante sus tiempos y las decisiones que tuviese mi hijo con su cuerpo. Tuve que despedirme de la gran oportunidad que pudo haber tenido mi hijo, de vivir sin depender de una máquina, y comenzar a amigarme y a amar a su "amigo fiel", el ventilador mecánico. Si soy sincera, no me sorprendió en gran medida este retroceso, era una posibilidad y lo sabía, pero no por eso me dolió menos. Retroceder nunca fue la carta que quería para mi hijo, porque sabía que, si esto pasaba en cualquier etapa de su vida, las posibilidades de avanzar serían más difíciles, prácticamente nulas.

En uno de esos días, noté que su semblante comenzó a cambiar. No recuerdo muy bien la fecha, pero su rostro se tornó distinto y comenzamos a pensar que Diego estaba con sueño, cansado de las malas noches o quizás cansado de los trabajos respiratorios. No sabía realmente qué podría estar pasando, no tenía claridad de nada, pero sin duda algo pasaba con mi "Dieguito".

Con el paso de las semanas, su semblante cansado y somnoliento se volvió más y más frecuente. Notaba que sus pestañeos eran como en cámara lenta y que muchas veces ya no podía mantener los ojos tan abiertos. Diego, entre 2018 y 2019 había dejado de dormir siestas, y a todos nos parecía algo súper normal, ya que estaba grande y a esa edad por lo general los niños ya no duermen siesta. Sin embargo, junto con la aparición de este cansancio, llegó el sueño y Diego comenzó a dormir todos los días, una, dos, hasta tres veces en el día e incluso comenzó a despertar tarde por las mañanas. Siempre les pedía a los del *homecare* y a mis técnicos respetar el sueño de mi hijo. Desde aquel entonces se volvió algo sagrado que no transaba con nada, y si había que suspender terapias o lo que fuese por su cansancio, pues entonces se tenía que hacer. Si toda la vida siempre fuimos a su ritmo y a su compás, las cosas debían de mantenerse así. En ese momento más que nunca, quizás, respetarlo y empatizar con ese estado de profundo cansancio era muy importante para mí.

Un día me acerqué a Rodrigo y le pregunté si notaba algo distinto en Diego, a lo que me respondió que encontraba que tenía mucho sueño. En un comienzo cuando hablábamos del cansancio de Diego, siempre lo relacionábamos a su mal dormir, así que le dije a Rodrigo lo que yo pensaba, a ver si coincidía conmigo. Le comenté que tenía la seria intuición de que su cansancio se debía a un aumento en su daño neurológico y que por esa razón estaba y se veía más cansado y somnoliento. También le dije que creía que esa era la razón principal del porqué Diego ya no toleraba la terapia de rehabilitación respiratoria. Rodrigo me escuchaba atentamente y después de un suspiro me dijo que no lo había pensado, pero que realmente tenía razón; ambos teníamos la misma sensación sobre nuestro hijo. Esa noche nos miramos con Rodrigo y me acuerdo de que solo había tristeza en nuestras miradas. Yo lloré, y escuetamente dijimos entre medio de todo ese silencio: "Está cansado de luchar" "Su cuerpo ha pasado por mucho".

Ambos sabíamos que "Dieguito" estaba en su límite, ya no era el mismo de antes, pero también sabíamos que tenía todo el derecho a sentirse así. Recuerdo que le dije a Rodrigo que era necesario conversarlo en algún momento con las niñas y manifestarles nuestras sensaciones. Creía que era importante que ellas también comenzaran a darse cuenta, a tomar conciencia de que la vida de su hermano había llegado a su máxima expresión en este mundo y que debíamos darle la mayor felicidad y contención ante todo lo que pudiese suceder. Teníamos que estar los cuatro sintonizados con "Dieguito", conscientes y preparados para lo que viniese.

Con Rodrigo continuábamos sentados en el sillón, mirando el techo; a veces nuestras miradas con una pena infinita se cruzaban y sin decirnos nada sabíamos que habíamos comenzado una cuenta regresiva. Nos dolió ese momento, fue como si recién nos estuviésemos dando cuenta de todo, de lo que estaba pasando y de lo que estaba por venir. Nos quedamos inmóviles, en silencio, mirando un punto fijo cada uno hacia un lado de nuestro estar de la casa.

Diego pasaba sus días en una constante desconexión del mundo, sus ojos entre cerrados, su boca entreabierta, lánguido, y solo se conectaba fugazmente en algunos momentos del día. Yo creía que, si lo mantenía estimulado, participando de actividades conmigo y la familia, podría comenzar a conectarse y a recuperar al menos esa parte de él. Lo llevaba a la cocina para hacerlo participar de mis recetas, dibujábamos, pintábamos, leíamos mucho, pero a "Dieguito" le costaba cada vez más mantener la mirada despierta.

Sin embargo, había una actividad en especial que lo mantenía un poco más atento y presente: la lectura. Había una lectura en especial que le encantaba, ante la cual abría sus ojos, atento, como comprendiendo cada palabra: *El principito*. Podía ver cómo mi hijo regresaba a su cuerpo, cómo se incorporaba lentamente a la lectura; sentía su emoción al escuchar ciertas frases y parábolas tan características de este libro. Cada cierto tiempo durante nuestra lectura me detenía para que reflexionáramos juntos las metáforas, sentimientos y pensamientos de este niño inteligente, sensible e inocente, junto a su amigo el zorro, quien le enseña y le muestra los contrastes de la vida y el valor de la amistad. Ahora tenía a mi "Dieguito" de ojitos dormilones, de rostro cansado y de mirada perdida, pero su alma dulce, amorosa, poderosa, valiente y luchadora estaba tan presente como siempre.

Mi breve mirada sobre “los procesos”

Pasado el tiempo, llegó un momento en que no me resistí más a esta nueva etapa en la vida de mi hijo, y la abracé con mucho cariño y resignación. Estábamos ante un proceso duro, doloroso, pero aprendí nuevamente a aceptarlo con amor, así tal cual como lo había hecho en otras oportunidades en la vida de Diego. Hay veces en que no podemos seguir nadando en contra de la corriente; es necesario dejarse llevar sin nuestra clásica renuencia, aceptar esta sensación incómoda, ya que esa molesta percepción es la que vinimos a experimentar, porque estar vivos implica sentir esa incomodidad, es parte de nuestro crecimiento.

La vida entera es un proceso, pero cuando los identificamos, podemos abrazar cada dolor, dejarlo madurar, sentirlo con el respeto que merece ese momento, reconocernos dentro de esa tormenta, navegar por ese mar embravecido que intenta hundirnos una y otra vez, pero siempre sabiendo que podemos salir a flote, si así lo queremos.

Esto se trata de hacerte amigo de tu enemigo, o si no, cada decepción, cada golpe o cada retroceso en la vida te terminará destruyendo y la idea siempre es salir fortalecidos. La mejor forma es aceptando con amor cada proceso y sorpresa amarga que nos llegue en el camino. Los procesos por lo general están relacionados a experiencias dolorosas, por tanto, podemos decir que son largos y difíciles. Entre medio, sentiremos un millón de sensaciones: rabia, impotencia, pena, miedo, entre otras cosas. Por lo tanto, no es tan fácil, no es como llegar y abrazar tu proceso o tu dolor de la noche a la mañana; lleva su tiempo, que será el tiempo de cada uno. Debemos saber que cada uno de estos procesos, lo creas o no, están diseñados especialmente para nosotros, llegaron a nuestra vida por alguna misteriosa razón que irás descubriendo en el camino, como lo hice yo después del fallecimiento de mi Diego.

A algunas personas les será más fácil y a otras les costará más el viaje. Otras simplemente puede que nunca lo logren comprender, por verse enceguecidos por el dolor. Pero ninguno de estos resultados es mejor o peor que el otro, sencillamente pasa que lo vivimos de forma diferente, porque todos somos seres diversos, divergentes unos de otros. Pero como sea que lleves a cabo tu proceso, lo que es claro es que cada uno de nosotros estamos aprendiendo algo a través de él. De lo que no me cabe duda es que todos, sin excepción, podemos lograrlo. No digo que será un hecho, solo digo que se puede llegar a ese estado de amor compasivo por ti y tu proceso, y llegar a la cúspide de poder abrazarlo con profundo respeto y cariño. Para eso hay que creer en nosotros, vislumbrando lo que ese camino pedregoso nos quiere decir y qué quiere de nosotros.

Principito mío, dime que no es cierto lo que dice mi corazón

> "Principito dormía, lo tomé en mis brazos y me dispuse a caminar. Nuevamente me sentía hondamente emocionado y conmovido. Me parecía estar llevando un tesoro muy frágil, me parecía incluso que nada había más frágil sobre la tierra"

A fines de octubre del año 2019, mi sensación fue cada vez más fuerte y me llegaban tus mensajes como gritos a mi corazón, escuchaba todas y cada una de tus señales.

La mirada de Diego me decía tanto, me tocaba hasta la fibra más profunda de mi alma, me estremecía cada vez que lo veía. Lo que estaba recibiendo de mi hijo no era nada de lo que estaba esperando, nada de lo que quería para mí, nada de lo que estaba preparada para recibir. Diego estaba muy cansado, y a veces su mirada era casi de súplica, podía escucharlo decir: "No quiero más, mamá". Pero apareció ese egoísmo que a veces se nos asoma a las madres, lo llevamos naturalmente en nuestras venas. Sentía y pensaba que lo quería como fuese, pero acá, conmigo. "Es mío" me decía a mí misma una y mil veces, "es mi bebé".

Fue entonces que la intensidad con la que recibía sus mensajes y llamados, me llevó a reflexionar y a comenzar a ver más allá de lo que yo realmente quería para mí. Comencé a trabajar mi corazón arduamente, pensando y sintiendo para y por mi hijo, y ahora por nadie más que él. Tenía una única misión para mí y sabía que tenía que cumplirla, y es que tenía que aprender a SOLTAR. Tenía que dejar mi egoísmo a un lado, desprenderme de lo que pensaba que era mío, liberar a alguien que amaba con todas mis fuerzas, dejar su alma al libre albedrío. Me tomó un año trabajarlo, pulirme en esto, meditarlo día a día, y pese a eso, jamás estuve preparada, nunca. De hecho, creo que a medida que pasaba el tiempo sentía que mi corazón se trizaba cada día más, no sabía cómo terminaría esta historia, o más bien, cómo la resistiría con un corazón completamente roto. Era este el desafío más duro y grande que mi corazón jamás se había enfrentado antes.

Lentamente comencé a dar pequeños pasitos de madre, intentando soltar y entender esta supuesta "injusticia de la vida", proceso culturalmente "antinatural", a lo que nadie está acostumbrado a vivenciar y a lo que jamás quisieras enfrentarte alguna vez.

Cuando nuestras conversaciones del alma comenzaron...

A mediados de 2019, cuando comenzó esta ola de intuiciones y sensaciones que no quería aceptar, me esforcé por intentar comprender por qué la vida de mi hijo sería tan corta, tan misteriosa e impredecible. Solo tenía la certeza dentro de mí, de que el tiempo se nos acababa y me ponía a pensar de qué forma podría yo ayudar a mi hijo para que supiera más allá de lo que este mundo le entregó, más allá de lo que conoció, más allá de sus fronteras. Algo le faltaba por conocer y algo me faltaba a mí para entregarle. Y fue así como un buen día, aprovechando esas tardes juntos los dos solos, comencé a hablarle sobre la vida y la muerte. De alguna forma u otra quería prepararlo para lo que vendría, que no sabía cuándo ni cómo sería su fin de vida. Solo sabía que el tiempo corría y había que vivirlo intensamente. Quería proporcionarle alguna herramienta que le fuera útil para poder desprenderse de su ser carnal, para que pudiese volar con soltura y tranquilidad, y para que estuviese en completa paz, sin miedos.

Junto a Diego conversamos muchísimas veces, incluso en aquellos días mientras sus ojos permanecían cerrados, incluso cuando sabía que no los abriría nunca más. Ahí estuve yo, siempre a su lado, no solo con mi abrazo y mis besos, sino también con mi palabra. Cada vez que comenzaba nuestras conversaciones, Diego lentamente empezaba a conectar su mirada con la mía y su mirada se transformaba impresionantemente. Podía sentir en esa mirada la capacidad intrínseca de comprender hasta lo más mínimo de mi mensaje. Cada palabra que pronunciaba en mi conversación, la hacía parte de él, lo sabía. Diego estaba aprendiendo sobre la vida y la muerte, cosas que quizás la vida misma nunca le enseñó en detalle. Para eso estuve yo también, para enseñarle el significado de la vida, el propósito del ser humano, la nobleza y la maldad también en el mundo, el propósito de cada alma que habita en la tierra, el poder de la naturaleza y la sabiduría de la Madre Tierra, la nobleza de los animales y la convivencia de toda la humanidad y los seres vivos que aquí habitan.

La muerte también fue muchas veces nuestro tema. Le transmití, como yo imaginaba, ese paraíso enorme e infinito, se lo describí como yo lo veía en mis sueños y en mis fantasías. Un cielo más azul que el existente aquí, bosques, plantas y flores con aromas y colores nunca vistos y sentidos, una brisa que no enfría el cuerpo, un mar cristalino, calmo y brillante que no enceguece, y una luz que se integra a tu propio cuerpo mientras caminas. Le repetía una y mil veces que en ese paraíso no existen las limitaciones que tiene acá en la tierra; allá podría caminar, correr e incluso volar; que jamás estaría solo ni triste, ni con miedo, esas cosas allá no existen. Estaría siempre acompañado de un ángel, de algún espíritu amigo; estaría también su "Tata", mi abuelo y otros espíritus nobles que quizás él no recuerda. Le repetía que el amor que sentiría ahí sería tan grande como el mío (creo que ni él mismo dimensionaba su existencia), que sería un amor que se impregnaría con su ser, haciéndole sentir infinitamente amado y feliz.

Todas las semanas, en alguna tarde me dedicaba a conversar junto a "Dieguito", lo tomaba en mis brazos y le hablaba. En cada pausa que hacía, pareciera que también quería opinar o decir algo. Yo en su lugar imaginaba sus preguntas y las respondía. Su rostro iluminado mientras conversábamos era lo que más maravillaba. Jamás olvidaré esos ojos fusionándose con los míos; podía sentir, escuchar y percibir lo que pasaba dentro de su ser. Me emocionaba inmensamente ese torbellino de sensaciones hermosas. Diego no sentía miedo, él sabía que no estaría solo, sabía que lo esperaban solo cosas lindas en ese lugar.

Recuerdo que siempre le pedí insistentemente que el día que volara a las estrellas, viniera a visitarme en mis sueños, que me invitara a vivir en su mundo por unos minutos. Le dije que pasearíamos juntos de la mano, por la orilla del mar; le dije que nos mojaríamos los pies en esa tibia y brillante agua de mar. Yo podía imaginar esa escena cada vez que se la describía, cada vez que le pedía este sencillo y sanador regalo para mí. Sabía que sería sanador para mi corazón, así que aproveché en vida para suplicarle este diminuto favor para esos días de profunda tristeza que se vendrían a futuro.

Hasta el último día de su vida le conversé, le hablé de cómo imaginaba ese nuevo mundo en el que ya transitaba. Le susurré en su oído cuánto lo amaba, cuán orgullosa estaba de él y cuán agradecida estaba de su vida y de todo lo que dejaba en mí. Le pedí que no olvidara el deseo que tanto le pedí, le dije que estaría esperándolo, que tomara su tiempo, pero que jamás soltara de mi mano.

Como lo mencioné anteriormente, con Rodrigo estábamos dispuestos a conversar este tema con nuestras hijas; sentíamos que era justo que supieran sobre nuestro sentir. Por lo demás, tenían una madurez muy adelantada para la edad de cada una, adquirida claramente por las desventuras que les había tocado vivir. Al momento de sentarnos a conversar con ellas, primero preguntamos si habían notado algo distinto en su hermano en el último tiempo, a lo que ellas en unísono aseveraron con su cabeza. Sus miradas se entristecieron inmediatamente; sabían exactamente lo que les íbamos a decir. Era un hecho, los cuatro teníamos el mismo sentimiento, el mismo miedo aterrador y la misma pena desgarradora. Hablamos, o más bien, reflexionamos sobre darle días felices a nuestro "Dieguito". Decidimos mimarlo más que nunca y vivir cada segundo conscientemente junto a él, volcándonos en disfrutar cada momento los cinco juntos.

Cuando asumí lo que mi hijo me transmitía, quise hacer de su vida la más feliz de esta tierra. Siempre lo había hecho, pero ahora tenía un sentido para mí más profundo y distinto: llenarla de sonrisas y de todo lo que a él lo hacía estar en calma y en completa felicidad. Comencé a planificar las fechas importantes para Diego, como lo son Halloween, Navidad y su cumpleaños número nueve. Me propuse hacerlo todo inolvidable. Todo esto mientras en mi cabeza y en mi corazón no cesaba la insistente sensación de que todo terminaría pronto. Cómo, cuándo y de qué forma no tenía idea, y esas pistas jamás me las daría mi hijo. Muchas veces no quería saber mucho más de lo que ya sentía. Sentir me hacía a veces entrar en pánico, dudar, incluso.

Curiosamente cuando llegó la víspera de Halloween, una de las fechas más esperadas por Diego, no demostró ninguna motivación, no se veía contento. Sentí una sensación muy fuerte dentro de mí, como si Diego estuviese enojado, como sabiendo que sería su último Halloween. No tenía deseos de elegir su disfraz, no tenía ganas de participar ni de responder como lo solía hacer siempre. Sin embargo, lo animé, le puse el disfraz que imaginé que le gustaría usar: un pirata, que fue el mismo que usó el año anterior. Con todo el entusiasmo en mí, quise darle el más lindo de los recuerdos. Lo llevamos a pedir dulces donde íbamos cada año, al condominio de la casa de mi amiga Lucía, quien por muchos años nos prestó todo su apoyo como médico ante las eventualidades en la salud de Diego. Muchos de los niños e incluso los adultos se acordaban de Diego y lo recibieron cariñosamente. Y una vez que comenzamos a pedir dulces junto con toda esta caravana de pequeños superhéroes, brujas, princesas y villanos, Diego entró en ánimo y lo pasó increíble como cada año.

Pasada esta fecha, comencé a planear la Navidad, la fecha más importante para mí y nuestra familia. Nuevamente me esmeré para que fuese inolvidable, pero esta vez pensaba en toda nuestra familia, tíos, primos, sobrinos y abuelos; les tendría una maravillosa sorpresa a todos. Quería que tuviesen el recuerdo más mágico y especial junto a mi pequeño. Le envié una invitación digital a toda mi familia; había adaptado la navidad en función a los horarios de Diego, porque se cansaba rápido y se dormía temprano, y esta vez quería que no se perdiera de nada. La reunión familiar comenzó temprano, siete de la tarde, a plena luz del día. Tenía una sorpresa maravillosa para mi Diego y sus primitos y primitas: un Viejito Pascuero, Santa o Papá Noel, que nos visitaría con regalos para los niños. Cuando llegó Santa no cabía tanta emoción en mí, estaba a punto de realizar mi propio sueño de niña junto a mi hijo.

¡Nuestro Viejito Pascuero nos regaló momentos increíbles! Además, era un Viejito Pascuero muy real y con una tremenda cuota de ternura. Esa tarde se tejieron recuerdos maravillosos que no se borrarán jamás de la memoria y del corazón de mi familia. Fui feliz e inmensamente nostálgica esa noche, sabía dentro de mí lo que estaba pasando con mi hijo y lo dejé entrever a mi familia sin decir literalmente nada, pero mi inmensa emoción, gratitud hacia ellos y lágrimas lo decían todo. Le dediqué a mi familia unas pocas y simples palabras, por las que les expresé a todos que quería que este momento lo llevaran con ellos para siempre en su corazón. Fue un día mágico, maravilloso, que jamás olvidaré.

Hubo algo en el verano que me llenó de frustración. Planeamos una salida de vacaciones a una parcela hermosa, lejos del ruido y en medio de la vegetación, teníamos todo planeado y pagado. Quería darle sus últimas vacaciones a "Dieguito", como a él le hubiese gustado, en medio de la naturaleza y la tranquilidad. Sin embargo, dos semanas antes del ansiado viaje, la clínica domiciliaria no nos dio permiso. Hice todos mis esfuerzos por convencer a su doctora y a enfermería para que nos dejaran salir, les expliqué lo importante que eran estas vacaciones para mi familia y para Diego, pero fue imposible tener el permiso. Ese año ninguna familia que estaba en ese *homecare* tuvo permiso para salir de vacaciones junto a sus hijos e hijas. No fuimos los únicos que nos llenamos de impotencia y de frustración por la negativa de la empresa. Sueños, deseos truncados que solo dependían de terceros.

Lloré de impotencia, porque no sabía cómo le daría esta noticia a Diego, más aún después de toda esa ilusión que le dimos. Al final, eran sueños míos para él, eran deseos imperiosos de una madre desesperada por darle los mejores recuerdos a su familia. Tenía dos opciones: o lamentarme durante todo el verano de lo que nunca fue, o bien resignarme, aceptarlo como tal y transformar lo malo en algo muy lindo. Fue así como me dispuse a crear un verano hermoso y sencillo para mi "Dieguito" y nuestra familia.

Mi rabia y mi frustración se pasaron inmediatamente cuando comencé a pensar en los miles de niños y niñas que viven prácticamente prisioneros en los hospitales y que no tienen cómo irse a su casa, porque simplemente no tienen acceso económico para costear una máquina vital para su vida que los cubra al alta o porque no están en la salud privada, viéndose imposibilitados a acceder a una hospitalización domiciliaria. Esas familias no están pensando en paseos ni salidas al parque, y mucho menos en vacaciones. Así es la vida silenciosa y detrás de cámara de las miles de familias junto a sus hijos crónicos hospitalizados.

Cuando sientes que todo se desmorona, que tus planes se vienen abajo, me pongo a pensar en cosas tan simples, pero tan valiosas al mismo tiempo, como salir a pasear, bañarse en una piscina, salir de vacaciones, tomarse un helado, ir a la plaza. Vidas y situaciones complejas de toda índole y magnitud, en que niños con enfermedades crónicas están siendo prisioneros de un sistema de salud precario, que no los contiene ni apoya con lo mínimo. Sin embargo, pese a toda esta injusticia, los ves y los admiras, porque son inmensamente felices y agradecidos de tan solo tener "vida".

Así como mi Diego enseñaba al mundo con su tenacidad, su paciencia y su admirable resiliencia, yo como madre también aprendía de las experiencias de otras familias y de otros niños y niñas. Finalmente, esto se va convirtiendo en una enseñanza y una sanación mutua, una fluyente de energía y de conciencia infinita hacia la vida misma. A mí por lo menos me ha funcionado siempre. Cuando me siento abatida, pienso en eso y saco fuerzas donde no las tengo, porque veo a mi alrededor y veo que soy afortunada, a pesar de todo, que no estoy tan mal como otros, pudiendo estarlo también; que mi realidad, pese a ser muy diferente y quizás más difícil que la de los demás, seguramente es mucho mejor que otras realidades. Me aferro a eso, me paro y continúo, aunque el dolor no se disipe.

Ya estábamos próximos a su cumpleaños número nueve y mi último gran deseo para Diego sería tirar la casa por la ventana en este gran aniversario de su nacimiento. Pensé en varias alternativas para celebrarlo, pero se me ocurrió mezclar las dos cosas que más le gustaba: el aire libre y la música. Y llegado su cumpleaños y el mío, los piscianos apasionados y cariñosos celebraron como cada año juntos. ¡Me encantaba eso!

Invité a toda mi familia y algunos amiguitos de Diego, grandes guerreros y guerreras como mi hijo, junto a sus padres y madres; unos fortachones y leonas empoderadas y resilientes. Formamos entre todos un lindo y maravilloso grupo, lleno de matices, colores, sonidos, una mixtura hermosa en la naturaleza de cada familia.

Diego había estado tan bien los días anteriores a su celebración, que participó junto a mí en la confección de las sorpresas y la decoración, atento y conectado. Sin embargo, ese día, el día más esperado, estaba en completa desconexión, con un cansancio extremo, como si estuviese de viaje por allá arriba en alguna otra buena celebración. Pensé que en algún momento despertaría, se conectaría y comenzaría ahí realmente su fiesta. Llegó el grupo musical, tambores, flautas, se formó una fiesta enorme y alegre en torno a mi hijo, pero él no reaccionaba y al intentar despertarlo, comenzó a tener una crisis convulsiva. Para que esa crisis se detuviera, tuve que administrarle un midazolam rectal, tal como lo hacíamos en casa.

Diego llevaba muchísimo tiempo usando midazolam rectal para controlar sus crisis; lo usábamos prácticamente todos los días, pero nunca se dormía después de aplicarlo. Esta vez fue todo muy distinto: se durmió inmediatamente luego de ceder la crisis y nuevamente teníamos a Diego rendido en su coche, sin poder disfrutar de su fiesta. Yo no podía creerlo, veía a mis sobrinas y a todos los invitados disfrutar de la música, pero yo quería que mi hijo lo viviera también, que disfrutara junto a sus invitados. Lloré de pena e impotencia, no entendía por qué justo aquel día todo andaba al revés, pero sea lo que sea, sabía que no podía forzar nada. Me puse a pensar que, si las cosas se estaban dando de esa forma y no de otra, era porque así Diego quería que fuera. A esa altura de su vida junto a la mía, me forzaba por abrir mi mente, por pensar y ver más allá de mis narices y de lo tangible de la vida misma.

Mi hijo nunca hacía algo sin sentido o sin algún misterioso propósito. Diego siempre fue y ha sido mágico para actuar, y me resigné ante ello, apreciando con el debido respeto cada nota de su peculiar música. Y así tan rápido como solté y dejé fluir, mi hijo despertó y pudo compartir con sus invitados. Fue un día lindo, con mucha alegría, con la singularidad del toque de Diego, y con una pena muy grande en mi corazón también, que me hacía observar todo mi entorno con la nostalgia que merecía una última vez.

Y así fue como conseguí y transformé mis deseos para Diego en una realidad. Algunos se dieron con fluidez, otros costó más, pero llegué a ellos al fin y al cabo, los disfrutamos, los vivimos intensamente y los llevamos hasta hoy muy guardaditos en nuestro corazón.

Mi corazón compartido

Les presento mis reflexiones y los sentimientos que plasmé durante muchos años en las redes sociales, donde abrí mi corazón al mundo, sin miedo y sin filtro. Lo hice con el propósito de dar a conocer mi experiencia como madre, como también el camino que iba dibujando mi hijo Diego en la medida que crecía. Con el correr del tiempo y sin darme cuenta, estos registros se fueron transformando en un diario de vida, en que reflejé mis emociones de lo que estaba viviendo en aquella línea de tiempo, un diario de vida que deseo compartir con ustedes.

Enero de 2014

Te juro, hijito, que cada día hago lo imposible por entender las reacciones de tu misterioso cuerpo. La impotencia me gana cuando hago esfuerzos sobrehumanos para aliviar tu afligido cuerpecito. Me duele y sufro contigo, dame fuerza y tranquilidad, permíteme conocerte aún más. Necesito seguirte a tu paso. ¡Te amo!

Marzo de 2014

Mi precioso bebé… en un día como hoy nacías y entre mis brazos te acuné y te besé. Y de mis besos y abrazos jamás te despegaste. Desde ese entonces hasta hace un año las cosas eran diferentes, tu cuerpo, tu mirada, tus piecitos... todo. Hoy solo deseo con toda mi alma que seas un niño feliz. Más allá de nuestras expectativas como padres, deseo que tus sueños se transformen en los míos. Hijito, gracias por escogerme como tu madre, por hacerme parte de tu plan. Con tu papi y tus hermanitas crecemos y aprendemos de la mano contigo. Hoy cumples 3 años y no paro de emocionarme viendo lo grande que estás. Tu fuerza, tu sencillez, tu dulzura y ese amor que irradias a donde vayas, es esa tu esencia, hijo. ¡Felices 3 años, Dieguito lindo!

Mayo de 2014

¡Mi estrellita de otoño! Mi precioso bebé... aunque tu cuerpo parece estar dormido, tu mirada me dice que estás feliz. Trato siempre de imaginar qué es lo que harías si no estuvieses atrapado en tu cuerpo, y es así como por un momento me convierto en tus manos y tus pies para que juegues con las hojas y te revuelques en la tierra, como un niño de tres años que eres.

Noviembre de 2014

¡Mi corazón rebalsa de alegría! ¡Dieguito trata de seguirme con su mirada y ahora sonríe con tan solo mirarme! Nuestro bebé nos regaló su primera y más grande sonrisa. La primera de muchas que vendrán. Todavía recuerdo cuando un neurólogo una vez nos dijo que si llegaba a fruncir el ceño, sería un milagro. ¡Mi hijo ha hecho más que un milagro! ¡Ya verán que pronto estará riendo a carcajadas! Te amo, vidita mía.

Noviembre de 2014

Lo que es besarte todo el día, contemplando tu carita. Aunque no logres distinguir mi rostro, sé que me sientes. Hasta en plena oscuridad siempre sabrás que soy yo. Me consuela que tu retina se cruce con la mía... que me regales tu sonrisa cada vez que te tomo en mis brazos. Que percibas la luz del sol en tu piel, cosas tan simples, en donde cada detalle se ha transformado en una vivencia, en una celebración. Tus sentidos se agudizaron, ahora entiendo todo. Por qué te gusta tanto que te cante, mis besos, mis masajitos en tu espalda, escuchar a tus hermanas. Si hasta las conversaciones llaman tu atención, y ahí estás tú, tan presente, tan atento… comprendiéndolo todo en silencio. Hoy me entero de tu nuevo diagnóstico, una ceguera que no quería aceptar ni reconocer en ti. Mi corazón aún está dolido... cicatriza lentamente. Pero sé que pronto volveré a pararme con la entereza y con la fe que me ha movido desde el día de tu accidente. Te amo, vidita mía.

Octubre de 2015

No hay costo que sea tan elevado en tus tratamientos, que me impida luchar para darte una mejor calidad de vida, aun cuando sea agotador buscar los recursos para lograr lo que mereces. Mantengo viva la esperanza, sabiendo que Diosito siempre está tendiéndonos su mano. Mi bandera de lucha tiene tu nombre y siempre será así... jamás me rendiré.

Diciembre de 2015

Mi alma se estremece cuando veo tu cuerpecito tan débil, casi inmóvil; quién imaginaría que tu espíritu es el de un guerrero, de un hombre grande y fuerte, de una armadura poderosa. Así es como te veo. Mientras por fuera tus ojitos se mueven tratando de percibir todo a su alrededor, tu carita se transforma cuando me acerco a besarte, tu cuerpo reacciona de manera suave cuando siente mis brazos rodearte. Son esos pequeños despertares de tu cuerpo que me hacen creer que aún hay una oportunidad para ti. Que algún día ese gran guerrero saldrá a apoderarse de su vida. La vida que mereces vivir, alegre, dichosa y plena dentro de tus posibilidades. Te ama, mami.

Mayo de 2016

No sé por dónde comenzar. Hoy hubo una reunión clínica con todo su equipo médico: neuróloga, gastroenteróloga, broncopulmonar, pediatra, fonoaudiólogo y jefe de la unidad pediátrica de la clínica. Diego ha sido "desahuciado" de forma unánime por todos ellos. El contexto es el siguiente: Diego padece de una encefalopatía epiléptica irreversible que va en aumento rápidamente. Esto ha hecho que su cerebro vaya muriendo, como también todos sus órganos del cuerpo. En estos momentos hay un disfuncionamiento de sus principales órganos, gástrico, neurológico y respiratorio, y en algún momento alguno de ellos inevitablemente dejará de funcionar. Me dicen que nos vayamos a casa, que médicamente ya no hay nada más que hacer por mi Dieguito, que busquemos apoyo psicológico para mí y mi familia, y así poder estar mejor preparados para su muerte. Aún no puedo superarlo, intento procesarlo, no puedo creer lo que acabamos de escuchar, estoy destrozada.

Junto a Rodrigo pensamos que el único que tiene la última palabra es nuestro Dieguito; solo su alma sabrá cuándo partir, él sabrá cuándo es el tiempo correcto. Mientras, estaré aquí luchando por mi hijo cada día, como lo he hecho hasta hoy. Intentaré apalear de la mejor forma posible sus síntomas, buscando la forma de disminuir sus dolencias o quizás hasta sanarlas, pero de lo único que estoy segura es que jamás me rendiré.

Junio de 2016

Mi campeón está más fuerte y poderoso que nunca. Estamos probando cosas nuevas, generando lentamente cambios que han dado excelentes resultados en Diego. Uno de los cambios más significativos ha sido dejar el oxígeno; sus problemas de asfixias y apneas han desaparecido. Con Diego todo es impredecible e inimaginable, fuera de toda norma médica, así lo ha demostrado siempre.

Después de escuchar las dolorosas y desesperanzadas palabras de los médicos, decidimos "empoderarnos" nuevamente de nuestro hijo; sin duda, ha sido lo mejor que hemos hecho. El miedo se disipa, la fuerza y la esperanza van ganando terreno, sobre todo al ver que todo lo que hacemos con tanto amor y sacrificio tiene maravillosos resultados. Somos tus mejores médicos, mi amor. Te amamos, Dieguito.

Diciembre de 2016

A pesar de que Dieguito estuvo un poco delicado hoy, igual quiso estar presente para sus amiguitos de

Teletón. Si él pudo ir al banco, todos pueden hacerlo. La Teletón nos ha entregado los implementos más valiosos para que Diego pueda rehabilitarse y llevar una vida más digna. Le dio su primera silla de ruedas, sus canaletas para poder ponerse de pie, su corsé para la escoliosis, sus primeras palmetas para corregir sus muñecas, su primera bañera, etc., y todo ¡gratis! Quizás no sea la mejor calidad, pero pucha que nos ayudó, nos sacó de grandes complicaciones. Gracias, Teletón, por ayudarnos.

Enero de 2017

¡Feliz año 2017! Que el apoyo y el cariño que le dan a mi hijo se les retribuya en abundancia en todos los aspectos de la vida para ustedes y familia. Nosotros comenzamos con optimismo y alegría de tener de vuelta a nuestro campeón. ¡Sigue así, mi bebé! Sorprendiéndonos, maravillándonos con tu fuerza, enamorándonos con tu dulzura. A pesar de tu cansancio, no detienes tu lucha ni nosotros la nuestra. Te admiro, mi Diegui, contigo hasta el final, ojitos de mamá. Salud y felicidad para ti, hoy y siempre.

Abril de 2017

Muchos me han preguntado por mi Diegui... Lo mejor de todo es que ha pasado mucho tiempo sin ningún contagio. Pero lo que nos tiene realmente preocupados es su epilepsia, que se ha ido agravando muy rápido, cada vez más fuertes y con más estatus. Han sido días intensos, hoy tuvimos de esas mañanas de mucha impotencia, donde tuve que medicarlo para cortarle esas convulsiones y así pudiera descansar, pero apenas logra abrir un poco sus ojos, la pesadilla comienza otra vez. Todo esto lo agota muchísimo y le consume cada neurona y célula en su cabecita. Vemos cómo este monstruo se apodera de nuestro hijo y silenciosamente le va robando lo que con tanto esfuerzo había logrado. Ha perdido el control de su cuerpo, de su cabeza, algunos de sus pocos movimientos que tenía en sus manitos, la deglución, etc. Seguimos probando nuevas alternativas y buscando soluciones o quizás algo que lo disminuya. Yo puedo asumir o aceptar muchas cosas propias de la parálisis cerebral de mi hijo, pero lo que no permito y me duele el alma, es verlo sufrir por una enfermedad que se ha vuelto degenerativa y que lo consume todos los días.

Mayo de 2017

Una imagen que nos representa (Diego en mi pecho), que refleja un momento del día en especial que nos encanta. Donde me convierto en mamá canguro, donde hay calorcito del bueno, es nuestro lugar favorito; donde Diego calma sus penas, sus dolores y sus crisis; su bálsamo con latidos de corazón, el lugar que lo duerme y que lo amansa con infinito amor. Mi pecho junto al suyo.

Julio de 2017

Mañana puede ser una visita médica cualquiera, pero no lo es. Llevamos más de un mes con días súper complicados con nuestro Dieguito. Sus mayores temas han sido problemas digestivos crónicos, luxaciones de huesos, sus convulsiones largas y agotadoras, su desnutrición severa que no logra repuntar. Cada día se nos pone más difícil el panorama y llevo dos semanas esperando el 5 de julio. Tengo todas las esperanzas puestas en el día de mañana. El cansancio me ha pasado la cuenta muchas veces, me lleno de dudas y de impotencia. Pero hay factores infinitamente mayores que te remecen hasta la última fibra, como es verle su carita todos los días en mi cama, saber que está aquí conmigo, eso me hace invencible. Que el Universo conspire nuevamente a nuestro favor.

Febrero de 2018

Mi pequeño gigante, con sus expresiones en toda su magnificencia. Hace seis años atrás nos decían que si lograba mover un músculo de su cara, sería un milagro. Lo que nadie imaginó es que Diego llevaba dentro la fuerza de un tornado, capaz de doblegar cualquier pronóstico. Tu vida va cargada de hermosos y tan sabios mensajes para todos los que han tenido la suerte de conocerte. No me canso de admirarte, hijito mío. Te amo tanto, sin mesura.

Abril de 2018

¡Lo logramos! ¡Que todo el mundo sepa que Dieguito Pérez le ganó una batalla a una poderosa y frívola Isapre! Con perseverancia y tenacidad pusimos a prueba nuestra paciencia y muchas otras cosas más. Superamos cada obstáculo en estos casi cinco meses. La contención y el amor de mi marido y mis hijas fue fundamental. Mi familia ha sido inmensamente paciente en cada momento de este largo proceso. Me enorgullece mi familia y las personas en que nos hemos convertido. Dieguito al fin tendrá lo que necesita y podremos darles a nuestras niñas el tiempo que merecen. Esto significa un gran apoyo en la salud de Diego, una ayuda al bolsillo, al estrés familiar que implica llevarlo a urgencias y hospitalizarlo. Un apoyo fundamental para mí como cuidadora de Dieguito. En definitiva, significa poder permitirnos como familia tener un poquito más de vida. ¡No cabe tanta emoción en nosotros! Te amamos, Dieguito lindo.

Junio de 2018

Dieguito ha estado súper estable últimamente, cuidándolo mucho este invierno. Hoy he venido para compartir un pensamiento que me vino al leerle este libro a mi cachorro. Me encanta leerle cuentos con historias entretenidas para su edad, y como saben, Diego ya está grande y hace tiempo que esperaba poder leerle este maravilloso libro: *El principito*. A sus siete años tiene la capacidad de comprender cada frase, imaginar e interpretar cada mensaje (aunque estoy segura de que lo hubiese comprendido igual a los tres). A pesar de ser él quien me enseña cada día, también como madre tengo ese instinto apasionado de enseñar y conversar con mis tres hijos, y este libro le puede decir tantas cosas como las que yo le he dicho. Pese a que Diego nunca saldrá a enfrentar el mundo por sí solo, todo lo que le enseño y le transmito cada día es para su alma, para que se nutra de mi amor, para que se sienta seguro y para que sepa que su condición no es impedimento para crecer como persona.

Los invito a leerles a sus hijos, es increíble el mundo que descubren. Es el regalo más mágico y enriquecedor que les puedan hacer, sobre todo si es hecho con amor y dedicación. Una lectura los despierta, los motiva y los conecta con ellos mismos.

En particular con este libro, en cada párrafo podemos identificarnos, interpretar lo que nos pasa y ver más allá de lo tangible. "Lo esencial es invisible a los ojos". Te amo, mi principito.

Septiembre de 2018

Cada 24 de septiembre recapitulo la vida, vuelvo a verla frágil, misteriosa, incomprensible, pero sabia. Mastico una y otra vez ese sabor amargo que nos dejó aquella tarde, todavía duele el recuerdo. Se me eriza la piel, porque aún sigue vívido en mi mente. Me acurruco a tu lado tratando de comprender todo, tu presencia me consuela y calma mi dolor, no hay nada en este mundo como abrazarte.

Hoy fue el día en que te fuiste y regresaste sin poder reconocerte, el día en que comenzaste a enseñarnos, en que le diste un nuevo sentido a nuestras vidas, el día en que nada volvió a ser como antes, pero que, sin embargo, jamás cambiaría. Te veo y no paro de admirar tu espíritu guerrero, de corazón generoso y de paciencia infinita. Eres tan grande y luminoso como el mismo sol, todo en ti es maravilloso y perfecto. Cuánto desearía extender tu vida y acompañarte en tu adultez y mimarte infinitamente.

Hoy todo nos conmueve de nuestro Dieguito: su mirada, su conexión, sus sonrisas, su fuerza y su inmensa dulzura, y a la vez nos estruja el alma ser testigos de cómo su cuerpecito se ha ido apagando. Nunca sabemos qué nos espera hoy ni mañana. Solo sabemos que con Diego vivimos el hoy y el ahora, y sabemos que vivirlo, sentirlo y mimarlo se ha transformado en su mejor motor y en la inyección de energía para todos. Una sobredosis de amor todos los días nunca nos puede faltar en la familia. Te amamos, Dieguito.

Enero de 2019

Estamos *ad portas* de comenzar nuevamente el tratamiento con cannabis medicinal. Este sería nuestro tercer intento con la planta para poder controlar su epilepsia, ese maldito monstruo que sigue empecinado en continuar apagando a mi hijo. Diego ha probado más de quince anticonvulsivantes existentes en Chile, ya no tenemos nada más que probar ni nada más que perder. Esta vez tenemos el apoyo de su neurólogo; al fin un médico que empatiza y solidariza con nuestra lucha y dolor.

Diego ha cambiado mucho en los últimos meses, sigo pensando que este demonio es quien lo tiene así. Mi pequeño está cansado, con menos energía, su carita y su actitud ya no es la misma frente a determinadas situaciones, y solo los que convivimos con él a diario nos damos cuenta de aquello. Seguimos firmes en la búsqueda de algún milagro que lo ayude a salir de ese estado, que le dé ese pulso para vivir tranquilo, presente y feliz.

Hemos intentado muchas cosas durante toda su vida, también nos hemos dado un descanso entre tantas terapias y tratamientos, y hoy es tiempo de retomar nuevamente y ponernos en acción. Antes de su traqueostomía, mi sueño para Diego era que pudiese respirar tranquilo. A medida que he ido tomando conciencia de su realidad, mis sueños y prioridades con mi hijo han ido cambiando con el tiempo. Al principio soñaba con verlo comer por su boca, después soñaba con verlo ponerse de pie y hasta imaginaba verlo caminar; después fue su respiración. Y hoy, hoy solo deseo estar el mayor tiempo posible con él y hacerlo feliz. Gracias, hijo, por hacerme consciente de la vida, porque puedo ver más allá de mis narices, porque puedo ser agradecida y feliz con lo poco y lo simple que tengo. Hoy me estás enseñando a superar mi miedo, a no ser egoísta, a aceptar, a soltar y ser aún más grande. Te escucho, te siento y lo sabes. La fuerza más grande que tiene mi alma está hoy manifestándose, me hace abrirme al verdadero y al más sublime amor existente. Te amo, Dieguito mío.

Abril de 2019

Sus días son tan ambiguos unos de otros, que nunca se sabe con certeza qué nos depara cada día y cada noche. El día de ayer se veía contento, más conectado que de costumbre, buscando los huevitos de chocolate con Rocío; apenas tuvo una sola crisis durante el día, jugamos en el patio, estaba tranquilo y feliz. Pero al llegar la noche todo cambió: más de dos horas entre convulsiones y crisis continuas. Nada lo detuvo, ni el aceite de cannabis ni el diazepam pudieron con el monstruo. Solo su cuerpo cansado y adolorido detuvo tremendo ciclón.

Hace un tiempo atrás comenté que intentaríamos probar por tercera vez el tratamiento con cannabis medicinal, y varias personas me escribieron para que les contara cómo nos iba con eso. Bueno, llevamos ya dos meses con tratamiento de cannabis medicinal, apoyados por su neurólogo y el equipo tratante de Dieguito. Hemos alcanzado dosis terapéuticas y seguiremos aumentando progresivamente.

Lentamente comenzaron a verse luces y la esperanza volvió con fuerza. Hemos visto cambios en cantidad y frecuencia de crisis. Son cambios que para nosotros significan muchísimo y nos llenan de emoción. Sin embargo, no ha sido fácil comenzar con cannabis, ya que durante las primeras tres semanas, Diego presentó reacción paradojal (reacción contraria). Por lo que averigüé, no hay registros de ningún paciente que haya manifestado esta reacción, ni los médicos ni nadie se explican la razón de esta extraña reacción. Estuvo tres semanas presentando convulsiones nuevas, mayor cantidad de crisis y de mayor intensidad también. Los médicos quisieron suspender la terapia con cannabis medicinal, pero yo encontraba tremendamente injusto que todos los pacientes que he leído y he escuchado, que usan esta terapia para su epilepsia, han tenido buenos resultados. Pensaba: "¿Y por qué mi Diego no?" Fue así como decidimos continuar, hasta que de a poco comenzamos a ver señales de que todo estaba funcionando.

Debo reconocer que no ha sido el elixir que esperábamos, por lo menos no todavía; sus días y noches son muy inestables, volubles y caprichosas. Desde que comenzamos con cannabis tenemos muchas crisis nuevas, y su neurólogo supone que la razón de este fenómeno es que Diego produce sinapsis epilépticas, algo poco frecuente en pacientes como mi hijo.

Abril de 2019

Hace varios meses que se vienen asomando las secuelas de años de incesantes convulsiones y no sabemos si podremos revertir el daño causado, porque el cerebro es un misterio. Solo nos queda seguir bajando estrellas y moviendo montañas hasta encontrar las alternativas para poder ayudarlo.

Seguiré confiando en su cannabis, que tan generosamente nos ha regalado días más luminosos y noches no tan oscuras. Comencé a planear su próximo salvavidas. Espero sea el bálsamo que buscamos, me tiene ansiosa y con toda la fe del mundo. Nunca será suficiente para mi gordito, porque no existen límites para él ni para nosotros. Solo mi Diegui tiene la última palabra, mientras tanto, yo seguiré dándolo todo por él.

Junio de 2019

¡Hola, soy Diego! Estoy aquí para contarles cómo ha sido este mes, hace mucho que no les cuento que ha sido de mí. La verdad es que ha sido un mes un poco raro, veo a mi mamá corriendo para todos lados, preocupada por mí, por mis hermanitas y por ella también. A veces la extraño mucho durante el día, pero sé que ella está tratando de solucionar muchos temas a la vez. Además, a pesar de lo cansada que esté, siempre me regala todas las tardes para mí, y los fines de semana mi familia completa me mima todo el día, y eso ¡me encanta!

No sé qué pasa que durante este mes comencé a sentirme muy extraño, más cansado. A mi amigo fiel (mi ventilador) tuvieron que cambiarle las presiones, porque estaba siendo muy poquito para mí, y yo comenzaba a agitarme mucho. A veces me pierdo y eso es lo que menos me gusta, porque me cuesta dar con los ojos de mi mami y las cosas que me muestra. Mi corazón ha estado un poco loco también, ¡a veces siento que anda muy lento y otras, parece que se fuera a salir de mi pecho! Mi mamá creía que me estaba enfermando, pero no, y yo tampoco entiendo por qué me pasan estas cosas. Mi mamá dice que mi cuerpo es un misterio, pero que, a su vez, soy tan perfecto así tal cual.

¡Ah! Ustedes se preguntarán cómo siguen mis crisis de epilepsia. Bueno, en estos momentos estoy pasando por unas noches un poco más tranquilas, sin embargo, todavía tengo temblores que me dejan un poco adolorido. Aunque no lo crean, a algunos niños como yo les afecta mucho la luna llena, su alimentación, los antibióticos y otras cosas en sus crisis, pero toda mi vida mi mamá ha estado atenta y probando cosas nuevas. Pero resulta que mi "monstruo" (como le dice mi mamá) no le pide permiso a nadie para venir y hacer de las suyas conmigo cuando quiere. Yo pienso que, aunque me parezca a mis amigos, somos todos diferentes y tenemos nuestro propio mundo.

¿Saben? Mi cabecita está un poco desordenada desde hace un tiempo, ahora me cuesta hacer algunas cosas que antes hacía, como sonreír, tragar mi saliva o hacer pipí. Lo bueno de todo esto es que mi mamá me conoce tan bien que, aunque ya no me ría con una gran sonrisa, ella sabe perfectamente cuando estoy contento y me hace chistes todo el tiempo. Además, sabe cómo hacer para que yo haga pipí, y cada vez que hago, ¡todos en mi casa me celebran! ¡Lo mismo pasa cuando me ven que he tragado mi saliva! Me hacen sentir como un supercampeón. Acá en mi casa todos me dicen que soy seco. Y mi mamá repite todo el tiempo que está orgullosa de mí. Ella siempre está intentando hacerme feliz o que yo trate de concentrarme en algo que me gusta, así que últimamente me mantiene muy entretenido los fines de semana con muchas actividades: cantamos, bailamos, me pide ayuda para cocinar, el otro día ¡le pelé varias papas! ¡También coseché limones de mi patio! Y he pintado un cuadro muy lindo con mi hermana Rocío.

A pesar de que hay días en que mi cuerpo está muy cansadito, igual le pongo mucho esfuerzo en mis terapias. Mi mamá siempre me acurruca después para recargarme de energía, o parece que yo le doy más energía a ella.

Este ha sido mi mes, y aunque hay cosas que no andan bien, he aprendido que en toda dificultad siempre hay algo positivo que sacar, y dentro de eso está mi familia que tanto amor me da.

Septiembre de 2019

Septiembre tiene una mezcla de sabores. Mientras en todas partes se celebra y se baila, en mi cabeza no existe más que recuerdos y recuerdos. Intento todos los días ponerme a tono con las festividades de la patria. Reunir a mi familia en estas fechas hace un excelente trabajo en mi corazón, es como una maravillosa terapia. Hace siete años, en un día como hoy, estábamos con nuestro Diego, revoloteando por todos lados, volviéndome un poco loca, mientras él planeaba su próxima travesura que cambiaría nuestras vidas.

Siete años ya, ¡es mucho y a la vez es tan poco! Pareciera que fue ayer que escuché su risa y sus pasitos acelerados en la casa. El tiempo no pasa en vano, y este año será un septiembre diferente. Todos los años, el dolor del recuerdo ha ido disminuyendo, los años han hecho lo suyo, no por nada me siento diferente.

Cada año en esta época, se me solía abrir el corazón nuevamente y luego intentaba coserlo para comenzar otra vez. El tiempo me regaló la experiencia y, lo más importante, los "oídos del alma". Fue así como aprendí, viví los procesos que tenía que vivir, y hoy puedo decir con el corazón cicatrizado que esta historia tan llena de matices la he aceptado así tal cual me llegó. La amo con todos los porrazos, con todas las heridas que me dejó, con todas las lágrimas que derramé, pero por sobre todo, la amo porque entre todas las mujeres del mundo, me eligieron a mí para tener en mis brazos al más grande de los maestros, al alma más dulce y al corazón más generoso, mi Dieguito. Tremenda responsabilidad que he asumido por años con tanto amor y devoción, tarea que haría una y mil veces más si volviera a nacer. No tengo más que agradecer, agradecer y agradecer.

Hace ya un año que decidimos abandonar los intentos de rehabilitación con nuestro pequeño, su cuerpo está cansado y ya no existe en él esa fuerza para alcanzar nuevas metas. No ha sido frustrante, como muchos pensarían, al contrario, su decisión merece todo nuestro respeto. Dieguito nos habla, nos envía mensajes constantemente y tiene la fortuna de que su madre siempre está atenta a las señales, y con todo el amor del mundo y la mayor de las intuiciones lo escucho todos los días, lo beso, lo abrazo y le digo: "Lo sé".

Hoy el enfoque es diferente, no hay proyecciones, no hay planes ni metas. Comenzamos a vivir una etapa sensible, generosa y llena de amor. Hoy su felicidad y su tranquilidad son nuestra máxima inspiración, solo queremos atesorar cada momento con nuestro príncipe. Lo simple y lo cotidiano se ha hecho nuestro máximo tesoro.

Noviembre de 2019

Ha sido un año muy particular, partimos el primero de enero con el pie izquierdo, sometiéndonos nuevamente al trauma y a la angustia de ver a Diego con su vida al límite de ser consumida por una negligencia médica. Por circunstancias de la vida, la primera vez también sucedió un primero de enero, pero de 2018. En todas las ocasiones he tenido que ser yo quien lo rescata y lo pone a salvo. Siempre pienso: "¿Qué hubiese pasado si yo no hubiese estado en el minuto y en el lugar indicado?" Si hay algo que jamás me perdonaría, sería perder a mi pequeño por un descuido médico, aunque si lo pienso, después de todo lo que me ha tocado vivir y aprender, volvería a mi pensamiento de que "todo pasa por algo", que "el dónde y el cómo" es algo que se dará como estaba diseñado originalmente. Pese a esto, en un principio no cabría tanta rabia en mí.

Después de lo que pasó ese primero de enero, nos tomó meses recuperarnos tanto a Dieguito como a nosotros del trauma de vivir una emergencia médica. Es una recuperación parcial, porque los recuerdos y el miedo siguen latentes siempre en tu mente. Hace casi un mes que volvimos a experimentar lo mismo, pero esta vez fue luego de que sufriéramos un accidente con el ventilador mecánico de Dieguito. Esta situación en particular me hizo reflexionar hasta dónde hemos llegado, cuán vulnerable es hoy Diego, cómo nos ha cambiado la vida en tan solo dos años. Cuando en diciembre de 2017 decidimos hacerle su traqueostomía para mejorar su calidad de vida, en cierta forma lo logramos: disminuimos en más un 90% sus enfermedades respiratorias, mejoramos su permeabilidad y así su oxigenación de la sangre. Sin embargo, algo que jamás imaginamos, apareció a los ocho meses de su traqueostomía: comenzó a cansarse para respirar, pero era un agotamiento de su cuerpo en general, un deterioro neurológico progresivo, producto de la incansable epilepsia. Su cerebro comenzó a manifestar un desorden que no le permitía manejar su respiración por sí solo y fue así como comenzó con un apoyo de ventilación mecánica, de forma muy gradual. Hoy en día Dieguito es dependiente 100% de su ventilador para poder vivir, una máquina que, como tal, está expuesta a miles de fallas.

Hoy, mi Diego recibe cada vez menos terapia, está evidentemente más cansado, respetamos sus días y sus ritmos, nada nos apura. Sus terapias solo consisten en mantener sus músculos en movimiento y lograr más conexión con la música y los instrumentos que tanto le gustan.

Este año su cuerpecito nos ha dado claras señales de que algo no anda bien, pero prácticamente hace un mes que su salud se ha visto muy afectada. Hoy tenemos el enorme peso de dos nuevos desalentadores diagnósticos médicos: sus sistemas renal-vesical y gástrico están con serios problemas, ha presentado dolor casi todos los días y ha bajado de peso también. Estamos ayudándolo por ahora con sondeos vesicales cada cuatro horas, dándole hierba de platero, haciéndole biomagnetismo, osteopatía bioenergética, y con un kilo de medicamentos también. Con amor, con esmero y fe puedo darle un poquito de tranquilidad a su cuerpo cansado.

He agotado todo recurso que vibre con Dieguito, hemos probado todo tratamiento que sea gentil con su cuerpo, que le proporcione el equilibrio que necesita. He bajado hasta la última estrella por mi pequeño, pero a pesar de todo, muchas veces no todo resulta como uno espera y tienes que dejar fluir situaciones que no queremos. Es ahí cuando damos paso a la aceptación. El respeto y soltar son trabajos duros en una madre, pero necesarios para que el amor sea total.

Emocionalmente no ha sido fácil llegar hasta donde estamos, ha sido todo muy precipitado, terroríficamente rápido. Hoy mi corazón late tan fuerte y rápido cuando estamos juntos, que no quiero desaprovechar ninguna oportunidad de acurrucarlo, besarlo y decirle cuánto lo amo. Me encanta decirle cuán orgullosa estoy de él, que es el solcito de la mami y el principito de mi vida, y que lo hace perfecto. Hoy me siento fusionada con mi pequeño más que nunca, su cansancio se hace mío y la poca fuerza que me queda se la regalo a mi hijo todos los días.

Diciembre de 2019

Mi principito de ojitos dulces, qué nos está pasando, en qué minuto todo cambió, todo ha sido tan rápido; cumplimos dos años fugaces desde que hicimos tu traqueostomía. Fue duro, nos costó acostumbrarnos y a ti también, nunca más volvimos a escuchar tu voz, todo se hizo de más cuidados. Sin embargo, tenía esa convicción de que todo valdría la pena, había fe. Y así fue, ¡nunca más volviste a ocupar oxígeno! Estaba todo fluyendo de maravillas, comenzamos a soñar, a proyectarnos ingenuamente; aunque sabíamos que teníamos prohibido soñar, lo hicimos igual. Y de un momento a otro, tu cuerpo —que por primera vez en años se veía fuerte y rebosante— comenzó a cansarse. Cada aliento que dabas comenzó a ser un sufrimiento, hasta que un día, después de un fuerte estatus convulsivo, ya nada volvió a ser como antes. Nos hicimos amigos de una máquina que respira por ti, la amamos y la cuidamos como si fuera una extensión de tu cuerpo. Desde entonces ha sido todo muy rápido, pero sobre todo, tremendamente doloroso para nosotros.

En estos últimos tres meses todo ha sido cuesta arriba. Mi Dieguito ya no puede hacer pipí por sí solo, ni tampoco caquita. Tenemos que ayudarlo con sondeos vesicales cada tres horas, porque hace globos vesicales todos los días, son bien dolorosos. Debemos además hacerle un lavado intestinal día por medio para que evacúe sus deposiciones. Todos estos procedimientos son invasivos y de cuidados. Llevamos dos meses encerrados, porque simplemente no sé cómo lidiar con esta situación en la calle, me angustia y me abruma cómo todo ha cambiado. Por años luché para darle una mejor calidad de vida y resulta que ahora tengo dudas de que sea así. Me siento derrotada, confundida y sola, nadie sospecha lo que pasa en este corazón. El miedo vive latente en mí hace tiempo, pero mi cara sigue siempre tan sonriente, y mi vida sigue teniendo el ritmo fuerte y acelerado que de costumbre, pero por dentro llevo un corazón trizado de dolor.

Hijo, siempre he dicho que quiero hacerte feliz, ¡el niño más feliz que haya pisado la tierra! Juro que hago intentos desesperados por lograrlo, pero sinceramente no sé si seas tan feliz como quisiera. Lo único que puedo entregarte sin tener dudas es mi amor desmesurado hacia ti, que te sientas el niño más amado que pisa este planeta. De eso sí estoy segura; amor, besos y las palabras más lindas jamás te faltarán. La mami te ama con locura, contigo siempre hasta donde tú me digas.

Diciembre de 2019

Hay situaciones que nadie jamás entenderá, hay cosas que nunca se superarán, hay heridas que quizás nunca cierren, hay decisiones que también puede que nunca nadie comprenda. Uno aprende a vivir con heridas profundas, se puede vivir con un dolor permanente, se puede seguir caminando en medio del caos y se puede ser feliz pese a todo eso, créanme que sí. Esa fuerza existe, estamos configurados para sobrevivir, para ser reiniciados cuantas veces sea necesario.

Te veo y te veo... ¡cómo amo contemplarte! ¡Cómo amo besarte y olerte! Y no puedo ver más que perfección en ti, eres soñado, hijo mío. Vamos día a día, voy a tu paso, nada nos apura. Te amo con locura, juntos para siempre.

Enero de 2020

Más de siete años de altos y bajos; cada año se ha vuelto más difícil todo. Este 2019 fue especialmente nuestro año más duro; este año todo cambió, el mundo se nos puso de cabeza y tuvimos que aprender a vivir así. Nos costó, pero lo hicimos, nos dolió, pero le pusimos el hombro igual, asumimos y aceptamos con amor infinito cada uno de estos procesos. Por eso, y como sea que haya sido, te agradezco y te despido, 2019. Bienvenido, 2020, lo que sea que me traigas para este año, dame la fuerza y entereza suficiente para ponerme de pie y ver con sabiduría cada una de mis experiencias.

Marzo de 2020

Cuarenta años ya. Hoy llegué a la mitad de lo que podría ser mi vida, la mitad de mi vida creciendo, aprendiendo, golpeándome bien fuerte, pero levantándome con más fuerza. Al fin y al cabo de eso se trata la vida. Hoy vivo de forma más consciente, cada día pensando que puede ser el último, te hace valorar cada uno de tus respiros, lo que comes, lo que observas, lo que escuchas y sentirte frágil cuando te abrazan y estremecerte con un simple y poderoso "te amo".

Agradecer, y agradecer por lo bueno, lo bonito, lo feo y lo malo que llega o se va. Porque esa es la gracia, que lo bueno también se vaya y lo malo también llegue. Despegar hacia lo más alto y aterrizar con un buen porrazo, y mientras más doloroso sea, tu alma más cerca de las estrellas estará. Tener la convicción y la certeza absoluta de que mi vida y la tuya están diseñadas de tal manera, que lo que te suceda a ti te sirve solo a ti y a nadie más que a ti. Que la consecuencia de tus actos son parte fundamental del círculo de la vida; con o sin la consciencia de tus actos, puedes afectar de forma trascendental a otros. Pero cuando realmente te das cuenta, es cuando nace esa maravillosa empatía que llega para nunca más irse. Me he dado cuenta de que, sea cuales sean los problemas, puedo enfrentarlos y solucionarlos sola, apechugar —como se dice—, sin más. Muchas veces me he visto sorprendida de esta fuerza insospechada que tenía guardada, que sin duda alguna todas las personas tenemos. Pero siempre el apoyo de mi familia ha sido imprescindible para poder lograrlo; sentirme contenida y protegida por este grupo amoroso me permite mantenerme firme y enfocada, me devuelve la felicidad y la seguridad cuando más lo necesito. Felices cuarenta para mí.

Marzo de 2020

¡Felices nueve años, principito! Un 16 de marzo llegó este pequeñín de ojitos chinitos a revolucionar nuestras vidas. Diego trajo consigo mucho más que alegría y bendición a nuestra vida. Vino con el claro propósito de ponerla de cabeza, de cambiarla por completo, de elevarnos hasta lo más alto, de descubrir en nosotros el verdadero amor incondicional. Nos hizo descubrir esa fuerza sobrenatural que tenemos los seres humanos. Vino a convertirnos en seres más nobles, agradecidos, empáticos y a mostrarnos los más ínfimos detalles del verdadero sentido de la vida.

Eres increíble, eres mágico y perfecto, llenas cada rincón de nuestra casa con tu presencia, eres luz pura e incandescente, brillas y enamoras con tu naturaleza. Hoy, después de más de siete años de tu accidente, no pido más que tu salud y tu felicidad. Tus ojitos soñolientos son nuestra nueva fascinación y ternura. Tu metamorfosis también es nuestra, vamos aceptando con profundo amor cada uno de tus nuevos procesos. Eso no quiere decir que no nos duela; a ratos se nos estruja el alma, pero estamos conscientes de esta nueva etapa. Nuestro pequeño gigante está viviendo su período más difícil de estos nueve años. Su papá, sus hermanas y yo estamos más presentes que nunca, acompañándolo día a día y dándole gracias por cada despertar que nos regala. Mi principito amado, vamos de la mano contigo, a tu ritmo, a tu paso, hoy nada nos apura, ya no existen los sueños y expectativas, solo estás tú con nuestros besos y mimos. Estoy segura de que cada gotita de amor que se le envía, llega a su alma con profundo agradecimiento.

Marzo de 2020

Hace tan solo un mes que llegó la pandemia del coronavirus a Chile y la gente ha comenzado a morir en clínicas y hospitales. Sin embargo, hay muchos padres que sacan a sus hijos a las plazas a tomar aire, porque, según ellos, sus hijos se sienten ahogados en sus casas. Algo dentro de mí lo puede entender; son niños y están acostumbrados a esa libertad, a correr por un parque respirando aire fresco, sin límites ni pausas. Pero si me pongo a analizar la situación de emergencia sanitaria que vive nuestro país y el mundo entero, podría decirles que piensen en que hay muchos niños y niñas como Diego, que pasan meses o años encerrados en un hospital. En lo personal, con Dieguito hemos estado cinco meses encerrados en una UCI, entre cuatro paredes, sin televisión, lavándome las manos cada vez que entraba o salía de la habitación, sin visitas, aislados del mundo, y les puedo decir que no pasa nada. No niego que es una situación estresante, pero cuando se trata de la protección y seguridad de tu hijo, cada día en ese lugar, cada acto de autocuidado hace que todo valga la pena cuando amamos a nuestra familia.

Tengo hospitalización domiciliaria y estoy "obligada" a recibir a mis técnicos; eso quiere decir que Diego y mi familia están en constante exposición por cuatro personas que deben salir y entrar a mi casa todos los días. Si rechazo la entrada de mis técnicos, puedo perder la hospitalización domiciliaria y las máquinas de las que mi hijo depende para vivir. Por tanto, esto es mucho más complejo, las técnicos se exponen en el metro y las micros. Así pues, por más que nosotros como familia hagamos el aislamiento como se debe, tenemos con nosotros estos posibles vectores para Diego. Y, por si fuera poco, en la clínica domiciliaria que estamos, las mamás como yo hemos sido criticadas por la gerencia, por tomar medidas exageradas, injustificadas e innecesarias —según ellos—, solo porque estamos extremando las medidas de seguridad en nuestros domicilios. Por estos días se está tocando el tema Teletón; recién se está hablando de nosotros y de cómo les afecta este virus a nuestros niños. Siempre es lo mismo: lo que dura la Teletón, dura la empatía y la solidaridad por las personas en situación de discapacidad.

Marzo de 2020

Por favor, quédate en casa. Si mi hijo llega a contagiarse de Covid-19, no será prioridad en el sistema de salud, no tendrá acceso a una UCI y su cuerpo probablemente no resistirá. En cambio, si tu resfrío pasa a algo mayor, tendrás una cama UCI, un ventilador mecánico y un equipo entero luchando por tu vida. Si a mi hijo ya lo dejaban botado en la UCI postcirugía con dificultad respiratoria, ahogándose, imagínense ahora con la contingencia y demanda que existe en una sala UCI. No queremos escuchar que nuestros hijos fueron puestos en "manejo compasivo". Acá los únicos que luchamos por la vida de nuestros hijos e hijas con discapacidad severa y enfermedades crónicas somos NOSOTROS. ¡Quédate en tu casa, ayuda a protegernos! ¡Tres meses no es nada! El tiempo que sea para proteger a nuestros seres queridos nunca será suficiente.

Marzo de 2020

Hoy estoy un poquito más calma y retomando mi libro, mi tesoro cada vez menos secreto y cada vez con más cuerpo. Esta idea la guardé conmigo en mi intimidad por años y recién en 2018 decidí lanzarme a su escritura seria y robusta. Tuve que sentarme aquí, transcribir mis bosquejos y borradores llenos de borrones, arrugados, muchos de ellos con marcas de lágrimas que cayeron en él. Escribo poemas desde que tengo ocho años y escribí mi vida durante ocho años de forma casi consecutiva, hasta que cumplí los dieciocho. Luego de veinte años vuelvo, retomando mi pasión por las letras, cumpliendo un sueño y el desafío más grande y primero en su especie: un libro. Y no cualquier libro, sino uno creado a partir del dolor, de la experiencia y de los más profundos sentimientos, un hecho real que cambió la vida de Diego y la de toda mi familia. Amo como suenan las letras, las palabras, cómo se ven impresas decorando ese papel blanco, y si vienen desde el corazón, más brillo y propiedad tendrá.

Escribir ha sido sanador para mí, es un espacio íntimo y sensible donde reposa todo mi corazón. De mis dedos salen sonidos musicales y estridentes algunos, texturas suaves como su cabello y blandas como sus mejillas; aromas que evocan momentos, besos que se dieron y que se recibieron, gritos de alegría y de terror, recuerdos guardados junto a la risa que lo olvida todo y ese llanto que me visita de vez en cuando. Todos salen a pasear en estas hojas para regalárselos a alguien que sabrá atesorarlos tanto como yo. Que mis palabras trasciendan más allá de mi existencia, que los corazones se eleven con cada página... que mis lágrimas y mis alegrías sean las tuyas también y que mi experiencia despierte en ti el amor por la vida y sus sabores. Falta cada vez menos para dar a luz a mi tesoro.

Mayo de 2020

"Día de la Madre"

Hace unos días, le conté a Diego que este domingo sería el Día de la Madre y con un poco de vergüenza, me atreví a pedirle un regalo. Le dije si era posible regalarme una sonrisa ese día y así sacarnos una foto juntos. Y qué creen, esa foto se hizo realidad. Ahí estaba su sonrisa, no el gesto que soñaba ni el milagro que esperaba. A cambio de eso, estaban sus ojos, la sonrisa desde su alma, una sonrisa tan linda, que juro que escuchaba: "Te amo, mamita linda". Y yo le respondí en voz alta: "Yo te amo más, hijito".

Cuando le pedí de regalo esa sonrisa a mi hijo, imaginé que podría pasar un milagro, un último milagro, uno simple, sin tantas vueltas ni complicaciones; una sonrisa. Sueño con ese minúsculo gesto, sueño con que vuelva tan solo unos segundos, por una última vez. Lo extraño, siempre lo atesoré, siempre lo valoré. Las pocas veces que lo hacía, lo admiraba con vehemencia, como sabiendo dentro de mí que algún día desaparecería de mi vida. Qué importante y significativo es el gesto de sonreír; una sonrisa sincera dice tanto, te refleja; así como los ojos, tu sonrisa es también una puerta a tu alma.

Ayer, después de dormir y cuidar a mi pequeño durante la noche, me vi inmersa entre máquinas, medicamentos y procedimientos con mi hijo. Me reconocí entre todo ese mundo, ese mundo raro, difícil y desconocido para muchos, pero no imaginaba otro para esta madre. Miraba a mi hijo y solo agradecía el poder servirle, protegerlo, estar con él sin tiempos ni horarios, y de ser capaz de cuidarlo y conocerlo como lo hago. Su presencia en mi cama, con su aroma, con su saliva cayendo de su boquita, con sus ojitos dormilones, con su paz infinita y su cuerpecito frágil, sentía que todo en él le daba sentido a mi vida. Y aunque algún día no lo tenga conmigo, su presencia y su mensaje siempre será motivo para ver la vida desde el ángulo en que Diego me mostró el mundo.

Hoy despierto un Día de la Madre junto a este principito chascón y delicioso. Cómo me enloquece de amor, cómo me hace olvidar que estoy cansada y adolorida, me lleva lejos con él, me sumerjo en su mirada, me enamora todo de él, pero sus ojos… ¡Cómo me hablan tus ojos, mi amor! Nací para ser madre, sentirme y ser la madre de Dieguito para siempre.

Operación Corona

"No sé cómo ver corderos a través de una caja,
quizás soy un poco como los adultos"

Ya en 2019 se supo en todo el mundo que comenzaba en China el brote de un virus tremendamente letal, que muy luego se propagó por toda Europa, convirtiéndose así en una pandemia tremendamente agresiva. Lo que muy poca gente sospechaba era que llegaría a pisar tierras americanas y, mucho menos, chilenas. Daba la impresión de que en Chile la gente lo vio como algo súper lejano y poco probable. Pero terminado el cumpleaños número nueve de Diego, al día siguiente de su celebración en marzo de 2020, Santiago comenzaba con una cuarentena voluntaria, luego de que se registrara el primer caso de contagio en Santiago de Chile.

Rápidamente este virus cobraría la vida de la primera persona contagiada, una mujer de la tercera edad, que había vuelto de un viaje a Europa. Luego comenzó la cuarentena obligatoria a nivel nacional e internacional; las calles a nivel mundial parecían sacadas de una película de apocalipsis. El virus comenzó a cobrar la vida de muchos chilenos y personas alrededor del mundo.

Con el tiempo logré conjeturar mi propia opinión sobre esta pandemia. Situaciones que a mí personalmente no me sorprenden, considerando que hoy en día sobre ciencia y pseudociencia todo es factible y las teorías conspirativas son cada vez más razonables y menos alejadas de la realidad. Ese es un tema de una opinión muy personal, que muy pocos y en silencio compartimos.

La cantidad de muertes diarias, la rapidez y facilidad con que se daban los contagios, la saturación de los hospitales, la escasez de ventiladores mecánicos, todo esto trajo consigo una especie de pánico en muchas personas y me declaro una de ellas. Teníamos miedo a que Diego o alguien en la casa se contagiara, además, en un comienzo se sabía muy poco de este virus y de cómo tratarlo médicamente. Nosotros como familia nos limitamos a guardarnos en la casa y evitar el contacto directo con otras personas, pero estábamos obligados a continuar recibiendo a las técnicos de Diego. Mi marido tuvo que suspender sus viajes al norte donde trabajaba y se limitó solo a reuniones por videollamada. Muy pronto la mayoría de las personas tuvieron que trabajar bajo este sistema remoto. El protocolo de protección personal en mi casa se hizo súper riguroso: se desinfectaba todo, absolutamente todo lo que entraba a la casa, desde el lugar que fuese.

Lo que estoy contando no es ninguna novedad para quienes leen esto, de hecho, imagino que muchas personas actuaron y pensaron de la misma forma. Pero lo que más duele cada vez que pienso en esta pandemia, es en la pérdida de seres queridos, en el dolor de quienes se quedaron y no pudieron despedirse, no pudieron darle un entierro a su ser amado, como les hubiese gustado; no pudieron abrazar y dar un último beso o una última palabra. Muchos partieron repentinamente y de forma cruel y dolorosa. Este virus es un ataque no solo a tu cuerpo, sino también a tu corazón; te tienes que ir solo, cumplir una serie de protocolos estrictos que nos alejan de la contención y el apoyo de los seres que amamos. Eso me aterraba, me quitaba el sueño que algo así pudiese suceder en mi familia o con cualquiera de los míos.

Tener un hijo en condiciones crónicas muchas veces significa someterte a una cuarentena en los meses de invierno o cuando hace mucho frío, o restringirnos muchas veces en cosas sencillas, como ir al cumpleaños de un familiar, por ejemplo. En este sentido, no fue tan difícil para nosotros.

En una ocasión, una de mis técnicos que me ayudaba con el cuidado de Diego se contagió con coronavirus. Sin embargo, antes de que supiera que estaba contagiada, estuvo ayudándome con Diego, y durante esas veinticuatro horas que duró su turno comenzó con los primeros síntomas. Y es aquí cuando noté que todo el rigor y la prolijidad con que nos cuidábamos, valió totalmente la pena: ni Diego, ni ninguno de nosotros se contagió del virus, pese a tener a nuestra técnico conviviendo junto a nosotros esas veinticuatro horas.

Pasamos el *pick* de la pandemia sanos y salvos, continuando con el autocuidado y el respeto que se merecía un virus como este. Dicho esto, nos tocó en plena pandemia buscar a una cuarta técnico para entrar a nuestro equipo. El *homecare* que teníamos nos exigía tener cuatro técnicos para realizar los turnos de forma adecuada, y en ese entonces tenía solo tres. Siempre la búsqueda de una técnico nueva fue un trabajo agotador, muy estresante y un verdadero dolor de cabeza, porque me involucraba demasiado en las supervisiones de su trabajo. Las observaba y las evaluaba constantemente, y en plena pandemia se podrán imaginar lo difícil que fue para mí, con lo mucho que nos cuidábamos y lo riguroso de los protocolos que teníamos. La ansiedad me sobrepasaba al pensar si esa persona se había cuidado en el transporte público o no, si en su casa las personas se cuidaban, etc. Miles de preguntas, y no me guardé ninguna al momento de entrevistar a las personas que postulaban al trabajo.

Cuando comencé con la hospitalización domiciliaria, siempre la búsqueda de la técnico fue un desafío. Sin embargo, desde ese entonces a esta parte de la historia, habían pasado ya dos años. Las prioridades en el perfil de mi equipo de técnicos ahora era otra, preocupándome esencialmente de que tuviesen un buen manejo en los procedimientos que se le realizaban a "Dieguito". A Diego en ese entonces se le realizaban sondeos vesicales cada tres horas, y sufría de recurrentes infecciones urinarias, que lo llevaban a necesitar de una vía venosa para la administración de antibióticos. Lo peor de todo es que sufría mucho por el dolor que le causaba la vía venosa y la misma infección. Por lo tanto, en el procedimiento de sondeo vesical era necesario un cuidado extremo y prolijidad en cada uno de los pasos; cualquier error podría costarle muy caro a Diego.

Estruendosa intuición

> "En ese instante vi el destello de una luz emanando desde el impenetrable misterio de su presencia"

Después de las continuas infecciones urinarias transcurridas desde marzo a julio de 2020, la salud de "Dieguito" jamás volvió a ser la misma. Sí, nuevamente se repite esa frase "nada volvió a ser como antes". Su cansancio se hizo más evidente y se acrecentaba con el paso de los días. Todos los meses luchábamos por lo menos con una infección urinaria, que implicaba sangrado y mucho sedimento por la orina, y algunas veces fiebre. Lo peor de todo era que las vías venosas para la administración de medicamentos se inflamaban y afiebraban, causándole lo que se llama una "flebitis", algo súper doloroso, además del intenso dolor que la propia infección le provocaba.

A esa altura, "Dieguito" ya tenía sus venas frágiles y costaba muchísimo encontrarle una venita, y que además le durara todo el tratamiento. Ante esto había que necesariamente buscar otro acceso venoso y volver a puncionarlo.

Una de las cosas a las que jamás le encontramos explicación médica, fueron unas manchas moradas que comenzaron a aparecer en sus extremidades.

Algunas de las manchas parecían moretones, pero la gran mayoría eran solo manchas, coloraciones azuladas o grises en los pies y sus manos. A su médico de cabecera le llamaban la atención, pero tampoco era algo que le preocupara; eso al menos en algo me tranquilizaba. Acudimos a un reumatólogo y a un dermatólogo, le hicimos una serie de exámenes y nadie sabía qué podría estar pasando. Incluso le hicimos un PCR para Covid-19, para descartar que no tuviese PIMS (Síndrome Inflamatorio Multisistémico Pediátrico), que se sabía que les afectaba a los niños. Este síndrome se asociaba con el virus de COVID-19, y uno de los síntomas característicos eran las apariciones de manchas rojizas en las extremidades. Muchas veces estas manchas aumentaban en cantidad o se acentuaban sin razón. Afortunadamente no era nada de eso y finalmente me rendí; no era necesario seguir buscándole la explicación a algo que definitivamente yo presentía a todas luces y que ningún médico podría llegar a detectar. Observaba a mi "Dieguito" con detención y con profundo amor, miraba la totalidad de los síntomas, y si juntaba todas las nuevas señales físicas que estaba manifestando durante el último tiempo, solo me arrojaba una sola respuesta. El tiempo se nos estaba acabando. Señales, síntomas, manifestaciones de su cuerpo y de su alma que se podían oler a su alrededor. Lo sentía tan intensamente dentro de mí, que me asustaba.

Un día de esos, mientras comenzaba con un nuevo cuadro de infección urinaria, de forma repentina Diego se volvió muy pálido. Comenzó con vómitos explosivos, con una diarrea inexplicable, acompañada de fiebre muy alta. Hasta ese entonces pensábamos que se trataba de síntomas del mismo cuadro infeccioso. Lo extraño de esto era que por primera vez presentaba estas reacciones tan severas, pese a la gran cantidad de infecciones urinarias que ya había tenido anteriormente. Los vómitos y las diarreas no cesaban, salían como agua, una tras otra. Diego en cada una de ellas se desvanecía. En sus vómitos comenzaron a aparecer abundantes estrías de sangre por la fuerza que hacía. En algún momento les conté que "Dieguito" solía presentar vómitos con sangre, producidos por el síndrome Mallory Weiss, pero se presentaba en situaciones de vómitos extremos, abundantes y explosivos.

Llegaron dos enfermeros para administrarle un antibiótico endovenoso para su infección y además un suero con electrolitos para hidratarlo. Cuando los enfermeros llegaron, Diego estaba como papel, pálido y con una deshidratación tan aguda que lo mantenía sin poder reaccionar a nada, dormido, casi translúcido.

Comenzaron a preparar el medicamento y me fijé que lo iban a administrar en un bolo, es decir, pasarlo con una jeringa directamente a la vena; eso llamó mi atención, ya que no era en goteo como solía hacerse la mayoría de las veces. Ante esto no dije nada, porque confiaba en lo que estaban haciendo y además sabía que muchos medicamentos se administran de esa forma. Era una jeringa grande de 20 ml, que se diluyó apenas con algo de suero; la enfermera lo pasó directamente en la vena de su pie derecho, ya que no tenía más accesos venosos en los brazos.

El medicamento apenas comenzó a entrar a su cuerpo, le produjo una reacción de dolor descontrolado. Jamás, en los nueve años de vida de mi hijo, vi una reacción como esa, ni siquiera cuando le pasaron metadona endovenosa en el año 2017. De forma inmediata Diego se puso rígido de dolor, era su única forma de defenderse. Si su cuerpo se lo hubiese permitido, hubiese pateado a la enfermera y sacudido su cuerpo con fuerza, gritando a todo pulmón. Sin embargo, mi hijo yacía casi inmóvil, preso de su cuerpo, con un llanto contenido que lo dejó casi sin aliento; su rostro rojo por la rigidez que estaba ejerciendo para defenderse ante el dolor, sus lágrimas brotaban como una llave abierta. Mi alma se partía en mil pedazos al verlo. Últimamente cuando "Dieguito" presentaba dolor, solo podíamos notarlo por la rigidez de su cuerpo, la frecuencia cardíaca alta y algunos gestos que hacía con su rostro. Tres años que no veía llorar a mi hijo, y la última vez que lo hizo, podía gesticular y expresarse mejor de lo que estaba presenciando esta vez. Tenía frente a mí, a mi bebé, pequeño, frágil, siendo invadido dolorosamente y atrapado en sí mismo. Lo abracé con fuerza, con todo mi amor, y preguntaba a gritos qué era lo que estaba pasando, pero hubo un silencio entre los enfermeros, nadie supo qué decirme ni qué hacer. Yo solo abrazaba y besaba con fuerza a mi hijo. Quería estar yo en su lugar.

Este medicamento le causó tanto dolor pasando a esa velocidad y con tan poca dilución, que no lo soportó. Su corazón se disparó a números escalofriantes; estaba por sobre los doscientos latidos por segundo, estuvo cerca de colapsar con un paro cardíaco de tan solo puro dolor. Mientras todo esto ocurría, Diego tuvo una diarrea fulminante, botando pura agua. Todo esto fue en cosa de segundos, una cosa tras la otra, nuevamente el tiempo detenido, y viviendo como en cámara lenta cada segundo. Pese a que el medicamento ya lo habían terminado de pasar, Diego continuó igual.

Me ha costado muchísimo escribir esta parte de su historia, porque de aquí en adelante nuestra vida y la de Diego comienza a nublarse cada día más. Me he detenido muchísimas veces mientras escribo, porque aún todo está muy fresco, lo llevo muy vivo en mi piel y me duele como si hubiese sido ayer. Recordar la cara de "Dieguito" llorando con una impotencia enorme, atrapado en su cuerpo, sin poder gritar, moverse, ni sacudir las manos o patalear de dolor. Verlo completamente paralizado con las lágrimas escurriendo por sus mejillas, con una mirada de dolor intensa y desgarradora. Presenciar esto y sentir su sufrimiento fue lo que me aniquiló en ese momento.

Les pedí a los enfermeros que se hicieran a un lado para tomar en brazos a mi hijo; su corazón aún no bajaba su frecuencia y su dolor no cesaba. Creí que Diego se iría en mis brazos en ese mismo momento. Rodrigo estaba junto a mí, intentando contener también a "Dieguito", impotente al ver lo que pasaba; su rostro de terror nunca se me olvidará. Tomé mi teléfono y con mi mano temblorosa le escribí a la familia: "Oren por Dieguito". Quería que al menos tuviese la contención espiritual en la oración de su familia para poder ayudar a su calma o a irse rodeado de los pensamientos amorosos de su familia. Su dolor era extremo en ese minuto, me sentí impotente, le puse música, la que siempre escuchábamos, le hablé, le susurré al oído: "Hijo, no tengas miedo, acá está la mamá, jamás te dejaré, no tengas miedo, no me iré, todo pasará, no tengas miedo, respira conmigo, siente mi corazón, canta conmigo, quiero calmar tu dolor, hijo mío, tranquilo". Mientras hablaba con "Dieguito", mis hijas y Rodrigo nos acompañaban a nuestro alrededor; sabía que podía sentir la presencia de los cuatro junto a él.

De repente se me ocurrió que un ketorolaco endovenoso podría ayudarlo a calmar este dolor tan grande. Le pregunté al enfermero si acaso tenía este medicamento endovenoso en su auto y me dijo que iría a revisar, pero que era muy improbable, ya que los enfermeros nunca tenían medicamentos a su disposición, a menos que fueran con indicación médica, y mucho menos algún medicamento que manejaran por si acaso. No obstante, a los pocos minutos volvió con un ketorolaco endovenoso en su mano, ¡no lo podíamos creer! El enfermero me miraba atónito, sin poder creer que había encontrado este fármaco de forma "casual" en su vehículo. Preparó una jeringa, y a los pocos segundos de pasado el medicamento, Diego comenzó a calmarse, el corazón comenzó a bajar su frecuencia, la presión se normalizó, los colores de su rostro aparecieron suavemente y la fiebre bajó de forma considerable. Nos habían enviado este medicamento desde el Cielo, no había dudas para mí; hasta el enfermero no cabía en su sorpresa. Me dijo: "Nunca ando con medicamentos en el auto, mucho menos un ketorolaco endovenoso".

Luego de este episodio, quedamos todos súper afectados, muy asustados y también muy pendientes de la salud y síntomas de "Dieguito". Yo, por mi parte, estaría más alerta sobre la forma en que enfermería le administraría los próximos medicamentos endovenosos. Cambiamos de tratamiento para esta infección urinaria que lo afectaba todavía, por algo que ya habíamos usado antes y siempre con el cuidado que fuese administrado en goteo de una hora.

Pasaron los diez días de su tratamiento de antibióticos y pese a eso, nunca más volví a ver el semblante y los tonos rosados propios de mi hijo. A partir de ese episodio aterrador, el rostro y el cuerpo de mi Diego hermoso cambió para siempre; una parte de él nos dejó ese día para dar paso a un "Dieguito" de largos y profundos sueños. Se transformó en un viajero que transitó por mucho tiempo entre acá y el otro lado, lo sabía, siempre lo supe, y mi corazón se partía cada vez que lo veía en esos paseos al infinito.

Mi hijo, mi pequeño de cuerpecito frágil y de espíritu valiente, nos acompañaba siempre con su rostro pálido, decaído, con vómitos esporádicos y con una diarrea que iba y venía, sin razón alguna. Sus índices en la orina decían que ya se había recuperado de la infección urinaria, pero su sangre nos arrojaba siempre estar en el límite de la hidratación; por tal razón nunca pudimos despojarnos de esa vía venosa, necesitaba constantemente de suero y electrolitos.

La blancura de tu piel me entristece

> "Su rostro estaba blanco como la nieve. Me miró gravemente y me rodeó el cuello con sus brazos. Sentí su corazón latiendo como el de un pájaro moribundo al que han disparado con una escopeta"

Era todavía junio, aún no terminaba el mes de la pesadilla, cuando "Dieguito" comenzó nuevamente a vomitar de forma muy violenta. Esta vez la diarrea no paraba, su temperatura se elevaba y bajaba bruscamente, tenía momentos de desvanecimiento, en donde no respondía a ningún estímulo; el cansancio era evidente, su aspecto era muy preocupante. De un segundo a otro esto se volvió insostenible, pese a que estábamos con una enfermera apoyándonos todos los días y recibiendo indicaciones constantemente de su médico tratante. El envío de medicamentos al domicilio desde la central del *homecare* era una gestión lenta, y en casos como estos la angustia aumentaba, porque la situación era de urgencia.

Diego, aparte de tener un rostro casi translúcido, tenía ojeras oscuras y ojos hundidos, sus labios parecían de cartón y solo habían pasado cerca de diez días desde la última vez que lo habían estabilizado.

En aquel entonces nunca supimos realmente qué fue lo que pasó con "Dieguito" y cuando su tratamiento endovenoso terminó, creímos que volveríamos a la calma, pero estábamos muy lejos de eso. Diego no estaba respondiendo al tratamiento que estábamos llevando hasta ese minuto y las indicaciones médicas se daban vueltas en lo mismo todos los días: electrolitos, potasio, suero, medicamentos, antibióticos, exámenes de sangre. La situación, a mi parecer, estaba sin control alguno por parte de su doctora.

No sé por qué, pero en algún minuto se me vino a la mente la gastroenteróloga de "Dieguito"; confiaba tanto en ella como para llamarla por teléfono y pedirle su opinión. Quería escuchar qué pensaba sobre lo que le podría estar pasando a Diego. Al llamarla, le conté cómo habían transcurrido los últimos eventos; ella no se precipitó a ninguna respuesta, solo me dijo que lo mejor era hospitalizarlo para estudiarlo y ver qué era lo que estaba pasando.

Sabía lo que tenía que hacer, y le pedí a la enfermera que se encontraba conmigo en ese momento, que diera aviso que la mamá de "Dieguito" iba a hospitalizarlo por decisión propia. Apenas su médico tratante nos dio el consentimiento, lo trasladamos en ambulancia hacia la UCI. Estábamos en plena pandemia y para realizar hospitalización había que cumplir con ciertos protocolos COVID-19. En cuanto logramos ingresar a la UCI, le realizaron exámenes de sangre de rigor para saber en qué condiciones había llegado. No había nada alentador, Diego nuevamente presentaba una deshidratación aguda. Me preguntaba: "¿Por qué otra deshidratación? ¿A qué se deben esos vómitos? ¿Por qué esta diarrea?" Algo estaba pasando, algo que llegó precipitosamente y no sabíamos por qué, ni qué era lo que lo estaba provocando.

Continuamos con más exámenes para complementar su estudio: endoscopia digestiva, colonoscopia, estudio de motilidad, vaciamiento gastroduodenal y algunas biopsias. La endoscopia digestiva no arrojó nada muy concluyente, salvo un engrosamiento de las paredes intestinales, que llamó la atención de la gastroenteróloga, lo cual no era nada normal. En el colon no se detectó nada importante, y en el esófago algunas pequeñas heridas, producto del reflujo gástrico, lo cual era algo insólito para los médicos, ya que Diego tenía una operación de Nissen antirreflujo hace ya cinco años. Por lo tanto, en estricto rigor, nunca debió haber tenido ni vómitos, ni reflujo esofágico. Y aquí hago un paréntesis, porque como siempre he dicho, todos los niños y niñas responden de manera distinta a los tratamientos y cirugías, y he visto resultados súper positivos en otros pacientes con respecto a la cirugía antirreflujo Nissen. Pero como ya les conté en capítulos anteriores, lamentablemente nuestra experiencia fue un total fracaso, que nos trajo más problemas que soluciones, porque "Dieguito" continuó por años vomitando y teniendo reflujo. La evidencia estaba a la vista en los exámenes recientes.

Como los síntomas continuaban, los médicos decidieron hacer el examen de vaciamiento gastroduodenal. Este examen consiste en meter por la gastrostomía un líquido de contraste llamado "bario". El procedimiento es similar a una radiografía, tomando fotos y observando por dónde va pasando el líquido de contraste. De esta forma se puede apreciar cuánto demora en pasar este líquido del estómago hacia el intestino o si se devuelve hacia el esófago. Llevábamos cerca de treinta minutos en el examen —lo cual era mucho tiempo— y el líquido aún no salía de su estómago. Lo podía ver en el monitor, fueron apenas veinte mililitros de bario que habían pasado por su gastrostomía y que aún después de treinta minutos, no lograban descender hacia el intestino. Sabía que eso era una señal de alarma; la lentitud del vaciamiento de su estómago era extrema.

Como no se veía movimiento alguno de su estómago, nos mandaron a la pieza nuevamente para continuar con el seguimiento del vaciado estomacal en la UCI. Estaba ansiosa esperando a que Diego eliminara el bario por las heces, como era lo habitual y lo esperable, sin embargo, pasaban las horas y no veía rastros en su pañal. Cada dos horas venían a radiarlo para observar el vaciamiento del estómago y analizar por dónde iba el recorrido del líquido de contraste. El examen comenzó a las diez de la mañana; eran las diez de la noche y llevábamos seis radiografías en el día, ¡una barbaridad! A esa hora de la noche vino el médico a informarme que los resultados habían sido súper concluyentes: Diego tenía una gastroparesia muy severa. Habían pasado cerca de doce horas desde que ingirió los veinte mililitros de bario y este aún ni siquiera salía por completo desde su estómago; apenas iba en la mitad de su yeyuno.

Hace quizás cinco años o más que Diego había sido diagnosticado con gastroparesia, una patología que afecta a los músculos del estómago e intestino, dificultando el movimiento de estos, con lo que el vaciamiento del sistema digestivo se hace muy lento. Esta gastroparesia fue una secuela del daño neurológico, que afectó los nervios que controlan los músculos del estómago e intestino. Ahora evidentemente, tal como ya lo venía observando hace mucho tiempo, su daño neurológico había aumentado progresivamente, causándole secuelas aún mayores en la parte gastrointestinal.

Su diagnóstico actual era de una gastroparesia muchísimo más severa; tenía casi nulo el movimiento gastrointestinal. Con estos resultados podíamos concluir que sus vómitos eran causados por este nuevo y sorpresivo diagnóstico. Pasaban los días y aún intentábamos equilibrar sus niveles en la sangre, que indicaban la persistencia de la deshidratación. La gastroenteróloga me propuso colocar una sonda gastroyeyunal en "Dieguito". Esto significaba poner una sonda conectada directo a su yeyuno, todo a través de su misma gastrostomía, lo que nos permitiría saltarnos el estómago y evitar los atochamientos de alimentos.

Accedimos a esta sonda con algo de susto, ya que como lo mencioné en algún momento, en el año 2016 habíamos puesto la misma sonda con la intención de hacerlo engordar y evitar los vómitos de ese entonces, y nuevamente nuestra experiencia con ese tratamiento fue negativa. Pusieron la sonda gastroyeyunal en pabellón, estaba ansiosa y expectante de ver resultados en ello. Esto le permitiría a Diego disminuir o evitar completamente sus vómitos. Comenzamos a probar, dándole un poco de leche hidrolizada y libre de alérgenos. Sus vómitos no pararon, estos siguieron igual de violentos, sin notar ningún cambio.

Ninguna decisión se tomaba sin mi previa aprobación. Junto con su gastroenteróloga, insistimos en su alimentación por yeyuno, modificando el volumen y la velocidad de administración. Sin embargo, sus vómitos no cesaban y Diego comenzaba a perder peso. Probamos durante tres días diferentes marcas de leche, unas más hidrolizadas que otras, la administración más lenta y volúmenes más bajos. La situación fue la misma, sin ningún cambio en la respuesta de Diego. Hasta que pasado el tercer día, su gastroenteróloga me propuso hacer una prueba terapéutica. Como ya les había explicado en algún momento, esto es cuando se experimenta o prueba con algún medicamento o tratamiento, y se analiza la respuesta del paciente. Esta vez, la prueba terapéutica consistía en que, en vez de utilizar leche, le daríamos solo suero fisiológico a su intestino. De esta manera sabríamos, dependiendo de la respuesta de Diego, si los vómitos estaban siendo ocasionados por la leche o realmente era que sus intestinos tenían un problema.

Hicimos la prueba terapéutica por veinticuatro horas y Diego continuó con los vómitos y molestias, que en ese entonces se presentaban como dolores muy esporádicos y leves, pero tanto yo como la gastroenteróloga nos podíamos dar cuenta de ello. Todo indicaba que, independientemente de la leche que le diéramos, sus síntomas no iban a mejorar y, a decir verdad, en ese minuto no imaginaba cómo continuaríamos con su alimentación sin detener sus dolores y vómitos. Finalmente esto se estaba transformando en una bola de nieve, ya que al no poder controlar estos síntomas, su deshidratación continuaría de forma permanente y su salud en general se vería cada día más afectada.

Un cuerpo en gresca

> "Tus amigos quedarán muy sorprendidos de verte riendo mientras miras hacia el cielo. Entonces tú le dirás: ¡Sí, las estrellas siempre me hacen reír!"

Su gastroenteróloga conversó conmigo largo rato y concluyó que Diego estaba en una etapa de deterioro a nivel general y que muy poco se podía hacer para mejorarlo. Sabíamos que sería muy difícil alimentarlo de ahora en adelante y además presentaba una deshidratación persistente junto con una baja de peso. Todos estos factores nos hicieron pensar junto con Rodrigo y el equipo médico, en la necesidad de nutrirlo a través de un catéter central.

Necesito ahondar en los siguientes conceptos, para que puedan entrar en contexto y sepan bien de qué estamos hablando y de lo que significó, al menos para Diego, ser portador de un catéter central. Este medio fue un facilitador de accesos para lograr administrarle medicamentos y alimentarlo de forma segura. Por lo tanto, esto se transformó en un medio de sobrevivencia para mi hijo, situación no menor, que nos puso nuevamente la vida en constante tensión.

—Catéter venoso central: También llamado "vía central", es un tubo largo, delgado y flexible, usado para administrar medicamentos, líquidos, nutrientes o derivados de la sangre durante un largo período, por lo general varias semanas o más. A menudo se introduce un catéter en una vena grande, a través de la piel del brazo o en el pecho. El catéter se conduce a través de esta vena hasta desembocar en una vena grande cerca del corazón.

Existen varios tipos de catéteres venosos centrales: está el llamado *picc line*, que se introduce en una vena del brazo; el catéter tunelizado, que se introduce quirúrgicamente en una vena del cuello o del pecho, y se pasa por debajo de la piel, quedando un extremo del catéter fuera de esta; y está el catéter puerto implantado, catéter reservorio o también llamado *port-a-Cath*, que permite un acceso venoso permanente, colocando un dispositivo bajo la piel del pectoral, cerca del codo o cerca de la ingle. Este pequeño implante va conectado por un catéter en su interior con un extremo distal en una vena central del tórax o abdomen. Este último tipo de catéter es actualmente el más utilizado en pacientes oncológicos, por ser más seguro y con menos riesgos de infección.

—Nutrición parenteral (NPT): A través del catéter central, independientemente de dónde sea instalado, se le administra al paciente una solución de múltiples nutrientes básicos que el paciente necesita, tales como carbohidratos, proteínas, grasas, vitaminas, minerales, agua, electrolitos y oligoelementos. En casos excepcionales se pueden administrar algunos medicamentos aptos para este tipo de acceso intravenoso y bajo los cuidados rigurosos que ello implica.

—**Manejo de catéter central:** La NPT debe ser reposicionada cada veinticuatro horas. Su manipulación debe ser estrictamente estéril y realizada por enfermería, ya que los componentes que se infunden pueden provocar un desarrollo microbiano con más facilidad. Además, su manipulación y la inserción de la sonda puede estar llena de riesgos, y las posibles complicaciones pueden incluir: sangrado, infección, coágulos de sangre, vía bloqueada, torcedura del catéter, trombosis, dolor, neumotórax, desplazamiento del catéter e incluso sepsis.

Llegó el esperado día para poner su catéter central, el primero de muchos más que vendrían. Pero cabe señalar que en el comienzo nadie me advirtió sobre las consecuencias y las posibles reacciones al administrar una NPT.

El procedimiento resultó sin complicaciones, estaba más tranquila. Ese mismo día por la tarde tenían que comenzar con la esperada nutrición parenteral, y como la colocación de esta nutrición se hace de forma estéril, tenía que salir de la habitación durante los treinta minutos que duraba hacer la conexión. Esto se repetía todos los días a las veinticuatro horas cumplidas de la infusión de nutrición.

Salí de la pieza por esa media hora, y al volver, me encontré con la sorpresa de ver a mi hijo sonriendo, con una sonrisa muy amplia y evidente. Últimamente costaba mucho que sonriera; la verdad, toda la vida costó muchísimo verle sonreír con amplitud y facilidad. Solo algún par de veces tuve la dicha de ser bendecida por su sonrisa enorme y fugaz, que por cierto siempre agradecí. Dicho esto, obviamente me parecía algo súper inusual lo que estaba frente a mis ojos, raro, pero no le di mayor importancia. Noté además que estaba muy risueño y reactivo a mis estímulos; cada vez que le hablaba, sonreía como si nada, pero incluso a veces sonreía sin motivo. Esto sin duda era extrañísimo y evidentemente algo no me encajaba, pintaba sospechoso. Sinceramente, aunque dentro de mí sabía que algo raro estaba pasando con mi hijo, me dediqué a disfrutar ese momento como el mismo milagro que parecía ser; lo tomé como una oportunidad de poder gozar a expensas de una ilusión.

Transcurrido un par de horas, noté que su frecuencia cardíaca estaba por sobre los parámetros que Diego acostumbraba a tener en estado de reposo (sin estimulación), así que llamé a la enfermera para advertirle sobre esto. Las enfermeras controlaron su temperatura y Diego tenía una temperatura de 37,5 °C, lo que era bastante alta para lo que acostumbraba a tener, que fluctuaba entre 35 y 36 °C. Yo sabía que esa temperatura indicaba fiebre en "Dieguito", así que inmediatamente les advertí a los médicos y a las enfermeras que se encontraba en estado febril.

A pesar de que la temperatura bajaba, su frecuencia cardíaca seguía muy alta. Diego esa noche no durmió nada, absolutamente nada, ni quisiera cinco minutos, pese a que le dimos hidrato de cloral, que es un sedante que Diego utilizaba con regularidad para sus convulsiones, pero ahora este parecía pasarle como agua. Simplemente no cerró sus ojos en toda la noche; yo no entendía qué estaba pasando. Al día siguiente todo se repetía de la misma forma, la fiebre no lo dejaba y su corazón marcaba números elevadísimos; todo estaba desajustado en mi hijo, evidentemente algo estaba pasando en su cuerpo.

Rogaba a los médicos por alguna explicación, pero nadie me decía nada concluyente, de hecho, subestimaban cada síntoma que tenía, diciéndome que su frecuencia cardíaca estaba normal y que esa temperatura no era fiebre. Aquí vamos de nuevo, una vez más subestimándonos a mí y a mi hijo, llenándose la boca de su literatura médica. Diego llevaba cuatro días sin dormir absolutamente nada, y yo junto con él, sin pegar un ojo en todos esos días. Jamás había vivido algo como eso y jamás pensé que sería capaz de no dormir en tantos días de corrido. A esas alturas yo lloraba de desesperación, el sueño me estaba matando, creí que enloquecería, estaba irritable, mareada, no pensaba con claridad, tenía miedo, lloraba y lloraba de impotencia, e incluso a veces creí alucinar cosas.

Muchos me decían que relevaramos con mi marido, como lo hacíamos en otras hospitalizaciones, pero era imposible esta vez. Rodrigo nunca se involucró en los nuevos cuidados de Diego después de su traqueostomía, así que siempre asumí sola este tipo cosas. No lo culpo, porque no a todas las personas les gusta relacionarse con cuidados de enfermería. Por lo demás, siempre estuve tranquila con los cuidados y la preocupación que le brindaba su papá; cada uno de los dos teníamos formas distintas de manifestar nuestro amor a Diego. En algún momento Rodrigo intentó aprender a aspirarlo a través de la traqueotomía, pero lo notaba siempre muy nervioso y como procurando escaparse del procedimiento, así que yo dejé de insistir, pues para los cuidados de "Dieguito" tendríamos a nuestras técnicos para apoyarnos y con eso me quedé tranquila.

Lo que nunca pensé es que algún día necesitaría un relevo en alguna hospitalización. Un relevo era impensado, ya que Diego se ahogaba cada cierto rato con secreciones y había que aspirarlo muy seguido, y muchas veces de forma estéril, cambiarle las gasas de su estoma de traqueotomía, etc. Aunque estaban las enfermeras para este tipo de situaciones, la demanda de Diego era muy grande y no podía llamar a una enfermera cada diez minutos para aspirar a mi hijo, siendo que yo podía hacerlo, y más aún con la crisis sanitaria de esos días, en el *pick* de la pandemia y camas UCI saturadas.

No podía creer que Diego seguía con esa mirada tan vivaz, sin mostrar una gota de cansancio, eso no era normal. El mismo cuarto día que llevábamos sin dormir, apareció una doctora que no había visto en esos días, y creí que era mi oportunidad para insistirle sobre alguna explicación de lo que le estaba pasando a mi hijo. Después de cuatro días de desolación absoluta por parte de los médicos, de una incansable búsqueda por una explicación, al fin esta doctora me daba respuestas. Diego estaba sufriendo los efectos no deseados de la nutrición parenteral, que por cierto muy pocos niños suelen presentar. Los altos niveles de glucosa (y decenas de otros nutrientes más) que van dirigidos directamente a su corazón, provocaron este aceleramiento cardíaco y un estado latente de hiperactividad, pero claro, como Diego no podía correr como loco ni ponerse a saltar, su cuerpo simplemente reaccionó con fiebre, taquicardia, sonrisas e insomnio.

Ya tenía explicación, qué tranquilidad es para una madre saber qué le está pasando a su hijo, por qué está reaccionando de tal o cual manera. Aunque a veces sepas que las cosas no van a cambiar, es tranquilizador tener respuestas, sobre todo en casos como el de mi hijo, en que la comunicación es muy difícil, porque no tiene cómo expresar lo que está sintiendo.

Al fin, en el quinto día de nutrición parenteral, Diego logró dormir, aunque fuese unos treinta minutos; por la noche al menos fueron dos horas, y así transcurrieron los días hasta que finalmente se reguló su sueño. Su temperatura continuó igual, sus sonrisas también, que por cierto fue lo más lindo de ver, aunque se tratara de una "falsa" sonrisa.

Una noche, mientras aún permanecíamos hospitalizados, sucedió algo que me dejó completamente helada. Eran las cinco de la mañana y me había quedado dormida a su lado. Me levanté para estirarme, cuando justo en ese momento entró una de las enfermeras para administrarle algunos medicamentos. Diego dormía aparentemente muy plácido, y de un segundo a otro, sus signos vitales se volvieron críticos, su corazón se disparó, su saturación de oxígeno bajó bruscamente y su ventilación se aceleró. Con la enfermera estábamos atónitas, mirando cómo todo esto pasaba. Yo no dejaba de mirar a mi hijo y pensaba: "¡Dios mío! ¡Esto no puede estar pasando!" Estaba aterrada, en *shock* mirando el monitor mientras "Dieguito" seguía durmiendo como si nada estuviese pasando.

Días anteriores, a Diego le había aparecido una sospechosa secreción amarillenta alrededor del sitio de inserción del catéter, por lo que la enfermera, muy alarmada, dijo: "¡No puede ser, una sepsis!" Ella inéditamente pensó que se podía tratar de una sepsis, por la apariencia preocupante que tenía el catéter en el brazo de Diego. La enfermera salió corriendo a alertar al médico, y a los pocos minutos estaban realizándole exámenes de sangre. Afortunadamente nada de eso era, ¿pero entonces qué pasó esa noche? ¿Qué fue lo que provocó ese cambio tan brusco de sus signos vitales? Los médicos simplemente optaron por levantar sus hombros y quedarse en silencio. ¡No tenían idea!

Como su catéter central estaba con una mucosidad amarillenta muy fea y había pasado este episodio extrañísimo que nadie entendió, los médicos por precaución decidieron que lo mejor sería cambiar el catéter. Y fue así como en apenas una semana, Diego entraba nuevamente al pabellón para instalar su segundo catéter central en el otro brazo. Dentro de todo este revoltijo de cosas que habían pasado en esos días, estaba feliz de tener a mi hijo vivo conmigo y muy lentamente volviendo a ser él. Aprovechamos esa hospitalización para plantearnos alguna alternativa que pudiese ayudar a Diego en sus recurrentes infecciones urinarias, de hecho, en esa misma hospitalización entró cursando la segunda infección urinaria del mes. No entendíamos por qué Diego tenía tan frecuentemente estas infecciones, siendo que las personas que lo sondeábamos éramos siempre las mismas, teníamos la suficiente experticia en el procedimiento, en la manipulación, etc. Por lo tanto, era extraño que siguiera con estos cuadros infecciosos.

Decidimos consultar con un urólogo infantil de la confianza de la doctora tratante de "Dieguito". Tuvimos una reunión los tres junto a Rodrigo para tomar decisiones, escuchar su propuesta y explicaciones. El médico concluyó que, al no tener Diego movilidad en su colon, las fecas quedaban acumuladas en el último tramo del intestino sin poder ser evacuadas de forma espontánea, pese a que le sacábamos sus fecas de forma manual y que intentábamos hacerlo con la regularidad necesaria. Sin embargo, nunca sería lo mismo que una evacuación espontánea, cosa que el cuerpo de Diego ya no podía hacer. Entonces, el contacto de este tracto intestinal con la vejiga llena de orina provoca una contaminación cruzada que inevitablemente se transformaba en una infección urinaria. Tenía sentido.

Decidimos que lo mejor era realizarle una cistostomía, que consiste en un agüero (estoma) en su vejiga para que se vacíe de forma continua sin acumular orina y así evitar las infecciones urinarias. Sería otro cuidado más que deberíamos tener, otro "agujero" más en el cuerpo de mi hijo. Era fuerte de pensar, pero al mismo tiempo, pensaba en ese minuto que era lo mejor para él, que mejoraría sustancialmente su calidad de vida, dejando a un lado esas dolorosas infecciones.

Llevábamos un poco más de una semana y estábamos decididos a realizarle la cirugía de cistostomía durante esa hospitalización, pero una nueva infección urinaria ocurrió mientras estaba hospitalizado. Solo alcanzó a estar dos o tres días libre de la bacteria, terminado su tratamiento de antibióticos, cuando de nuevo se infectó. Ahí estaba la mayor prueba de la teoría del urólogo; los médicos no podían creer con la rapidez que se agarraba bacterias.

Ante esto y una cirugía planeada en curso, los médicos decidieron enviarnos a la casa, para que se recuperase de la nueva infección urinaria y volver dentro de unas semanas más para la cirugía de cistostomía. Siempre les dije a los médicos que a mi hijo me lo llevaría de vuelta a mi casa con sus parámetros cardíacos y de temperatura normales. Sabía que, si me iba a la casa en ese momento, algo podría suceder que nos impediría hacer esa cirugía que tanto ansiaba para ayudar a mi hijo. Una vez más volvían esas sensaciones inexplicables a mi corazón, como si a ratos pudiese ver debajo del agua. No sabría decir con certeza qué era o por qué presentía eso, pero incluso se lo dije a muchos médicos, sobre mis presentimientos. Me daba lo mismo que me creyeran loca, pero yo quería a toda costa quedarme en esa hospitalización. Además, debo confesar que me sentía segura en ese lugar, sentía temor de volver a la casa con mi Diego tan revuelto en sus signos vitales, más aún después de lo que vivimos esa noche.

Por primera vez en mi vida quería quedarme hospitalizada. Durante dos días vinieron a verme diferentes médicos para intentar convencerme de irme de alta. Insistían en que Diego debía recuperarse de esa infección en casa, para luego volver a hospitalizarse para la cirugía con el urólogo. Me decían que una permanencia muy extendida en la clínica podría arriesgar a un contagio intrahospitalario. Me negué a irme, pese a todo lo que me decían; mi miedo de no concretar la cirugía en su vejiga era más grande. Me resistí a irme, me enviaron hasta la psicóloga de la UCI para intentar convencerme. No fue solo hasta que vino la jefa de toda la unidad pediátrica a intentar convencerme, que recién reflexioné sobre los riesgos. Con ella nos conocimos cuando Diego tuvo el accidente; es una doctora de carácter fuerte, muy autoritaria y evidentemente con poder de convencimiento, porque terminé por irme de alta ese mismo día.

12 de noviembre de 2020

Sé que estás confiando en mis decisiones y en las herramientas que busco para aliviar esta carga tremenda que tienes. Déjamelo a mí, la mami solo está pensando en ti, en tu dignidad, en tu humanidad y en tu paz. Porque no mereces esto, no así, no contigo.

El segundo monstruo

> "Cuando regó su flor por última vez y se preparó
> para ponerla bajo su cúpula de cristal, se dio
> cuenta de que estaba a punto de llorar.
> 'Adiós' le dijo la flor"

Después de dos largas semanas nos fuimos para la casa, con tratamiento endovenoso para la infección urinaria, con la nutrición parenteral en su catéter central, con una bomba de infusión casi continua de su leche, con un goteo súper lento y con un volumen de leche como para un prematuro, que finalmente era eso lo que Diego hasta ese minuto era capaz de tolerar, sin vomitar ni presentar molestias.

La idea de su médico tratante era ir aumentando el volumen y su rapidez del paso de la leche muy lentamente, pero cada vez que queríamos hacer eso, Diego volvía vomitar con fuerza y extrañamente junto con esto comenzó a presentar dolores. Podrían haberse tratado de los mismos dolores que comenzó a presentar al principio de la hospitalización pasada, que eran más bien molestias, pero ahora era todo muy distinto. En un comienzo supe que algo le dolía, porque comenzaron a temblarle las piernas, era como una especie de espasmo, que iba siempre acompañado de un gesto de dolor en su rostro, que solía durar unos segundos. Estos temblores asociados al dolor aparecían de forma esporádica, hasta presentarlos a diario. A veces le daban una vez al día y en otras oportunidades podía tener varios episodios en un solo día, era muy fluctuante. Fue muy difícil convencer a su doctora tratante de que se trataba de dolor. No fue hasta mucho más adelante cuando se convenció del dolor que padecía Diego, y esto fue gracias a videos que grababa especialmente para mostrarle a cualquier médico que dudara de mi palabra.

Su doctora insistía en que estos temblores se trataban de algún tipo de crisis de epilepsia, como la mioclónica, que consta de sacudidas cortas en alguna parte del cuerpo. Como ella descartaba que se tratara de dolor, continuaba dando la indicación de aumentar la leche en su volumen y rapidez. Le insistí a la doctora varias veces en que no podíamos continuar con estas indicaciones, pero pese a mis explicaciones, ella parecía no querer escuchar o no querer aceptarlo.

Diego presentaba mucha hinchazón en su abdomen, tendía a vomitar con facilidad y notaba además que los dolores aumentaban al pasar la leche al yeyuno. La doctora de Diego estaba esperanzada en que mi hijo volviera a su estado de meses anteriores, por eso su insistencia ante esta alimentación. Al principio le hice caso un par de veces, continuando con el aumento y rapidez en su alimentación, tal como nos indicaba. Pero muy pronto me dejé llevar por mi corazón y mi intuición. No iba a permitir que Diego sufriera solo por una indicación médica y de alguien que no estaba viéndolo día a día. Así que, pese a que cada dos días recibía la indicación de aumentar volumen y/o rapidez de la bomba de alimentación, yo simplemente rechazaba la indicación, haciendo caso al cuerpo de mi hijo. A raíz de esto, tuve varios roces con su médico tratante, ya que sabía que la estaba contradiciendo, pero acá primaba el bienestar de Diego y de nadie más.

Aunque varias veces les comuniqué al médico y a las enfermeras que Diego continuaba con dolores, náuseas y vómitos ocasionales, nunca hicieron mucho caso a los dolores que presentaba; esa al menos era mi sensación, junto con mi equipo de técnicos. Cuando los dolores comenzaron a presentarse a diario, yo misma le propuse a su médico un medicamento para los retorcijones intestinales; según yo, eso podría estar causándole estos dolores a Diego. Fue así como comenzamos rápidamente el tratamiento con mebeverina; yo tenía este medicamento en mi casa, lo usaba cada vez que tenía esos dolorosos espasmos intestinales por mi enfermedad celíaca o mi intolerancia a algunos alimentos.

Cuando comenzamos a usar este nuevo medicamento, notamos un cambio evidente en sus dolores, porque estos se hicieron menos frecuentes. Estaba tranquila y contenta de haberle hecho caso a mi intuición, Diego parecía sentirse mejor. La mebeverina comenzó a usarse cada vez que notábamos que Diego presentaba algún tipo de dolor que se asociara con algo estomacal o intestinal, pero de a poco este medicamento comenzó a volverse resistente y muy pronto ya no hacía el efecto de un principio.

Por otra parte, la salud de Diego comenzaba a deteriorarse cada día más, sin presentar mejorías en sus náuseas, vómitos y constipaciones, y la hinchazón de su abdomen se hacía cada vez más prominente.

Junto con estos síntomas se sumaron otros más que nos encendieron las alarmas. Fue así como, al transcurrir unos días, comenzaron a aparecer los edemas en sus pies, sin embargo, los análisis de sus riñones salían siempre óptimos. Estos funcionaban con normalidad, según los exámenes, por lo que se descartó una retención de líquido causada por los riñones. El volumen de la orina continuaba prácticamente normal y nada nos hacía sospechar algo patológico, aunque evidentemente estaba reteniendo líquido, pero sin explicación aparente. Luego de esto se sumó el edema en su rostro; a veces, de la nada sus labios o sus párpados quedaban completamente hinchados, lo que lo hacía verse muchas veces un poco desfigurado, como si lo hubiese picado una abeja. Con el tiempo estos edemas se mantuvieron casi a diario, pero lo que más me llamaba la atención era que las veces en que Diego sufría más dolor, su rostro se hinchaba aún más. La doctora de Diego tampoco lograba relacionar estos síntomas con ninguna otra cosa, por lo que siempre fue una incógnita y algo por lo cual nunca más se indagó.

Más adelante, por mi parte pude deducir, sin ser médico, pero sin duda gracias a mi extensa experiencia con Diego, que a raíz del dolor su cuerpo reaccionaba de esta forma, como una manera de defenderse y una forma de compensación de su cuerpo ante el dolor intenso; a mi parecer, una reacción de su sistema somatosensorial. Ya sabíamos que su sistema nervioso estaba muy dañado y estas respuestas podrían ser parte de esa falla.

“No quiero, estoy cansado”

“Los adultos nunca entienden nada por sí solos, y es cansador para los niños tener que estar una y otra vez explicándole las cosas”

Ya había transcurrido un mes desde que Diego se había puesto el segundo catéter central, y un día comenzamos a notar que desde el sitio de inserción del catéter salía un líquido amarillento sospechoso, igual que la vez anterior, pero esta vez la piel estaba muy fea, enrojecida, inflamada y afiebrada. No se dudó más y tuvimos que sacar ese catéter en la casa con ayuda de las enfermeras. Esto inmediatamente se traducía en volver a poner una vía venosa en alguna parte de su cuerpo para poder mantenerlo hidratado hasta que pudiésemos conseguir un pabellón en la clínica y volver a ponerle otro catéter.

A los tres días, su médico ya le tenía programado un pabellón. Me sentía tranquila, por una parte, ya que no me gustaba que lo estuviesen pinchando a cada rato; además, sus vías duraban cada vez menos. A esas alturas, las flebitis en su piel eran algo recurrente en sus vías venosas. Si bien sentía algo de tranquilidad por cambiarle ese catéter, otra parte de mí siempre temía que algo fallara o surgiera un imponderable, casi como de costumbre.

El día de la hospitalización llegó, y como siempre nos vinieron a buscar a la casa el kinesiólogo, el enfermero y la ambulancia. Una hora antes de salir de la casa, se le tomaron los signos vitales a "Dieguito", como lo hacíamos habitualmente antes de salir a cualquier parte, era parte del protocolo. En ese momento su temperatura, su corazón y oxigenación se encontraban dentro de lo normal.

Cuando entraron a la pieza el kinesiólogo, el enfermero y el chofer de la ambulancia que venían entrando con la camilla, miré a "Dieguito" y noté que comenzó a poner los ojos blancos. Me acerqué a él y en cosa de segundos comenzó a tener la convulsión más fuerte de toda su vida. Fue una imagen terrorífica que tenía ante mí. Durante nueve años había visto a mi hijo convulsionar, sin embargo, esto ¡me dejó atónita! Diego estaba rígido, todo su cuerpo se sacudía fuertemente, su cuello comenzó a girarse hacia atrás mientras salía espuma blanca por su boca, sus ojos continuaban blancos, su mandíbula, todo estaba completamente rígido y descontrolado. Comencé a abrazarlo y a llorar desesperadamente, mientras las alarmas del monitor comenzaron a sonar. Con mis gritos llegaron rápidamente a la pieza mis dos hijas y Rodrigo, quienes se encontraban en otra parte de la casa. Le pedí al equipo de profesionales que se encontraban en la pieza con nosotros, que por favor salieran y nos dejaran solos a los cinco, pues quería contener a nuestro hijo y hermano en la intimidad de la familia.

Cerré la puerta, los cuatro rodeamos la cama de "Dieguito" y cada uno puso su mano sobre él, acariciándolo suavemente. Pude ver el dolor en los rostros de mis hijas y de Rodrigo, no podían creer lo que veían. Les dije entre lágrimas: "Este es el momento de soltarlo, está sufriendo mucho, debemos ser fuertes y dejarlo partir". Fue entonces que, entre las lágrimas de cada uno, dedicamos unas palabras a Diego, lo sentí tan profundo, tan del alma y yo sé que "Dieguito" también lo sintió así. Todos llorábamos mientras cada uno le decía cuánto lo amaba, le agradecía dulcemente y lo dejaba partir. Le dijimos: "Eres un alma libre, puedes hacer con tu alma lo que quieras, siempre has sido libre con tu vida. Si este es el momento en que decides partir, lo vamos a respetar, pero tranquilo, que nosotros estaremos bien. Hazlo con la libertad y la paz que hoy te da tu familia, y si hoy no es el momento, entonces seguiremos apoyándote y acompañándote como siempre lo hemos hecho".

Mientras terminábamos estas palabras, Diego comenzó a tranquilizarse y a volver en sí; nos miró, nos sintió, lo besamos y le dijimos que todo estaría bien. Diego estaba cursando un *pick* febril, su corazón parecía salirse del pecho y su oxigenación estaba baja, con un semblante completamente enfermo, muy ajeno de lo que habíamos visto hace unas horas atrás. Hice pasar al personal que estaba afuera de la pieza, esperando novedades. Los miré paralizada, en *shock*, y les dije que Diego ese día no iba a ir a ninguna parte. "Hoy no hay hospitalización, el catéter tendrá que esperar". El kinesiólogo y el enfermero no cabían de la sorpresa, jamás imaginaron que suspendería un traslado a un procedimiento tan importante.

Me hicieron escribir y firmar declarando que esta decisión quedaba bajo mi responsabilidad; obviamente no tuve problemas en hacerlo y estaba muy consciente del conflicto en que me metería. Mientras firmaba el papel, me llamó la doctora de Diego, manifestando su molestia por mi decisión, haciéndome ver las consecuencias que Diego podría tener al no ponerse un nuevo catéter, etc. Yo estaba completamente consciente de las consecuencias, pero lo que nadie sabía, era el potente significado que nosotros como familia le dábamos a lo que acabábamos de vivir con Diego. Para nosotros fue una clara señal y nuevamente una sólida manifestación de protesta de Diego ante este traslado a la clínica. Eso era lo que todos nosotros sentíamos y pensábamos, y no estábamos dispuestos a trasladarlo a ningún pabellón después de haber vivido algo tan fuerte y con Diego evidentemente enfermo. Nos decidimos a escuchar a nuestro pequeño manifestante, que estaba pidiendo a gritos que le diéramos más tiempo, y eso yo no lo iba a transar con nadie, ni siquiera con un médico. Esto obviamente me costó una fuerte discusión con su doctora, que claramente en ese momento no pudo entender mis razones.

A Diego se le realizaron exámenes y efectivamente estaba con una infección bacteriana en sus vías respiratorias, pero siempre me pregunté: "¿Por qué ese día, ese minuto y de esa forma tan repentina?" Y siempre llego a la misma conclusión: Diego no quería hospitalización ese día, así de simple y claro fue. Esta decisión tenía sus costos, que sería volver a la vía venosa que tanto nos hacía sufrir, y en la cual también tuvimos que planificar nuestra segunda reunión clínica en mi casa. Después de nuestro desencuentro entre la doctora y yo, era necesario dejar los puntos claros sobre la salud y el futuro de "Dieguito". A dicha reunión asistieron la doctora tratante de Diego, el jefe de los kinesiólogos y nuestra enfermera de cabecera, quien desde hace dos años sabía muy bien la conexión que yo tenía con mi hijo y tenía conocimiento también sobre mis intuiciones desde 2019.

En esa reunión tuve que dar explicaciones sobre mi decisión de no hospitalizarlo aquel día, les dije que estaba consciente de la necesidad de un nuevo catéter para mi hijo, que sabía que era vital para él. Sin embargo, esta vez solo estaba dándole el tiempo que mi hijo me pedía para volver al pabellón. Quería además que se recuperara bien y prepararlo emocionalmente esta vez para enfrentarse de mejor forma ante su nuevo catéter y así evitar alguna nueva sorpresa.

En esa reunión también definimos cómo seguiríamos en relación con el manejo de los dolores, por lo que yo propuse la posibilidad de asesorarnos con algún equipo de manejo paliativo para el dolor. Mientras hablábamos, le hice saber al equipo sobre lo que yo estaba percibiendo sobre el futuro de mi hijo y cómo yo veía el desarrollo de los eventos en su salud hasta ese momento. Les manifesté que, dentro de mi intuición como madre, sabía que a mi hijo no le quedaba mucho tiempo, no solo porque era evidente su deterioro, sino porque él me lo había hecho saber con el pasar del tiempo. Sabía que sería difícil que un equipo médico me creyera sobre lo que les estaba diciendo. Tenía que arriesgarme a contarlo, me creyeran o no, me creyeran loca o paranoica, me daba lo mismo, pero sentía la necesidad de contarles lo que como madre tan fuertemente presentía hace tiempo. Quedé muy sorprendida cuando la doctora me dijo: "¡Las cosas se pueden revertir, pueden cambiar, la esperanza es lo último que se pierde, señora Natalia!". Ahí comprendí que médicamente me encontraba sola. La doctora de cabecera estaba completamente enceguecida, incapaz de ver más allá de sus narices y de lo evidente. Ella no necesitaba tener mi intuición o percibir que algo no andaba bien con mi hijo, era más fácil para ella: solo tenía que analizar cómo se venían dando las cosas a lo largo de esos cortos tres meses como para darse cuenta de todo. Ella estaba dispuesta a hacer trabajar a mi hijo a como dé lugar con tal de recuperarlo y de traer de vuelta al "Dieguito" que conoció hace un año atrás.

Lamentablemente la situación de mi hijo no pintaba con los colores que a ella o a mí nos hubiese gustado para Diego. Sabía que este sinnúmero de acontecimientos en desgracia no se trataban de una mera casualidad, sino más bien de un llamado de mi hijo a prepararse. Por cada pesadilla a la que nos enfrentábamos podía escuchar dentro de mi corazón claramente la voz de mi hijo diciendo: "Lo siento, mami, pero ya estoy cansado".

Me sentí impotente, sola y frustrada al verme incomprendida por la persona que más me interesaba en ese minuto que me escuchara y me creyera. Su médico era incapaz de ver a ese niño enfrente suyo, con un cuerpo completamente débil, distinto, enfermo, con un deterioro físico evidente, con un cuerpo obstinado en quedarse atrás y sin el vigor de antes. Sin embargo, hasta el último minuto Diego continuó desafiando la ley de la literatura médica y sus experiencias, transformándolas en únicas y casi imposibles de creer. Ese era mi hijo por esos meses, un ser que continuaba siendo tremendamente valiente, fuerte, aguerrido por dentro, pero completamente abatido por fuera.

Esa tarde en mi casa, cuando vi aquella actitud obstinada de su médico en luchar contra la corriente, ese "¡vamos, que se puede!", pensaba que esa era la actitud y el positivismo que busqué y necesité por años cuando nadie daba un peso por mi hijo. Pero ahora, en aquel momento en particular, necesitaba apoyo con lo real, con lo que evidentemente estaba pasando, con lo concreto en su salud. Alguien que se parara firme en la tierra conmigo y que lo entendiera a él más que a mí, que pensara en él antes que en los sueños o complejos de médico o del resto de las personas. Continuaba pensando: "¿Por qué no me crucé hace siete, cinco, cuatro años atrás con esta doctora? Hubiese peleado codo a codo junto a mí para darle una, otra y otra oportunidad a mi hijo en ese entonces. ¡Cuánta falta me hizo alguien así con nosotros!"

Por ese entonces nuestro paradigma sobre las maniobras de resucitación habían cambiado considerablemente. Por tal razón, era imprescindible dejar en claro nuestros deseos para Diego como sus padres, velando en ese entonces por su tranquilidad, su salud y por el menor sufrimiento que fuese posible. Por tanto, nuestro protocolo consistió en que ante un eventual paro cardiorrespiratorio, como resultado de algún cuadro infeccioso, a Diego no se le haría ninguna maniobra de resucitación, porque considerábamos que su cuerpo estaba lo suficientemente deteriorado y débil como para sobrevivir de forma óptima a una maniobra tan violenta como es una resucitación cardiorrespiratoria (RCP). Sin embargo, le hicimos ver al equipo médico que, si se presentara este mismo paro, pero por causas de falla humana o de soportes vitales, entonces se harían todas las maniobras de rescate necesarias. Esta diferencia en cuanto a nuestros deseos tenía que ver, más que nada, con que considerábamos injusto que la muerte de nuestro hijo se relacionara a un evento negligente.

Haré un paréntesis. Por ese entonces, mis conceptos y pensamientos sobre la muerte, como también los relacionados a la forma de trascender, eran distintos a los que hoy en día tengo. Diego me ha enseñado una infinidad de aprendizajes, tanto en su paso por la tierra como después de su trascendencia. Probablemente hoy no consideraría ninguna forma "injusta" de morir, no lo sé, mi mente se ha expandido a niveles inimaginados desde su muerte.

El Cuento

"Si vienes todas las tardes a las cuatro, desde las tres comenzaré a sentirme feliz. Pero si vienes a cualquier hora, nunca sabré a qué hora preparar mi corazón para recibirte"

Los días pasaban y pasan, y "Dieguito" estuvo cerca de veinte días recibiendo prácticamente solo hidratación con sueros, porque la leche que recibía a través de su yeyuno era casi nula. Los lugares donde se puncionaba para poner la vía venosa para la hidratación duraban cada día menos, la zona se inflamaba, causándole mucho dolor. Recuerdo un día, en que ya llevábamos cuatro intentos por instalar una vía venosa (cuatro pinchazos en un día), y solo con el cuarto intento después de mucho esfuerzo, se logró entrar en la vena. Sus venas estaban completamente colapsadas, débiles, se quebraban con facilidad, ya no tenía más accesos venosos, ya no teníamos cómo mantenerlo hidratado, y sabíamos que esta vía recién instalada iba a durar como máximo tres días. Habíamos llegado al límite. Llamé a su doctora y le dije que ya estábamos listos para el catéter, era el momento; afortunadamente conseguimos pabellón para el día siguiente.

Para esta hospitalización quise preparar mental y emocionalmente a mi "Dieguito", y para esto planifiqué con un día de anticipación lo que, según yo, podría ser la mejor forma para llegar a su cabecita. Tenía que hacer que comprendiera la importancia de hacer este procedimiento tan vital para él. Me dije: "A Diego le gusta leer, le gustan los cuentos", y fue así cómo se me ocurrió escribirle un cuento, algo especial para él, con personajes de su gusto y ambientado en un lugar de su agrado. Todo para llamar su atención y despertar su interés; lo necesitaba comprendiendo cada mensaje.

Cuento para Diego: "Un refugio seguro"

En una casa linda, llena de flores y arbustos, vivía una niña llamada Daniela. Tenía diez años y era una amante de la naturaleza y de los animales. Daniela era una niña soñadora, alegre y le encantaba jugar con su perrita Monty y su gato Gilbert.

Un buen día, Daniela recibió una misión muy especial. Su amiga "Mane" se iría de vacaciones y no tenía quién cuidara de su pequeño pollito Kevin, así que le confió el cuidado de su pequeña mascota a su amiga Daniela, ya que sabía que estaría en muy buenas manos.

Daniela, muy emocionada y honrada por esa confianza, dispuso de todos sus esfuerzos por cuidar y proteger al pequeño Kevin, sobre todo de las garras de su perrita y su gato, que inquietos miraban al pollito como su próximo almuerzo.

Para que el pequeño Kevin estuviese protegido y seguro, con mucho ingenio y cariño, Daniela le confeccionó una casita hecha con una caja de zapatos. Transformó esa caja de cartón en una linda y acogedora casa para Kevin. Pintó su interior de colores pasteles, le dibujó flores, recortó imágenes de la naturaleza y de animalitos, y se las pegó en su interior para que el pequeño pollito se sintiera en un lugar cálido y acogedor.

Cada noche, Daniela disponía a su nuevo amigo en la casita de cartón, para que se mantuviera protegido y seguro. Pero al poco tiempo de permanecer allí, el pollito comenzó a piar muy fuerte y a picotear la casita, y dio vuelta el pocillo de comida en su lucha por querer salir. Después de todo ese alboroto, a Daniela le dio mucha pena el sufrimiento de su amigo, así que decidió que cada noche cuidaría a Kevin junto a ella en su cama. Y así fue como todas las noches Daniela se acomodaba en su cama de tal manera de dejar un espacio suficiente a su lado para que Kevin durmiera seguro.

Pero a Kevin le gustaba acurrucarse cerca del cuello de Daniela, ahí se sentía calentito. Muchas veces, tarde por las noches, Daniela se despertaba con Kevin durmiendo en su cuello y ella lo miraba y se volvía a dormir. Ambos durmieron muy cómodos y calentitos durante varias noches.

Hasta que una noche, Daniela despertó con el piar fuerte y algo extraño del pollito. Cuando se dio cuenta, se percató de que Kevin se había metido debajo de su brazo y, sin querer, lo había aplastado, dejándole una de sus alitas muy adolorida. Daniela enseguida lo sacó de allí y le dio mucho cariño, pero Kevin estaba aún muy adolorido; su alita había quedado resentida, producto de la presión. Kevin comprendió entonces que, pese a que su lugar favorito por las noches era cerca de Daniela, lo más seguro, sin duda, era la casita que le había confeccionado especialmente para él. Lamentablemente aquella hermosa casita fabricada con tanto cariño no era el lugar favorito de Kevin, pero el pollito comprendió que fue hecha para protegerlo y mantenerlo a salvo.

Desde ese entonces, cada noche Daniela se aseguraba de que Kevin estuviese dentro de su casita de cartón. Kevin, por su parte, nunca más volvió a armar alboroto para poder salir de allí, ya que conoció los riesgos y supo que intentar hacer algunas veces lo que más le gusta, le podría causar más daño que alegría. Ahora confiaba en lo que Daniela hacía por él, sabía que esa casita de cartón le daría la protección y la seguridad que él necesitaba.

Pese a dormir en su casita cada noche, Kevin igual se sentía muy feliz, porque Daniela le daba mucho amor y todos los cuidados que él necesitaba. Kevin fue el nuevo mejor amigo de Daniela, y cuando este pollito regalón volvió con su dueña "Mane", Daniela lo iba a visitar cada vez que podía, y la casita de cartón estaría siempre dispuesta para recibir a su nuevo amigo Kevin.

Fin

Mientras le leía su cuento —¡porque ese sí que fue su cuento!—, dedicado e inspirado para él, "Dieguito" me miraba con tanta atención que me enternecía su dulzura. Me dio una suerte de pena sentir que lo estaba forzando a entender, intentando convencerlo prácticamente; su mirada era de resignación. Luego de esto, continué explicándole con mis propias palabras, de manera amorosa, mientras lo acariciaba, diciéndole que comprendía su rechazo, comprendía su negación, pero que sin un nuevo catéter y sin más venas por donde poder hidratarlo, moriría deshidratado y sufriría muchísimo. Le recordé el episodio recién pasado en que estuvo con una deshidratación aguda y casi lo perdemos, en que sufrió y se desvanecía constantemente. Necesitaba que recordara aquellos momentos fuertes recientes para que se diera cuenta de lo vital que era tener este nuevo catéter. Esperaba que estos recuerdos pudiesen concientizarlo para que viera este procedimiento como un rescate a su vida, y que no se molestara por las decisiones que yo estaba tomando por él.

El tiempo es relativo, es oro e incierto

"El agua también puede ser buena
para el corazón"

Después de la desagradable experiencia que tuvimos la primera vez con la nutrición parenteral, quisimos cambiar de nutrióloga y tomar todos los resguardos posibles, y asegurarnos de que esta vez la infusión de los nutrientes fuera proporcionada de forma lenta y aumentada paulatinamente (como siempre debió haber sido). El día de la hospitalización nos dispusimos junto a Rodrigo para conversar con quien sería la "nueva" nutrióloga a cargo de "Dieguito", quien, por cierto, tan nueva no era, ya que hace cuatro años atrás fue la nutrióloga tratante de "Dieguito", pero por cambio de clínica la tuvimos que dejar. Así que dentro de todo me sentía aliviada de ver una cara conocida y alguien a quien yo consideraba un médico con empatía y competencia profesional.

La doctora cuando vio a Diego lo encontró evidentemente muchísimo mejor de peso, y claro, "Dieguito" hace cuatro años atrás estaba con una desnutrición aguda, con sus huesitos sobresalientes, en un estado físico general como la de un caquéxico, con una baja grave de peso y una pérdida muscular importante. Pero pese a que la doctora lo encontró a simple vista más "gordito", ella evidenció en ese breve momento su evidente deterioro neurológico y su enorme cansancio. La vi muy preocupada por los resultados de los últimos exámenes (sangre e imágenes), como también vi en su mirada mucha tristeza cuando observaba a mi hijo. Tuvimos una larga conversación junto a ella, para discutir sobre el catéter central, despejando dudas nuevamente sobre en que lo podría favorecer este acceso y también para evaluar su estado en general y cómo aquello que le estaba ocurriendo últimamente nos advertía sobre un duro y desalentador pronóstico.

La doctora fue sincera con nosotros, nos advirtió que entregándole nutrición parenteral estaríamos extendiéndole la vida a nuestro hijo, pero que llegaría un momento en que sería inútil seguir insistiendo en este tratamiento, puesto que su deterioro seguiría avanzando sin control, como justamente estaba pasando hace ya un tiempo. Fue muy fuerte escuchar las palabras de la doctora, pero a su vez sentí algo de alivio al ver su honestidad y la credibilidad que le daba también a mi presentimiento de madre. Sus palabras no fueron inesperadas para nosotros, conocíamos las posibilidades y el camino irremediable que le esperaba a nuestro hijo. Pero este catéter era un paso que indiscutiblemente teníamos que dar, era la única alternativa para evitarle más sufrimiento y así poder nutrirlo e hidratarlo de forma eficiente. Creo que Rodrigo estaba sintiendo lo mismo que yo. Algo dentro de mí sabía que era una *chance* que le dábamos para su confort, para lo que se venía ahora y más adelante, y así no seguir forzando a su cuerpo.

Cada vez que se hablaba sobre tiempos, como al decir: "llegará un momento en que..." o "para lo que venga más adelante…", me preguntaba una y otra vez lo mismo: "¿Y qué se viene para más adelante? ¿Cuándo llegará un momento? ¿Qué significa mucho tiempo? ¿Qué significa corto, mediano o largo plazo? ¿Seis meses es corto plazo o dos meses? ¿Largo plazo es un año, diez o veinticuatro meses?" El tiempo para mí se transformó en un enigma que se entremezclaba con la ansiedad y la angustia permanente, pero sabía en mi corazón que estos tiempos solo los manejaría Diego y Dios, las dos "D" más poderosas y sabias, confabuladas para actuar conforme a lo pactado, principales actores y precursores de los más grandes aprendizajes que estaba teniendo hasta ese entonces.

Nos dirigíamos al pabellón, como siempre yo a su lado sin quitarle los ojos de encima y hablándole constantemente, haciéndole sentir siempre que estaba con él. Íbamos con alrededor de seis personas junto a su cama, pero justo cuando estábamos por entrar al pabellón, noté que Diego estaba con los labios morados y su nariz se agitaba fuertemente. Nadie de los que estaban allí había notado lo que yo estaba viendo. "Dieguito" se estaba ahogando en secreciones, di aviso inmediatamente y comenzó a desaturar peligrosamente. Vi la cara de pánico de mi hijo, ese rostro que aparecía cada vez que se ahogaba, me remeció el corazón. Siempre me ponía en su lugar cuando esto pasaba y podía notar el estado de desesperación de Diego cada vez que se ahogaba.

Tengo que decir que en ese momento me hice cargo completamente de la situación, dirigiendo a los médicos, enfermeras y kinesióloga que estaban conmigo. Comencé yo misma a masajearle el pecho para que expulsara el tapón mucoso, pero no tuve éxito y había que actuar rápido. Pedí que lo ambucearan con el resucitador manual que teníamos junto a él en la camilla y así ayudarlo con la ventilación; a veces de esta forma el tapón de mocos se suelta, facilitando la entrada de aire, pero tampoco ayudó la maniobra. Pedí a gritos una bomba de aspiración para aspirarlo, pero increíblemente no había ninguna dentro del pabellón. Comencé a desesperarme al ver que Diego no repuntaba y empezaba a desvanecer, con un rostro completamente azulado. La anestesista consiguió acercar una bomba de aspiración portátil que se encontraba en el otro extremo del pabellón. La kinesióloga, junto con la enfermera y la anestesista, se encargaron de ventilarlo mientras extraían el tapón de mocos que lo estaba ahogando. Al fin pude ver a mi hijo volviendo a sus colores y con su mirada puesta en mí, mi alma una vez más volvía estar en su lugar. Me despedí de él con toda la angustia que ya estaba instalada en mi cuerpo.

No hay nada más impotente que dejar a un hijo en un pabellón, en manos de extraños, donde nadie lo conoce mejor que uno, donde no sabes qué pasará allí adentro, si saldrá vivo o no. No me fui del pabellón hasta asegurarme de que estuviese dormido con la anestesia, como solía hacerlo siempre.

Para este nuevo catéter decidí investigar y consultar a diferentes personas del área de la salud, sobre qué tipo de catéter era el más práctico, el más amigable con la piel, el más versátil y menos molesto. Luego de mucho indagar, me decidí a pedirle a la doctora de "Dieguito" y al cirujano, que instalaran esta vez el catéter tipo implante que va por debajo de la piel, ubicado entre el pecho y su clavícula, el llamado catéter reservorio o *port-a-Cath*. Me alegra mucho haber hecho este tipo de indagatoria sobre el catéter, algo que nadie me pidió y que hice con todo mi amor, con el afán de simplificarle la vida y evitarle el sufrimiento a mi hijo. Felizmente los resultados con este nuevo catéter central en general fueron maravillosos y de esta forma nos estábamos evitando pabellones e infecciones recurrentes.

Una vez que Diego llegó a la habitación, comenzó a despertar lentamente de la anestesia, mientras yo lo iba saludando y contándole que estaba todo bien, que había sido una vez más un niño muy fuerte y valiente, y que ya tenía nuevamente un catéter que esta vez estaba instalado en su pecho.

Diego no me dirigió la mirada, estaba serio, con su mirada esquiva, evitando cruzarse con la mía; inmediatamente comprendí que estaba enojado conmigo. Ya conocía esta reacción en mi hijo, durante toda su vida, solo en dos oportunidades se enojó conmigo. La primera vez —y la que recuerdo muy claramente— fue cuando salí por un fin de semana con Rodrigo a descansar en el verano de 2013. Apenas me fui hizo una fiebre a modo de protesta. ¿Fiebre? ¡Entonces estaba enfermo! dirán ustedes, pero no. Esa reacción la tuvo al poco tiempo después de su accidente y ya lo conocía perfecto. Lo tenía tan mimado, además, que no le gustó para nada la idea de que me alejara de él por algunos días. Otra cosa, también he conocido casos de niños y niñas con patologías como la de mi hijo o similares, que, al no poder expresarse de forma verbal, reaccionan con estos cuadros febriles inocuos y pasajeros. Es tan caprichosa esta reacción, que a veces hasta a nosotras las mamás nos da risa esta conducta de niño mimado. A mí, al menos, siempre me gustó ver estas pataletas, ¡amaba que se pudiera manifestar y reclamar! Cuando regresé de aquel viaje con Rodrigo, no quería mirarme y no sonreía a mis chistes, estaba realmente enojado conmigo. Yo me reía de sus sutiles expresiones en sus ojos, que para mí eran ¡toda una hazaña! No tenía ni dos años y sabía perfectamente lo que quería, cómo manipularme y cómo manifestarse, y considerando todas las limitaciones físicas que tenía, era realmente sorprendente todo lo que era capaz de hacer.

Sí, lo tenía muy consentido, pero todo esto me hacía sentir que estaba muy conectada con él, y saber que solo yo podía detectar esas sutilezas en mi Diego, me hacía pensar en lo especial que éramos los dos juntos y en lo inmensamente conectados que estábamos el uno con el otro.

Esta vez, de regreso a la habitación de la UCI, no paré de hacerlo reír y de decirle que no estuviera enojado con la mamá, que todo fue para su bien, que era algo que ya habíamos conversado los dos, que nada fue sin meditarlo juntos previamente. No me di por vencida con mis chistes, hasta que por fin me miró y me sonrió como diciendo: "Estoy enojado, pero te ves graciosa haciéndome reír. Igual te amo, mamá". Nos reímos un buen rato y nos sacamos muchas fotos juntos con su carita sonriente y de niño mimado.

Irrumpisteis en su cuerpo

> "Conviene estar, eso sí, con la inteligencia
> y la sensibilidad en estado de alerta,
> porque aquí lo que se dice es real,
> es verdadero y verosímil"

Una vez de vuelta en la casa, "Dieguito" estaba completamente invadido; veía cómo las sondas y mangueras colgaban de su frágil cuerpo, haciendo casi imposible el poder sostenerlo en mis brazos. Fue difícil ese tiempo de invasión, ya que había que manipularlo con mucho cuidado, y muchas veces debía contenerme los deseos de alzarlo, pero siempre me las ingenié para poder acurrucarlo de alguna manera, o al menos donde él y yo sintiéramos que nos sosteníamos el uno al otro.

Mi hermoso y valiente "Dieguito" tenía una sonda que le permitía drenar su orina y así evitar una posible infección; para aquello se instaló provisoriamente una sonda Foley en su pene. Estaba, además, con un catéter que alimentaba a su corazón y aún portaba la larga sonda transyeyunal de alimentación, que por ese entonces ya casi no usábamos. Todo esto sumado a su traqueotomía con ventilación mecánica, que lo mantenía con vida. Tantas cosas, pero tan necesarias a la vez. Mis ojos siempre lo veían con tanto amor y con la esperanza puesta en un milagro; ilusionaba con que toda esa pesadilla fuese pasajera, con un optimismo fantasioso de creer que todo lo que hacíamos era para estabilizar su salud, para luego liberarlo de toda esta invasión. Siempre quise creer en esos sueños, de hecho, los fabriqué muchas veces en mi mente. La mente es poderosa, nos hace creer y concretar nuestros deseos más intencionados del mundo. La intencionalidad y la energía puesta en nuestros anhelos es algo por lo cual siempre he trabajado, pero este sueño en particular ya estaba pintado con la mano de mi hijo y la de Dios. Muy en el fondo de mí, sabía que todo se estaba transformando en la peor pesadilla de mi vida y no sabía cómo, siendo una madre que ama descomedidamente a su hijo, lograría sobrevivir.

Hablando de invasión y de abordar su cuerpo, ya hace un tiempo que estábamos ayudando a Diego para que pudiera evacuar sus deposiciones de manera más fácil y menos invasiva. A principios de 2020 comenzó a presentar dificultades para tener deposiciones. Antes, solía hacerlo todos los días de forma espontánea, pero comenzaron a disminuir sus evacuaciones hasta hacerse completamente nulas. "Dieguito" toda su vida fue apoyado con un medicamento especial para defecar, lo ayudaba a mejorar su movimiento intestinal, pero ahora no le hacía ningún efecto. Probamos distintas dosis de este medicamento, y lo único que conseguíamos eran espasmos intestinales con mucho dolor, nunca una evacuación espontánea. Así que comencé a introducirle enemas de lavado rectal en diferentes cantidades. Comencé con media dosis de adulto, pero "Dieguito" solo respondía con retorcijones dolorosos y nada de evacuación. Luego probé con la dosis completa del enema, con esto al fin tuvo deposiciones espontáneas, pero lamentablemente se deshidrataba con facilidad, por la gran cantidad de agua que perdía por cada deposición. Inmediatamente le bajaban los electrolitos y el potasio, lo que le provocaba un estado de debilidad generalizada y un motivo más por el cual estar pendientes. Entonces comencé a regular las dosis, procurando que no fuese mucho, pero de todas formas continuaba deshidratándose por cada deposición. Además, tengo que mencionar que por lo general estos enemas son bastantes molestos; a veces provocan espasmos y calambres intestinales que son muy dolorosos, por lo que no era algo que a mí ni a Diego nos gustaba hacer. Pero tenía que buscar la forma de poder ayudarlo con sus deposiciones, era una situación tan impotente y triste, que me costaba lidiar con esta lucha interna de querer ayudarlo, pero sin hacerlo sufrir.

Con el tiempo, los enemas se volvieron intolerables para Diego, así que tuvimos que suspender esa técnica. Probamos de todo lo que existe en el mercado para ayudarlo con este problema, porque finalmente esto se transformó en un problemón, una angustia tremenda con la que teníamos que lidiar todos los días y ver de qué manera lo resolvíamos.

Hasta que su médico me sugirió hacerle sondeo retal con unas sondas especiales más gruesas y suaves, con lo que podían fluir las deposiciones con facilidad. Me pareció una buena idea, había que intentarlo. Probamos varias veces, pero las deposiciones no salían, no fluían, la sonda se tapaba. Junto a mis técnicos ideamos varias cosas para ayudarlo sin generar tanto traumatismo ni sufrimiento en Diego. Mis técnicos fueron siempre mi brazo derecho, tenía la confianza absoluta en ellas cuatro. Ese año 2020 nos transformamos en el mejor equipo humano y de salud que podía atender, cuidar y servir a mi hijo amado. Ellas fueron mi familia y mi contención en los días más difíciles de mi vida. "El *team* de Dieguito", cada una con su incomparable cariño, me resguardó con su compañía sagradamente y con una fidelidad que hasta el día de hoy me emociona y agradezco eternamente.

No quise desistir de esta técnica del sondeo rectal, porque encontraba que era realmente menos invasiva que cualquier otra que habíamos probado antes. Hasta que un día la sonda pasó a llevar la mucosa del interior del recto, lo que le causó sangrado y mucho dolor. Esta era razón suficiente para descartar esta maniobra, y de manera muy frustrada volvimos a la técnica que yo tenía hace años atrás, que era haciendo tacto rectal y sacando las deposiciones con mi propia mano. Este procedimiento finalmente fue el que mejor resultado nos dio, al menos sin efectos secundarios ni riesgos asociados, pero a su vez, resultó ser el más invasivo de todos, según mi apreciación. Esta técnica igual le provocaba molestias, ya que había que posicionarlo con las piernas hacia arriba, mientras yo tenía mi dedo en su recto y la técnico le masajeaba, presionando suavemente su abdomen. Muchas veces esta maniobra también le provocaba dolor, pero lamentablemente era la única manera de vaciar eficientemente su intestino y que pudiese estar más relajado y con menos molestias después.

El momento de sacar deposiciones se transformó con el tiempo en casi una cirugía, como yo lo llamaba, porque había que preparar todo un campo de batalla en la cama, con sabanillas, mudador, vaselina, crema antihemorroidal, agua tibia, algodones, guantes, mascarillas, pecheras y ¡hasta unas antiparras!, porque a veces salían gases de forma brusca y yo quedaba con restos de deposiciones en mi pelo o en mi cara. "Dieguito" siempre nos hacía reír cuando me lanzaba una de esas bombas a la cara; a él le encantaba que le celebráramos esas cosas, nos hacía pensar que eran como bromas que nos hacía.

Describo todo esto, porque muchas personas creerán que es algo rápido y sencillo, pero realmente se transformó en un momento intenso para mis técnicos y para mí, pero por sobre todo para Diego. Este tipo de problemas de evacuación son muy frecuentes en niños con parálisis cerebral, pues su movilidad intestinal se ve reducida, lo que muchas veces se traduce en un problema al momento de defecar.

Momentos antes de preparar nuestro campo de batalla en la cama, tenía que hablar con Diego y explicarle lo que haríamos. Prepararlo a él mentalmente también fue algo que me marcó muchísimo; me duele hasta hoy recordar su carita de resignación, entregándose de una forma tan generosa, comprensible, tan humilde y amoroso. Mientras hacíamos este molesto procedimiento, con mi técnico solíamos alentarlo, diciéndole que lo estaba haciendo muy bien, que pronto terminaríamos, que se sentiría mejor al terminar. Lo que más me duele recordar, es que le pedía perdón por lo que estaba haciendo, y lo peor de todo es que le pedía que aguantara un poco más. Muchas veces su esfínter colapsaba y sangraba, tenía hemorroides por este procedimiento, le dolía, sufría. Me sentía impotente sabiendo que no había otra forma de ayudarlo con este problema; mi culpa siempre me persiguió por esto, me partía el alma verlo sufrir con cada técnica que probábamos. Lloré muchas veces en silencio por el dolor que le estaba provocando, por lo fuerte del procedimiento y por la desolación enorme de saber que lo intenté todo y que solo eso en definitiva era lo que le estaba ayudando.

Intentaba esquivarlo a como diera lugar, mis técnicos llevaban la cuenta de los días en que tocaba "sacar caquita" y me decían: "Señora Natalia, hoy toca 'sacar caquita'". Yo inmediatamente ponía cara de sufrimiento e intentaba hacerme la loca, pero sabía que no podíamos dejar pasar muchos días o si no, las consecuencias serían peores para "Dieguito".

Sobre este mismo tema de realizar procedimientos invasivos en mi pequeño, nos pasó lo mismo en el año 2019, cuando "Dieguito" pasó de ser un niño con orinas espontáneas muy abundantes, cosa que lo caracterizó durante toda su vida —cada tarde cuando pasaba horas conmigo en brazos, yo terminaba toda empapada de orina. ¡Qué feliz me hacía esa vejiga, cómo nos reíamos con Diego por esta gracia suya!—, al tener vejiga neurogénica. Su cuerpo ya no comandaba la salida espontánea de la orina, de modo que tuvimos que recurrir a los sondeos vesicales de manera paulatina, incrementándose la frecuencia rápidamente en el tiempo. Comenzamos con sondeos vesicales esporádicos, luego sondeos cada ocho horas, luego cada seis, cada cuatro y luego cada tres horas, que es la frecuencia mínima en que está permitido realizarse.

Como vemos, en sus últimos dos años de vida todo dejó de ser espontáneo en mi hijo, su respiración, su digestión, sus deposiciones y su diuresis. Cuál de todas ellas me dolía más, con cuál de todas ellas lo vi sufrir más. Todo lo encontraba tremendamente injusto. Con cada una de ellas aprendí a valorar lo que en mí funcionaba sin problemas. Con cada golpe que le daba la vida, mi hijo le ofrecía su otra mejilla. Sentía una profunda admiración por mi hijo, que tan fuerte se anteponía a las dificultades. Pese a que siempre me demostró tener una alta tolerancia al dolor, no dejaba nunca de sorprenderme, de admirar su fortaleza, de enorgullecerme de su valentía y de su resiliencia insuperable, que se acrecentaba con cada experiencia que tenía. Ese era mi hijo Diego, insuperablemente compasivo y amoroso consigo mismo y a la vez comprensivo y compasivo con su mami.

Siempre, en cada una de estas espontaneidades vitales y preciadas que se fueron apagando en "Dieguito", pensaba que podrían ser pasajeras, que en algún momento podría volver a su normalidad, pero lamentablemente ninguna de esas cosas volvió a responder en el cuerpo de mi hijo.

Fracturados y esparcidos en mil pedazos

> "Sentado en una duna de arena,
> no se ve ni se oye nada, sin embargo,
> a través de ese silencio algo palpita y brilla"

Mientras en ese año 2020 se sumaban más y más problemas en la salud de mi hijo, nuestra familia comenzaba a vivir una explosión emocional y un caos que jamás habíamos vivido hasta entonces. Hay que tener presente que ese mismo año comenzó la pandemia, año que fue muy difícil para todos; existía el estrés, la ansiedad y la angustia en cada hogar.

A mediados de ese año, a mis hijas les diagnosticaron síndrome de Gilles de la Tourette. Cada una comenzó con síntomas, con dos meses de diferencia; era tristemente increíble cómo el estrés y la ansiedad en ellas se había confabulado para gatillar de la misma forma y casi al mismo tiempo. Tuve que hacerme cargo de sus tratamientos médicos, controles, medicamentos, observar sus crisis, etc. No fue nada fácil, porque todo esto se agregaba a la inmensa preocupación y demanda que tenía con Diego. Tuve que necesariamente dividir muchas veces mi tiempo para hacer los espacios necesarios para ocuparme de la salud de mis hijas.

Siempre, durante toda nuestra vida como familia, siempre estuvimos unidos, juntos, apoyándonos y afiatándonos con todo el amor que nos teníamos. Salimos juntos adelante como familia una, otra y otra vez, superamos cada tormenta que cruzábamos, siempre juntos y de la mano. Fuimos inspiración para muchos, porque pese al camino empinado donde transitábamos, siempre primaba el amor y la sonrisa en cada uno de nosotros, siempre podíamos, siempre veíamos el vaso medio lleno, siempre nos sentimos afortunados, pese a todo. Esta vez, nada de eso se sentía, había una atmósfera distinta, algo completamente desconocido para nosotros, algo no andaba bien. Entre más difícil estaba la situación de "Dieguito", más discusiones y tensiones había en nuestro hogar; la relación estaba tirante entre los cuatro. Intentamos muchas veces solucionar nuestras diferencias y conversar sobre lo que sentíamos, así siempre solíamos hacerlo; la comunicación siempre era un pilar fuerte entre nosotros. Pero esta vez parecíamos no entendernos, no llegábamos a acuerdos ni tampoco lográbamos escucharnos. Muchas veces me quedaba mirándonos, en silencio; rompía en llanto al ver en lo que nos habíamos transformado. ¿En qué minuto todo cambió? ¿Por qué justo ahora, cuando Diego y yo necesitábamos a nuestra familia más unida que nunca?

Nuestras emociones y pensamientos estaban tan revueltos con todo lo que estábamos viviendo, que no daba cabida a escucharnos, no había espacio para entendernos. Si bien la pandemia fue algo que definitivamente nos cambió la vida, fue algo que sin duda afectó nuestras emociones y nuestra mente. Pero la situación de "Dieguito" era algo que sobrepasaba todos los límites de lo que el corazón de una familia pudiese soportar. Esto era millones de veces más potente que la misma pandemia, al menos para nosotros así lo fue. Esta situación realmente nos estaba destrozando cada día. Cada uno dentro de sí gritaba de dolor, de miedo, todos aterrados por lo que vivíamos junto a nuestro pequeño de la casa.

A mis hijas les pasó factura no solo la situación que estaban viviendo con su hermano por esos días, sino también el cúmulo de situaciones que tuvieron que vivir, aguantar y reprimirse durante años, porque no fue fácil ser las "hermanas de Diego". Algo que como padres sabíamos que existía, lo conversamos tantas veces entre los cuatro, pero como mis hijas son dueñas del corazón más noble y generoso, jamás se quejaron, jamás me lo cobraron. Al contrario, siempre comprensivas, siempre atentas, siempre voluntariosas y amorosas conmigo y con Diego.

Todo lo que se vivía en esta casa era tremendamente enloquecedor, era de un dolor que sobrepasaba nuestros límites. La salud de mis hijas estaba afectada, la salud de "Dieguito" estaba cada día peor, tenía conflictos muchas veces con su médico, tenía que llevar cada cierto tiempo a Diego al doctor, sin mencionar las veces en que tenía que hospitalizarlo y todas esas veces en que sufría una situación de vida o muerte junto a él. Otras veces tenía discusiones con técnicos externas que venían a apoyar, otras veces, problemas con el *homecare*, que no respondía con algún medicamento de urgencia, con algún insumo, etc.

Mi relación con Rodrigo estaba cada vez más fracturada, pero principalmente comenzó a reflejarse cuando Diego comenzó con cuidados paliativos. Discrepábamos constantemente sobre la toma de decisiones que hacía el equipo médico de Diego en relación con los medicamentos, procedimientos e intervenciones. Fue súper difícil llegar a un consenso entre ambos y el equipo médico, sobre todo cuando había que determinar cómo se procedería con el tratamiento para el dolor.

Me di cuenta de que por primera vez en la vida estábamos remando en diferentes direcciones. Había algo que yo desesperadamente quería hacer, pese a lo extremadamente doloroso que podría llegar a ser para mí, y es que deseaba con todas mis fuerzas ayudar a mi hijo en su dolor, quería proporcionarle todas las herramientas necesarias para que pudiera descansar, para detener de una vez ese sufrimiento que lo estaba torturando día tras día. Pero por otro lado tenía a Rodrigo, quien insistía en buscar algún camino menos radical para Diego y no llegar a lo que cuidados paliativos y todo el equipo médico nos estaba ofreciendo. Sentía muy dentro de mí que Rodrigo no quería aceptar la realidad dura y desoladora que estábamos viviendo con nuestro hijo, a pesar de que me decía que estaba completamente consciente de ello, pero otra cosa muy distinta era lo que su corazón sentía.

Rodrigo intentó innumerables veces nadar contra la corriente, proponiéndole al equipo médico alternativas completamente desproporcionadas a la realidad de Diego. Por cada reunión clínica que teníamos con el equipo médico, se producía una discrepancia entre Rodrigo y ellos, lo que posteriormente se traducía en una inevitable discusión conmigo. Se mostraba decepcionado y con ira sobre mis argumentos y mis intenciones con “Dieguito”, que a su vez eran las propuestas del equipo médico que yo apoyaba fervientemente. Nada, absolutamente nada de lo que el equipo médico de Diego proponía era al azar. Fueron meses de evaluación de alternativas, de discusiones sobre tratamientos y decisiones complejas y arduamente meditadas. Por lo tanto, al menos yo en esos momentos me encontraba confiada y segura de los pasos a seguir.

Cada pensamiento o planeamiento que rondaba en mi cabeza, se lo transmitía a Rodrigo, a modo de que pudiese comprender a nuestro hijo, no a mí; no era yo ni mi conveniencia, ni lo que pudiese favorecerme o hacerme sentir mejor como mamá de Diego. Era lo que nuestro hijo necesitaba de nosotros, lo que buscaba yo de un equipo médico para mi hijo, de lo que imperiosamente quería entregarle a *nuestro* hijo. Eso al menos era lo que sentía e intentaba transmitir; no tenía nada personal con él como pareja, a pesar de que sentía cada día su distanciamiento y su frialdad conmigo. No obstante, en ese entonces me dolían nuestras diferencias, podía sentir ese espacio frío y enorme que se instaló entre los dos. En mí solo existía un propósito único por el cual luchar y preocuparme de verdad; el dolor físico y bienestar emocional de “Dieguito” era mi único foco.

Anhelaba con tanta fuerza la paz en mi hogar. Ni siquiera pedía la reconciliación con mi marido como matrimonio, solo rogaba para que nos entendiéramos, para que nos encontráramos como padres de Diego, porque sabía que eso era algo completamente posible sin tener un amor de pareja.

Muchas veces le pedí a Rodrigo que dejara a un lado su rabia conmigo, que intentara sobreponer el amor por su hijo ante este sentimiento que tenía. Quise tantas veces que entendiera que lo principal era que Diego nos necesitaba a todos juntos en armonía, con él. Deseaba que Diego no escuchara más peleas ni gritos, ni que sintiera mis lágrimas, que muchas veces intentaba esconder. A esa altura no solo lloraba por mi hijo, sino también sufría muchas veces en silencio por todo esto que no podía cumplirle, porque ni siquiera dependía de mí. Eso me llenaba de impotencia y de una enorme pena al ver que cada día se repetía esta tónica sin que su papá lograra separar sus emociones. Soñé hasta el último momento con darle esa paz que más que nunca necesitaba mi hijo. En este sentido, siento que le fallé.

Cuidados paliativos

> "Lo estrechaba en mis brazos como si fuera un niño pequeño, sin embargo, noté que caía precipitadamente hacia un abismo, sin que yo pudiera hacer nada para retenerlo"

En alguna visita que tuvimos de su doctora, le dije sobre mi necesidad de derivar a Diego de forma urgente a cuidados paliativos para el manejo del dolor. La doctora respondió que Diego solo necesitaba manejo del dolor, no así de cuidados paliativos, que la situación de Diego no lo ameritaba.

Una vez más me dejé llevar por mi intuición y comencé a averiguar sobre médicos paliativistas que pudiesen ayudarnos. Pero de todas maneras tenía que mantener a la doctora de Diego informada sobre mis planes. Un día la llamé y le dije que ya tenía todo coordinado con un médico paliativo de la clínica donde se atendía "Dieguito". Ella me sugirió que mejor lo llevara donde una médico anestesista conocida de ella, que trabajaba ahí mismo y que era de su confianza. Para no generar ningún conflicto, acepté su sugerencia y llevé a "Dieguito" donde la doctora que ella me dijo. Esta médico, para sorpresa mía, además de anestesista era miembro de la Asociación Chilena para el Estudio del Dolor y Cuidados Paliativos. Todo aquello para mí era una señal, así que, sin darle más vueltas, agendé una hora con ella.

El día de la consulta, quise llevar a Diego para que esta nueva doctora que se integraba a nuestro equipo viera con sus propios ojos el estado de salud en que se encontraba mi hijo, y así aprovechar de que lo conociera en persona y supiera bien a quién estaría tratando.

Ese día como siempre fuimos en la ambulancia, en compañía de un enfermero, un kinesiólogo y mi técnico, que siempre estaba junto a nosotros. Siempre me gustaba que mis técnicos se quedaran conmigo dentro de la consulta, para que así también ellas pudiesen escuchar lo que decía el médico. La verdad es que la presencia de otros acompañantes dentro de la consulta siempre me incomodó, ya que eso era algo que siempre hice sola; encontraba que era mucha invasión y muy poco personal. Una vez que la doctora examinó a Diego e intentó conectarse con él, me pidió sacar a mi hijo de la sala para quedarse conmigo a solas. Desde que tenía hospitalización domiciliaria, que nunca un médico me había pedido quedarme sola con él o ella, hasta ahora. Eso significaba para mí una oportunidad de poder explayarme con toda mi sensatez y mi corazón abierto, como así también lo hizo ella conmigo. La conexión entre ambas fue inmediata, su calidez, su pensamiento humano, empático y cariñoso me hizo confiar y agradecer a los ángeles por ponerla en nuestro camino.

Le conté principalmente la historia de sus dolores y de cómo relacionábamos ciertas situaciones a estos. Me planteó un esquema de analgésicos, incluyendo alguno que ya estábamos usando sin éxito. Era una lista larga y tendríamos que ir escalando a medida que el dolor se fuese tornando eventualmente más fuerte.

Nos dio como tratamiento de base parches de morfina, de liberación transdérmica, más gotas de tramadol en caso de que siguiese con dolor. Esto agregado a los tratamientos de analgesia ya existentes, como el paracetamol, ketorolaco y mebeverina.

A la doctora paliativista le expliqué la tensa situación que estaba viviendo con la médico de cabecera de "Dieguito", sobre su empecinamiento en insistir con la alimentación de leche por el yeyuno, independientemente de que tuviese dolor al recibirla, y en lo cerrada que estaba en ver el declive general que estaba teniendo mi hijo. Esta nueva médico que se integraba a nuestro equipo y que nos venía recién conociendo, me dijo que, pese a no conocer a Diego, ella no tendría por qué no creer en mi palabra y en mi testimonio, porque como madre nadie más lo conocerá mejor que yo. Escuchar esas palabras de parte de un médico es algo soñado para una madre que viene de experiencias médicas tan infortunadas como la mía junto a Diego. Realmente me sentí aliviada, agradecida y por sobre todo, al fin comprendida.

La médico paliativista me pidió hacer entrar solo al enfermero, para así poder darle las indicaciones del nuevo tratamiento para el dolor. Llamó mi atención cómo la doctora manejó la situación, haciéndole una especie de entrevista al enfermero: "¿A ti te consta que Diego tiene dolor?" "¿Cuántas veces al día tiene dolor?" "Cuando la madre refiere que tiene dolor, ¿ustedes le creen, hacen algo para ayudarlo?" ¡Yo estaba atónita!, pero fascinada por las preguntas intrigantes y muy atenta de las respuestas que el enfermero daba.

Finalmente, la doctora le pasó las indicaciones al enfermero y el esquema de cómo se manejaría el dolor, y recalcó una y otra vez que el manejo del dolor, desde ese minuto en adelante, lo trataría ella y no su médico de cabecera. Y así fue.

Nos bañan tus lágrimas y las mías

"Levanté el balde hasta sus labios
y bebió con los ojos cerrados.
Era tan dulce como un manjar especial"

Comenzamos con los parches de morfina, por la dosis más baja, y a los pocos días tuvimos que comenzar a administrarle el tramadol en gotas que tenía indicado en caso de urgencia, porque al parecer la morfina no estaba siendo suficiente. El uso de tramadol se hizo diario, ya que los dolores persistían sin mejorar y en ocasiones parecían ser más fuertes. A medida que fueron pasando los días, ya no solo era el tramadol que usábamos de rescate, sino que además usábamos todo el resto de los analgésicos que teníamos permitido.

Había días en que parecían funcionar los analgésicos, otros días no veíamos ningún resultado, y la situación se hacía impotente. Muy pronto "Dieguito" ya no solo presentaba gestos, muecas o rigidez ante el dolor, sino además comenzó a llorar. Esto para mí fue una de las cosas más impactantes que vi en ese tiempo, ya que no veía llorar a mi hijo desde hace tres años aproximadamente. Diego se caracterizaba por tener una tolerancia muy alta al dolor y siempre me llamó fuertemente la atención; mi niño siempre poniendo el hombro a los procedimientos, a los exámenes, a los pinchazos y a todo lo que viniera. Ahora las cosas claramente eran distintas y pensaba que, si hay algo que lo estaba haciendo llorar, era porque era realmente insoportable para él. Cuando tenía demasiado dolor, lloraba con tanta fuerza que hasta se le podía escuchar su llanto salir suavemente por su boca. Lamentablemente estos comenzaron a tener cada vez más protagonismo.

Un día, mientras estaba en el sillón regaloneándolo como todas las tardes, comenzó a toser, cosa que en el último tiempo había estado haciendo regularmente. De repente tosió y comenzó a llorar mucho, ese llanto en silencio, como digo yo, en que las lágrimas brotaban como llave abierta. Un llanto desconsolador, porque era un llanto impotente, reprimido, sin poder gritar ni quejarse como lo hacemos todos.

Inmediatamente pensamos que podría haber sido uno de estos misteriosos dolores que tenía, pero al intentar moverlo, lloró aún más. Fue entonces que sospeché que podría haberse quebrado una costilla, porque al tacto o al pequeño movimiento comenzaba a llorar de nuevo con más fuerza. Llamamos inmediatamente a la doctora para dar aviso, y rápidamente estaba el radiólogo en la casa para descartar la fractura de costilla. La movilización y el traslado se hacían insoportables para Diego. Las imágenes de la radiografía evidenciaban una fractura en las costillas de arriba, y todo a raíz de una simple tos. Esto daba cuenta de la magnitud de la osteoporosis en que se encontraba "Dieguito": tenía una debilidad ósea literalmente como la de un anciano. Ante la fractura de una costilla no había nada que pudiésemos hacer, más que tenerlo en reposo.

A Diego siempre se le hacían cambios de posiciones mientras estaba acostado, así que esta vez, los movimientos tuvieron que ser súper limitados y con mucho cuidado. Lo que más me dolió de todo esto, además de tener ahora otro dolor adicional, fue que ya no podría cargarlo en mis brazos por un largo tiempo. ¡Esos abrazos se extrañaron tanto! Como cuando nos acurrucábamos para leer o dormir abrazaditos; yo sabía que cada uno de ellos podrían ser los últimos en darnos.

En tres semanas las costillas estaban mejor soldadas, al parecer, porque ya no presentaba más dolor al moverlo ni al tocarle el pecho. Durante ese tiempo no pudimos suspender sus terapias respiratorias, aunque esa era mi idea, pero las secreciones espesas y sus ahogos por flema hicieron imposible la suspensión de estas.

Ya para fines de noviembre de 2020 habíamos avanzado en la potencia de los parches de morfina. Comenzamos con un parche pequeño de 5 mcg/h de morfina, avanzando a un parche y medio, pero como los dolores iban en aumento sin control, al cabo de unas pocas semanas subimos a un parche 35 mcg/h de morfina, que es el utilizado en adultos. Rápidamente escalamos a dos parches de 35 mcg/h, es decir, Diego estuvo recibiendo dosis potencialmente altas para su edad y tamaño. A pesar de que la médico paliativa nos advirtió que esas dosis eran tan fuertes como para dormir a un elefante, Diego permanecía resistiéndose, despierto, cansado, somnoliento, apenas conectado, y lo más aterrador era que el dolor no cesaba ni un instante.

Diego lloraba todos los días, eran lágrimas tras lágrimas. Los días buenos eran cuando solo presentaba dos crisis de dolor al día, y considerando que cada crisis duraba tres, cuatro, cinco horas, podríamos decir que su calidad de vida por esos días era absolutamente nula. Vivir se transformó en una tortura, mi hijo estaba intentando sobrevivir y yo junto con él. Todos los días me comunicaba con su médico paliativa, todos los días le enviaba notificaciones sobre los dolores de mi hijo, le compartía videos, fotos, tanto a ella como a su médico de cabecera, registros donde se podía ver el evidente sufrimiento que "Dieguito" estaba teniendo. Esto para mí era una forma de evidenciar que el tratamiento que estaba recibiendo no estaba dando los resultados esperados, para que de alguna forma la médico paliativa pudiese reconsiderar los siguientes pasos a seguir. Notaba una sensación de impotencia por parte de ambas doctoras. ¿Se imaginan cómo fue sentir la angustia de su doctora paliativa, viendo que el manejo del dolor se le escapaba de las manos? Yo notaba su angustia y eso inmediatamente me transmitía una sensación de desolación inmensa.

15 de noviembre de 2020

Nuevamente lo intentamos todo. Hoy los brazos y besos de la mami se transformaron nuevamente en tu mayor consuelo. Extraño los días calmos, los días en tu silla de ruedas, tomar aire juntos, leer un libro. ¡Extraño tanto todo!

Ha sido una agonía este último mes, me da culpa sentir cansancio, me da impotencia no poder hacer más por ti.

A esta altura estoy inventando fórmulas, fórmulas para sobrevivir a todo esto, y una fórmula especial para aliviar tu dolor. Vivir por tantos años en constantes imprevistos e imponderables me ha transformado en una experta en improvisación, soy buena para inventar fórmulas, para salir del paso como sea y a como dé lugar. Pero ahora necesito más que nunca lucirme con mi habilidad y no encuentro la forma, me siento torpe, como aturdida, no me da el cuerpo ni la cabeza. Pero te juro, hijito, que cada vez que te siento y veo ese sufrimiento injusto de tu cuerpo, recojo todas las piezas de mi corazón roto y me rearmo de fuerzas. Me necesitas, solo me tienes a mí para sobrevivir.

Ya nada nos falta por entregarnos, lo dimos todo el uno por el otro, nos regalamos lo mejor y lo más lindo, tú lo atesoras y yo también. A mí solo me quedan mis brazos y mis besos para darte hasta el día en que tú lo quieras.

Escalera al cielo

> "Yo también vuelvo a casa, es mucho más lejos…
> y mucho más difícil"

Sabíamos que habíamos llegado al tope de la analgesia y opioides para darle a Diego. Así que tuve una conversación telefónica con la médico paliativa, una conversación que ninguna madre hubiese querido tener, pero que, sin embargo, era extremadamente necesaria.

Dentro de esta larga y emotiva conversación, la doctora me contó sobre su ética excepcional como paliativista, sus argumentos, su lineamiento, su visión como profesional; todo esto me pareció muy loable y sensato de su parte. Y es que ella jamás permitiría que un paciente muriera con dolor. Me decía que jamás se lo permitiría, que su vocación y su misión como médico paliativa era siempre brindar el mayor confort a su paciente, evitando a toda costa el sufrimiento. En resumen, agregó que, si no existía solución a sus dolores, si sus síntomas eran refractarios a todo tratamiento médico, agotando así todos los recursos médicos, si el estado de salud de su paciente iba en deterioro progresivo y junto a esto aumentaba su sufrimiento, pues entonces, y solo entonces, bajo consentimiento de la familia y del mismo paciente, se daba paso a la llamada "sedación paliativa", por considerarse un paciente terminal en sufrimiento (más adelante contaré detalles y especificaciones médicas sobre estos conceptos).

Recuerdo que ese llamado de urgencia que le hice a la doctora paliativa de Diego fue a raíz de un día y una noche larga de incesante dolor. "Dieguito" estuvo desde las cinco de la tarde hasta las seis de la mañana con intensos y constantes dolores, llorando durante más de doce horas seguidas, ambos sin dormir, mi cuerpo a tope, cuidando y velando cada lágrima que mi hijo derramaba durante esas interminables horas. Ese día no imaginaba dentro de mí cómo podría terminar todo este calvario que estaba viviendo Diego, porque además de todo, estaba sola con mis técnicos, no tenía la presencia de Rodrigo en ese momento, porque se encontraba en el norte trabajando. Este llamado de urgencia del cual les hablo, lo hice a las seis de la mañana, cuando creí que era una hora prudente para llamar a la médico paliativa y contarle.

Mientras me hablaba sobre lo que pensaba en relación con el manejo del dolor, le mostré un video de cómo pasamos las últimas doce horas con Diego. Fue entonces que la doctora me dijo que consideraba que ya era tiempo de aplicar una dosis más fuerte de morfina, sobre todo en vista de la nula respuesta a todos los tratamientos que se le habían administrado. Me advirtió que con esto lo más probable es que Diego comenzara a estar más dormido, incluso con la posibilidad de no volver a despertar, pero también me advirtió que si este plan no daba resultado y el sufrimiento de Diego persistía sin control alguno, pues entonces tendríamos que pensar en la sedación paliativa. Fue impactante escuchar esto, mientras yo miraba a mi hijo entre mis brazos llorando desconsoladamente. Acepté titubeando su propuesta, pero antes le dije que lo tendría que conversar con mi marido.

Apenas corté, llamé a Rodrigo para contarle todo lo que estábamos pasando con "Dieguito" durante más de doce horas. Le envié videos de nuestro hijo para que viera la magnitud de su dolor, ya que en las últimas semanas había estado evadiendo las crisis de dolor de Diego, lo que hizo aún más difícil abrirle sus ojos. Pero al mencionarle el plan de la doctora, Rodrigo inmediatamente se alteró, diciéndome que estaba todo fuera de control, que yo no podía determinar algo así y que la doctora estaba completamente loca. Se negó rotundamente a una sedación paliativa en Diego, pero no solo eso, sino también se negó a la posibilidad de seguir escalando en dosis más fuertes de morfina. La actitud de mi marido me llenó de una tremenda impotencia, porque yo no iba a tomar ninguna decisión sola, mucho menos de esta sensibilidad y envergadura. Ambos éramos los padres, debíamos estar alineados, ambos debíamos de estar de acuerdo, era lo lógico y lo que correspondía. Como lo escuché tan alterado y completamente negado a seguir escalando en analgesia más fuerte le dije: "Si Diego muere de dolor, nunca me lo voy a perdonar, ni a ti, ni a mí".

Esta frase y la situación en sí, generó muchísima discusión entre nosotros. De hecho, hizo detonar una bomba de tiempo entre los dos, sumado a la cantidad de conflictos y desencuentros que teníamos entre los cuatro junto a mis hijas. Sentí la necesidad urgente de buscar ayuda externa. No podíamos salir de esta maldición en la que me sentía estar, necesitábamos con urgencia un mediador. De un momento a otro los reuní a los cuatro frente a mí y simplemente les informé que estaba decidida a buscar a una terapeuta familiar.

Un día, cuando estábamos en nuestra cuarta sesión con la terapeuta, sola junto a Rodrigo, salió a la luz esta "famosa frase" de la discordia en medio de nuestra conversación con ella. Ante esto, la psicóloga tuvo una reacción muy despectiva hacia mí, tratándome con ironía y burlándose descaradamente; me quedé paralizada en ese minuto. La psicóloga además me dijo con un tono duro y su rostro evidentemente molesto: "¡Y quién te crees que eres tú para decirle eso a Rodrigo!". Desde ese mismo segundo en adelante la conversación se volvió muy incómoda para mí. Los constantes gestos despectivos de la psicóloga con sus manos, sumado a frases que pronunciaba irónicamente hacia mí, me hicieron dudar de ella y en definitiva querer salir corriendo de ahí. Sin ser experta en psicoanálisis, sabía que no era correcto ni normal las actitudes y palabras que ella estaba usando conmigo.

Esta reacción me pareció súper insólita viniendo de parte de una psicóloga, me hizo sentir culpable por algo que yo en su momento sentí que tenía toda la justificación de decirle a mi marido, considerando que estábamos discutiendo sobre un tema extremadamente sensible y delicado, y que además me sentía completamente extenuada e impotente de mis intentos por abrirle los ojos a mi marido. Sin ser una profesional de la salud mental, puedo decir con un mínimo de criterio, que en un tema de tremenda delicadeza como lo es la sedación paliativa, jamás se debiese hacer sentir culpable ni menospreciar, ni defender, ni atacar el comportamiento o respuesta de padres que están cursando una etapa tan dura como esta.

Esta frase puede haber sonado con cierta connotación manipuladora o provocadora, pero si soy sincera, esta polémica frase la dije desde lo más profundo de mi corazón, no desde la rabia, como la psicóloga y Rodrigo lo interpretaron, sino desde la impotencia como madre al ver este inmenso sufrimiento en mi hijo. No sé si estuvo bien o mal lo que dije, solo sé que hablé desde el corazón y la desesperación de madre. No deseaba ofender ni pasar a llevar a Rodrigo; por esta misma razón es que necesitaba su consentimiento de todo lo que se llevaría a cabo con Diego. Ninguna decisión la tomaría en contra de su voluntad, pero necesitaba que mi marido entendiera por lo que estaba pasando nuestro hijo, anhelaba ese clic mágico en su cabeza para poder seguir avanzando juntos y ayudar a "Dieguito".

Mientras todo esto pasaba y los días transcurrían sin cambios en Diego ni en nuestra familia, veía con mucha tristeza cómo Rodrigo evadía presenciar los períodos de mayor dolor de nuestro "Dieguito". A pesar de que muchas veces se encontraba en la casa, hacía todo lo posible para escapar de la realidad, evitando ver lo que tanto le costaba aceptar. Me dolía ver su dolor, intentaba comprender su actitud y cada respuesta casi irracional que me daba tanto a mí como al equipo médico. Me sentía tan sola y consternada, atada de manos y de pies, sin el consentimiento, sin la palabra ni los oídos del papá de mi hijo. Ante este escenario, no tenía más que hacer que continuar dándole tiempo a Rodrigo, tiempo que no sabía cuánto más tenía mi hijo.

17 de noviembre de 2020

Hemos leído nuestro libro favorito por tercera vez (*El principito*). Estaba llorando y comencé a leerle y leerle, hasta que se calmó y se durmió. La lectura se ha transformado para los dos en un escape maravilloso. Siento que lo ayudo a viajar y me alegra mucho ser un puente para sus aventuras.

Ahora duerme y no paro de contemplarlo, siempre lo hago, pero muchas veces lo hago con tal profundidad, que lloro de emoción. Amo mirarlo con detención, olerlo, besarlo, estar cerquita de él, todo en mi bebé me mata de amor. ¡Es perfecto! Y su alma es aún más perfecta.

Mi hijo es un maestro, no me cabe duda de ello, es mi propio maestro. Su alma está a años luz de la mía, pero creo que también yo avanzo en la medida que él lo hace. Cuando todo esto termine, realmente no terminará, tendré que seguir elevándome sola, en el recuerdo de cada aprendizaje que me haya dejado mi pequeño.

Estrellas empañadas

> "Una rosa común y tres volcanes
> que me llegan hasta la rodilla"

Comencé a darme cuenta de que mi vida se había transformado en una verdadera lucha, una batalla en la que me encontraba sola contra dos titanes obstinados y difíciles de ganar: los dolores de mi hijo y su padre. Esta contienda fue larga, agotadora y muy triste, ya que lamentablemente se extendió hasta el día en que Diego partió.

En los esfuerzos sobrehumanos que hacía por querer despertar a Rodrigo, se me ocurrió que fuésemos a escuchar la palabra de una médico especialista en bioética. La médico paliativa de Diego nos recomendó una persona y nos puso en contacto lo antes posible con ella. El día de la cita llegó y con Rodrigo llevábamos una lista larga de preguntas; yo rogaba que cada respuesta fuese escuchada y recibida con la apertura que yo nunca tuve en mis conversaciones con él. Luego de una larga conversación, observé que Rodrigo había despejado poco a poco cada duda, y pude ver en su mirada algo más de claridad con respecto a la sedación paliativa. Mi corazón comenzaba a llenarse de una extraña paz.

Al volver a casa tuvimos nuevamente una de esas largas y extenuantes conversaciones junto a Rodrigo. Acordamos pedirle a la médico paliativista quemar cada cartucho de auxilio para nuestro hijo, teníamos la esperanza de que podría tener un as bajo su manga, una última esperanza para Diego. No pretendíamos extenderle su sufrimiento, sino más bien encontrar una fórmula perfecta para que Diego pudiese sobrevivir al menos unos meses más junto a nosotros. La esperanza es lo último que se pierde, dicen, aunque en este caso la batalla contra su pronóstico era tristemente desalentadora. Tanto así, que me sentí ilusa, ingenua, a momentos fantaseando en mi cabeza por ese siguiente paso que daríamos. Pero paradójicamente sabía hace mucho tiempo cuál sería nuestro próximo terminal. Estaba siendo traicionada por aquella esperanza, burlada en nuestras narices una y otra vez, durante los últimos ocho meses de nuestro hijo.

25 de noviembre de 2020

Aquí estoy, mi pequeño gigante. Acunándote día y noche. Tu sufrimiento ha sido la injusticia más grande que mi corazón ha sentido. Podría haber sido de otra forma, podría ser cualquiera que no fuese una tortura.

Cuando intenté ponerte sobre la cama, fue como si esta te quemara a carne viva, tu cuerpo simplemente no resistió estar fuera de mis brazos. Mis brazos, ¡qué gran consuelo tenemos los dos en ellos! Tú encuentras algo de paz y yo me reconforto de entregarte lo que tanto buscas y no encuentras en ninguna parte. Me haces sentir imprescindible para ti, y así soy, tuya, infinitamente tuya. La mami está resolviendo sus conflictos de madre; soltar, avanzar, es un conflicto para mí. Hoy por hoy, solo diré que estoy enamorada de ti, de aquí a la eternidad.

Y ahí me tuviste contigo, como siempre lo ha sido y lo será, haciendo lo humana y madremente posible para ayudarte. No solo yo estoy contigo, somos cientos o quizás miles de personas las que estamos pensándote y abrazándote simultáneamente, todos unísonos por ti, mi amor. Fuerza, hijo mío.

28 de noviembre de 2020

Sí, somos intensos. Hoy tuvimos un día tranquilo de principio a fin, como hace mucho no teníamos. Gracias, Dios, por darnos este lindo día. ¡Qué manera de disfrutarlo! Cuando lo vi hoy temprano con buen semblante, su rostro deshinchado, sin dolor, me dije: "No hay tiempo que perder, porque más tarde no sabremos". ¡Hoy es el día para darlo todo! Vivo el día a día con mi hijo, y una de las tantas cosas que me ha enseñado, es que no hay ayer ni mañana, solo existe el hoy y el ahora.

Siempre junto a Diego mostramos todo, lo bueno, lo malo, lo lindo y lo feo. Y hoy nos tocó vivir y mostrar lo lindo que fue nuestro día. Cuando nos duele, nos duele intensamente, y cuando somos felices, también somos felices intensamente. De eso se trata la vida, de vivirla con intensidad, agradecida y como siempre lo digo, vivirla en conciencia.

La discapacidad nunca ha sido un límite para mí, siempre he intentado que Diego pueda hacer todo lo que cualquier niño de su edad le gustaría hacer. Siempre me las ingenio y lo adapto todo para que lo disfrute como merece. Si bien hoy ya no podemos viajar ni llevarlo a la playa, hoy me las arreglo de lo más bien con lo que disponemos. Afortunadamente tenemos una piscina donde puede mojar sus piecitos, tenemos una linda plaza cerca de la casa, podemos salir a caminar por nuestras calles, que son tranquilas y con hartos arbolitos. Ya con eso me doy por pagada, con eso somos inmensamente agradecidos y felices.

No digo que no extrañe hacer más cosas, pero he aprendido a amoldarme y por sobre todo, a aceptar la nueva condición de mi pequeño, que por más que me duela, no puedo sentarme a llorar ni lamentarme eternamente. Esto es lo que es, está hecho para mí, para trabajarlo, vivirlo y aprender de su experiencia. Si "Dieguito" no hubiese podido salir, si no tuviésemos patio, si no tuviésemos nada de lo que tenemos hoy, tengan por seguro que algo hubiese hecho en una pequeña pieza. Le hubiese hecho un mini parque de diversiones. Si no pudiese ir a la piscina, la piscina iría donde él; si no pudiese pisar la arena, la arena iría donde él, y así le llevaría el mundo entero a sus pies. Porque amo mostrarle el mundo, los límites los pones tú.

La médico paliativa nos propuso hospitalizar a Diego para probar con el último tratamiento paliativo para el control del dolor. El nuevo plan se basó en instalar un Insuflon, que consistía en un diminuto parche con un teflón subcutáneo insertado dentro de la piel, que se cambiaba cada siete días y por el que se administrarían dosis de morfina por horario. Como rescate quedaría una dosis extra de morfina para pasarle.

Las advertencias de la doctora fueron las mismas de siempre: puede que no despierte. ¡Me aterraba esa frase! Pero al mismo tiempo sentía una contradicción tan grande en mi corazón, porque aunque lo quería conmigo despierto para siempre, no soportaba ver ese tormento, la tortura que estaba viviendo esos últimos meses. Mi corazón luchaba intensamente con esta paradoja. Pero mi amor por mi hijo fue y será capaz de todo, de corromper cada egoísmo, cada uno de mis apegos y adoctrinamiento de madre.

Este tratamiento era potencialmente más efectivo que cualquier otro que hubiésemos probado antes; eran dosis directas, con un efecto rápido de quince a veinte minutos. Como era habitual, el día en que comenzamos con el tratamiento, le expliqué a "Dieguito" cómo íbamos a atacar su dolor esta vez y que podría ser que se sintiese con más sueño de lo normal, pero que estuviese tranquilo, que yo nunca me alejaría de él, que cuidaría su sueño y que cumpliría mi promesa de ganarle al dolor. Recuerdo que le decía constantemente: "Ahora sí, hijo, vamos a ganar, prometo que te quitaré ese dolor, lo prometo".

Comenzamos con la administración de morfina cada seis horas, y ya con la primera dosis Diego se durmió. Pensé que despertaría, pero siguió durmiendo durante dos días. Mi corazón nuevamente entró en esa lucha incongruente; se me apretaba cada músculo de mi ser al ver que no despertaba. A pesar de todo, tenía episodios muy leves y cortos de lucidez, y luego continuaba durmiendo. En esos momentos, cuando apenas podía abrir sus ojos, aprovechaba de decirle que estábamos ganando, que lo amaba con todas mis fuerzas y que me sentía muy orgullosa de él. Fueron dos días de descanso para su cuerpo, un cuerpo que durante esos últimos seis meses había sido atacado sin piedad ni descanso, con un sinfín de síntomas inmensamente traumatizantes tanto para mi hijo como para mí.

Al tercer día, Diego comenzó a despertar lentamente, y cuando abrió esas pequeñas persianitas de destellos brillantes, su cuerpo empezó a manifestar señales de dolor. Evidentemente no eran de la intensidad de antes, pero de todas maneras llamé a la enfermera para que le dieran la dosis extra de morfina de rescate. Al poco tiempo pasado esta dosis de morfina, los dolores volvieron nuevamente; esta vez sus ojos se llenaron de lágrimas, mientras miraba impávida y llena de impotencia cómo este tratamiento pasaba como agua por su cuerpo. Volví a pedir dosis extras de rescate de morfina, una, otra y otra vez. La duración del efecto de la morfina estaba en niveles totalmente disparatados de lo esperado por todos. Comencé a caer en desesperación, ya no podían continuar administrándole morfina con la frecuencia que lo solicitaba y sus dolores ya estaban gatillados de forma continua nuevamente, pero en un nivel más bajo que lo habitual.

A raíz de mi nerviosismo y mi constante insistencia por la administración de morfina, durante ese día recibí la vista del médico de turno de la UCI, una doctora que nos conocía hace un buen tiempo con "Dieguito". Conversamos largo rato y le comenté que no me iría de esa hospitalización sin antes calmarle los dolores en su totalidad. Ella me respondió que eso sería imposible, que me hiciera la idea de que Diego jamás volvería a su estado de meses anteriores, porque su salud en general estaba muy dañada y su deterioro a nivel central era enorme e irreversible, y que ahora no existía la perfección en Diego. Que asumiera que esta sería su nueva perfección, que tenía que hacerme la idea de este basal de dolores para el resto de su vida. Creo que de todo lo que me dijo, solo me quedé con la frase "el resto de su vida". Qué bien sonaban esas palabras, qué sabrosas y fantásticas palabras; me llevaron en fracción de segundo a un viaje al futuro con mi hijo en brazos, sonriendo y leyéndonos un buen libro. Desperté, no cabía en mí semejante atrocidad. ¿Hacerme la idea? ¿Nueva perfección en Diego? ¿Dolores para el resto de su vida?

Me negué completamente, pero al mismo tiempo veía cómo el cuerpo de mi hijo se resistía a todos los tratamientos, y pensé: "Si de verdad sus dolores nunca se doblegarán, no puedo quedarme eternamente acá esperando a que algo pase". No sé si acepté esas crudas palabras, pero de lo que sí estoy segura es que debía estar preparada para los próximos eventos. La doctora, a todo esto, agregó otro desmedido comentario que llamó poderosamente mi atención. Ella, sin saber que dentro de nuestras conversaciones con el médico paliativo se había planteado la sedación paliativa, me dijo que si aumentábamos la morfina a una infusión endovenosa, tendría a mi hijo dormido para siempre. Entonces me preguntó: "¿Acaso quieres eso para Diego? ¿No quieres disfrutar a tu hijo, aunque tenga estos pequeños dolores, pero disfrutarlo, seguir leyéndole, ver su mirada, poder abrazarlo y seguir compartiendo juntos?" Mi respuesta rotunda fue que sí, obviamente quería eso y más. Pero lo que ella nunca entendería es que yo jamás permitiría ningún nivel de sufrimiento en mi hijo, ni leve, ni medio. Absolutamente nada, porque siempre luché por una calidad de vida digna y feliz para Diego, y estar con un basal de dolor para "el resto de su vida", francamente no sería vida. A eso yo le llamo "sobrevivir", que era lo que precisamente estaba haciendo mi hijo hasta ese entonces.

Estas palabras retumbaron tan fuertemente en mí, que pude evidenciar más adelante la brecha inmensa que hay en los paradigmas médicos, entre una especialidad y otra, sobre todo en aquellos que atienden a pacientes en estado crítico, versus los médicos paliativistas. En ambas especialidades hay una gran cantidad de prioridades tan divergentes entre una y otra, que más adelante hablaré en profundidad sobre estos temas que son tan importantes para mí, según mi propia experiencia.

Días después de mi conversación con aquella médico intensivista en la UCI, estábamos en casa con su nuevo tratamiento. Notamos que los dolores pequeños con los que nos habíamos ido de alta estaban ahora mucho más fuertes y creciendo cada día, volviendo a la misma situación que hace dos semanas atrás. "Dieguito" lloraba de manera incontrolable, mi alma se desvanecía al ver tamaño sufrimiento en ese pequeño fragmento de mí que se apagaba ante mi impotente mirada. Ese ser que amaba con todo mi ser y todas mis fuerzas, controlaba más que nunca mi vida, me desmoronaba a su merced, me quebrantaba ante su inevitable voluntad.

No podíamos creer que esto estuviese pasando, los médicos estaban impactados, el tratamiento clave para poner fin o al menos disminuir sustancialmente los dolores, no estaba haciendo efecto en nada. Muy pronto, bajo la indicación médica de cuidados paliativos, tuvimos que agregar a la morfina de base, una dosis de midazolam subcutánea. De esta forma el tratamiento se potenciaba con la mezcla de ambos fármacos. La dosis que estaba recibiendo Diego entre opioides y sedantes era de magnitud inverosímil; usaba una dosis incluso más grande que la usada en adultos oncológicos.

A todo esto, se sumaron más obstáculos: el Insuflon que debería cambiarse cada siete días, se comenzó a cambiar cada cinco días, porque a "Dieguito" se le empezó a inflamar y afiebrar la zona donde estaba insertado este teflón subcutáneo, causándole mucho dolor local. Junto con las dosis de tratamiento de opioides subcutáneos, le administrábamos como rescate los otros analgésicos que tenía indicado en caso de emergencia, que eran bastantes. Todos los días tenía conversaciones con su médico paliativa, dándole constancia mediante fotos y videos sobre la nula respuesta que estaba teniendo mi hijo al tratamiento. Muy pronto el cambio de Insuflon pasó de cinco días a cambiarse cada tres días, y cuando esto pasó, comencé a asustarme, sentí escalofríos por todo mi cuerpo, había señales por todos lados sobre a dónde iríamos a terminar muy pronto. Me sentía aterrada.

30 de noviembre de 2020

Hoy día, 30 de noviembre, pero de 2012, estaba naciendo un pequeño guerrero con solo dieciocho meses de edad. Fueron meses y meses conociéndote de nuevo, a ti, tu cuerpo y este nuevo mundo que nos viniste a presentar. Meses intentando comprender, porque hasta ese entonces la aceptación era algo difícil para mí. Un trabajo arduo en el corazón, que solo llegó años más tarde. Solo había preguntas y cuestionamientos en mi cabeza, meses intentando adaptarme, descifrando tus miradas y pensando siempre en cómo sacarte adelante.

Pero tu accidente no nos la ganaría, ni a ti, ni a mí. Estaba dispuesta a todo por recuperarte, por devolverte la vida. La fe y la esperanza siempre fueron mis mejores aliadas, me sostuve de ellas por muchos años; fue tanto así que pequé de ingenua y soñadora. Te veía caminar torpemente, pero lo hacías; hablar con una lengua trapeada, pero lo hacías. Te veía correr con dificultad, pero lo hacías. En mi mente no había límites para ti. Y siempre te veía con una sonrisa enorme, es de lo que más me acuerdo de mis ensoñaciones.

El tiempo y tu cuerpo armaron otra historia para ti, que con el paso de los años aprendí a aceptar con amor y resignación. Llegué a un punto en que solo me importaba verte feliz y respirando tranquilo. Darte una calidad de vida se transformó en mi propósito más grande. Las cosas más simples se convirtieron en mis nuevos sueños y esperanza para tu vida.

Desde el primer día te prometí que estaría contigo, luchando hasta el final, y te lo dije: "Cuando tus fuerzas se agoten, ahí estaré yo, luchando por ti hasta tu último aliento".

Los cuidados de enfermería eran muchísimos, y si bien algunos de ellos los podíamos manejar entre mis técnicos y yo, había que ser muy respetuosa en el cuidado y manejo protocolar sobre medicamentos controlados, tal como se hace en una unidad de cuidados intensivos. Enfermería iba a mi casa para cada cambio de Insuflon; este cambio se hacía cada tres días, solo y cuando no sucediera alguna urgencia en el punto de inserción, como una flebitis, por ejemplo, cuando la visita de enfermería se hacía urgente. La preparación de dosis de morfina y midazolam también estaba a cargo de enfermería. Estas preparaciones debían hacerse todos los días; dejaban preparadas las dosis en jeringas debidamente rotuladas y separadas del resto de los medicamentos, y de esta forma quedaban listas para que nosotras las administráramos. Para cada cambio y curación del *port-a-Cath*, su catéter, debía venir una enfermera también; este cambio de aguja del catéter debía hacerse una vez a la semana.

Enfermería llegaba a veces a las ocho de la mañana, dejaban preparado el tratamiento del dolor, revisaban a Diego, se le notificaba a la doctora de cabecera sobre sus signos vitales, su aspecto, su examen físico, si había sucedido algún cambio o novedad en cuanto a su salud en general, etc., y luego enfermería se retiraba para ir a colación. En ese momento, pasado el mediodía, comenzaba el turno del kinesiólogo para ayudarlo con sus secreciones, que a esa altura ya estaban verdosas y espesas. Al principio nadie nos decía por qué estaba teniendo esta coloración y consistencia en sus mucosidades. Luego me enteré de que esto fue claramente por la falta de movilidad, sumado a la falla paulatina multiorgánica que estaba teniendo por esos días. Como no sabía todo esto en aquel momento, solicitaba angustiosamente exámenes de cultivo de secreciones, pensando ilusamente que podría tratarse algún cuadro viral, pero no, sus exámenes de infecciones virales y bacterianas fueron siempre negativos. Eran sus pulmones fallando cada día, un cuerpo colapsando sin parar, ese cuerpecito fuerte que resistía, y a la vez frágil, visiblemente atropellado por sí mismo.

Ahora ya les enviaba a sus médicos registros de fotografías y videos de todas las anomalías que comenzaba a ver en "Dieguito". Todo lo que veía en él me asustaba, estaba completamente atónita con todos sus cambios, su imparable inflamación del rostro, pies, manos, sus secreciones verdosas con olor particular, esas manchas oscuras en sus manos y pies, que se hacían cada vez más prominentes. Todo en mi hijo me consternaba cada día más, y con cada cosa recibía menos explicación por parte de sus médicos. Ese silencio de verdad me inquietaba, porque sabía que era una señal de que las cosas con Diego estaban mal, sabía dentro de mí que todo esto era una bomba de tiempo. Por eso yo ya no rogaba por respuestas, las respuestas las tenía en mi corazón, siempre las tuve ahí.

Durante los últimos dos meses de vida de mi hijo, mi casa se transformó en una contienda, en un ir y venir de personal médico, deambulando por todas partes, cocina, baño, mi pieza y la pieza de "Dieguito". Toda mi familia desde su interior alborotada, desde su corazón albergaba la intranquilidad de tener un hogar en caos por dentro y por fuera. Esto se transformó en una casa revuelta como un hospital, un hogar frágil, fracturado y desolado por el sufrimiento de nuestro pequeño guerrero, el regalón, el alma de mi familia y el centro de toda nuestra atención. Cada ser que entraba en nuestro hogar con la mismísima intención de ayudar o apoyarnos, notaba a la distancia nuestras asperezas, nuestro dolor y nuestro agotamiento inevitable y destructor. Creo que estábamos muertos en vida. Fui por muchísimo tiempo un cuerpo con media alma dentro de sí, manejado por un piloto automático permanentemente.

Para fines de diciembre, las enfermeras capacitaron a mis técnicos para poner ellas mismas la cánula de Insuflon, en caso de emergencia. Comenzamos a notar que la piel de "Dieguito" rechazaba con más rapidez esta pequeña cánula, se afiebraba la zona y le dolía mucho al pasar la morfina. Esto nos llevó a cambiarla varias veces de forma urgente, nosotras mismas. La morfina y midazolam para el dolor era algo que no podíamos hacer esperar, había que actuar rápido cuando Diego presentaba dolor. Hasta ese momento, además, usábamos todo nuestro armamento para el dolor, incluyendo los parches de morfina, y administrábamos conjuntamente por su gastrostomía directo a su yeyuno: ketorolaco, paracetamol, tramadol, hidrato de cloral (sedante). Todo esto junto a la gran mayoría de sus medicamentos de base habituales de años; solo se habían retirado el medicamento para el páncreas, recubrimiento gástricos y vitaminas.

31 de diciembre de 2020

Te despido, año, con mi pecho apretado y con mi corazón dolido. Me pusiste de cabeza una vez más. Probaste mi fortaleza y mi fe como nunca antes lo habías hecho, me tropecé con tus piedras una y otra vez, te lloré como años no lo hacía, te supliqué y nunca me escuchaste, te odié como muchos te odiaron y llenaste mi corazón de cicatrices.

Pese a lo duro que fuiste, siempre tengo algo que agradecerte, año loco, despiadado y caprichoso. Algunos dirían que estoy loca, pero aquí voy. Gracias, año, porque abriste mis ojos; gracias, porque me enseñaste a golpes lo que quizás nunca aprendería; gracias, porque superé todas tus pruebas; gracias, porque me mostraste una vez más de qué se trata la vida, y por último, gracias por permitirme estar un año más con mi principito amado.

Hijo, a ti, mi precioso bebé, gracias. A mis niñas hermosas, de corazón noble y generoso, gracias.

No soy fuerte, soy mamá

"Y rendido sobre el pasto, lloró"

Diego estuvo treinta y cinco días utilizando el Insuflon, recibiendo dosis enormes de midazolam con morfina subcutánea, usando simultáneamente los parches transdérmicos de morfina en dosis de 70 mcg/h, y estuvo un total de setenta y dos días utilizando diferentes medicamentos, entre opioides, sedantes, analgésicos y desinflamatorios, para así lograr controlar o disminuir su dolor. Desde octubre en adelante escalamos muy rápidamente en dosis, lo intentamos todo, poniendo nuestra esperanza en cada uno de estos tratamientos, pese a que muchas veces nuestro corazón nos decía a gritos la estación final de este largo y duro camino. Durante esos ochos últimos meses de mi hijo, fuimos testigos de la transformación que tuvo su vida, viendo con inmensa impotencia cómo esa calidad de vida que buscamos por años se esfumaba precipitosa e injustamente.

En enero de 2021 ya casi no teníamos acceso a su cuerpo para poder administrarle sus opioides subcutáneos; cada vez que se los administrábamos, el dolor en su piel se sumaba a los que ya tenía en todo su cuerpo. Por aquellos días todo era dolor, sufrimiento sin descanso, era una constante de algo que no sabía cómo detener. La impotencia de verlo sufrir me desgarraba el alma con fuerza cada segundo.

6 de diciembre de 2020

Los cuidados paliativos nos llevan siempre a mitigar su dolor y síntomas, sin utilizar ni aplicar otro método, exámenes o tratamientos invasivos. En esta etapa todo es pensado para y por él, y para nadie más. Así como ya hace dos meses que todo es y será amable y respetuoso para nuestro hijo. Me rearmo por ti, mi pequeño guerrero. Duerme, descansa y aléjate de ese dolor mientras puedas, sueña y sé feliz por esos lados, que la mami está aquí cuidando cada uno de tus respiros, acariciando tu pelito y tus mejillas gorditas, esperando que abras nuevamente tus ojos dormilones, pero en completa tranquilidad. No te olvides de lo que conversamos hoy. Te ama, mamá.

Un día mientras, intentaba consolar en mis brazos el llanto de mi hijo, no resistí más al ver que esta escena se venía repitiendo constantemente durante semanas. Lágrimas saliendo con fuerza de sus ojos, un suave, pero a la vez fuerte sonido de llanto que salía por su boca, un rostro inflamado por la intensidad del dolor, sus ojos apenas entreabiertos. Creo que ese día literalmente sentí que moría junto a mi hijo, sentí algo indescriptible dentro de mí, no sé si era locura, agonía o delirio. Decenas de veces había grabado registros de "Dieguito" sufriendo por sus dolores para evidenciarlo frente a los médicos, me sentía fatal cada vez que lo hacía, pero como lo he mencionado antes, ante la incredulidad de su médico de cabecera, me veía forzada a hacerlo para poder ayudar a Diego. Esta vez creo que fue distinto, sería un registro especialmente para enseñárselo a su padre; algo en mí me decía que era el día para hacerlo. Rodrigo se encontraba en el norte trabajando, y al recibir esa grabación, me llamó —al otro lado del teléfono yo no dejaba de llorar— y me dijo: "Hagámoslo". Le pregunté si estaba seguro, no sé por qué lo hice, creo que necesitaba escucharlo. Rodrigo me respondió: "Ya es mucho, esto no puede seguir así. Dieguito está sufriendo, no merece esto, llámate a la doctora y dile que lo haremos".

Tengo que ser sincera, dentro de mí sentí un profundo alivio por mi hijo. Al fin podría darle la posibilidad de despojarlo de sus dolores, como se lo había prometido, de darle la paz que tanto necesitaba y pedía. La otra parte de mí estaba completamente rota, en pánico, tenía miedo, sentía una leve sensación de culpa por lo que íbamos hacer, pero inmediatamente este sentimiento desaparecía cuando veía a mi hijo sufriendo de esa manera.

A la primera persona que llamé, porque sabía que le costaría procesar la decisión, fue a la doctora de cabecera de Diego. Fue una llamada muy emotiva, yo no podía contener mis lágrimas. Le expliqué la situación y le conté que junto con el papá habíamos decidido iniciar la sedación paliativa. Qué bien se sentía decir "junto con el papá". Ella estaba en *shock*, y dentro de las cosas que me dijo, que jamás olvidaré, fue que ella como médico intensivista pediátrica estaba acostumbrada a salvar la vida de los niños, y esto para ella era algo muy difícil de hacer y aceptar, pero que a su vez entendía que Diego estaba sufriendo demasiado. Hubo un silencio largo en el teléfono, y le dije: "Dígame algo, doctora", a lo que ella con voz quebrantada me respondió: "Es que encuentro que lo que le pasó a su hijo fue tremendamente injusto". Con sus palabras retumbando en mi cabeza, me puse a llorar con fuerza y le dije que sentía exactamente lo mismo, que imaginara lo difícil que era esto para mí como mamá, y más aún, que jamás en la vida pensé que su muerte sería de esta forma, en que yo como madre fuese partícipe y protagonista en ella.

Mi vida por ese entonces se había convertido en una paradoja. Las contradicciones estaban siempre presentes, no podía hacer ni tener todo lo que deseaba para mi vida y la de mi hijo. No podía tenerlo con vida sin que no sufriera y no quería perderlo jamás, no quería que durmiera para siempre y deseaba con fuerza volver a ver esas persianitas brillantes de nuevo, pero quería que descansara desconectado de ese cuerpo adolorido, pero deseaba fervientemente que al mirarme conectara conmigo. Qué triste agonía vivió mi corazón por aquellos días al saber que ninguna de esas fantasías podía hacerse realidad. Tenía que ser fuerte y no sabía cómo haría semejante hazaña de sobrevivencia sin ese pequeño extracto de mi ser junto a mí.

Esta conversación telefónica con su médico de cabecera me dio mucha paz, porque supe que al fin había comprendido esta dolorosa decisión. Ella, dentro del equipo médico de "Dieguito", era la única que aún faltaba por aceptar, reconocer y apoyar las decisiones mías y del resto del equipo.

Rodrigo se vino a Santiago al día siguiente que hablé con la doctora; tendríamos nuestra última reunión clínica vía remota con todo el equipo médico, al menos eso pensaba hasta ese entonces. Como siempre, estaban presentes la gastroenteróloga, el neurólogo, la nutrióloga, la médico paliativista y la doctora de cabecera. Teníamos muchas preguntas con Rodrigo, anotamos todas nuestras dudas, teníamos miedo, no sabíamos bien a lo que nos íbamos a enfrentar.

Una de las dudas que teníamos era si esto sería continuo o intermitente; la respuesta fue continuo, ya que intermitente sería igual a los tratamientos anteriores, es decir, el dolor volvería nuevamente. Otra de las preguntas fue qué fármacos se infundirían; estos serían morfina y midazolam. También preguntamos qué pasaría con su nutrición parenteral; la respuesta fue categórica por parte de la nutrióloga y de la paliativa: no habría más nutrición parenteral, es más, se utilizaría el mismo catéter central para infundir la sedación. No se daría nutrición, porque según los médicos, no se justificaría en este caso la extensión de la vida en situación de coma, cuando lo que se busca es terminar con su sufrimiento.

Rodrigo nunca estuvo de acuerdo con detener la nutrición parenteral (siempre le costó aceptar esta decisión); él decía que eso provocaría un aceleramiento de su muerte, y no estaba equivocado, eso realmente sería así. Ante esto, los médicos respondieron, con mucho respeto, y con todo el tiempo para hacerlo comprender que "Dieguito" fallecería de todas formas con la infusión continua de los fármacos y que la nutrición solo ayudaría a extenderle la vida un poco más, pero estaría solo con vida, subsistiendo de una forma poco digna, artificial, conectado a las máquinas, en coma, inconsciente, y lo peor de todo, con una agonía muchísimo más lenta y larga. Todo esto me hacía pensar que Rodrigo aún no se sentía 100% seguro y capaz de proceder con la sedación. Rogaba para que, dentro de sí, lograra comprender lo que los médicos decían, y también para que intentara dimensionar lo terrible que sería extenderle la vida a nuestro hijo sin poder vivirla, sin poder estar, sin responder, sin mirarnos ni compartir, y más aún viendo cómo su agonía se dilataba.

Otra de las preguntas fue si permanecería con los medicamentos de base. La médico paliativa respondió que ella sacaría absolutamente todos los fármacos, dejando solo la infusión de la sedación, porque ya no se justificaría el uso de los medicamentos extras. Pero la doctora de cabecera se interpuso, diciendo que no estaba de acuerdo con que se quitaran los anticonvulsivantes, justificando que "Dieguito" podría seguir generando convulsiones que finalmente se traducirían en sufrimiento. En ese sentido, también estuve de acuerdo con mantenerlos; quería proporcionarle todo aquello que le podía dar más confort.

Preguntamos por la hidratación, ya que habíamos escuchado que muchas veces se suprime. La respuesta de la nutrióloga y la paliativa fue que podríamos seguir con la hidratación, que en estos casos se accede a ello para tranquilidad de los familiares, por lo que en nuestro caso la aceptaríamos, pero que en estricto rigor podría estar sin ello.

La pregunta más dura de la reunión fue saber cuánto tiempo demoraría "Dieguito" en fallecer, luego de que se le retirara la nutrición parenteral y comenzara con la sedación. Ante esto, la nutrióloga nos respondió con aflicción, que podría sobrevivir una semana, pero que, en el caso de Diego, al tener ventilación mecánica, el cuerpo resistiría un poco más, pudiendo llegar a sobrevivir dos semanas cuando mucho. En ese minuto se me erizó la piel, temblaba, apretaba los puños, estaba aterrada por lo que estaba por venir, ya no había marcha atrás. Qué irreal se escuchaba y se sentía todo.

Esas fueron, a grandes rasgos, las explicaciones que recibimos, aunque debo decir que cada palabra que decían, era desde una angustia que podía traspasar la pantalla. Los podía sentir a cada uno muy afectado, sensibilizados por lo que estábamos a punto de vivir. Ver sus miradas y escuchar la manera tan titubeante en que nos hablaban, como no queriendo hacernos doler más, me conmovía.

Por más que intentaba imaginar esa situación, el contexto y la escena completa en mi cabeza, me era imposible lograr visualizar un momento como ese. Mi mente y mi corazón estaban acostumbrados a otra cosa. Durante toda su vida, siempre lo visualicé en sus peores momentos como un niño feliz, sano, haciendo lo que le gustaba, sonriendo, porque siempre intentaba adelantarme o plasmar los eventos que deseaba que ocurrieran y esa era mi forma de hacerlo real. Pero esto era inimaginable para la cabeza de una madre, no existía semejante visión, por más que quisiera hacerlo a modo de ejercicio para que las cosas dolieran menos en ese momento. Al menos esa era mi intención, y según yo, quizás podría funcionar, pero el poder de mi amor por mi hijo solo hacía que volvieran una y otra vez a mi cabeza las imágenes de mi niño lindo y feliz, de mirada dulce y profunda, esa que jamás nunca olvidaremos.

Analogía

A finales del año, tenía ensoñaciones, imaginaba y pensaba por largos ratos, en una especie de sueño despierto, en el silencio interno de mi corazón, mientras sentía cerca mío el cuerpo adolorido de mi hijo. Presenciando y viviendo en carne propia el sufrimiento de él, comencé a recordar los últimos días de vida de Cristo. Me acordaba de la magnitud de su padecimiento, del dolor físico, cruel e injusto que sufrió en Jerusalén, camino a su propia crucifixión. Luego pasaba por mi mente esa imagen desgarradora de Cristo crucificado, sufriendo, desangrándose y agonizando frente a los ojos del mundo, pero sobre todo, frente a los ojos de su madre. Me preguntaba una y otra vez por qué las personas buenas, de alma pura y amorosa debían pasar muchas veces por situaciones injustas, de dolor, de sufrimiento y de malos tratos, cuando hay tantos seres de alma oscura, cruel y despiadada circulando felices, impunes y con la grandeza de una vida sin problemas ni sufrimientos. Algo dentro de mí siempre sabe el por qué y el para qué de todo. Gracias a Diego aprendí esto, de la sabiduría de las almas, de los propósitos de la vida. Pero a la otra parte de mí le duele, le da rabia y lo encuentra tremendamente injusto, esa parte racional, humana y enceguecida por las emociones naturales.

El sacrificio de Jesús en la cruz y su inminente muerte me recordaban todo el tiempo la tarea terrenal de Diego. Algo me decía que había un sacrificio de por medio de todo este revuelo de diez años de su vida. Una parte de él se entregaba a cambio de generar algo, almas conscientes, quizás. El granito de arena de mi hijo a este mundo no quedaría invisible ante nadie. Para mí nada sería lo mismo, ni posible, sin haber vivido lo que Diego vino a enseñarnos. Nada es al azar, ni la felicidad, ni el sufrimiento lo es.

Puntualmente sobre lo que estábamos viviendo a fines del año 2020, me sentía consciente de que algo de trasfondo había oculto en esta experiencia desgarradora, algún mensaje que más temprano que tarde descubriría con un corazón a mitad de cicatrizar.

María, en cambio, me recordaba a mí, una madre que amaba a su hijo con la fuerza de un huracán, una madre desbordada en amor por quien tuvo en su vientre. Sangre de su sangre, ese ser humano minúsculo y frágil que echó a andar su milimétrico corazón, gracias a la energía del cuerpo poderoso de una madre, sintiendo y conectando con cada célula de su cuerpo. ¿Imaginan un amor como ese, siendo separado de la forma más desgarradora posible? ¿Imaginan presenciar la muerte larga y dolorosa de ese ser que se desprendió de tu propio cuerpo? Esa almita que llegó a la tierra a través de ti, a la que le diste la fuerza necesaria para que arrancara su vida por sí mismo, a quien contemplaste tantas veces en silencio mientras dormía o mientras alimentabas, y a quien amas desmesuradamente más que a nada en este mundo.

Todo con un hijo es a los extremos, llevas al límite las emociones y los sentidos, sabes que no existe nada en este mundo que se le parezca a ese amor incandescente, y verlo sufrir, perderlo o separarte de él te hace enloquecer de tan solo pensarlo. Ahora, imagínate vivirlo.

Todos nuestros proyectos con "Dieguito", con nuestro hijo y hermano, nuestros sueños para él y con él, su sonrisa, su vitalidad, su fuerza, el brillo de su mirada, todo se esfumó el 12 de enero de 2020.

Mi experiencia con cuidados paliativos y sedación paliativa/ terminal

Este tema para mí es muy delicado, pero considero necesario que comprendan la significancia de este procedimiento en pacientes terminales y sus familias. Lo que es capaz de generar en las emociones de cada integrante que rodea a su ser querido en sufrimiento. Cómo aquel paciente se ve bendecido por la mano amiga de un especialista que comprende hasta el más mínimo de sus sentimientos y dolores físicos por el cual atraviesa. Estos son los tan desconocidos, temidos y amados cuidados paliativos. Quiero agregar a mi experiencia y a mis propias palabras, algunos extractos de "Sedación Paliativa (parte I). Controversia sobre términos, definiciones y apliaciones clínicas" (Taboada, 2012), así como de otros estudios relevantes en la materia. En los próximos capítulos hablaremos en profundidad bajo el prisma profesional de estudios especializados, serios y con dominio de estos temas tan importantes, como lo son los cuidados paliativos y sus aristas.

¿Qué se entiende por sedación paliativa?

Es un concepto prácticamente nuevo, que consiste en administrar, vía venosa, infusiones de sedantes u opiáceos, muchas veces para lograr que el paciente descanse del dolor, reduciendo el estado de conciencia en el paciente terminal, tanto como sea necesario, para así aliviar adecuadamente sus síntomas y de esta forma, asistirlo en el "buen morir". Para este efecto, no existe un esquema con criterios clínicos preestablecidos en los centros de salud. Existe una controversia con respecto a los lineamientos de dicha sedación, pues se discute si la sedación es superficial o profunda, intermitente o continua. La sedación está regulada bajo indicaciones clínicas de síntomas físicos o sufrimiento existencial, el uso de esta sedación con uso concomitante o suspendiendo hidratación y nutrición médicamente asistida.

Los puntos más controversiales se relacionan con la fundamentación ética de esta práctica clínica y su diferencia entre la eutanasia y el suicidio médicamente asistido. Cabe destacar que en Chile es sabido que en muchos centros hospitalarios se aplica esta práctica, pero que lamentablemente, al no estar legislada (recién el 14 de octubre de 2021 se promulgó en Chile la Ley N° 21.375, que consagra los cuidados paliativos y derechos de las personas que padecen enfermedades terminales o graves), cae en discusión, controversia o es mal mirada por otros médicos especialistas o por el común de las personas.

La médico de cabecera de "Dieguito" siempre estuvo en tensión con la médico paliativa; ambas especialidades son muy contrapuestas. Una médico intensivista pediátrica, que lucha por salvar a toda costa la vida de los niños y niñas, cueste lo que cueste, a quienes siempre se les acostumbra a agradecer, enaltecer y con toda razón. Traen de regreso a nuestros niños, les devuelven la mirada vital, la sonrisa, y ponen toda su energía médica en la sobrevivencia. La otra especialidad, médico paliativista, con una mirada desde la otra vereda de la medicina, la desconocida e incomprendida, que ayuda y brinda todas las herramientas necesarias al paciente para darle confort, calidad de vida y alejarlos del sufrimiento de su enfermedad. Y si califica clínicamente según estándares preestablecidos en cuidados paliativos y en la bioética, pues entonces le brinda lo necesario para un "final de vida digno" o "muerte digna", como más comúnmente se le llama en derechos fundamentales del ser humano.

Dos especialidades contrapuestas entre sí, pero con grandes y valiosas semejanzas. Ambas buscan la prevención: una de enfermedades y la otra del sufrimiento; ambas buscan la cura: una de enfermedades y la otra del dolor. Dos profesiones en que se lucha por salvar a un ser humano: una de alguna enfermedad, la otra del dolor físico. Ambas buscan lo mejor para el paciente, ambas buscan calidad de vida, ambas buscan la solución, el remedio, la cura. Ambas especialidades tienen lo más valioso en común: un paciente enfermo y angustiado, que espera que se le ayude y se le entienda.

Se comprende la intención de querer salvar la vida de una persona, esforzarse por recuperarlo. Yo misma lo intenté innumerables veces con mi hijo, pero ¿hasta qué punto esto es sano y aceptable? ¿Estará bien forzar a una persona a mantenerse con vida, pese al sufrimiento físico, solo para que nuestras conciencias estén tranquilas? O ¿acaso no es esa una acción egoísta? ¿Quién piensa en el paciente que sufre y que además se sabe que morirá? Si los esfuerzos por recuperarlo y devolverle su salud se hacen infructuosos, y su calidad de vida va empeorando, acompañado de sufrimiento físico y emocional, ¿no será mejor ayudarlo en su dolor? Para que así al menos pueda morir tranquilo y con dignidad.

La muerte es un tema sensible y tabú en nuestra sociedad, incluso en el área de la salud. Todos estamos social y moralmente acostumbrados a pensar que "salvar vidas" es siempre mejor que ayudar a "morir dignamente" a una persona. Pero bajo este contexto de enfermedad terminal, sufrimiento, dolor refractario, calidad de vida y todos aquellos términos que ya se han mencionado acá, el morir digno, el facilitar y permitir que ese ser muera dignamente, es tan valioso como salvarle la vida.

Esto pasa porque sencillamente es un tema que nadie habla, por lo tanto, nadie conoce el término "morir con dignidad". Así como existe en el ser humano el derecho fundamental de vivir en dignidad, también existe el derecho fundamental a un término de vida digno. Todos estos términos y conceptos yo tampoco los conocía, y hoy no solo los conozco, sino que además me vi forzada a vivirlos. Luché y le salvé la vida a mi hijo decenas de veces durante casi diez años, e incluso le salvé la vida en sus últimos diez días en esta tierra. Y hoy me siento capaz y competente para hablar sobre ello, con la completa convicción de que debo transmitir mi experiencia al mundo. Son temas que me movilizan y me sensibilizan profundamente.

En mi vida he vivido innumerables situaciones límites entre la vida y la muerte, en que el trauma y el dolor se instauran por mucho tiempo o para siempre en mí. Sin embargo, siento que nunca habrá nada en este mundo que se asemeje a esta experiencia en particular.

Estos son mis propios pensamientos, mi sentir, mi reflexión sobre lo que me tocó vivir. Los diferentes puntos de vista son completamente respetables. Se comprende la discrepancia y la controversia, pero lo que será indiscutible, es que nadie mejor que la persona que lo vive en carne propia, en primera línea, sabrá realmente lo que significan los cuidados paliativos, la tremenda labor que hacen en calmar a nuestro ser amado en su sufrimiento, en brindarle una mejor calidad de vida y en entregarle, si es necesario, un buen morir. Y lo que no deja de ser importante es la relevancia que tienen los cuidados paliativos en el apoyo y contención emocional de cada familia detrás de sus pacientes. Eso es realmente un complemento, a mi parecer, crístico, humano, tremendamente empático y generoso. Porque no solo el paciente es el que sufre.

Todas las familias que lo hemos vivido, coincidimos en que entrar con nuestro ser querido a cuidados paliativos y/o comenzar la sedación paliativa es un proceso y un procedimiento tremendamente doloroso para nosotros los que nos quedamos, los que observamos desde afuera, pero desde la máxima cercanía a la vez. Nos queda el sabor extraño a consuelo de saber que ayudamos a nuestro ser amado a desprenderlo del dolor, regalándole la muestra de amor más grande que un ser humano puede dar. Te despojas de tu egoísmo y te abres a soltar, solo por ver a tu ser amado libre de sufrimiento y devolviéndole su dignidad.

Reconozco la delgada línea que separa este procedimiento con la eutanasia o suicidio médicamente asistido. Sé lo delicado de estos temas, que hoy son ilegales en Chile. Esta experiencia me llevó a conocer la gran cantidad de casos que existen en este país, en que el uso de sedación paliativa/terminal es un procedimiento más usado de lo que se piensa. Por estas mismas razones es que dediqué tiempo para realizar una breve investigación médica, ética, cívica y religiosa sobre este tema convocado en el presente capítulo. No quiero equivocarme en mis palabras, pretendo ser meticulosa y tocar estos temas con el debido cuidado y respeto que merecen. De esta forma, los lectores no habituados ni familiarizados con el área médica, podrán comprender de forma simple los principales conceptos e investigaciones de esta rama de la medicina, y a su vez, hacer sus propias conjeturas al respecto.

Consagración de la ley en cuidados paliativos y derechos de personas con enfermedades terminales y graves

Mientras me encontraba escribiendo estos capítulos sobre cuidados paliativos, en Chile se aprobó una ley que esperaba con ansias hace mucho tiempo. Una ley justa, necesaria y, por cierto, humanizadora. A continuación, con tremendo orgullo de lo que ha logrado mi país, les detallo la consistencia de esta ley que hoy protege y ampara los derechos no solo de los pacientes oncológicos, como lo hacía hasta ahora, sino que a todos aquellos pacientes terminales o en estado grave de cualquier índole.

Reglamento de la Ley N° 21.375

El 14 de octubre de 2021 se promulgó en Chile la Ley N° 21.375, de Cuidados Paliativos Universales, que consagra los cuidados paliativos y los derechos de las personas que padecen enfermedades terminales o graves,

> cuya finalidad es reconocer, proteger y regular sin discriminación alguna, el derecho de estas personas a una adecuada atención de salud, en la forma en que dispone la ley y un reglamento del Ministerio de Salud Dicha atención consiste en el cuidado integral de la persona, orientado a aliviar, dentro de lo posible, padecimientos asociados a una enfermedad terminal o grave, de acuerdo con los reglamentos y normas técnicas del Ministerio de Salud. (Biblioteca del Congreso Nacional de Chile, 2021, artículo 1)

El Ministerio de Salud dictó el decreto supremo reglamentario con fecha del 21 de abril de 2022, que aprueba "Reglamento sobre cuidados paliativos y los derechos de las personas que padecen enfermedades terminales o graves". El reglamento señala que el Estado está al servicio de la persona humana, reconociendo que las personas son iguales en dignidad y derechos, y tiene como finalidad promover el bien común, contribuyendo a crear las condiciones sociales que permitan a todos y a cada uno de los y las integrantes de la comunidad nacional su mayor realización personal posible.

Al Ministerio de Salud le compete ejercer la función que corresponde al Estado de garantizar el libre e igualitario acceso a las acciones de promoción, protección, recuperación de la salud y de rehabilitación de la persona enferma, así como coordinar, controlar y, cuando corresponda, ejecutar tales acciones. Se debe resguardar la dignidad de las personas que padecen una enfermedad terminal o grave, que no tiene tratamiento curativo conocido eficaz y en la que quienes las padecen se encuentran en fin de vida o situación de agonía.

En las disposiciones generales, se establece que el objeto del reglamento es regular los requisitos, condiciones y forma en que se otorgarán los cuidados paliativos, como también la atención domiciliaria y las condiciones y requisitos que deberán cumplir los registros clínicos de dicha atención.

Una de las novedades de este reglamento es que define lo que se entenderá por cuidados paliativos, enfermedad grave y terminal, como asimismo a quién se considerará cuidador (distinguiendo según si estos son remunerados o no).

Por otro lado, consagra una serie de derechos del paciente enfermo de gravedad o terminal, tales como:

1) Derecho de toda persona al cuidado paliativo.
2) Información sobre su estado de salud.
3) Derecho de acompañamiento.
4) Derecho a asistencia espiritual o religiosa.
5) Derecho a declarar su voluntad anticipada respecto de decisiones de carácter vital y a designar apoderados para tales efectos.

En relación con los cuidados paliativos, se consagran ciertas prestaciones mínimas, tales como el control y el monitoreo de síntomas, alimentación, apoyo psicológico, tratamiento del dolor, entre otros aspectos. Asimismo, se regula el registro clínico de atención domiciliaria y sus requisitos y contenido (Ministerio de Salud, 2023).

Conceptos y especificaciones médicas sobre cuidados paliativos, bioética, sedación paliativa, sedación terminal y eutanasia

Los quiero convidar a conocer un poco de este mundo que rodea al dolor y la paz, al mismo tiempo. Esta dualidad que me tocó vivir y experimentar desde lo más profundo de mis entrañas, que me despedazó el corazón, pero que me devolvió la fe en la medicina tradicional, en creer en su humanidad y en la existencia de su empatía. Deseo con todo mi corazón que nadie, ninguno de mis lectores, esté ni cerca de vivirlo. Que sea solo este texto lo más próximo que ustedes estén de estos temas y que, a su vez, sean solo estas palabras lo que los ayude a comprender mejor este mundo, sus contextos, usos y definiciones, y no así la experiencia misma.

Iré con la cautela y el respeto que merece este tema y, sin descuidar ningún detalle, los invitaré a conocer bajo qué contexto se aplica, en qué consiste, cómo se define y las controversias que existen en torno a este tema. Para esto, no quise equivocarme en mis palabras y decidí poner en este libro el mensaje correcto y claro sobre los cuidados paliativos, basándome en serias fuentes investigativas y artículos profesionales con conocimientos de estos temas, y de la Iglesia católica

.

¿Qué son los cuidados paliativos?

> Constituyen un planteamiento que mejora la calidad de vida de los pacientes, adultos, niños y sus allegados cuando afrontan problemas inherentes a una enfermedad potencialmente mortal. Previenen y alivian el sufrimiento a través de la identificación temprana, evaluación y tratamiento correcto del dolor y otros problemas, sean estos de orden físico, psicosocial o espiritual. (Organización Mundial de la Salud, 2020)

¿Qué es la bioética?

En 1978, el instituto Joseph and Rose Kennedy constituyó por primera vez la bioética como disciplina en la medicina. En su enciclopedia establece que

> la bioética es el estudio sistemático e interdisciplinar de las acciones del hombre sobre la vida humana, vegetal y animal, considerando sus implicaciones antropológicas y éticas, con la finalidad de ver racionalmente aquello que es bueno para el hombre, las futuras generaciones y el ecosistema, para encontrar una posible solución clínica o elaborar una normativa jurídica adecuada. Esta conducta se analiza a la luz de los principios y valores morales. (The Joseph and Rose Kennedy

Institute for the Study of Human Reproduction and Bioethics, 1978)

Se preocupa por las cuestiones éticas involucradas en la comprensión humana de la vida. Nace por la conciencia de la necesidad de reflexión crítica sobre los conflictos éticos provocados por los avances de la ciencia, de la vida y la medicina. Huye de los posicionamientos morales extremos, pero busca una reflexión fundamentada, crítica y argumentada, que se centre en las singularidades de la situación concreta (Broggi, 2016).

En cuidados paliativos, la administración de fármacos sedantes no supone un problema ético cuando se han prescrito bajo las indicaciones correctas y con el consentimiento del paciente. Se suele generar dudas, en cambio, en aquellas situaciones en que aparecen síntomas refractarios, difíciles o resistentes a los tratamientos habituales y en los que se ha de contemplar la sedación como única posibilidad terapéutica. El problema consiste esencialmente en la dificultad que algunos autores han tenido para diferenciar sedación de eutanasia, y la clara posibilidad de conculcar los principios de autonomía y beneficencia.

Conceptos

(Casas, 2005)

—Enfermedad terminal:

1. Presencia de una enfermedad avanzada, progresiva e incurable.
2. Falta de posibilidades razonables de respuesta al tratamiento específico.
3. Presencia de numerosos problemas o síntomas intensos, múltiples, multifactoriales y cambiantes.
4. Gran impacto emocional en paciente, familia y equipo terapéutico, muy relacionado con la presencia, explícita o no, de la muerte.
5. Pronóstico de vida inferior a seis meses.

—Sedación paliativa: Se entiende por sedación paliativa la administración deliberada de fármacos, en las dosis y combinaciones requeridas, para reducir la conciencia de un paciente con enfermedad avanzada o terminal, tanto como sea preciso para aliviar adecuadamente uno o más síntomas refractarios, y con su consentimiento explícito, implícito o delegado.

—Sedación terminal: Se entiende por sedación terminal la administración deliberada de fármacos para lograr el alivio, inalcanzable con otras medidas, de un sufrimiento físico y/o psicológico, mediante la disminución suficientemente profunda y previsiblemente irreversible de la conciencia en un paciente cuya muerte se prevé muy próxima y con su consentimiento explícito, implícito o delegado.

—Síntomas refractarios: El término refractario puede aplicarse a un síntoma cuando este no puede ser adecuadamente controlado, a pesar de los intensos esfuerzos para hallar un tratamiento tolerable en un plazo de tiempo razonable, sin que comprometa la conciencia del paciente.

—Síntoma difícil: El término difícil puede aplicarse a un síntoma que para su adecuado control precisa de una intervención terapéutica intensiva, más allá de los medios habituales, desde el punto de vista farmacológico, instrumental y/o psicológico.

Consideraciones éticas

Cuando un paciente se halla en período final de su vida, el objetivo prioritario no será habitualmente la salvaguarda a ultranza de la misma, sino la preservación de la calidad de esa vida que todavía queda.

La falta de comprensión de lo anterior ha llevado en ocasiones a la obstinación en terapéutica, con un gran sufrimiento del paciente y de su familia, y a un razonable rechazo social que sin duda ha contribuido a crear el estado de opinión propicio para que algunos soliciten la legalización de la eutanasia.

En el paciente en situación de enfermedad avanzada y terminal es francamente poco eficiente permitir el sufrimiento del enfermo, por el miedo a que se pueda adelantar la muerte al buscar el alivio de su sufrimiento.

El principio de doble efecto puede aplicarse en el caso de la sedación, entendiendo que el efecto deseado es el alivio del sufrimiento y el efecto indeseado, la privación de la conciencia. La muerte no puede considerarse como el efecto indeseado, ya que desgraciadamente el paciente fallecerá inexorablemente a consecuencia de la evolución de su enfermedad y/o sus complicaciones.

La responsabilidad moral del equipo de salud recae sobre el proceso de toma de decisiones que se adoptan para aliviar el sufrimiento y no tanto sobre el resultado de su intervención en términos de vida o muerte. Desde el punto de vista ético y terapéutico, la sedación paliativa o terminal es una maniobra terapéutica dirigida a aliviar el sufrimiento del paciente y no el dolor, la pena o la aflicción de la familia o del equipo de salud. La presencia de un intenso sufrimiento en la familia requiere un mayor grado de dedicación por parte del equipo de salud. Por la intensidad y complejidad que ellos suelen conllevar, debería considerarse como una indicación de ingreso del paciente en una unidad específica de cuidados paliativos. (Casas, 2005)

Sedación y eutanasia

Uno de los puntos cruciales en el debate ético sobre la sedación, es que algunos han equiparado la sedación a la eutanasia, lo cual ha generado una gran controversia. La distinción entre sedación y eutanasia recae esencialmente en los puntos siguientes:

—Intencionalidad: En la sedación, el médico prescribe fármacos sedantes con la intención de aliviar el sufrimiento del paciente frente a síntomas determinados. En la eutanasia, el objetivo es provocar la muerte del paciente para liberarle de su sufrimiento. La sedación altera la conciencia del paciente, con lo que se busca un estado de indiferencia frente al sufrimiento o amenaza que supone el síntoma. Cuando la sedación es profunda, la vida consciente se pierde. La eutanasia elimina la vida física.

—Proceso: Este es un aspecto esencial y que permite diferenciar claramente entre eutanasia y sedación. Ambos procesos requieren el consentimiento del paciente. En la sedación debe existir una indicación clara y constatada, los fármacos utilizados y las dosis se ajustan a la respuesta del paciente frente al sufrimiento que genera el síntoma, lo cual implica la evaluación de dicho proceso, tanto desde el punto de vista de la indicación como del tratamiento. En la eutanasia, se precisa de fármacos a dosis y/o combinaciones letales, que garanticen una muerte rápida.

—Resultado: En la sedación, el parámetro de éxito es el alivio del sufrimiento, lo cual debe y puede contrastarse mediante un sistema evaluativo. En la eutanasia, el parámetro de éxito es la muerte. Se ha objetado que la supervivencia es muy breve desde la indicación de una sedación terminal. Los trabajos disponibles muestran que no existen diferencias significativas en la supervivencia de los pacientes que precisaron ser sedados y de los que no requirieron sedación. La sedación terminal sugiere más un indicador de una muerte inminente que la causa de una muerte prematura. (Casas, 2005)

Hidratación durante la sedación

En términos generales, la hidratación y la nutrición al final de la vida constituyen un motivo de debate y controversia en cuidados paliativos. La Asociación Europea de Cuidados Paliativos (EAPC) publicó una serie de recomendaciones de utilidad para abordar esto. Tal como se indica en las recomendaciones de la EAPC, uno de los factores clave es el pronóstico de vida del paciente. Actualmente se dispone de diversos modelos pronósticos que pueden ser útiles en la clínica diaria, aunque el propósito es un arte inexacto y solo puede ser aproximativo. En síntesis, las recomendaciones a este punto son:

— En el paciente en que se ha indicado sedación y no se halla en situación agónica, debe garantizarse la hidratación por vía parenteral, endovenosa o subcutánea.
— En el paciente en que se ha indicado la sedación en el contexto de agonía, la hidratación parenteral es opcional. No obstante, se debe garantizar el aporte hídrico preciso para el control de algunos de los síntomas que pueden aparecer en este período, como la sequedad de la boca, mediante la administración de pequeñas cantidades de líquido por vía

oral. Debe tenerse en cuenta que no hay evidencia de que la sed y la boca seca, en estos pacientes, estén relacionados con la deshidratación. Por tanto, se recomienda valoración individualizada. (Casas, 2005)

Sedación paliativa y la Iglesia católica

La justificación ética de la sedación paliativa se basa en su carácter de intervención proporcionada a la gravedad de la situación clínica. De hecho, la medicina paliativa contemporánea considera la sedación como un recurso terapéutico extremo, lo que significa que la severidad y la refractaria edad de los síntomas son los criterios que justifican el recurso a esta intervención terapéutica. En este contexto, recalco la primacía del principio del respeto por la vida y por la dignidad de los moribundos. El respeto por el ejercicio responsable de su libertad en la toma de decisiones médicas, son otros principios que nos ayudan a trazar los límites entre usos adecuados y abusos de la sedación al final de la vida.

La medicina paliativa entiende el derecho a morir con dignidad, no como un derecho a solicitar la muerte, sino como el que tiene toda persona de recibir una asistencia solidaria, integral y competente en la etapa final de su vida. Esta impone una serie de exigencias éticas, concretadas en el deber de brindar una atención sanitaria de calidad técnica y humana, que abarque todas las dimensiones de la persona. Se trata de la obligación moral de aliviar no solo los síntomas físicos, sino también las fuentes de sufrimiento psicológico, espiritual y social que suelen acompañar al proceso de morir (el llamado 'dolor total'). En este sentido, podemos afirmar que el acceso equitativo a una medicina paliativa de excelencia, tanto técnica como humana, debería considerarse parte de los derechos humanos fundamentales.

Esta afirmación está en armonía con lo que propone el *Catecismo de la Iglesia católica* (s. f.) al afirmar que 'a los moribundos se ha de prestar todas las atenciones necesarias para ayudarles a vivir sus últimos momentos en la dignidad y la paz'. Esto fue dicho ante la consulta de un grupo de médicos que preguntaron si la religión y la moral permiten la supresión del dolor y de la conciencia del paciente por medio de narcóticos.

Igual de iluminadora resulta una cita de la carta del Pontificio Consejo para la Pastoral de los Agentes de la Salud (1995), que sostiene que las intervenciones que producen supresión o disminución de la conciencia y del uso de las facultades superiores 'son éticamente legítimas cuando directamente persiguen, no la pérdida de la conciencia y de la libertad, sino la sensibilidad al dolor, y son aplicadas dentro de los límites de la exclusiva necesidad clínica'" (Taboada, 2011)

Conclusiones generales

La medicina paliativa entiende el llamado "derecho a morir con dignidad", no como un derecho a solicitar la muerte, sino como el que tiene toda persona de recibir una asistencia solidaria, integral y competente en la etapa final de su vida. Lo anterior, imponiendo exigencias éticas, con la obligación moral de aliviar no solo los síntomas físicos, sino también las fuentes del sufrimiento, psicológico, espiritual y social. Acceder al derecho de cuidados paliativos debería considerarse parte de los derechos humanos fundamentales (Taboada, 2011).

La sedación en cuidados paliativos es una maniobra terapéutica destinada al alivio de síntomas refractarios que pueden aparecer en el contexto del enfermo que se halla al final de su vida.

Cuando se indica la sedación, se recomienda constatar en la historia clínica los motivos, el proceso en la toma de decisiones (incluido el consentimiento) y la monitorización de los resultados. Ello constituye la mejor garantía ética y legal.

Ni la sedación paliativa ni la terminal son eutanasia encubierta. Las diferencias recaen tanto en el objetivo, la indicación, el procedimiento, el resultado y el respeto a las garantías éticas.

El Catecismo de la Iglesia Católica afirma que "a los moribundos se ha de prestar atenciones necesarias para ayudarles a vivir sus últimos momentos en la dignidad y la paz". Asimismo, el Pontificio Consejo para la Pastoral de los Agentes de la Salud, sostiene que supresores de conciencia "son éticamente legítimos cuando persiguen la pérdida de la sensibilidad al dolor y son aplicados dentro de los límites de la exclusiva necesidad clínica" (Taboada, 2011).

La hidratación parenteral de un paciente sedado solo se contemplará si no está en situación agónica. En cualquier caso, la decisión ha de ser siempre individualizada, según las circunstancias del paciente y los deseos de la familia.

Debido a los riesgos de aceleramiento de la muerte por depresión respiratoria, aspiración y compromiso hemodinámico, es que se necesita un monitoreo permanente de los parámetros hemodinámicos y de frecuencia respiratoria, así como la disponibilidad de antídotos. Son parte integrante del procedimiento de sedación. En casos en que no sea posible implementar estas precauciones, se recomienda abstenerse de la sedación.

La sedación paliativa es considerada hoy una herramienta terapéutica potencialmente muy útil en la atención de los pacientes terminales. Por sus efectos adversos y los riesgos que lleva aparejados, su indicación se suele reservar para el manejo de síntomas severos y refractarios, considerándose un recurso terapéutico de uso extremo. Dado que en Chile, como en la mayoría de los países latinoamericanos, no existen guías clínicas para el uso adecuado de la sedación al final de la vida, parece oportuno invitar a los profesionales de la salud a revisar los criterios clínicos y los aspectos ético-antropológicos relacionados con el uso de la sedación paliativa, a modo de contribuir efectivamente a difundir las buenas prácticas clínicas en esta materia. Esto podría tener un impacto positivo no solo en la calidad de la atención clínica que brindamos a los pacientes moribundos, sino también en el desarrollo de la medicina paliativa en nuestro país. (Taboada, 2012, p. 160)

Referencias bibliográficas

Biblioteca del Congreso Nacional de Chile (2021). *Consagración de los Cuidados Paliativos y los derechos de las personas que padecen enfermedades terminales o graves*. Ministerio de Salud, Gobierno de Chile.

Broggi, M. (2016). ¿Qué es la bioética? *Aacic.org/es*.

Casas, M. (2005). Sedación terminal, eutanasia y bioética. *Revista cubana de medicina, 44*(5-6).

Ministerio de Salud. (2023). *Ley Cuidados Paliativos Universales*. Acta exenta N°1509.

Organización Mundial de la Salud. (2020). Cuidados paliativos. *Who.int/es*.

Taboada, P. (2012). Sedación Paliativa (parte I). Controversia sobre términos, definiciones y apliaciones clínicas. *Acta Bioethica, 18*(2), 155-162.

Taboada, P. (2011). Cuestiones éticas sobre la sedación al final de la vida. *Revistadialogos.uc.cl*.

The Joseph and Rose Kennedy Institute for the Study of Human Reproduction and Bioethics. (1978). *Enciclopedia de Bioética del Instituto Joseph y Rose Kennedy*.

Soltar y Amar

> "Sufrirás. Pareceré muerto y eso no será cierto.
> Tú entiendes, es demasiado lejos,
> no puedo llevar mi cuerpo, pesa demasiado"

Llegó el día en que comenzaríamos con la sedación, y para esto vendría la enfermera con todos los insumos. "Dieguito" llevaba cerca de un mes durmiendo conmigo en mi pieza, y mientras la enfermera preparaba los medicamentos en la pieza de mi hijo, le dije que se tomara todo con calma, porque queríamos estar con "Dieguito" a solas los cinco un largo rato para despedirlo y así tener un momento de intimidad. Nos juntamos los cinco en mi dormitorio, y se me ocurrió plasmar las manitos de Diego en cartulinas blancas y en dos bastidores de tela que tenía guardados. Mis hijas trajeron pintura de colores, y creo que fue la primera vez que su papá participó con nosotros de este tipo de actividad. Me sentí feliz por eso, feliz de vernos después de mucho tiempo unidos y en paz. "Dieguito" ya sabía lo que estaba por venir, lo había preparado durante días, y siempre su respuesta fue una mirada profunda, llena de paz y gratitud. Mi niño intentaba conectarse, se esforzaba por vernos, por mirar lo que hacíamos y lo que le decíamos. Tanto tiempo recibiendo opioides y teniendo dolor, a esa altura estaba permanentemente somnoliento y desconectado, con sus persianitas brillantes casi a medio cerrar.

En ese momento le dijimos que sus manos serían un regalo para quienes lo aman. Sus hermanas comenzaron a pintarle su manito de distintos colores, mientras yo lo sostenía entre mis brazos. Le celebrábamos cada impresión, como si fuese la primera vez que este artista pintaba.

Lo limpiamos, lo abrazamos, lo besamos y le dijimos lo mucho que lo amábamos, y una vez más le recordamos lo libre que era su alma. Le agradecimos su presencia y todo lo que nos había enseñado en esos casi diez años. Le dijimos lo inmensamente generoso que había sido con nosotros, lo tremendamente fuerte y valiente que había sido siempre, lo feliz que nos había hecho y los hermosos recuerdos que nos dejaba. Volvimos a repetirle que podía volar tranquilo y en paz, sin preocuparse por nosotros, porque nosotros aprenderíamos a vivir con su ausencia (aunque lo íbamos a extrañar); que podría venir a visitarnos todas las veces que él quisiera, que siempre estaría con nosotros y nosotros con él; que pronto, algún día, nos volveríamos a abrazar. Palabras que en más de una ocasión se las repetí en nuestras tardes de abrazos interminables. Aunque ahora ni su conciencia ni sus ojos me acompañaban, siempre supe que su alma me escuchaba y no perdí nunca la oportunidad de decirle lo que sentía por él y de prepararlo para su transición.

6 de enero de 2021

Hoy el dolor no me deja, traspasa mi piel y mis ojos, ellos dicen más de lo que yo puedo escribir. Intento sonreír y mantenerme lo más fuerte posible en estos días. No es fácil seguir con tu vida cuando sabes que se te escapa la más sagrada, la que cuidas, la que mimas, la que te transforma, la que te eleva cada día y la que te eligió entre miles. Qué duro y qué impotente. Se me escapa esta belleza sublime como un suave y perfumado jabón entre mis dedos; solo quiero quedarme para siempre con su aroma, con su textura en la memoria de mi piel, para siempre. Eres mi remedio, eres mi obsesión, hoy te necesito y también te extraño.

Me dueles y me sanas a la vez, te escucho fuerte y no deja de dolerme lo que oigo, pero estoy contigo. Mi egoísmo ya se ha ido, pero no por eso mi corazón duele menos. Tranquilo, mi pajarito, que eres libre y lo sabes. Te lo recuerdo para que nunca se te olvide, la libertad es tu mayor regalo. Eres mi pajarito revoltoso y piador, reclamando ser visto y escuchado. Ya todos te vimos y te oímos con amor y resignación.

Dulce y resiliente vida, te regalo como siempre mis besos y mi compañía cercana a tu precioso cuerpo injusto. No pido más milagros para ti, solo pido un poco de clemencia para tu cuerpo enfermo, el milagro más importante ya me lo diste hace ocho años, cuando renaciste como un fénix, lleno de fuerza y amor por la vida, dispuesto a luchar y a darlo todo, a quedarte con nosotros una, otra y otra vez. Pero este año te fuiste y volviste tantas veces, lo supe, te sentí, te vi cuando lo hacías y supe también que pronto, algún día, tu camino de regreso a mí sería cada vez más dudoso, hasta que quizás decidieras quedarte por esos tentadores y apaciguados lugares, donde tu dolor no existe, solo hay amor y paz sublime que te abraza infinitamente. A la fe le susurramos nuestros últimos deseos para ti, confiamos todavía en su piedad y suplicamos por un día sin dolor.

Hasta el día de hoy, me siento honrada y agradecida de mi hijo, por haberme permitido tener esta experiencia tan sublime junto a él, despedirlo, prepararlo para enfrentar su muerte, poder entregarle los últimos momentos de su vida junto a la música que le gustaba y a la lectura de *El principito*. Limpiarlo, arreglarlo, ponerlo lindo para partir, momentos que pueden sonar duros, pero que atesoro y agradezco con el alma, porque fueron regalos para mí y mi familia; momentos que el alma de Diego nos dio con profundo amor, mucho antes de su llegada a este mundo. Así es como lo veo, como lo siento y como estoy segura de que es.

Terminada esta sensible reunión, la enfermera se acercó y me contó que le faltaron algunos insumos más, que tenía que volver a la clínica por el resto. En ese momento sentí que era una oportunidad más para estar y compartir con "Dieguito". Justo en ese momento, Diego como por arte de magia estaba tranquilo y sin dolor, así que se me ocurrió llevarlo en su coche hasta la terraza que tenía fuera de mi pieza, una terraza que recién se había terminado de remodelar, pensada especialmente para él; en algún momento creí que podríamos disfrutar ahí, aunque fuese un par de meses más. Pero ahora que lo pienso, esa terraza remodelada finalmente se transformó en el rincón donde me conectaría con mi hijo más adelante, es decir, es la terraza de mamá; fue la terraza de Diego para mamá y no al revés, como yo pensaba. Mágico. Más adelante los regalos también llegaron uno tras otro, y ya no solo los dolores fueron protagonistas, pero eso lo dejaré para otras historias que vendrán.

Lo senté bajo el magnolio, ese árbol que nos vio reírnos, jugar, cantar, que nos vio sentados y abrazándonos tantas veces sobre esa banqueta que teníamos allí. El día estaba lindo, y allí en su coche dejé que el sol tocara su cuerpo. Sentía que le regalaba los últimos rayitos de sol, el último calor de verano, la última brisa cálida, los últimos cantos de pajaritos, mis últimos regalos para mi pequeño, que irían acompañados del más importante de todos: la promesa y el regalo de amor verdadero.

Nos quedamos ahí los cinco, acompañándolo. "Dieguito" apenas podía abrir sus ojos, solo disfrutamos el momento, callados, cada uno sentado en algún lugar de la terraza, contemplándolo en silencio. Dos horas nos regaló nuestro principito, dos horas de paz, hasta que comenzó con dolores intensos nuevamente; en eso justo llegó la enfermera. Nuestros preciados ciento veinte minutos habían terminado.

Esa vez fue la última vez que Diego usó su coche, su auto todo terreno, compañero de aventuras, que con la rueda chueca siempre resistió a cuanto hoyo se le cruzaba, lo hizo dormir sus siestas, prestó sus brazos para anclar las bombas, prestó su canasto para abrazar su ventilador, lo hizo girar al ritmo de una cueca, soportó cuanto vómito y orinas imaginan. Ese coche que hoy vemos vacío, en el que aún permanece impregnada la estela de "Dieguito".

Lo acomodamos en mi cama nuevamente y la enfermera se dispuso a desconectar su nutrición parenteral. Nos habían dicho que, una vez comenzada la sedación, el efecto de esta sería muy rápido y que se dormiría en diez minutos, como máximo. Cuando la enfermera echó a andar las bombas de morfina y midazolam, supe que había comenzado a morir una parte de mí.

Vigilamos a nuestro hijo junto a Rodrigo y la enfermera, mudos los tres; mis hijas prefirieron no estar en ese momento. Para sorpresa de todos, los minutos comenzaron a transcurrir sin que Diego consiguiera dormirse ni apagar su dolor. Diez, treinta minutos y una hora estuvimos en vigilia permanente, y nuestro "Dieguito" permanecía despierto en un ir y venir de su conciencia, su cuerpo aún muy reactivo a los dolores, provocando derramar sin parar esos cristales acuosos de sus dulces ojos.

Era algo casi sobrenatural lo que veíamos. "Dieguito" llevaba horas con esa infusión continua potentísima dando vueltas por su cuerpo, pero aquel dolor no quería alejarse ni medio centímetro de su ser y le impedía incluso cerrar sus ojos. Su cuerpo en totalidad se resistía fuertemente.

La enfermera que se encontraba conmigo ese día era la misma que me acompañó en todo el proceso de cuidados paliativos de "Dieguito". Era una persona que tenía mucha experiencia en cuidados paliativos y en el procedimiento de sedación paliativa. Anteriormente ella había trabajado en la unidad de oncología de adultos en una prestigiosa clínica en Santiago. Ella muy amorosamente me orientó y me apoyó durante este proceso; siempre me decía que nunca había visto una resistencia como la que había tenido Diego hasta ese entonces. Ahora esto le sorprendía aún más, ya que la dosis endovenosa que le estábamos administrando no la había visto ni siquiera en un adulto terminal.

Cuando me contaba, sentía tanto asombro como ella. "¿Por qué no estaba surgiendo efecto en él?" me preguntaba una y otra vez. Tenía miedo de no saber qué pasaría ahora.

Principito dormido, sueña conmigo

> "Si tu llegada hizo vivir en nosotros la fe como una muestra de libertad, tu partida significó muy pronto masticar, en trozos duros, la tristeza. Sé, no obstante, que te llevo en mí y que tú, niño mío, navegarás conmigo en feliz transparencia por ríos que vaticinan la posibilidad de soñar"

Junto con la enfermera le dimos aviso inmediato a la paliativista, quien ordenó el aumento de la dosis de ambos fármacos. Sin embargo, las cosas no cambiaron en nada. No cabía tanta impotencia y dolor en mí, no podía explicarme cómo con todo esto mi hijo seguía sufriendo de esta forma, sin presentar ni la más mínima respuesta. Como las cosas con Diego no cambiaron durante dos días, Rodrigo decidió devolverse a su trabajo en el norte, con la justificación de que estaba en sus días de turno y que tenía mucho trabajo que atender allá. Era tan evidente su forma de evasión al dolor, de protegerse y refugiarse en su trabajo, a pesar de todo lo que estábamos viviendo. Estaba dolida, no por mí, sino por mi hijo; me dolía que su padre no estuviese presente físicamente en la experiencia más dura de su vida y, por qué no, la nuestra también, porque sé que en su mente y en su corazón siempre estuvo latente la vida de su Diego. Juro que me esforzaba por comprenderlo, pero no podía obligarlo a nada, solo mantenía la esperanza de que por sí solo se diera cuenta. Rogaba a Dios que nada de lo que estaba haciendo en ese entonces le hiciera sentir culpa en un futuro, porque no hay nada peor que vivir con culpas, sobre todo cuando se trata de un hijo.

Antes de su partida al norte, planeamos una reunión con la médico tratante de Diego, para fijar las directrices que se tomarían en caso de que pasara algo en la ausencia de Rodrigo. La reunión fue entre la doctora, la enfermera, Rodrigo y yo. Fue una reunión extraña, porque se sentía en el aire la resistencia al dolor y la armadura fuerte que cargaba Rodrigo. Actitudes y palabras que impactaron en esa reunión, no por lo rudas, sino por la intensidad de dolor que arrastraba su corazón. Eso se podía percibir desde muy lejos y nos entristecía fuertemente; supe que era así, lo vi en los rostros de la doctora y la enfermera. Porque nadie, ni yo, se atrevió a intentar convencerlo para que se quedara. Dejamos fluir la situación como Rodrigo la sintiera cómoda y respetar su decisión, nos gustara o no, la entendiéramos o no.

Para mí no ha sido fácil mencionar cada detalle que viví junto a Rodrigo, pero cuando me decidí a escribir este libro, siempre quise hacerlo desde la sensatez y con la máxima apertura de mis sentimientos. Porque creo que lo que me tocó vivir junto al papá de Diego durante ese período, no es más que una realidad que muchas familias experimentan durante el proceso previo y también posterior a la sedación paliativa. Reacciones, actitudes, palabras, que creemos pueden ser extrañas o inusuales, pero son más comunes de lo que se piensa. Porque sabemos que es un proceso duro, el más difícil que alguna familia pudiese vivir, donde no todos estamos mentalmente preparados para entender y mucho menos tener un corazón dispuesto a soltar. He tenido la necesidad de mostrar que mi realidad puede ser la realidad de muchas otras parejas y familias, en que los roces, los desencuentros, las discusiones e incluso los quiebres matrimoniales o entre integrantes de la familia, son parte también de este camino, como también lo son las reconciliaciones, los encuentros y los entendimientos.

El plan que le entregó la doctora a Rodrigo fue que si en su ausencia Diego comenzara con un declive de sus signos vitales, se le extendería la vida, proporcionándole oxígeno y modificando los parámetros de su ventilador mecánico, con la única intención de darle tiempo a su papá de poder llegar para el fallecimiento de su hijo.

Al tercer día, la médico paliativa ordenó cambiar de morfina a metadona, otro medicamento opiáceo sintético utilizado como analgesia para el tratamiento del dolor. Cuando escuché "metadona" me asusté muchísimo, ya que, como lo conté en un capítulo anterior, "Dieguito" en la hospitalización de 2017 había reaccionado de forma paradojal a las inyecciones de metadona, provocándole más dolor. Pero al mencionarle esto, la médico paliativa me respondió con tanta confianza y serenidad, diciéndome que estuviera tranquila, que nada de eso sucedería esta vez.

En cuanto llegó el nuevo fármaco, lo conectamos y dadas todas las experiencias anteriores con opiáceos en altas dosis, jamás esperé que se durmiera. Le comenté a

Diego lo que haríamos, le seguía insistiendo que jamás lo dejaría, que estaría junto a él en todo momento y que no tuviera miedo, que la mamá lucharía contra su dolor, permitiéndole entrar en ese sueño eterno, profundo y reparador del que tanto le hablaba.

Cuando comenzó a andar la metadona junto al midazolam, estaba alerta por si percibía algún signo de dolor, pero para mi sorpresa, "Dieguito" comenzó a estar cada vez más y más dormido. Esto realmente me pilló desprevenida, esperaba ver nuevamente resistencia en él, pero esta vez todo fue distinto. Me sobrecogí completamente, sentí miedo también al ver que ya no despertaba, que sus ojos ya no podía abrirlos. Me conmoví al verlo entregado completamente a ese sueño del que tanto le hablé. Mi hijo había comenzado su viaje, ese tránsito que alguna vez exploró de la mano de algún ángel. Su cuerpo dejó de luchar, su alma recordó su libertad y poco a poco también comenzó a recordar el camino regreso a casa, la casa de todos, nuestro verdadero hogar.

15 de enero de 2021

Mi tesoro, mi pajarito libre y soñador, te tomo de tu mano sin soltarte, mi amor. Tus ojitos dormilones sueñan con el mar, ese que alguna vez nos vio juntos alucinar, corriendo en tu coche sin parar. Toma tu libertad, la que te vio nacer; te acompaña desde siempre esperando acoger a tu cuerpo injusto defender. Aquí estoy, mi naricita pequeña, siempre a tu lado esperando una señal. Tu piel tibia me recuerda que tu cuerpo está vivo y paciente, calmo y resiliente, esperando encontrar esa paz que tenías en mi vientre. No tengas miedo, mi pequeño guerrero, que solo no estás. Los ángeles te acompañan, te esperan pacientes, vigilando tu cuerpo y tu alma que todo lo siente.

Oramos juntos, te sigo hablando como si me escucharas y me vieras. ¡Por Dios, cuánto lo quisiera! Continuamos leyendo el libro que nos acompañó en tus últimos días de vigilia y dolor. Pienso que me escuchas, siento que aún estás, escondido entre ese sueño que te aleja de todo mal.

Viajero dimensional, alma perfecta y astral, tus paseos soñados me has mostrado. Gracias, pequeño, por todo lo entregado. Tu sonrisa le enseñaste al mundo entero, conquistaste con esos dientecitos separados y bonitos, coqueteaste con la gente, con el mundo en su consciente. Tu vida nos mostraste sin tapujos y dibujos, fuiste real y auténtico, niño hermoso de mis ojos.

Yo casi no dormía, quería estar atenta a sus signos vitales. En la madrugada, mientras estaba acurrucada junto a él, vi que intentó abrir los ojos muy levemente, podía ver sus pupilas a través de las rendijas de sus pestañas. Me miró como pidiendo permiso para continuar su viaje y le dije: "Haga tutito, mi amor, la mamá está acá cuidándote. Te amo, descansa". Mi pequeño cerró lentamente sus ojitos y retomó su viaje. Al día siguiente se mantuvo completamente dormido, y por la madrugada, lo vi hacer un pequeño salto mientras dormía; tenía frente a mí una crisis de epilepsia. Leve, suave, corta, y luego mi hijo siguió durmiendo. Lo abracé, lo acaricié y supe que esa sería la última visita de ese monstruo. Dentro de mí pensaba: "Maldita epilepsia, te llevaste a mi bebé, deteriorándolo estos años, y ahora tienes el descaro de venir a despedirte, burlándote de nosotros". Porque así lo sentí, una burla descarada de su implacable epilepsia.

Posterior a esto, casi de forma inmediata, Diego comenzó a presentar los primeros signos de su cuerpo en agonía. La temperatura subía bruscamente, comenzó a presentar dificultad para respirar, su oxigenación bajó; lo apoyamos con oxígeno de forma permanente hasta que llegara Rodrigo a Santiago. Diego comenzó a manifestar una dermatitis en todas sus extremidades y en el pecho. Su médico paliativa dijo que se debía a la cantidad de opioides que estaba recibiendo.

Para mí lo más traumático fue ver cómo día tras día su cuerpo se iba desfigurando por el edema generalizado. Sus ojos comenzaron a bañarse en sangre y en algún momento vi correr una lágrima roja por su mejilla. Sus ojos secos se partían al no cerrarlos por completo; para ello le aplicábamos ungüentos especiales, pero finalmente opté por tapárselos con pequeñas gasitas húmedas, y lo mismo hice con su boquita. Todo lo que suele ser húmedo en nuestro cuerpo, perdió rápidamente su humedad, formando costras sobre ellas. Diego llevaba un tiempo con secreciones amarillentas, pero esta vez se tornaron de color café y líquidas, a lo que su médico de cabecera, con mucha tristeza en la voz, me explicó que sus pulmones estaban comenzando a fallar.

Tuyo fue el 26 de enero de 2021... mía fue la promesa cumplida

"Largo fue y terriblemente corto el periplo interplanetario de tu viaje, y cuando optaste por emprender el regreso, preparándote espiritualmente para ello, sé que lo hiciste movilizado por una convicción profunda, como la de atreverte a volar sin los faldones ni los hermosos colores de tu capa, dejando sobre las arenas del desierto tu corporal envoltura"

Rápidamente, a medida que pasaban los días e incluso las horas, "Dieguito" comenzaba a estar más y más inflamado. Cada mínima parte de su cuerpo comenzó a transformarse, tomando una forma que nunca antes había visto ni en Diego, ni en nadie, ni siquiera sabía que era posible llegar a esos extremos. Llamé a su médico de cabecera solo para contarle lo angustiada que me tenía esta situación y saber si podíamos hacer algo ante esto. La llamé desconsolada: "Haga algo, doctora, ¡no soporto ver así a mi hijo!" Ella me respondió: "Lo que podríamos hacer es probar con diuréticos, para ayudarlo a drenar el líquido que está reteniendo, pero por la única razón que no lo he hecho, señora Natalia, es porque hay muchísimo riesgo de que se provoque una hipotensión arterial grave y que Dieguito se nos vaya inmediatamente". Ante esta respuesta, le dije: "No me importa en estos momentos que mi hijo se vaya más rápido, lo único que quiero es detener este edema horroroso, no quiero que mi hijo muera irreconocible y yo viviendo con eso toda mi vida".

Luego de esta conversación telefónica, la doctora indicó detener la hidratación y administrarle antidiuréticos endovenosos para intentar ayudarlo a drenar el líquido que estaba reteniendo. Ante todo lo que mis ojos estuvieron presenciando esos días, solo me quedaba el leve consuelo de que mi hijo no sentía nada, ya no sufría, solo viajaba. Podía verlo dentro de mí, flotando en una inmensa paz, acompañado y reconociendo su camino de vuelta a casa. Aquí en tierra firme quedábamos los dolientes ahora.

Probamos dos diferentes tipos de diuréticos, pero ninguno de ellos lo ayudó a detener esta inflamación, tampoco se vieron cambios en la presión arterial, por lo que Diego se mantuvo con los mismos signos vitales. Su sistema renal había fallado, ya no salía orina por la sonda, había que retirar los diuréticos y el suero con rapidez, pero lamentablemente se encontraba infundiendo de forma continua la sedación, por lo que el edema continuaría sin parar, situación que me daba pánico imaginar.

Con el paso de los días, los signos de su agonía se hicieron más marcados y cada vez más dolorosos para mí y para todos quienes estábamos acompañándolo. Cada detalle de su cuerpo estaba marcado por la falla generalizada de sus órganos vitales, su cuerpo reflejaba una cáscara completamente vacía. No veía ni sentía a hijo ahí dentro, y no sé si eso me daba paz o me dolía, quizás eran ambas a la vez. Lo contemplé tantas veces en mi cama, adueñándose de un cuerpo que no le pertenecía, transformándose día a día en algo que no reconocía. Tenía un sentimiento extraño e increíble de lo que tenía frente a mí, sentía tan fuertemente que ahí no estaba mi hijo, el niño de mis ojos. Sabía que ese cuerpo que contemplaba con pena y con una suerte de admiración, era el vehículo que mi hijo decidió usar para conocerme y para enamorarme, el cascarón más hermoso que pudo haber elegido para mí. Le agradecí a ese cuerpecito fuerte, luchador, obstinado y de coraza firme, perfecto y hermoso para mí, por haberme acompañado por tantos años, por permitirme cuidarlo y por permitirme abrazarlo con locura cada día. Ahora le pedía por primera vez un favor a ese cuerpo que siempre le puso el hombro a la vida, le pedí que me ayudara a no necesitarlo nunca más.

Para ese entonces, ya sabiendo que nos encontrábamos cerca del final, pedí a la doctora de Diego que le hiciera un informe médico a mis padres para que pudiesen viajar ese mismo día desde Antofagasta (estábamos en fase crítica de pandemia y no era fácil tomar un vuelo). Cuando comencé a ver que los signos de "Dieguito" comenzaron a declinar aún más, llamé a Rodrigo, quien todavía estaba en el norte, para que se viniera lo antes posible, confirmándole que ya nos estábamos acercando al momento.

Mientras hablaba por teléfono con Rodrigo, sentada frente a mi hijo, me preguntó sobre qué tipo de funeral o ataúd me gustaría para Diego, porque no quería pasarme a llevar en esta decisión. Mi alma se rompió en dolor. Frente de mis ojos aún estaba latiendo el corazón de mi pequeño, aún estaba su cuerpo conmigo, aún vivía y no podía imaginar ponerlo en un cajón.

"Perdona" le respondí entre mi llanto, "pero no puedo responderte eso ahora". Rodrigo me dijo: "Tranquila, hicimos lo correcto, estaba sufriendo mucho". En ese minuto cada lágrima estuvo dedicada a la emoción de escucharlo decir eso, porque supe que al fin había logrado aceptar y reconocer que nuestro hijo debía descansar de toda esta pesadilla. Le di gracias a Diego, porque estaba segura de que su alma condescendiente había intercedido en las palabras y en el sentir de su papá.

Mientras Rodrigo viajaba esa noche de vuelta a Santiago, pusimos en marcha el plan que habíamos conversado con la doctora de cabecera, para darle la posibilidad de llegar antes de que falleciera "Dieguito". Mis padres llegaron al día siguiente. Ya estábamos todos en casa, todos en torno a nuestro amado "Dieguito", contemplándolo, turnándonos para regalonearlo, para besarlo y hablarle en su sueño. Cada uno le regaló palabras que serían confidenciales entre ellos. Durante esos últimos cinco días, vinieron a despedirse de "Dieguito", mis amigas Cybell y Lucía, y mis primas Camila y Bárbara. Estas bellas mujeres fueron parte importante y significativa en la vida de mi hijo, siempre les estaré agradecida por el amor, la preocupación, los cuidados, las sonrisas y cada muestra de cariño que le regalaron a mi hijo a lo largo de su vida. Sé lo difícil y lo tremendamente doloroso que fue para cada una de ellas despedirse de un regalón de los suyos.

Las emociones de todos estaban a flor de piel, en el aire se podía respirar una profunda pena en nuestra casa, todo era silencio y reflexión esos días. El silencio era aterrador, porque ni siquiera las alarmas estaban encendidas, solo se podía escuchar el sonido de su ventilador trabajando por él, regalándole sus últimos respiros. En los últimos dos días de vida, su cuerpo había tomado una apariencia irreconocible, desgarradora para mi corazón.

Desde que comenzamos la primera puesta en marcha de sedación paliativa, que una enfermera se mantenía de forma casi permanente en nuestra casa, llegando cerca de las ocho de la mañana, para recargar la bomba de sedación. Era muy importante que la bomba se mantuviera siempre infundiendo la sedación de manera continua, porque si se llegaba a acabar, corríamos el riesgo de que pudiese despertar y eso provocaría una reacción fisiológica de extremo dolor, mucho más de lo que ya tenía. Imaginar un dolor más fuerte, más extremo de lo que ya Diego sentía en ese entonces, era completamente inimaginable para mí, pero médicamente era muy posible, según lo que me explicó la médico paliativa.

La enfermera se iba a almorzar por una hora, luego volvía y se retiraba recién a las diez de la noche, y luego a las doce de la noche llegaba otra enfermera para corroborar los signos vitales. Esta vigilancia cuidadosa que hacíamos junto con las enfermeras, kinesiólogos y mis técnicos, era sumamente importante. Se registraba cada cambio en sus signos vitales y se reportaba a cada instante a su médico de cabecera y a la médico paliativa.

Todos los días había que gestionar la compra de los opioides en grandes cantidades. Y con relación a esto, en los últimos tres días surgieron problemas para conseguir los medicamentos; la clínica domiciliaria estaba haciendo todos los esfuerzos humanos para conseguirlos. Para lograr esto siempre la médico paliativa nos facilitaba las órdenes médicas. Estos medicamentos se compraban en un lugar especial, y en vista de la cantidad enorme de ampollas que se compraban (se le administraban más de treinta ampollas de metadona y midazolam por día; más de cuatrocientas ampollas por semana), este lugar de venta comenzó a poner trabas para conseguir dicha cantidad de opioides. Era de esperar esta reacción, ya que era una compra completamente fuera de lo habitual y de lo que normalmente estaban ellos acostumbrados a vender. Además, era una suma exorbitante de opiáceos la que estaba solicitando una enfermera. Cantidades como estas de opiáceos solo son vendidas a centros de salud, hospitales y clínicas, pero nunca a particulares ni a clínicas domiciliarias.

Esta situación comenzó a ponerme nerviosa, además notaba la preocupación de las enfermeras y de su médico de cabecera. Los sentía a todos muy nerviosos por la posibilidad de no acceder a los medicamentos de forma oportuna. Después de meditarlo entre el médico tratante, la médico paliativa y las enfermeras, se me propuso que ante un eventual caso de no lograr conseguir la cantidad suficiente de opioides como para mantenerlo bajo sedación continua, habría que ingresarlo a una UCI. Esta sería la única forma de protegerlo y continuar de manera segura su sedación. Obviamente esta idea me parecía completamente prudente, jamás me rehusaría a algo así, pese a que no era mi ideal. Cuando pensaba en su fallecimiento, siempre lo imaginaba en un lugar cálido y cercano como su casa. Finalmente pensé: que sea lo que su alma quiera, dónde y cuándo quiera.

Lunes 25 de enero de 2021. Por la noche, los signos vitales de "Dieguito" empeoraron súbitamente, nos reunimos todos en torno a él para acompañarlo: su papá, sus hermanas, su abuela y su abuelo. Cuando eran ya las doce de la noche llamé a enfermería y kinesiología para que vinieran a verlo. Reconozco que me puse como una loca, temblaba entera y Rodrigo se molestó por mi reacción, me pedía que me tranquilizara, me decía que sabíamos que esto iba ser así. ¿Cómo podía pedirme que me tranquilizara? Por más que yo supiera que mi hijo iba a fallecer, mi corazón jamás estaría preparado para enfrentarlo, es más, ni siquiera sabía cómo iba a reaccionar para aquel entonces. Yo solo sentía, y cada movimiento, palabra, sonido que yo emitía, provenía desde el dolor más profundo de mi ser.

"Dieguito" hacía respiraciones ruidosas, su presión estaba muy baja, al igual que su saturación, y su ritmo cardíaco estaba irregular. Sabíamos que estábamos en la presencia de sus últimos minutos de vida.

La enfermera y la kinesióloga se fueron sin hacer nada; solo le notificaron a la doctora lo que estaba pasando con "Dieguito". Se fueron con mucha tristeza y evidentemente afectadas. La gran mayoría del equipo clínico de este *home* conocía muy bien a mi hijo; durante dos años se formaron lazos muy estrechos con varios de ellos, fueron comprometidos, cordiales, amables, respetuosos y siempre nos trataron tanto a mí como a mi hijo con mucho cariño.

Martes 26 de enero. Pasadas las doce de la noche, inexplicablemente su presión y su saturación se regularon levemente, haciéndonos pensar que su deceso sería por la tarde de ese día. Por lo tanto, todos se fueron a dormir, seguramente con esa mezcla extraña de tranquilidad y angustia a la vez. Con esa misma extraña sensación de tranquilidad me quedé yo, pensando que Diego nos estaba dando un día más para despedirnos. ¡Cuántas despedidas ya habíamos tenido! Dichosos fuimos, dichosa fui por ello.

Me quedé sola junto a "Dieguito" en mi dormitorio; mi técnico venía constantemente a supervisar a Diego. Pensé que podría descansar unos minutos junto a él, ya que sabía que se me vendría un día muy difícil y quería tener ese momento de tranquilidad junto a mi hijo. No sé por qué razón, pero hasta ahora me había olvidado de que ese momento había existido realmente. Me alegra recordarlo y saber que fue real, aunque muy breve. Si me esfuerzo más en recordarlo, sé que me recosté a su lado, cerré mis ojos y me pregunté hacia dónde viajaba mi pequeño, me pregunté también qué sería de mí sin él. Tomé su manito como lo hacía siempre y acomodé mi cabeza en su hombro, mientras no paraba de mirarlo y sentir su aún cálida piel. Recuerdo también sentirme conmovida y atónita por lo que estaba viviendo, no creía que eso estuviese pasando, me sentía como en una especie de alucinación. Quizás muchas veces me sentí así en esos últimos días, pero ese momento fue distinto, sabía que faltaba solo un par de horas para que comenzara mi propia agonía, sabía que moriría en vida junto a mi hijo, tenía muchísimo miedo.

Alrededor de las cinco de la mañana, sus signos vitales comenzaron a decaer bruscamente. Llamé a mi técnico, que estaba en la pieza de Diego, pedí que le tomara la presión, sabía que la presión arterial sería nuestro principal indicador de su muerte. La presión estaba extremadamente baja, así que se la tomábamos cada tres minutos. Me puse el fonendoscopio para escuchar sus latidos del corazón; estaban muy lentos, su corazón hacía pausas, y a pesar de estar con el ventilador mecánico, sentía un ruido extraño salir por su boca. Tenía además un movimiento de tórax que a ratos se descoordinaba de la ventilación mecánica.

Su saturación estaba baja, pero no era algo tan alarmante, lo cual llamaba mi atención. Con mi técnico nos confundía mucho esta oxigenación, porque no concordaba con el resto de sus signos. Pensé que algo podría estar fallando en el monitor de "Dieguito", así que, para salir de dudas, le pusimos en el otro dedo un oxímetro de pulso portátil y la saturación que marcaba era completamente distinta. ¡Marcaba números súper óptimos! No podía creerlo, así que trajimos otro monitor de signos vitales que teníamos guardado; este monitor era tan bueno como el que usábamos siempre. Pero al ponérselo en otro dedo, ¡marcaba una saturación extremadamente baja! ¡Los tres monitores mostraban números distintos! No sabíamos a cuál hacerle caso, en uno decía que estaba con muy buena oxigenación, en otro, regular, y en el otro, crítico. Mi técnico, a pesar de que la sentía nerviosa, lograba mantener la calma; en cambio, yo comenzaba rápidamente a desesperarme. Le frotábamos las manos, porque las tenía muy frías y pensaba que eso podría estar afectando la marcación de su saturación. No lo pensé más, esto me tenía mal, así que decidí dejar solo el monitor habitual de Diego, el que lo acompañaba siempre. Fue la mejor decisión, eso bajó mi nivel de ansiedad.

Mi técnico le tomaba la presión constantemente y yo mientras escuchaba su corazón con el fonendoscopio; aquel corazoncito luchador latía dos veces y se detenía por unos segundos. Sentí miedo, estaba agitada, nerviosa y tantas cosas a su vez. Todo este revoltijo de sensaciones en tan solo segundos, fueron momentos eternos, sentía como si el mundo se fuera acabar, como si viera un meteorito colosal impactar a la tierra en fracción de segundos.

En un momento la presión arterial se volvió casi nula. Me detuve a observar a mi hijo y en ese mismo momento que mis ojos se clavaron en su rostro, pronunció un fuerte suspiro, por el que dejó salir su dulce voz por última vez. Alcé la mirada y le dije incrédulamente a mi técnico: "¡¿Viste eso?!" En ese mismo segundo no relacioné ese suspiro como su partida, sino que me sentí confundida y emocionada de escuchar ese sonidito que tanto extrañaba; se escuchó suave, largo y sereno. Inmediatamente después de eso le pedí a mi técnico que le tomara la presión nuevamente, y la presión marcaba una línea. "Tómale de nuevo" le dije a mi técnico y ella volvió a tomarle la presión, mirándome sin decir nada. La presión volvió a marcar una línea. "¡De nuevo!" grité, y la presión nuevamente no marcó nada. En ese momento me quedé en *shock*, continué mirando a mi hijo, a quien no le había sacado los ojos de encima durante esos quince minutos; miré a mi técnico y le dije: "Se fue". Luego volví a repetir: "Se fue, se fue, se fue".

No derramé ni una sola lágrima en ese momento ni en las próximas dos horas. No recuerdo haber sentido ni mi propio cuerpo, no recuerdo tener dolor, ese que me desgarró a las horas y al tiempo después. Me transformé en un robot, tenía todo mi piloto automático andando, en mi cabeza pensaba en mis familiares cercanos, me preguntaba a quién llamaría primero, cómo se los diría, qué había que hacer ahora. Estaba borrada y al mismo tiempo pensaba en logística. Me sorprendí de mí misma viéndome actuar como una máquina, pero sabía perfecto qué me pasaba: estaba en estado de *shock*, se activó mi sistema de defensa ante el dolor, situación que me duró varios meses después de su partida.

Le di a "Dieguito" una suave caricia en su cabeza, lo abracé, le di un beso y me levanté a avisarles a todos en mi casa. Primero fui donde Rodrigo, quien estaba durmiendo con mis hijas, y le dije: "Parece que 'Dieguito' se fue".

Después me di cuenta de lo que había dicho. Ese "parece" fue mi inconsciente intentando engañarme. Todo de mi ser de madre no quería que se fuera, toda mi alma de madre lo necesitaba, lo deseaba con vida, con una larga y feliz vida junto a mí. Solo una pequeña parte de mí se quedaba con el consuelo de que su sufrimiento había terminado y también de que finalmente le había cumplido la promesa de despojarlo de su dolor.

Todos llegaron a la pieza, cada uno tuvo su momento a solas nuevamente para sentirlo, abrazarlo, dedicarle unas palabras en la intimidad o un silencio amoroso. Recuerdo el abrazo de mi madre a su nieto, su compinche de juegos, su cómplice de travesuras y paseos, el que la miraba con dulzura mientras ella le cantaba, el más regalado de los nietos, el más consentido y mimado por su "Nene". Una abuela agradecida, una mujer sabia y valiente, gentil, cariñosa y con una energía inagotable de amor. Afortunados mis hijos de tenerla, dichoso Diego por haber recibido y conocido ese amor de abuela tan especial que tiene su "Nene". Fueron y serán por siempre almas de abuela y nieto conectadas eternamente por el amor que forjaron en la tierra.

Luego de ese abrazo profundo con su "Nene" se sumó su "Yeye", el abuelo cariñoso, dulce y preocupado, quien con todo su amor le regaló junto a mi madre el canto de un mantra de despedida a su amado nieto y el único varón. Mis hijas, Rodrigo y yo contemplábamos dulcemente esta escena, como sacada de los rituales más amorosos del universo. Mi padre y mi madre con sus ojos cerrados, tocando la cabeza de Diego, cantaban muy sentidamente estos versos de energía poderosa y amorosa para acompañarlo en su transición. Fue un momento hermoso, un regalo de sus abuelos, que como madre de "Dieguito" e hija de ellos, agradezco profundamente.

Mis hijas, cada una en su silencio y cada una en su manera especial de despedirlo, sumidas en su propio dolor de hermana. Su padre, aún perturbado, casi sin derramar lágrimas, se encargaba de la logística fúnebre, intentaba a su vez consolarme manteniendo la distancia. En mi cabeza había confusión por recibir afecto tan distante y frío, añoraba un abrazo cálido y fuerte de sus brazos. Pero siempre respeté su lejanía, su tristeza, su rabia y su sentimiento, pese a que me dolía y lo extrañaba infinitamente.

En tanto yo, me quedé mucho tiempo a solas con "Dieguito" en mi pieza. No lloraba como creí que lo haría, no desvanecí como pensé que lo haría. Días antes ya había pensado más o menos cómo lo vestiría para este momento, así que fui a buscar su camisa más linda, la celeste claro, esa que usó en su última navidad; y su pantalón blanco que le ponía para ocasiones especiales y paseos. Una tenida linda y especial, para un momento lindo y especial. Sentía que todo tenía que ser perfecto, porque así lo merecía. Su cabello lo había lavado hace tres días, así que solo limpié suavemente su cuerpo, ¡lo quería más bello que nunca! Le eché su desenredante y le cepillé su pelo largo, que ya tenía por sobre los hombros; le hice su coleta, le puse su colonia y me dispuse a esperar tranquilamente, abrazada a mi hijo, la llegada del equipo médico del *homecare*.

Su doctora tratante venía en camino, junto a dos enfermeros, a realizar los trámites médicos pertinentes para este momento, además de tener que hacer todas las desconexiones y retiros de sondas. Cuando llegaron, dejé al equipo médico solo en mi pieza junto a Diego, cerré la puerta para no escuchar nada y así dejar que ellos se sintieran tranquilos realizando su trabajo.

Cuando terminaron, entré nuevamente a ver a mi hijo. Lo habían acomodado perfectamente sobre mi cama, tenía parches diminutos y limpios ocultando las perforaciones de su cuerpo. La doctora y enfermeros habían hecho un trabajo prolijo y con el mayor de los cuidados y cariño.

Cuando me acerqué a mi hijo para ver lo lindo y limpio que se veía, noté algo muy inusual que llamó mi atención. Diego tenía en su rostro un gesto de sonrisa dibujado sobre sus labios, y lo primero que pensé fue que alguien del equipo médico había manipulado los músculos del rostro o algo parecido. Llamé al enfermero y le pregunté si habían manipulado el rostro de "Dieguito" o sus labios, a lo que él me respondió que no, que jamás tocaron su carita. Le pedí que se acercara y que mirara detenidamente a mi hijo, y le pregunté: "¿Notas algo extraño en su rostro?". El enfermero miró detenidamente a Diego y luego me miró, atónito, y me dijo: "¡Tiene una sonrisa!" En ese momento habían llegado las otras técnicos de "Dieguito", mi equipo regalón estaba casi completo, faltaba solo una técnico más que nos esperaba en el cementerio. Les dije a mis técnicos que entraran para despedirse y ver a su regalón por última vez. Antes de dejarlas a solas con él, les hice la misma pregunta que le hice al enfermero, a lo que ellas, impactadas, me respondieron: "¡Se está sonriendo!" Me miraron emocionadas y felices, sabían que ese era nuestro primer regalo de Diego. La primera señal de muchísimas más que vendrían después.

Todos en la casa notaron esa sonrisa, suave, sutil, dulce y amorosa que nuestro "Dieguito" nos regalaba en su partida. Yo personalmente, percibí esa sonrisa como un gesto no tan solo de sentirse feliz, sino también como un "gracias, mamá, ya estoy sin dolor". Esta señal, este regalo cariñoso de mi hijo, me dejó una leve sensación de paz en mi corazón, una emoción sin duda extraña, con un sabor dulce en un entorno agraz.

Los mensajes y muestras de cariño comenzaron a llegar a las pocas horas de su partida. Las flores, los gestos, las palabras sentidas, eran como inyecciones de amor directas a mi vena. Todo esto me hizo pensar que mi hijo había logrado *uno* de sus propósitos acá en la tierra: remover, concientizar y endulzar los corazones de miles de personas, gracias a su valiente y maravillosa vida en este plano.

Así, de esta forma, culmina la vida terrestre de mi hijo. Una vida cargada de matices, que me hizo conocer cada rincón inexplorable por la mayoría de la humanidad. Su vida me sumergió en las emociones más intensas. Me hizo agradecer hasta lo más sutil de lo que la vida me entrega. Ningún detalle de su vida fue en vano, ninguno de sus respiros fue al azar. Diego estuvo en la tierra por casi diez años con una misión clara; ni él mismo creyó que impactaría a tantas almas con su historia. No tengo dudas de que voló no solo en la paz más sublime del Cielo, sino también que emprendió su nuevo viaje feliz, complacido porque no le falló a nadie, ni a sí mismo. Diego partió de este mundo rodeado de amor, con todo resuelto, agradecido, confiado, libre y directo al regazo de nuestro creador. Llegó a este mundo impregnado del amor de Dios, vivió rodeado de personas que lo amaban y lo respetaban, conoció el amor más grande y más puro que jamás nadie pudo haberle entregado, el mío. Su vida engrandeció mi espíritu y su muerte me hizo entender el dolor y lo inexplicable de este mundo. Pese a que vivió batallando, disfrutó de la vida cada vez que su cuerpo se lo permitió, conoció y aprendió de la humanidad, su gente, su forma, sus colores, su aroma, su brillo y oscuridad. Diego vino a entregar, a educar, a iniciar almas en la luz, pero fue generosamente devuelta su gracia mediante el cariño colosal que recibió de tantas personas. Se nutrió de amor, de cariño incondicional y del más prodigioso respeto. Gracias a toda esta humanidad cariñosa por recibir y cobijar por tantos años a mi hijo en su corazón.

Hijo mío,

Sabes que el pesar que experimentaste en esta tierra fragmentó mi alma en mil pedazos, y aquel extracto de mi vida que aún permanecía en pie suplicaba por estar en tu lugar. Cuánto deseaba poder tener la magia, la fórmula perfecta para borrar tu dolor físico y hacerlo mío. Cómo se retorcía mi corazón de madre, no había conocido tanto dolor en mi vida, no sabía que existía. Pensaba en tu accidente y tenía dudas sobre la magnitud de ese acontecimiento en comparación a esto, creo que son diferentes tipos de dolores, pero ambos me llevaron a conocer los extremos verdaderos de la vida, eso, hasta que partiste a las estrellas. Ahí conocí la vida en concreto, la ambigüedad de esta escuela, la crudeza, la magia, el dolor inconmensurable de una madre, la ruleta del destino escrito con plumas de ángel, el abismo profundo de los ojos de la muerte y la eterna gratitud de un aprendizaje que se vuelve infinito, tan infinito como tu alma.

Me regocijo en los recuerdos de tu vida, de esa escuela ruda y maravillosa que escogiste, aquella que con la mayor de las sabidurías elegiste para ti y los tuyos. ¡Qué valiente fuiste, principito de mis ojos! Te recuerdo con el infinito amor que te regalé cada segundo de tu vida, me empapo de tus sonrisas escurridizas que vuelan ahora en mi mente, con el miedo de perderlas de mi memoria, de olvidar cómo sabían tus mejillas y el aroma de tu cabello. Permíteme viajar junto a esos mágicos recuerdos llenos de sentido durante todo el camino que me falta por recorrer en esta tierra sin tu cuerpo físico conmigo. Quiero impregnarme de ese abrazo que me dabas en cada una de tus miradas, porque así lo sentía, fuerte como cargado de mi cuello, como sin querer soltarme jamás. Extrañaré la presencia silenciosa de tu cuerpo que lo abarcaba todo y cómo me atrapabas con la magia de nuestra comunicación, que hoy más que nunca se fortalece y se torna fascinante bajo el encanto de tu nuevo mundo.

Me enloquezco de felicidad por haber vivido, sentido y disfrutando cada día de tu maravillosa vida, del milagro que fue tenerte conmigo, servirte con el fervor de mi amor, deleitarme con cada uno de tus esfuerzos y progresos. Me hiciste sentir completa, feliz, agradecida y amada. No hizo falta palabra tuya alguna, porque yo de ti todo lo sentía, tus miradas superaban las palabras y cuando esos ojitos se cerraban, tu mera presencia en mi regazo me sumergía con tu amor. Contigo mi camino estaba claro, limpio y en paz, contigo nada hacía falta, junto a ti no había vacíos que llenar, tu presencia inmaculada, mágica y hermosa era mi completa dicha y la razón de cada uno de mis latidos.

Conmigo y para siempre rondarás en mis procesos, ahora tú acompañando a mamá, fortaleciéndome, acurrucándome y sosteniéndome en cada lágrima y vibrando junto a mí en cada una de mis sonrisas.

Vives y vivirás para siempre en mi corazón, juntos hasta encontrarnos en un inmenso abrazo en que fundemos nuestro amor en el cielo.

Dichosos sean los que conocieron de alguna u otra forma a Diego Alonso, mi hijo, el principito de todos. Un ser de alma dulce, noble, luminosa, amorosa, generosa, valiente y resiliente, que vino a entregarse en cuerpo y alma dos veces a esta tierra, para así poder elevarse a sí mismo y a los demás, para poder aprender y enseñar, entregar y recibir, abatirse y levantarse, hasta que su cuerpo se disipara de su espíritu, elevándose como lo hizo, con el gozo y la paz más sublime del universo.
Soy la madre que vio nacer a su hijo dos veces,
lo vio morir dos veces, y logró sobrevivir.
Adiós, principito alado, espérame algún día
en tu paraíso.

Cuarta parte
Reflexiones

Bajé cientos de estrellas

En mi búsqueda para ayudar a Diego en las distintas dificultades que tenía y en las diferentes patologías asociadas que iban apareciendo con el tiempo, probamos, investigamos y experimentamos muchísimas alternativas. Siempre con fe, siempre con todo el amor y esperanza del mundo, sin importar los costos, sin importar los esfuerzos que eso nos llevaría. Bajamos para Diego el cielo y cada una de las estrellas que fuera necesario traer para él. En sus casi diez años, intentamos simultáneamente junto a sus tratamientos médicos habituales, diferentes tipos de terapia y medicinas, que son las estrellas que con tanto amor bajé para mi valiente hijo. Durante su corta y ardua vida nos acompañó la medicina biológica o biorreguladora, terapia de oxígeno, terapia de polaridad, medicina antroposófica, medicina ayurvédica, cannabis medicinal, medicina chamánica, medicina tibetana, medicina china, terapia de imanes o biomagnetismo, terapia de osteopatía y medicina alópata.

Con suma honestidad y con mi corazón tranquilo, puedo decir que cada una de ellas nos aportó desde su visión y su sabiduría lo que tenían que aportar, en su tiempo y en su justa medida. Le dimos a cada una su espacio, su oportunidad. Sin embargo, nada fue para quedarse ni ninguna fue para siempre. Nos encantamos con cada una de ellas, nos enamoramos de sus filosofías y de su manera de sanar tan especial y particular. Diego entregó su cuerpo en cada una de ellas, nosotros entregamos nuestro tiempo y nuestra fe. Siempre con convicción y con amor en sus procesos, porque sabíamos que cada uno requería de un tiempo especial y de una dedicación única. Pero no nos "casamos" con ninguna, probamos, experimentamos, vivimos y nos regalaron su sanidad por un tiempo, logramos conocer sus atributos y sus beneficios. Gracias a cada una de ellas.

Empoderada

Siempre estuve muy consciente de que todo lo que sabía sobre los cuidados de enfermería fue gracias al interés que siempre mostré en cada uno de los manejos que se me enseñaron. Gracias a lo que aprendí, a ese interés, a mi capacidad y a mi valentía ante las diferentes situaciones, fue que pude salvarle la vida a mi hijo en muchas oportunidades. Siempre me sentí capaz de hacerlo, nunca tuve miedo de aprender ni de meter las manos en la masa; por mi hijo siempre supe que sería capaz de todo y más. Leer, preguntar, investigar y observar fueron siempre mi pasión durante mi vida como cuidadora de Diego. Estaba consciente de que mientras más conocimientos tuviese, mejor podría atender a mi hijo, comunicarme con sus médicos, saber de lo que técnicamente se me estaba diciendo, y que impregnarme de conocimientos me haría sentir siempre segura, confiada y sobre todo, empoderada de situaciones del día a día.

Aterrizaje forzoso

Cuando nació mi primera hija, Sofía, descubrí mi verdadera vocación, mi talento: ser mamá. Desde ese entonces soñé con una familia grande con muchos hijos. Amo ser mamá, a veces nadie entiende mucho esa parte de mí, porque me estreso, colapso, enloquezco, pero a la vez soy inmensamente feliz criando, educando y entregando besos y abrazos como una desquiciada del amor. No imagino una vida sin los ruidos, los gritos, los llantos, las risas fuertes, las canciones de niños, juguetes y ropa tirada por todas partes. Esa es la vida que elegí, que busqué y que amo con locura, mi casa siempre llena de vida y movimiento.

Hasta antes del accidente de Diego, me consideraba una mamá preocupada, divertida, tuve períodos de aprensión y otros de relajo, nada muy extremo, pero sin duda pasé por esas etapas. Luego de tres hijos, uno a veces va cambiando un poco, rescatando las buenas experiencias anteriores y mejorando los tropiezos también. Siempre he sido una mamá muy cariñosa, me gusta detenerme en los detalles con mis hijos, soy besadora compulsiva y muy buena para los abrazos; eso es lo que más me gusta de mi personalidad de mamá.

Cuando pasó el accidente de "Dieguito", mi vida de mamá dio una voltereta hacia atrás, subí hasta el cielo, volví, me golpeé fuerte en el suelo y aterricé forzosamente. Mi vida de mamá giró en trescientos sesenta grados y fue ahí cuando hice mi primer reinicio. Me vi enfrentada a cosas que jamás imaginé para mi vida, cosas que nadie quiere, que nadie espera y que jamás piensas que están dentro de las posibilidades para ti. Porque a ti nunca te va a pasar, porque eso le pasa al de al lado. Cachetazo de aquellos me dio la vida. Natalia, despierta, esto es la vida real, es tu vida ahora y aunque no lo creas, es mejor que otras vidas. Sin duda es peor que otras también, pero es lo que necesitas para crecer, para despertar y fortalecer tu alma. "Bienvenida, nueva mujer, bienvenida, nueva mamá, bienvenida a este mundo sin igual" decía mi conciencia.

Me despabilé, desperté de golpe y me di cuenta de que no era un sueño ni una pesadilla, era real, era mi nueva vida y me pregunté: ¿Ahora quién me enseñaría a mantener la calma, la cordura ante una emergencia médica? ¿Quién me daría los conocimientos para auxiliarlo? ¿Cómo soportaría tanto dolor una y otra vez? ¿Cómo lograría cerrar una herida, un ciclo…? ¿Volvería a reír a carcajadas? ¿Sería capaz de ver una piscina con los mismos ojos? ¿Cómo lo haría para cumplir como mamá de manera equitativa con mis hijas y Diego? ¿Sería capaz de pararme con firmeza cada mañana? Todas estas interrogantes, mis mayores incertidumbres de ese entonces, se fueron aclarando conforme el tiempo pasaba.

Tuve miedo, pánico, diría, pero definitivamente nada de eso me derrumbó, ninguna sensación de temor me bloqueó, pude titubear, sentir miedo, ansiedad, pero jamás un bloqueo ni un derrumbe, ni parcial siquiera. Mi hijo necesitaba a una mamá entera y dispuesta a dar todo por él. Y ahí estaba yo, con mi cara sonriente, mis manos dispuestas y mi cabeza fresca para recibir consejos, aprender, descubrir, llenar mi mente de palabras, informaciones y conceptos nuevos. Preparada también para emocionarme con cada sutileza que Diego me regalara, para reencantarme con la vida, volver a ver el vaso medio lleno y continuar.

Con los años me transformé en una mamá informada, motivada, autovalente, con coraje, firme, valiente y nunca dejé de aprender y de atreverme. Cada vez que veía a Diego me hacía sentir que todo valía la pena, cada esmero nuestro, cada búsqueda, cada una de mis intenciones por querer ser un aporte y una ayuda para él. Por primera vez en mi vida después de cuarenta años me siento orgullosa de la mujer y de la madre en que me he transformado, superé mis miedos y muchas de mis subestimaciones. Hoy, soy capaz de todo y mantengo mi esencia, esa alegría y sensibilidad que me ha caracterizado siempre.

Inclusión

Halloween era una de las fechas del año más esperadas por Diego. A pesar de que siempre fue un tema compartir con otros niños y niñas, esa fecha en especial hacíamos todo el esfuerzo emocional e intentábamos olvidarnos un poco de nuestras aprensiones y nuestras malas experiencias para acompañar de la mejor forma posible a "Dieguito". En el año 2019 "Dieguito" se convirtió en un pirata, al más puro estilo Jack Sparrow. Fuimos como siempre en familia al condominio de nuestra amiga Lucía, un lugar grande, de muchas casas y áreas verdes. Ahí nos esperaba una caravana de niños y niñas, a la que nos sumábamos con mucho entusiasmo.

Al principio nadie notó nuestra presencia y me sentí aliviada por eso. Pero a los pocos minutos comenzaron las miradas y las preguntas incómodas de los niños. Por alguna razón pude responder con franqueza y tranquilidad. Creo que sin duda lo que me ayudó a mantener esa actitud tan relajada fue la increíble empatía y gestos cariñosos de varios de los niños que rodeaban a Diego. Le regalaron dulces, le hacían cariño, lo saludaban por su nombre, y lo más tierno fue escuchar decir al más pequeño de todos: "Qué lindo eres, Diego. Te vas a mejorar". No imaginan lo feliz que me hizo ese momento y estoy segura de que "Dieguito" recibió esas palabras con tanto agradecimiento y cariño como yo, no me cabe ninguna duda. Toda su vida acostumbrada a escuchar burlas, risas, preguntas incómodas, hirientes, y ahora escuchaba esto. No cabía tanta emoción en mí, lloré de alegría, pero no por mí, sino por mi hijo, porque todos esos niños lo estaban haciendo sentir integrado, querido, aceptado con todas sus dificultades y diferencias.

Diego amaba escuchar a los niños, rodearse de ellos, y si bien no podía verlos de lejos, podía sentirlos, incorporarse a sus juegos y risas a través de su imaginación; al menos eso siempre quise creer. Lamentablemente muchas veces toda esa fantasía y alegría en su cabeza y en la mía terminaba por oscurecerse por culpa de la crueldad de algunos niños. Cuánto se necesita educarlos y mostrarles las distintas realidades de la vida y el mundo. Sacarlos de su burbuja es algo completamente imprescindible hoy en día. Necesitamos formar seres sensibles, capaces de ponerse en el lugar de otro, capaces de ver las diferencias como algo normal y posible en la vida. Que sepan que hay personas con discapacidad de todo tipo; así como ellos nacen con sus dos brazos y sus dos piernas, hay niños que simplemente nacen sin ninguna de sus extremidades y, sin embargo, pueden desenvolverse en la sociedad, hacer una vida como ellos. Así como ellos corren y caminan, hay otros niños que no lo pueden hacer por diferentes razones; así como ellos pueden hablar, gritar e incluso llorar o reír, hay otros que ni siquiera pueden mover su boca. Hay tanto por enseñarles, hay tanto que mostrarles de la vida. La vida no es de una sola forma, no es solo como ellos la conocen, tiene tantos otros matices, pero solo depende de nosotros los adultos el mostrárselos. Cómo se lo presentemos también es un detalle importante, hay que hacerlo con amor y sensibilidad, los niños pueden captar mucho más de lo creemos. En ellos está el futuro de este mundo, que a los adultos nunca se nos olvide eso. Aceptar y respetar las diferencias del otro nos hace una mejor sociedad.

Aceptar con amor

Al comienzo, durante los primeros años posteriores al accidente, estaba tan llena de energía, sedienta de buscar respuestas y de ver resultados, ansiosa por probar lo que había escuchado o leído por ahí. La experiencia de otras personas me motivaba y me llenaba de esa esperanza, era tan rico sentirse así, sentir que no hay límites, que el mundo estaba lleno de oportunidades para mi hijo y que las puertas se nos abrían. Ningún camino y alternativa que probamos fue fácil, todos fueron caminos empedrados, con un vaivén de emociones; la esperanza iba y venía con cada nueva opción, pero jamás bajamos los brazos. Sabíamos que había más para Diego, en algún lugar, en alguna parte algo lindo le esperaba.

Al principio recurrí mucho a Gabriela, nuestra amiga chamana, quien siempre estuvo muy presente en la primera etapa de nuestro hijo. Me gustaba escucharla, porque me daba esperanzas con cada conversación que teníamos. Yo podía visualizar a mi niño caminando, con algo de dificultad, con una sonrisa perfectamente chueca en su rostro y con ganas de abrazarnos. No sé por qué tengo tan grabadas esas imágenes en mi mente, como si realmente hubiesen existido, como si lo hubiese vivido junto a él, como un recuerdo maravilloso, con la emoción infinita de verlo casi recuperado.

Durante los casi diez años de Diego visité muchos médiums, personas con el don de poder canalizar y percibir de manera única la energía, el camino y la proyección de mi hijo. Cada uno de ellos en forma separada me daba esperanzas y me llenaba de energía. Siempre se referían a mi hijo como un "gran maestro", de un alma brillante y enorme que tenía sobre ese cuerpo enfermo, un ser en sus últimas encarnaciones, un alma evolucionada. Cada palabra me erizaba la piel, y cada vez que se repetía en otro médium, sentía una enorme gratitud hacia mi hijo, por haberme dado la oportunidad de ser su madre, de cuidarlo, de permitirme amarlo con tanta intensidad y agradecida de que nos eligiera para enseñarnos con su vida.

En esos momentos de esperanza, de gloria en mi mente, era cuando volvían esas imágenes de mi Diego grande y recuperado. Me pasaba minutos contemplándolo en su silla de ruedas, y lo sabía, era un hecho para mí, lo lograríamos, no tenía dudas de aquello. Diego sería el milagro al que nadie apostó. Teníamos que hacerlo, sentía siempre una enorme deuda de amor hacia mi hijo, entregarle lo que merecía, lo mínimo de una vida digna y feliz, sería mi mayor muestra de gratitud y amor.

Cuando pasó el accidente de Diego, demoré muchos años en "aceptar" la condición de mi hijo, aceptar que no había vuelta atrás, que esta era su realidad y que su vida estaría sumida a una discapacidad severa y muy probablemente sin ningún signo de rehabilitación evidente. Me fui dando cuenta de esto cuando sus crisis de epilepsia se descontrolaron, pese a la cantidad brutal de fármacos que recibía. Pude comprender esto, cuando al intentar algún tratamiento nuevo, por alguna misteriosa razón, su cuerpo lo rechazaba. Y cuando abrí mis ojos por última vez, fue cuando entendí el cansancio de mi hijo, cuando aparecieron esos dulces y melancólicos ojitos dormilones, esos luceros somnolientos que lo acompañaron en sus últimos dos años de vida y que se transformaron en la nueva expresión de su rostro.

Durante esos dos últimos años de su vida me di cuenta de que estaba todo escrito y confabulado con su alma. Fue un período crudo para mí, pero de mucha meditación, de resignarme ante mi dolor de madre, a soltar, lentito, pero hacerlo con convicción, cariño, y por último, de aceptar su voluntad con infinito amor. Este trabajo intenso que hice con mi corazón de madre siempre estuvo acompañado de una vehemente sensación de miedo, lo sentía muy profundo dentro de mí, muy real, miedo a no verlo nunca más. No quise, no quería aceptar, pero mi amor descomedido hacia mi hijo me hizo asumir y aceptar su realidad, y acompañarlo lo más cerca y con más amor que nunca. Hacerlo sentir tranquilo, feliz, animado y mimado por su familia era mi prioridad y mi lucha principal.

Junto con este "darme cuenta" desaparecieron las visiones de Diego en andador, desapareció el sueño de una sonrisa con gran sonido, se esfumaron sus balbuceos, sus pasitos torpes y débiles que tanto soñé ver algún día; todo eso quedó guardado bajo siete llaves en el baúl de la fantasía. Por ese entonces, cuando la realidad me golpeaba, mis sueños comenzaron a volverse más simples, pero se volvieron tan difíciles como el mismo milagro de verlo caminar.

Rogar por un día sin dolor, rogar por la respuesta de algún medicamento, rogar por poder darle un paseo en coche, sacarlo al patio de su casa, todo aquello se volvió un ruego, una súplica al Cielo, que muy poco nos complacía. Hasta esos deseos infructuosos me tuve que esforzar por comprender su porqué. Nada me hacía retorcerme más de dolor que ver a mi hijo sufrir, y por alguna extraña razón, el Cielo, la vida, el destino, Dios o quien sea, no quería darle una oportunidad.

Ese misterio para mí está aún sin resolver, aún trabajo en él, para comprender por qué las cosas fluyeron de esa forma y no de otra, por qué todo terminó de esa manera. He aceptado muchas cosas, demasiadas y cada una con profundo amor y una valiente resignación, creo yo. Pero la injusticia inunda muchas veces mi alma y soy incapaz a veces de aceptar el sufrimiento por el cual mi hijo tuvo que pasar. Sé que algún día llegará ese momento glorioso en que podré comprender más allá de mi sentir, los designios del alma de mi hijo, sus acuerdos con la divinidad, con nosotros, con el mundo y principalmente su valiente y muy respetado término de vida terrenal.

En definitiva, asumir, luego aceptar y también perdonar, para finalmente comprender y agradecer. Son procesos largos, difíciles y que muchas veces vienen cargados de preguntas, de incredulidades y de negaciones, antes de llegar a la cúspide, donde se encuentra finalmente la aceptación con infinito amor y agradecimiento. Es ahí cuando uno dice "etapa superada".

Me volví consciente

Además de la experiencia, había algo que necesitaba desahogar, algo que imperiosamente tenía que contar. El accidente de mi hijo me llevó a conocer los límites de la vida, conocer los verdaderos amigos, conocer a tu familia, tu entorno, como también me envolvió en los más profundos sentimientos, llevándome muchas veces al extremo de cada uno de ellos: dolor extremo, felicidad plena, miedo aterrador, amor desmesurado, profunda rabia, etc.

Desde ese 24 de septiembre nada volvió a ser como antes, no solo por Diego. Mi forma de sentir, mi forma de ver la vida y mi forma de amar cambiaron para siempre. Jamás estuve tan consciente de la vida como lo he sido en estos años, consciente del aire, de los sonidos, de todos mis sentidos, de mi cuerpo, de la misma vida. Cada mañana y cada día que pasa es un agradecimiento infinito por respirar, por ver, por estar, por oler y sentir, por poder llorar y expresarme para sanar. Pese al dolor que he sentido, he sido capaz de reírme con esa locura que me caracteriza, de escucharme y sentirme contenta, de ser capaz de entregar tanto amor a los míos y a quien lo necesite. De darme una oportunidad más por corregirme cada día, de aprender sobre la simpleza y la inocencia en cada gesto y acto de mis hijos, mis sobrinos y los niños en general; de aprender de las sutilezas de esta dimensión extraña en que convivimos, de aprender también de personas que han bendecido mi vida, pasando, cruzándose o manteniéndose en mi historia; de mantenerme con los ojos abiertos, despierta, atenta a las señales del universo; de sentirme viva y muchas cosas más.

Nunca mi mirada había sido tan consciente, hoy ya no solo miro a mi entorno, a mi familia, sino que la contemplo, como si pudiera escuchar hasta la sangre correr por sus venas, puedo compenetrarme en sus emociones mientras los contemplo. Me emociona ver sus sonrisas, su caminar, sus gestos, su pelo, cómo se desenvuelven y se relacionan con el mundo, conmigo.

Uno de los paseos favoritos de Diego era ir a los parques, le encantaba rodearse de la naturaleza. Para mí, hasta el día de hoy, acudir a una plaza o un parque me emociona tremendamente; así vaya regularmente, la sensación para mí es, y espero que siga siendo, única y maravillosa. Cada vez que llevaba a Diego a estos lugares, podía sentir su emoción, leía su mirada como quien lee una novela romántica, una lectura con emoción y ternura. Me gustaba mirar a su alrededor e imaginar lo que podría estar pasando dentro de su corazón. Podía reconocer en mi hijo la satisfacción enorme al estar rodeado de ese pedacito de espacio, un pedacito donde él era dueño, amo y señor del viento, de las hojas al caer sobre sus pies, del sol que buscaba su rostro pálido y de las risas de quienes lo acompañábamos.

Lo mismo sucede cuando pienso en la forma que tenemos de alimentarnos. La gran mayoría de nosotros se alimenta por la boca. "¿Por dónde más?" dirán algunos. Bueno, hay personas que tienen patologías por las que se ven obligadas a recibir nutrición a través de otra parte de su cuerpo, y muchas veces la nutrición recibida es más compleja y artificial.

Antes del accidente, "Dieguito" disfrutaba comer, probar cosas nuevas, pasaba por diferentes texturas, sabores y olores de todo lo que se metía en su boca.

Nada rechazaba, aunque tenía sus favoritos, pero la curiosidad le hizo disfrutar de la arena en su boca, chupar piedras y comer tierra. Pero de un día para otro todo cambió, y estas experiencias pasaron a ser solo un recuerdo en la memoria de nosotros y quizás de Diego, no lo sé. Al comienzo, alimentarlo a través de una sonda gástrica me chocó bastante. Sentía pena, impotencia, los recuerdos de su boca sucia con comida, pidiendo y buscando más para comer, volvían cada vez a mi mente al tomar esa jeringa de alimentación. Ese momento lo intentaba hacer entretenido para él y un momento para aprovechar de conectarnos, aunque por dentro siempre sentía ese nostálgico dolor. Después de un largo tiempo logré acostumbrarme y supe que podía estimularlo, haciéndole sentir sabores y olores para así impedir que esos sentidos se borraran de su memoria, pero por sobre todo, hacerlo vivir la experiencia de comer, o al menos algo que se asemejara a eso. Con esta experiencia, he tomado consciencia de lo maravilloso de poder alimentarnos por nuestra boca, de poder disfrutar los sabores, texturas y temperaturas de nuestros alimentos.

Cuando Diego estuvo por tres años con constante dificultad respiratoria, cuando se ahogaba con sus propias secreciones que le impedían ventilar con normalidad —trayendo consigo consecuencias como la cianosis—, me di cuenta de lo poco agradecidos que muchas veces somos. Lo poco consciente que somos de estar vivos, de respirar, de movilizarnos, de poder tragar nuestra saliva, de poder comer sin atorarnos, de poder mover nuestra cabeza, nuestros ojos y ¡dirigirlo hacia donde nosotros queramos!

La respiración es algo vital, lo sabemos, ¿pero hasta qué punto somos conscientes de ello? Lo hacemos de forma tan automática y sin una pizca de conciencia, que no alcanzamos a valorarlo, no dimensionamos la consecuencia de este tremendo trabajo que realiza nuestro cuerpo cada segundo durante toda su vida, la consecuencia más hermosa, como mantenernos vivos. Respirar, un ejercicio automático e inconsciente que todos hacemos, una maniobra compleja de nuestros pulmones y corazón. Algo vital que a mi hijo le faltó por años, algo vital que mi hijo no podía hacer, algo que estuvo haciendo toda su vida con mucho esfuerzo, con ayuda de una máquina e incluso muchas veces con dolor.

Cuando Diego tenía un año, previo al accidente, cuántas veces me quejé en aquel tiempo cuando mis hijas y Diego gritaban a la vez, o cuando no podía comer tranquila porque Diego estaba corriendo por todas partes, cuando no podía ir a otra casa y conversar en paz, porque estaba este niño remolino, tomándolo todo. Pasé de estresarme y quejarme por este tipo de cosas, a extrañarlas, porque extrañé por muchos años la voz de mi hijo, sus gritos, sus manos tomándolo todo o salir corriendo detrás de él.

Las pocas veces que puede escucharlo, no imaginan cuánto valoré ese pequeño aliento con sonido que salía de su boca, casi imperceptible muchas veces, que solo algunos pocos alcanzaron a deleitar. Hoy siento una gran melancolía por la ausencia de esos y todos los sonidos que se fueron de mi vida para siempre. En nuestra nueva vida no solo teníamos los sonidos de risas, juegos, aplausos, sino también nuestras amigas las máquinas, ese sonido que se tomó nuestra casa. Nuestros oídos discriminaban perfectamente cuando algo estaba mal, sonidos que muchas veces se transformaron en pesadilla; alarmas estridentes y timbres de emergencia fueron también parte de nuestra vida.

Las sonrisas también han sido parte de este proceso de reflexión, de nostalgia. La ausencia y la presencia de ellas, ha sido algo que ha marcado mi vida para siempre, porque se necesitan, se extrañan y se agradecen tanto. Luego del accidente, pocas veces logré escuchar el sonido de la risa de Diego, yo le llamaba risa, casi una carcajada para mí, pero en realidad era algo tan sutil, tan suave, casi tan suave como un murmullo. Pero para mí eran carcajadas y vitoreaba con cada suave sonido que emitía esa boquita perfectamente chueca. Era emocionante, fue unas de las cosas más lindas que me regaló mi hijo y de las que estaré eternamente agradecida por haber tenido el privilegio que muchas otras madres como yo no tienen, de ser testigo de una sonrisa dibujada en el rostro de su hijo o hija.

En definitiva, cada acto, cada situación de las que hablo aquí son hechas de forma completamente inconsciente, automática, natural y refleja, pero podemos tener conciencia de ello si así lo queremos y si así lo sentimos. No es necesario pasar por una situación límite en nuestras vidas para comenzar a tomar conciencia y valorar cada acto que podemos realizar en forma natural. Mírate, siéntete, escúchate, admírate y agradece tu vida, tu cuerpo está con vida, funciona, se mueve, respiras, tu corazón palpita, puedes ir por una taza de café, orinar sin problemas, reírte cuando algo te causa gracia y llorar cuando sientes pena, abrazar, besar y decir lo que sientes y quieres. Luego mira a los demás y a tu alrededor, siéntelos, escúchalos y contempla tu entorno, sé consciente de la vida que tiene la vida.

En el último año de vida de Diego, esas "carcajadas" y "risas" fueron desapareciendo lentamente hasta esconderse detrás de su llanto, llanto que, al igual que las carcajadas, era de sonidos suaves, pero impotentes, como atrapados, desesperados por no poder explotar como lo hace cualquier llanto desconsolado. Esto era de una clemencia silenciosa y desgarradora, acompañados de una mirada de súplica tremendamente compasiva y dolorosa, que rompía con fuerza mi corazón y mi alma cada segundo.

Sus sonrisas y carcajadas quedaron hasta hoy guardadas como tesoros en el corazón y en la memoria de mi familia, vibran con hermoso eco en nuestros oídos cada vez que vemos inmortalizado su recuerdo en una fotografía, en sus juguetes o en sus canciones. Por siempre estaré agradecida de haber tenido la fortuna de ser testigo de una carcajada perfectamente chueca y hermosa.

La vida es un misterio que debemos de descubrir en el camino, las respuestas las conseguimos a lo largo de la vida, a través de nuestras experiencias. En mi caso en particular, he ido descubriendo estos misterios y aprendiendo de ellos, pero no fue hasta después de la muerte de mi hijo que comencé a despertar. Antes de eso, todo era injusticia, rabia y muchas preguntas. Todavía las tengo y también muchas veces me vuelve esa rabia que aún se esconde dentro de mí, pero lo importante es que hoy, a más de dos años de la partida de Diego, cada vez me siento más entregada y consciente ante la vida que de cierta forma "elegí", "elegimos".

Un día a la vez, el aquí y ahora

Tenía muchos deseos de escribir sobre lo que significó para mí, incorporar a mi repertorio mental el concepto de vivir un día a la vez. ¿Pero realmente qué es eso? La primera vez que lo escuché dirigido a mí, vino de la mano de una querida amiga mía, llamada Cristina. Recuerdo que en el último año de vida de mi hijo, cuando estábamos viviendo ese huracán de desventuras y dolores, me ahogaba la desesperación de no poder encontrar respuesta, solución ni calma al cuerpo de Diego. Absolutamente todo me llevaba a tener constantes angustias y pensamientos negativos, un terror sobrenatural se apoderaba de mí casi a diario. Todo esto no me dejaba pensar con claridad ni actuar con mi mente fresca. Y un buen día, hablando con mi amiga, me dijo sabiamente: "Un día a la vez, mi Naty querida, un día a la vez". Y comencé a pensar qué significaba para mí esa frase.

Interiorizar esta frase me llevó a tener más calma, a bajar mis revoluciones, a no anticiparme a nada, a vivir intensamente con mi hijo y mi familia. Comencé a compenetrarme en mí, en mis sentidos, mis actos y pensar constantemente que mi propia vida y la de todos es hoy, ahora. En mi caso, todos sabíamos en algún momento el desenlace que tendría nuestro Diego. Todo comenzó sin saber mucho sobre su futuro, especulando, luego presintiendo y después ya estaban las pruebas claras de lo que sucedería. Pese a toda esta información que yacía en mi mente, hice esfuerzos sobrehumanos para lograr atraer mi pensamiento al escenario del ahora. Me esforcé para que no escapara a imaginar o intentar predecir el futuro, mucho menos me permití aterrarme antes de tiempo, no fue fácil, porque sentía mucho miedo de todo lo que vendría.

Esto trajo consigo resultados sorprendentes, como darme cuenta de cosas simples de la vida, a pesar de que hace ya un tiempo había comenzado lentamente este despertar de mi conciencia. Ahora fue mucho más intenso, porque me vi inmersa en una situación límite con mi hijo, en la que sabía que su vida se me estaba escapando, que estábamos contra el reloj. Por lo tanto, todo se convirtió en un esfuerzo tremendo para mí, intentar disuadir mi mente en otros pensamientos, engañarla, aunque fuese a ratos, para alejar de mi vida los miedos. De esta forma me impregnaría de mi presente, sin dejar que ningún sentimiento negativo me atormentara al menos una vez en el día. Me permití volar, soltar y entregarme a mi vida del aquí y ahora.

A través de esto pude acceder con más facilidad para ver la belleza en la presencia de los nuestros, la maravilla en lo cotidiano, cómo solo el hecho de despertar por la mañana significaba un milagro para mi hijo. Todo esto abrió mi mirada y me permitió disfrutar a Diego intensamente sin ataduras, admirar su simpleza y la brillantez de su espíritu reposado en su cuerpo. Al mismo tiempo pasaban cosas significativamente buenas con la intersección de esta frase en mi vida. También tuve que dejar ir sueños, más bien fantasías a esa altura de la vida de mi hijo; dejé volar algunas metas, para no hostigar mi pensamiento, para dejarlos más livianos y con menos tortura.

En el último año de Diego fue muy difícil pensar en metas a largo plazo, mi mente solo se redujo a un solo propósito, que mantuve intacto hasta el final: despojar el dolor del cuerpo de mi hijo. No permití que el futuro se apoderara de mi vida. Un día a la vez también implicó poder aprender a soltar, a liberar a mi hijo, a dejarlo volar cuando él quisiera; me permitió desprenderme de ese cordón que nos ataba desde su nacimiento. Siempre en conciencia y con todo mi amor, un sentimiento que jamás pensé en expresar ni sentir como madre, pero ahí estaba, con todo mi yo de madre, suelta que suelta, fluyendo por mis venas orgullosamente. Había logrado dar un importante paso, quizás el más importante de toda mi vida como mamá. Y el más importante regalo para mi hijo vendría acompañado de este poderoso soltar.

Cuando se desató la situación crónica de Diego en 2020, junto a esta frase logré comprender que no tengo el control de todo, mucho menos de la vida de los demás. Te das cuenta de que muchas situaciones no dependen de ti, por lo que te liberas de esa tensión y ansiedad que aquello provoca. El miedo está muy arraigado también al trabajo que implica el "un día a la vez". Debemos deshacernos de nuestros propios monstruos, aquellos que nos atormentan con ansiedades. Debemos evitar ideas preconcebidas para poder disfrutar y deleitarnos con las sutilezas y los eventos que se presenten en nuestra vida. Porque el miedo nos enceguece, no nos permite ver lo esencial, lo importante. Necesitamos estar despiertos, atentos y conscientes de nuestro entorno, de nuestra vida, pero sobre todo de nuestro presente. El aquí y el ahora será siempre lo más relevante que suceda en tu vida, y tus pensamientos del ahora son los que movilizarán tu próximo paso en la vida. Vivir la vida con pausa, con meditación, nos hace vivir en sabiduría y conciencia. Vivir un día a la vez nos propone vivir intensamente, cuidando de nuestras decisiones, porque no puedes ir al pasado para remediar lo hecho, pero tampoco al futuro para modificar los resultados. Solo existe el presente.

Imagina una constante infinita sin tiempo, donde solo debes fluir sin pensar en lo que sucederá, para que de esta forma puedas disfrutar de tu presente. Actúa confiando en lo que creas, y si es en ti mismo, mejor aún, porque tú eres el propio creador de tu realidad, todo lo que te rodea lo cocreas tú en el hoy. Un día a la vez es subir un peldaño, descansar, observar, meditar, actuar, interceder y continuar para subir el próximo peldaño.

Carta en tus exequias

Tantas veces, tantas palabras que te dediqué. Hoy estas palabras duelen como nunca. Escribirte en pasado, como un recuerdo que fue, es un dolor que cala hondo y lucho a cada minuto con él. Me cuesta, pero estoy esforzándome por aceptar una vida sin ti, no sé qué es eso ni cómo se hace. Me consuela tu paz, la sonrisa mágica que me regalaste en tu partida, que no quedó pendiente nada entre nosotros. Me alegra haberte dicho trillones de veces que te amaba, que leímos cada libro que te traje a tus manos, que nos miramos enamorados en cada beso que nos dimos. Me reconforta recordar lo feliz que te hice y lo intensamente amado que fuiste, y por último… me consuela la vida y el descanso digno que te dimos tu papá y yo.

Hoy intentaré reiniciarme, para relacionarme con una vida desconocida para mí, una vida sin servirte, sin abrazarte, sin olerte ni verte nunca más. Mientras siga latente tu recuerdo en cada uno de nosotros, tu vida seguirá presente por siempre, brillando y palpitando en las memorias de quienes sus vidas transformaste con tu inmaculada presencia, que te conocieron, te vieron, leyeron o escucharon sobre ti. Nunca olvides, principito mío, nuestras conversaciones; ese fue uno de mis mayores regalos para ti. Recuerdo tu rostro sagaz, impregnado de cada palabra al hablarte y enseñarte de la vida, del más allá, del propósito de la existencia, del significado de nuestras almas en la tierra y sobre el amor genuino. Pero nunca nada se comparará al inmenso legado que tu vida deja en nosotros, esa vida que fue una hazaña, una proeza recorrerla con tu vestidura. Tu vida entera fue una enseñanza, un despertar para muchas personas, una apertura bellísima a la conciencia, una admiración profunda hacia tu vida resiliente y sublime. Gran maestro, el impulso de vida te trajo a esta tierra a través de mi vientre; entre miles de almas me escogiste como tu favorita, y yo tuve el honor de servirte y amarte durante nueve años.

Hoy honro tu vida y también la sabiduría con que escogiste este cuerpo enfermo en este plano, para evolucionar y sanar, asumiendo y aceptando con amor cada uno de tus procesos físicos y emocionales. Postergaste tantas veces tu propia libertad, aceptando con valentía la tortura de un dolor incapaz de sostener en tu cuerpo, transformándote en un alma evolucionada y arrastrándonos contigo hacia una mejor versión de nosotros mismos. No hay más que gratitud y admiración hacia ti, mi pequeño. Dejaste conmigo tu armadura de guerrero golpeada, la que te acompañó en cada batalla. Tomaste tus enormes alas de ángel, que ganaste para este vuelo al Cielo, las mismas que te esperaron por nueve años. Mi siempre viajero, hoy te transformas en viajero eterno, vuela alto, vuela lejos, vuela libre, pero hazme sentirte, permíteme escuchar tu risa, el pajarito que imagino de ti, elévame hacia lo más alto, como lo hacías cada mañana al fundirme en tus dulces ojos.

Cuando pierda la fuerza y el dolor me consuma, en mis sueños… llévame a tu mundo, invítame a pasear contigo, no dejes de hablarme, déjame sentirte, transpórtame a tu universo e imprégname de tu paz. No permitas que me pierda, que me consuma en mi dolor, porque tengo miedo de lo que vine y tengo pena de lo que fue y no será más.

Mi niño feliz, cariñoso, de ojitos dormilones, de mirada dulce, de sonrisa escondida, de suave aroma y de piel frágil como los pétalos de tu rosa roja, principito mío. Gracias por permitirnos a mí, a tu papá y a tus hermanas darnos el tiempo suficiente de procesar la que sería tu partida, darnos el espacio y el tiempo de despedirnos de tu cuerpo, ese a quien cuidé tanto, mimé, besé, abracé y protegí por tantos años con esmero y amor, que finalmente fue un cuerpo que resultó ser la hermosa funda de tu brillante alma. Hijo mío, de corazón noble, esperaste a que todos estuviésemos presentes, esperaste a que nuestros corazones estuviesen en paz y a volver a sentir en conformidad el equilibrio en tu hogar, ese mismo que te abrazó toda tu vida con infinito amor. Y fue así como tu alma emocionada observó la comunión de su familia en torno a tu cuerpo, y en la cama de papá y mamá, te rodeaste del amor que siempre te contuvo. Estuvimos junto a ti durante los últimos diez días, velando cada uno de tus latidos, en una vigilia solemne de las personas que más te amamos. Jamás me difundí de tu lado, te acompañé cerquita como siempre te lo prometí, y con mi corazón tembloroso te escolté con infinito amor en tu proceso de transición, hasta que alcanzaste el desprendimiento definitivo y mágico de tu cuerpo. Te fuiste en la paz que merecías, en el abrazo de mamá, inmerso en un profundo amor a ti.

Amor mío, te prometí que le ganaríamos a ese monstruo despiadado que te consumía día a día. Te lo prometí y le ganamos, y cuando eso sucedió, me acerqué a tu oído para contarte que mi promesa había cumplido. Mi último y más grande regalo de amor para ti fue despojarte de todo sufrimiento, soltarte y dejarte volar libre a la eternidad. Naciste libre, pajarito mío, y tomaste tu libertad con toda la gracia y el derecho que tenías sobre ella.

Recuerda siempre… "Dieguito" y "mamá", unísonos en amor infinito. Gracias, hijo. Adiós, principito mío, hasta que nuestras almas se fundan en el Cielo.

Mensajes para Diego, Mamá y Familia

Cybell Larad

El día en que te conocí, me encontraba en una charla de la Fundación Daya. Había mucha gente, así que decidí salir un momento, y cuando salí del salón, justo afuera estabas tú. Te miré mientras tu papá te cargaba en sus brazos y quise acercarme a saludarte. Desde ese día tu dulce mirada me atrapó. Me puse a conversar con tu papá y luego de unos minutos, le di mi contacto para que tu mamá pudiese comunicarse conmigo, si así lo quería.

Al poco tiempo ya nos habíamos visto nuevamente para el cumpleaños de Catalina. A partir de ese momento, comenzamos una linda amistad con tu mamá, y muchas veces hablábamos por videollamadas para poder verte y conversarte. Cada vez que nos juntábamos, me encantaba cargarte en mis brazos, poder olerte, tocar tus manos y comerte a besos.

Disfrutamos tantos momentos lindos, que quedarán para siempre en mi corazón, como cuando nos veíamos en tus cumpleaños o en los cumpleaños de Catalina, o en tu casa. Siempre que tú y Catalina estaban juntos, aprovechábamos ese momento de conexión entre ustedes, haciendo que se tomaran de las manos, ¡les encantaba! Ahí se sentían, quizás no me daba cuenta en ese minuto, pero ustedes dos verdaderamente se conectaban y se amaban. Seguramente tú y Catalina podían ver esas energías circulando entre ustedes cuando estaban cerca, era una danza de pureza y amor. Recuerdo que hasta pasamos un Año Nuevo en la UCI, tú y Catalina estaban ahí hospitalizados entregándolo todo una vez más. En esos días con tu mamá nos entrelazábamos en un abrazo cada vez que lo necesitábamos. Y quizás sin darnos cuenta, nos estábamos dando fuerza, nuestra admiración mutua y regalándonos lealtad en este camino. Nuestra unión y conexión entre tú y yo fue creciendo intensamente con el tiempo.

En una de mis últimas visitas, mientras me encontraba recostaba a tu lado, te susurré muchas veces que te amaba, aprovechaba de olerte mil veces, tocar y besar tus manitos por última vez. Te canté suavemente, abriste tus ojos y me miraste fijamente; yo, perdida en ti, no podía creer lo que veía y me rendí inmediatamente en el brillo de tu alma. Ese momento impactó en mi ser. Esa fue nuestra despedida y dejé plasmados esos recuerdos en mi corazón para siempre. Durante los años que estuve junto a ti, admiré y respeté todos tus procesos, y cuando se acercó el día de tu partida, caló hondo en mi corazón.

Hoy tus manos quedaron grabadas en mi memoria táctil; cierro mis ojos cada vez que vienes a mis recuerdos y puedo sentir tus manitos otra vez. El día de tu despedida, llevé a tu amiguita, ella iba sonriendo en el auto y cuando llegamos al velorio la acerqué a ti. Catalina estaba serena, ella sintió tu despedida, pero también tu paz. Sin embargo, sus risas se esfumaron y corrieron las lágrimas. Nuevamente me rendí en la energía que solo ustedes podían tener.

Mi Diegui, cada vez que te recuerdo, siento nuestro amor intacto. No puedo evitar en ciertas ocasiones gritar desde mi balcón tu nombre, diciendo que te amo. Nunca olvides que tu presencia siempre fue una hermosa inspiración y una gran bendición para mí.

Mi niño bello, que este viaje eterno sea lleno de amor iluminado y mágico. Disfruta tu libertad, corre por el campo lleno de aves y sonríe cada día. Siempre te pensaremos, esta no es una despedida, es un vuelo lleno de infinito amor. Recorre los planetas y disfruta cada momento. Nuestro amor no tiene fin. Estás y estarás aquí siempre. Gracias infinitamente por permitirme abrazarte, cantarte, tocar tus manitos y regalarme la hermosa amistad con tu mamá. Cada vez que mire el cielo estrellado te buscaré y sé que la luz más resplandeciente serás tú. Te amo, mi gordo exquisito. Feliz viaje.

Macarena Rodríguez, técnico en enfermería

Gracias a la vida por permitirme cuidarte tanto tiempo, por conectarme con tu ser. Gracias a tu familia por confiar en mis manos. Te agradezco a ti, por aceptar mi amor incondicional y todos los cariños que te pude entregar. Agradezco infinitamente las muestras de reciprocidad que me regalabas. Hoy celebro tu vida, conservo en lo más profundo de mi corazón tu recuerdo y lo transmito para que nunca olvidemos que la vida es para disfrutarla a como dé lugar. Que las limitaciones son solo físicas y que el amor de madre es increíble, infinito, puro y único. Ese amor tiene la capacidad de conectarse con el alma y empapar a todos quienes estamos cerca. La ternura de tus días y noches las llevo conmigo cada día. Recuerdo velar tu sueño, verte rendido de madrugada después de las crisis y agradecer a Dios que seguías aquí durmiendo. Recuerdo hacerte cariño y que se me apretara el corazón, porque sabía que te extrañaría toda la vida. Hoy estás presente en todos mis pacientes pediátricos, en mis ideas sobre la maternidad, en las canciones que escuchábamos, en *El principito* y en el mar. Te extraño.

Elorainis Colina, técnico en enfermería

Sin duda mi más grande guerrero, te extraño y recuerdo mucho. Me encantó ser parte de tu vida, poder cuidarte y darte todo el cariño. Es doloroso para todos nosotros el que ya no estés aquí de manera física, pero sé que estás feliz, porque me lo haces saber. Siempre te tengo presente, eres y serás por siempre parte de mí también. Me enseñaste muchas cosas. Un día le reproché a Dios el porqué tanta obsesión en llevarme por otro camino y no por donde yo quería ir. Pero después de tantos tropezones y luchas, entendí que era para encontrarme contigo. Como quien se roba un gran tesoro, se fue robando y llenando un espacio en mi corazón. Un lugar que no dejo que nadie más ocupe, porque es solo tuyo. A veces me da risa, porque ya no te veía como mi paciente, sino como mi familia. Llegué a ser muy feliz junto a ti y me alegraba tanto cuando mi pequeño mostraba su risa o cuando expresaba con sus ojos lo que quería; "mis ojitos locos", es así como yo te decía.

Hoy le escribo estas palabras a mi Dieguito. No es fácil, porque estuve muchos días con mi corazón arrugado y con el miedo de destapar mi dolor por la partida de mi pequeño guerrero al que tanto quería y quiero. Podría decir más cosas, pero no es fácil expresar mis sentimientos. Hoy tengo el compromiso contigo de ser feliz y poner en práctica todo lo que tú me enseñaste; de esta forma, todo lo que me enseñaste en vida tenga sentido. Te recuerdo bonito, mi angelito. Siempre en mi corazón, mi Diegui.

Sofía Pérez, hermana mayor

Dieguito hermoso, mi principito bello, te amo un montón. De verdad, no sabes lo feliz que me hiciste al ser tu hermana. Recordaré las veces que te pintaba la carita, me hacía feliz que te relajara. Sacarnos fotos también me gustaba, aún más cuando estábamos los tres. Para mí siempre estarás presente en esta familia otorgando paz, amor y tranquilidad. Me siento tranquila de que te fuiste en paz. Hoy me pone feliz y me emociona el que ahora esté feliz y en completa paz. Te pienso en la playa que tanto te gusta, te pienso en el campo que tanto quise que visitaras, y sé que ahora estás allí con los animales del campo. Vuela y explora todos los planetas y lugares que quieras visitar. Mi principito hermoso, eres un viajero único. Te amo mucho, Dieguito, mi principito. Tu hermanita mayor, Sofi.

Cinthia y Darinka, kinesiólogas motoras

Dieguito, siempre te recordaremos como un niño fuerte, valiente y alegre con tu familia. Gracias por dejarnos estas lindas enseñanzas y darnos la oportunidad de entregarte lo mejor de nosotras. Te queremos, principito.

Cecilia Castillo, médico

Señora Natalia, la acompaño desde lo más profundo de mi corazón, a usted y a su familia. Me alegro de que logré acompañarlos en el cuidado de Dieguito. Ahora este angelito bello descansa feliz. Sé que Diego es un ángel, un príncipe feliz. Un abrazo muy cariñoso.

Paola Gómez, técnico en enfermería

Dios sabe cuánto le pedimos para que descansara ese angelito, que fue un guerrero hasta el último momento. Le pido a Dios que les dé fortaleza a ustedes, sus familiares, y llene su corazón ahora, y que usted pueda sentir ese abrazo fuerte que Dieguito le está dando en este momento y agradeciéndole por cada momento que usted le dio alegría y amor. Lo imaginamos ahora feliz, corriendo y disfrutando. Un gran abrazo y muchas gracias por haberme permitido entrar en su casa. Gracias por todo.

Romina Valenzuela, tía

Dieguito, gracias por enseñarnos como familia, cosas que no teníamos en cuenta, gracias por ser parte de esta familia y darnos un ejemplo de fortaleza. Grande y brillante Dieguito, nos enseñó a todos de alguna u otra forma millones de cosas que no veíamos. Te amaré por siempre, tu tía Romina. Eres increíble. Eres una hermosa madre. Te quiero mucho.

Carla Valenzuela, tía

Para mi Dieguis, primero quiero decirte gracias por todo y por tanto, nos diste más que cualquiera y nos enseñaste que el amor cruza fronteras. Hoy mi corazón se llena de solo bellos momentos contigo para mantenerte vivo por siempre en mi recuerdo. Sé que ahora disfrutas de paz en un lugar maravilloso y desde ahí nos cuidarás a todos nosotros como el ángel que siempre fuiste y eres. Hasta siempre, mi principito, tu tía que te ama, Carlita.

Cristián Andrade, padrino

Ahijado querido, hoy partiste a nuevos horizontes con tus propias alas. Sé que nos volveremos a ver y disfrutaremos de tu nuevo mundo, como cuando fuimos juntos a Disney. Te quiero mucho.

Pablo González

Dieguito: esperamos de corazón que estés descansando como te mereces. Fuiste un angelito en la tierra y ahora compartirás tu alegría en el Cielo. Les mandamos además un abrazo afectuoso a toda la familia, Nati, Rorro, Sofi y Rochi, y nuestro más sentido pésame.

Chantal Pon

Primita, simplemente no hay palabras. Admiro tu entereza y sabiduría de cómo has enfrentado todo. Eres admirable, primita, y Dieguito un angelito guerrero hermoso, que siempre estará en nuestros corazones. Te quiero, primita.

Pía Cerda

Dieguito, tu cuerpo al fin descansa, tu alma volvió al origen y se funde con la eternidad. Gracias por enseñarnos tanto, gracias por toda tu luz, que nos llegó incluso a nosotros que te conocimos desde la distancia. Mucho amor para ti y para toda tu familia, un abrazo fuerte.

Marcelo Pon

Naty, tienes un angelito a tu lado y que sabe todo lo que diste por él. Eres una guerrera, primita, siempre con Pamela nos sacamos el sombrero frente a tu lucha por Diego. Son una tremenda familia, fuerte y me enorgullece de tenerlos como familia. Ahora a mirar adelante, un abrazo y toda la energía para ustedes.

Florangel Mendieta e Iñaki

Mi Dieguito querido. Gracias por aparecer junto a tu familia en nuestras vidas, con generosidad y amor. Naty, eres admirable y Dieguito tiene la mayor suerte del mundo al tenerte, siguen juntos por siempre. Tengo un dolor enorme en el alma que no se compara al tuyo, pero la conformidad que su cuerpecito descansa y sus alas te abrazan fuerte. Dieguito, gracias por enseñarme tanto como mamá. Iñaki te manda un beso enorme al Cielo, sabemos que siempre estarás con todos.

Magdalena Alessandri y Maximiliano

Querido Dieguito, el gran maestro, ejemplo y principito. Gracias por haber sido parte de mi aprendizaje con mi Maxito. Como ejemplo de vida y fortaleza, por demostrar que a pesar de las dificultades siempre se puede seguir adelante. Tienes un ejemplo admirable de madre y de entrega. Ella siempre pensará en ti y tú en ella. Cuida a todos los que nos quedamos. Un beso al Cielo de mi parte y de tu fiel seguidor.

Natalia Valenzuela

Naty, no imagino lo que pasa por tu corazón. No puedo imaginar siquiera la cantidad de sentires, siendo mamá. Sé que los hijos son lo que hace latir nuestro corazón y lo que dirige nuestra existencia. No tengo palabras de consuelo, solo enviarte todo mi cariño y amor. Te abrazo a la distancia y espero que Dios y el universo te den paz, luz y tranquilidad de saber que tu niño es el ángel más bello y esperado por todos los ángeles del Cielo, y ahora en adelante estará ahí para cuidar de ti. Muchos cariños y abrazos.

Bárbara Rivera

Querida Naty, no sabes la fuerza que transmites, el coraje y el amor infinito hacia Dieguito, y hacia los que te seguimos también. Siempre fuiste fuerte y muy segura de tus decisiones. Quería decirte que estás tú y tu familia en mis oraciones y no me queda más que desearles a todos mucha paz en estos momentos tan difíciles. Un abrazo grande.

Ximena Chaparro

Naty querida, no hay palabras para aliviar tu dolor y el de tu familia. Solo te envío todo mi cariño y fuerza en este momento tan difícil. Admirable todo el amor y cuidado incondicional que le entregaste a tu principito. Dieguito ya no está sufriendo, descansa y los cuida desde un lugar mejor. Mucha fuerza.

Jeanette Ahumada

Naty, todo mi amor y fuerza. Dieguito siempre será un campeón y ahora desde el Cielo estará siempre con ustedes, con todos.

Claudia Ahumada

Mi Naty querida, no tengo palabras, ni me quedan lágrimas. ¡Cómo no querer abrazarte! Tus palabras nos llegaron a todas las madres, lo dijiste todo. Te abrazo, mi Naty amada, te abrazo.

Carolina Carrasco

Me desgarra tu discurso, tu dolor y tu amor incondicional, altruista y absoluto. No puedo llegar a dimensionar todo lo que te invade. Ojalá puedas encontrar consuelo en ese amor sin fronteras que construyeron con Diego y que está destinado a trascender y germinar creativamente en ti, en tu familia y en lo que les rodea. Mi admiración te acompaña por siempre y ojalá que muy pronto puedas volver a sonreír al final del arcoíris.

Bernardita Ramírez y Felipe

En mi corazón siempre, querida Naty, hoy te abrazo. No hay palabras hoy, solo quiero decirte que te quiero y te regalo un abrazo lleno de cariño. Nuestro Dieguito está y estará siempre en mi corazón. Un abrazo para todos. Muchas bendiciones.

Carolina Rabello

Naty querida, amiga preciosa, tu gran corazón palpitando fuerte por tu gran ángel que tienes, tuviste y tendrás por siempre. Te acompaño en tus sentimientos, que imagino debe ser una mezcla de muchas emociones. Querido Dieguito, campeón, que tu fortaleza e inocencia te acompañen eternamente en este viaje que emprendes para convertirte en el angelito que siempre fuiste en la Tierra, ahora en el Cielo. Te recordaremos con todo nuestro amor.

Susanne Kramer, cuidados especiales en odontología

Mi príncipe más hermoso, disfruta los nuevos planetas que estás recorriendo y vive la magia del vuelo eterno. Desde acá te amaremos por siempre.

Melissa Acevedo

Un abrazo muy apretado para ustedes y mucha luz.

Carolina Quinteros y Francisca

Naty, te abrazo tan fuerte y comparto tu dolor y también tu alegría de saber que tu bebé ya está bien, sanito y feliz. Las palabras de la ceremonia llegaron al alma, admiro tu fortaleza, tu amor incondicional, te abrazo con el alma.

Valentina Villegas, tía

Hermana linda. Diego es un ángel, nació así y nunca dejó de serlo, un ángel guerrero. Tú, las niñas y Rodrigo, el ejército de ángeles dedicados a cuidarlo. Espero de todo corazón que tu alma y la de todos ustedes esté tranquila. Te quiero mucho, mucha paz para ustedes.

Ignacio Villegas, abuelo

Dieguito, que tu luz nos acompañe muchos años, te ama tu abuelo.

Patricia Villegas e hijas

Queremos como familia apoyarlos en este difícil momento y enviarles un mensaje de amor, que Dieguito finalmente está descansando de toda la guerra que luchó. Un abrazo de tu tía abuela, tus tías y primos. Descansa en paz.

Soledad Villegas

Dieguito, gran maestro, principito. Ha llegado un angelito a la casa celestial. Vuela muy alto.

Esteban Valencia, terapeuta ocupacional

Dieguito, siempre fuiste luz y un angelito en mi camino. Te recordaré con mucho cariño siempre.

Anaiza Pusic y Benjamín

Dieguito, qué pena no haberte presentado a mi Benjamín, para que hoy le enseñes tus locuras y sonrisa enorme. Dieguito inspiró muchas cosas bellas en nosotros, su alegría y tu optimismo nos ha acompañado durante este año. Te queremos acompañar a ti y a tu familia, que son un ejemplo de amor inmenso y de resiliencia. Aunque nunca conocimos en persona a Dieguito, para nosotros es importante en nuestro camino y siempre le agradeceremos por existir, por ser tan bello y luchador. Dieguito, que Dios siempre te acompañe y te proteja. Cuida a tus papitos y hermanas, y dales todo tu amor desde el Cielo.

Bárbara Malebrán, madrina

Sé que eres el ángel más grande y bello de todo el Cielo. Siempre te recordaremos con enorme amor y el luchador que fuiste. Todo lo que nos enseñaste te lo agradecemos. Siempre estarás en nuestros pensamientos con mucho amor. Sé feliz y nosotros lo seremos en tu nombre. Tu madrina que te ama.

Erika Ly Bustios

Principito, diste tanto amor y tanta sabiduría a todos los que tuvieron la fortuna de estar contigo. Y también en la distancia. Tienes una madre guerrera como tú, que seguirá irradiando todo su amor infinito a tus hermanas y a tu papá. Siempre fuiste luz que no se apagará nunca en el corazón. Siempre fuiste luz y cambiaste la forma de ver la vida de muchos, cuando te cansas, no quieres seguir, recordarte y ver tu lucha siempre ha dado mucha fuerza. Luchaste el tiempo que decidiste destinar para tantos bellos aprendizajes y lecturas, y eternas conversaciones con tu madre maravillosa y su amor infinito, así como la generosidad y amor de tus hermanas y tu papá. Eres libre y sigues siendo luz para siempre. En mi corazón siempre. Vuela alto, libre y feliz. Te quiero.

Jocelyn Carmona Lichiok

Dieguito, vuela tranquilo, eres un angelito libre, lleno de amor, que en su paso por la tierra deja grandes enseñanzas y por sobre todo, mucho amor. Siempre estarás en mi corazón, principito. Y, amiga, un abrazo enorme, nada consuela en estos momentos más que su anhelada libertad. Un abrazo, te quiero mucho, eres un alma bella y generosa.

Clínica Domiciliaria CMH (*homecare*)

Hoy es un día difícil, lo sabemos. Y por eso quisimos acompañarlos, Dieguito hoy es otro bello angelito dorado, que estará siempre con ustedes. El amor es infinito y traspasa fronteras, sistemas y espacios. Un fuerte abrazo de la familia CMH.

Equipo Uci técnicos y enfermeras, Clínica UC San Carlos de Apoquindo

Deseamos que Dios ilumine el camino de nuestro gran principito.

Gabriela y Nicole, kinesiólogas respiratorias

Los kines quisimos acompañarlos a ustedes y a Dieguito querido en un vuelo hacia las estrellas más altas. Hasta siempre, principito.

Mariela Silva y Pedrito

Vuela muy alto, principito, te admiramos profundamente. Te conocimos a través de tu mamá y ocupa este lugar en nuestras vidas. Gracias por tanto. Querida Naty, te abrazo fuerte, que el olor, el calorcito de Diego, su respiración sean recuerdos imborrables que te acompañen siempre, que traigan paz, ese amor de ustedes es más fuerte que todo.

Nicole Parentini, kinesióloga motora, Amancay, Centro de Rehabilitación Pedriátrica

Nati y familia: Un abrazo grande y lleno de amor en estos momentos, son una gran familia que le dio a Diego todo el amor y el cariño. Nos enseñaron a todos a ser un poco más fuertes en la vida. Un abrazo.

Ivannia González

Familia Pérez Villegas, les deseo paz, fortaleza y resignación. Que el gran amor y los recuerdos que vivieron con Dieguito les permitan avanzar en el día a día con la firme convicción de que Diego estará siempre con ustedes. Un gran abrazo.

Hansuyin Chau

Naty y familia, reciban mis condolencias por la partida al encuentro con el Señor de Dieguito, él es y será un angelito de Dios, que vino a este mundo a puro derramar amor. Ahora descansa y desde el Cielo estará velando por todos ustedes. Abrazo para ti y para toda tu familia, Naty. Vuela alto, Dieguito.

Karym Foncea

Dieguito, principito bello. Te vi muchas veces en las redes sociales de la mamá, siempre te vi con una mirada feliz y tranquila, ahora ya estás con el maestro todopoderoso. Fuiste un maestro, un guerrero con fortaleza, entereza, un luchador incansable. Dejas un vacío en este plano, pero tu recuerdo, tu luz brillará eternamente. Ahora eres un ser de luz, libre, que corre por los jardines celestiales. Nos dejas una gran enseñanza de no rendirse y ser fuertes para entregar mucho amor.

Alexandra Loayza y Tomás

Naty, no tengo palabras, se me rompe el alma, pero al mismo tiempo, consuelo por Dieguito. Te mando un abrazo enorme, muy grande, eres una gran mujer, un abrazo muy grande.

Jaqueline Navas

Diego Alonso, fuiste una bendición para tus padres, hermanos y abuelos. Diste una dura batalla por estar al lado de tus padres y gracias te damos por ello. Vuela alto, ángel, que Dios te bendiga.

Verónica Rivera

Con mucho cariño siempre rezando por Dieguito, aunque no lo conocí tan bien, de alguna manera me hice parte de su vida. Admiración por su familia, el amor y la dedicación. Mucha fuerza y fe. Dieguito, descansa en paz.

Rosely Hidalgo

Querida Natalia, tu principito hermoso iluminó muchas vidas, gracias por haberlo compartido con todos nosotros. Un abrazo inmenso lleno de amor.

Jasmine Ulloa

Gratitud es lo que siento con usted y con Dieguito. Gracias por enseñarnos a valorar cada momento. Gracias por todo lo que ha transmitido para quienes los queremos. Diosito los acompañe siempre. Mi corazón está con ustedes, siempre.

Francisca Jaime, médico

Dieguito, nos removiste el corazón de muchas formas en el tiempo que compartimos. Ahora sé que descansas en paz. Espero que tu familia también encuentre paz y fuerza para seguir adelante. Muchísimas gracias, Natalia y Dieguito, por haberme permitido participar de su existencia. Para mí fue un aprendizaje para el alma, sobre cuándo dar peleas y cuándo ya no hay que darlas, sino aceptar la naturaleza. Un abrazo enorme y lleno de cariño a tus papás, Natalia y Rodrigo.

Catalina Céspedes

Bella, qué dolor más grande, Dios te bendiga. Fui testigo de que hiciste todo tu esfuerzo para que tu pequeño estuviera bien. Esa paz te acompañará de por vida.

Lina Tudela

No conocí personalmente a Dieguito, tampoco a su familia. Me impactó profundamente su vida y el gran amor de sus padres y familia. Qué ejemplo y qué vivencia de entrega, de apoyo, de unión. Gracias de corazón por lo que me enseñaron. Dieguito ya está siendo abrazado por el amor más grande. Sé que duele esta separación... Mucha fuerza, consuelo y resignación a su familia. Confío en que el amor por Dieguito les ayudará a sobreponerse. El amor no muere.

Marta Vieyra

Querida Natalia, recibe mi abrazo a la distancia. Dios tiene pruebas insospechadas para nosotros, él te reconfortará y te señalará una nueva misión. Dieguito ya está junto a él y te aseguro que espera que estés en paz, reconfortada en el amor y la compañía de tu marido y niñitas. Un abrazo.

Leslie Sasso

Mi querida Natalia, mi corazón está contigo.

Stephanie Benussi

La pérdida de un hijo es el peor dolor que se puede sentir. Te abrazo a la distancia y espero que nuestros angelitos sean eternos y felices en donde estén. Llegará el momento en que nos volvamos a encontrar con ellos.

Claudia Vega

Un abrazo a la distancia a toda la familia, todo mi cariño, mis respetos y mi más profunda admiración para Natalia, eres una gran mamá, una gran mujer, una súper guerrera. Ten por seguro que tu principito volará alto y te acompañará siempre. Familia Funes Vega.

Yaresla Martínez

Estimada Naty, Dieguito está en un jardín celestial donde podrá correr y jugar, que Dios le dé las fuerzas a Ud. y familia. Eres una guerrera y te admiro al ver todo lo que hizo por su principito. Descansa, Dieguito, estás en los brazos de Dios.

Lorena Saldes

Mis sentidas y sinceras condolencias, y mi profunda admiración a ustedes como familia. No tengo el gusto de conocerlos, pero a través de sus historias me hice parte de la vida de Dieguito en este tiempo. ¡Vuela alto, Dieguito hermoso! Tu luz estará siempre en nuestros corazones.

Nicole Cáceres

Querida Sra. Naty, llegué a su Instagram por cosas de la vida y siempre seguí su lucha, es digna de admirar. Dieguito al fin es libre y volará como un pajarito y la cuidará desde donde esté. Mucha, pero mucha fortaleza en este momento de dolor para toda su familia. Un abrazo desde Antofagasta.

Camila Vargas

Dieguito, al fin descansas en paz. Naty querida y familia, ustedes fueron unos ángeles en el camino de Dieguito, siempre dando el mil por ciento para que él tuviese una vida digna y feliz. Ahora ustedes tienen un ángel que los cuidará para el resto de su vida, no duden que Dieguito será su ángel guardián. Un abrazo enorme para todos.

Paola Villarroel

Querida y bella guerrera, te abrazo con cariño en estos duros momentos, quiero que sepas que te admiro profundamente y le pido a Dios que te dé la paz y fuerza que necesitas. Tu bello principito ya está revoloteando entre nubes, sin dolor alguno que le haga daño, él desde el Cielo te seguirá cuidando y acompañando siempre. Ojalá algún día la vida nos permita conocernos personalmente y decirte a los ojos lo admirable y valiente que eres. Un abrazo enorme lleno de cariño para ti.

Patricia Rebolledo

Querida Naty, eres una mamá maravillosa, luchaste con Dieguito hasta el final, hermoso fue su amor y seguirá siendo, no dudes que ahora tienes un hermoso angelito que cuidará de la familia. Fue un placer compartir junto a ustedes en la fundación, mi Emi estará esperando a Diego en el Cielo para que puedan ser libres como pajaritos. Que Dios les entregue paz en sus corazones y sobre todo tranquilidad en estos momentos tan difíciles. Los quiero y siempre los llevaré en mi corazón.

Nataly Arriagada

Naty y familia, espero de todo corazón que Dios pueda ayudar a sanar este inmenso dolor que deja la partida en cuerpo de Dieguito. Te admiro inmediatamente como madre, eres una guerrera, luchaste hasta lo último junto a tu pequeño. Te envío un abrazo muy grande desde la distancia. Sabemos que Dieguito los cuidará desde el Cielo, él se convirtió en el ángel más bello y feliz, sin dolor y libre todo lo mal que lo pasó en vida. Lamento no poder estar presente, pero desde acá mis pensamientos están contigo y tu familia. ¡Muchas bendiciones y fuerza!

Lorena Saldes

Un abrazo lleno de luz, paz y fortaleza, y mi infinita admiración a ustedes como familia.

Andrea Godoy Barrientos

Mi querida Naty, desde el primer día que sigo a mi amado Dieguito, no lo conocí, pero se hizo parte de mi vida y de mi madre. No puedo decir ánimo o fuerza, solo tú sabes cómo buscar esa fortaleza. Gracias por compartir tu experiencia de vida y espero con ansias el libro, espero algún día leerlo y espero que no pierdas contacto con el grupo de Facebook. Besos a ti y Diego al Cielo.

Marianela Miranda

Natalia y familia, deseamos de todo corazón que Dios desde lo alto envíe paz a sus vidas, dándoles consuelo y reconfortando el alma de cada uno. Dieguito fue un gran luchador en su paso por esta vida y hoy está disfrutando del jardín celestial, donde es libre de correr y disfrutar de las maravillas que allí le esperaban. No cabe duda que él desde lo alto les cuidará y acompañará en cada momento y pedirá a Dios que les permita encontrar el consuelo. El amor que tenían por él y su recuerdo será el bálsamo para esperar el día en que puedan reencontrarse nuevamente, en donde ya no habrá sufrimiento, sino que un gozo eterno que el Padre ha prometido. Sus hermosas alas hoy lo llevan al regazo de Dios, en un vuelo lleno de luz. Un gran abrazo. Suky, Juan, Javiera y Sofía.

Giovanna Rojas

¡Vuela alto, Dieguito, junto a Dios! Eres un angelito hermoso, un abrazo fuerte, señora Natalia, para su esposo y las niñas.

Sandra Barraza

Mis más sentidas condolencias a la familia y un abrazo lleno de mucha luz y mucha fuerza para mitigar tan profundo dolor. Solo queda estar tranquilos, porque Dieguito está descansando al lado de Dios padre, disfrutando junto a los ángeles, a la espera de reencontrarnos nuevamente. Muchos cariños para ustedes.

Viviana Adaros

Vuela alto, Dieguito, ahora eres libre para correr y jugar con fuerza. Dios y la Virgen están contigo. Un abrazo a la distancia a toda la familia y en especial a su mamita Naty.

Mónica Guerra

Gracias por permitirnos estar de alguna manera con ustedes en este momento tan difícil y triste. Solo quiero mandar mis cariños y abrazos a toda la familia, espero que el tiempo ayude a llevar de mejor manera la partida de Dieguito, sin duda lo extrañaremos. Aun cuando no lo conocí personalmente, siento mucho su partida.

Yanet Espejo

Ya eres ligero, Dieguito, vuela alto y libre, mantén tu luz en el corazón de tu mamá y tu familia.

Javiera Soto, Joaquín y Gracia

Un abrazo al Cielo, valiente principito. Te mereces volar alto, libre de todo dolor. Llegó el momento de volver a correr, reír y jugar. Tú anda tranquilo, la mamá queda rodeada de amor.

Valentina Vega

Dieguito, sé que estás en el Cielo junto a Dios y todos los angelitos que te cuidaron siempre y ahora te reciben con mucha alegría. Enviamos las condolencias a sus padres, que por siempre te tendrán en su corazón. Un abrazo, familia Hermosilla Vega.

Jessica Oliva

Hasta siempre, Dieguito. No tuvimos el privilegio de conocerte personalmente, pero seguimos tu lucha y la de tu familia. Leímos y releímos a tu mamita, luchadora incansable, y fue a través de ella que nos acercamos a ti. Gracias por permitirnos conocerlo. Mucha luz para tu viaje, pequeño gran principito.

Susana Contreras, Fundación Aura Epilepsia

Principito hermoso, has partido en paz, cuida desde el Cielo a tu mamita y a toda tu familia. Gracias por todas las lecciones que nos dejaste. Un abrazo fraterno y todo nuestro amor a la familia.

Verónica Pérez

Desde Argentina reciban mis más sinceros abrazos. Me invade el dolor, pero también la esperanza de saber que nuestro guerrero, símbolo de luchador incansable, ya descansa en paz.

María Constanza y Alan Ávila

Descansa en paz, pequeño principito, que tu camino esté lleno de luz y bendición. No te conocimos, pero seguimos tu historia. Un abrazo al Cielo, tu tribu jamás te olvidará.

Leo y Lali

Ya descansas, bebé, has ido al encuentro del Padre eterno, que te recibe con los brazos abiertos. Dale fuerza a tus padres y hermanas. Siempre en mis recuerdos.

Rosana Maturana

Dieguito, solo quiero decirte que tienes que irte en paz. Es necesario descansar. Aquí nos quedaremos acompañando a tu mamita, que me consta lo dio todo y mucho más por ti. Ella también es una guerrera, igual que tú. Sé que estarás en un jardín lleno de aromas y bellas flores. Ahí habrá muchos niños que querrán jugar contigo, solo entrégate a ese hermoso momento. ¡¡¡Desde aquí un beso al Cielo para ti!!!

Jacqueline Nava

Un ángel ha subido al Cielo para guiarnos con su luz. Dieguito, en el Cielo te van a cuidar con el mismo amor que lo hicieron tus padres, Rodrigo y Natalia. Nosotros desde aquí te recordaremos siempre. Gracias por regalar a tus padres, hermanas, abuelitos y tíos los años más bonitos de nuestras vidas. El Cielo ahora brilla más que nunca con tu llegada. Dieguito, sé feliz donde estés, tus alas ya estaban listas para volar, nuestros corazones no estaban listos para verte partir. Has dejado una huella profunda en nuestros corazones, nos diste una lección de amor y valentía a cada uno de nosotros, diste una batalla dura, Dieguito. La vida no es para siempre, pero nuestro amor a ti es eterno. Con amor, Jacqueline Nava y familia.

Elena Ayala

Dieguito, llévate todos los millones de besitos que me faltaron darte. Eres un dulce angelito, te queremos mucho.

Carolina Pérez

¡Dieguito lindo, luchaste tanto! Fuiste un guerrero hasta el final. Nos enseñaste a nunca perder la fe, la magia, a siempre tener una sonrisa y una esperanza. Ahora puedes descansar al fin, sin dolor, sin pena, sin sufrimiento terrenal. Natalia, te sigo hace mucho tiempo y sé cuánto amaste y cuánto moviste cielo y tierra por tu principito. Que ese amor le dé paz y consuelo a tu corazón. Abrazos enormes para ti y tu familia.

Liliana Rojas

No conocí personalmente a Dieguito ni a ustedes, pero supe de él y del amor de ustedes como padres hacia su pequeño principito. Dios les dio la oportunidad de tenerlo, cuidarlo y amarlo, hoy lo ha llamado a su lado y sé muy bien que es difícil entenderlo, ruego a Dios que les dé la fuerza que necesitan en estos momentos. Un abrazo gigante del corazón de una madre en duelo. Que los ángeles de Dios guíen el camino de Dieguito a nuestro Padre celestial.

Javiera Bilbao

Querida familia Pérez Villegas, que el amor de Dios y toda su bondad los acompañe cada día. La memoria e historias con Diego vivirán para siempre en sus corazones. Les mando un abrazo muy grande. Cariños, Javiera.

Karina Yoaly

No seguí por tanto tiempo tu lucha, pero por el tiempo que lo hice, te admiré y estuvieron siempre presentes en mis pensamientos y oraciones. Hoy tu bebé se ganó el Cielo eterno, espero de corazón que toda su familia pueda encontrar paz y unión.

Meli Chávez

Te admiro como madre, hoy él ya voló para descansar, ahora ya no tiene dolor. Quédate tranquila, que tú le diste lo más que pudiste y el amor que le tienes nunca se acabará, tendrás la satisfacción de que hiciste lo humanamente posible. Te deseo paz en tu alma y vive tu duelo, un abrazo desde México.

Naya Sepúlveda

Hoy un abrazo gigante para ti y al que ahora es tu angelito. Fuiste fuerte. Dios lo tiene en su reino.

Connie González

Hermoso pequeño, me caló esta triste noticia, pero sé que, tal como dice tu mami, era el momento de desplegar tus hermosas alas y por fin quitarte toda esa coraza que no te dejaba ser libre. Sé que brillarás tal y como brillaban tus ojos en cada publicación, y que guías a tu familia con todo el amor. Vuela alto, Dieguito, mucho amor para ti y tu familia, en especial a la mami, mis infinitas condolencias, fuerza y fe.

Nolvia Fabres

Amor infinito. Diego, hiciste tanto bien a nuestras almas. Dicha y felicidad para ti en tu nuevo hogar. Dolor de amor en nuestros corazones. Bendecidos hemos quedado todos los que te conocimos. Nati y familia, mis respetos para ustedes.

Macarena Cue Silva

Pequeño, ¡qué camino! Un abrazo y mis oraciones para él en su camino, pero especialmente para ustedes.

Mariela Serey, Asociación Yo Cuido

Lo siento tanto. Un abrazo apretado para ti. Dieguito estará bien acompañado, sin dudas.

Nava Farías

Mi bello Diego, tuve la oportunidad de conocerte. Fue poquito, pero suficiente para que fueras un niño especial para mí, un príncipe demasiado regalón, que le encantaba el cariño y los abrazos. Fuiste un guerrero hasta el último momento. Una madre al mil porciento con su principito, un ejemplo a seguir. Un abrazo y mucha fuerza.

Perla Garrido

Dios consuele sus corazones. Vuela alto, Dieguito guerrero. Descansa en paz en los brazos de nuestro Dios. Un abrazo enorme para ti, Naty querida, y toda la familia que no se cansó nunca de buscar su felicidad.

Jacqueline Hadwah

Dieguito tuvo la mejor mamá del mundo. Te envío un abrazo a la distancia y mucha luz para seguir este camino, ahora con tu niño convertido en tu guardián.

Jazmín Gutiérrez

Descansa en paz, Dieguito, un fuerte abrazo y mucho amor para su familia.

Patricia de la Fuente

Para ustedes todo mi amor. Que Dios les entregue la paz que necesitan. Dieguito fue parte de mi rutina por mucho tiempo, tengo mucha pena, pero también siento que está muy bien por ahí, jugando feliz.

Ximena Garró

Inevitable la pena que siento. Dieguito un grande, junto a ti y tu familia. Vayan mis condolencias y mis respetos por ustedes y por ti, valiente mujer, un abrazo.

Gonzalo Ramírez

De verdad estoy choqueado. Recuerdo bazares, rifas y tanta actividad para él cuando eran nuestros vecinos. Nunca olvidaré la entrega total de sus padres.

Alejandra Fantobal

Que la Virgencita los abrace amorosamente, como abraza a Diego en estos momentos.

Sandra Barraza

Dieguito hermoso, eres el más hermoso de los ángeles. Un tremendo guerrero. Ya estás descansando de todo dolor. Le mando un beso grandote al Cielo. Mucha fuerza y tranquilidad para ustedes como familia. Fueron lo mejor para Dieguito, siempre apoyándolo, siempre a su lado acompañándolo. Muchos cariños para ustedes como familia.

Lucía Calabrese

Abrazos llenos de luz y amor.

Carol Guasch

Un abrazo fuerte y mis más sinceras condolencias para ti y familia. Mucha fuerza. Tu principito está descansando en un hermoso lugar. Eres una mujer y madre admirable, maravillosa. Dieguito, ahora estás junto a los ángeles del Cielo junto a Dios.

Carla Carmona

Un abrazo. Siempre fueron unos guerreros. ¡Admiré siempre tu fortaleza y la conexión que tenían era tan linda! Él siempre supo que fuiste la mejor. Saludos y admiración.

Ángela Pérez

Mis más sinceras condolencias, pero como tú dices, finalmente vuela libre con los angelitos. Te mando un fuerte abrazo y toda mi admiración. Eres una madre especial. Seguramente tu bebé está feliz donde está, porque tuvo una madre como tú. Desde Argentina.

Yennifer Silva

Hoy desde lo alto te cuidará y protegerá hasta el día en que vuelvan a encontrarse. El amor infinito y más puro que existe fue para tu guerrero. Un abrazo enorme a la distancia para ti, eres una gran luchadora.

Cory Cameron

Te leía y sentía tu amor incondicional hacia Dieguito. Ahora él está en el mejor lugar, sin dolor. Podrá correr libremente y desde ahí te cuidará como lo hiciste con él. Bendiciones.

Claudia Castellón

Dieguito, ya eres un angelito y desde el Cielo cuidarás y protegerás a tu familia, en especial a tu mamita. Mis condolencias, Naty, eres una mamá excepcional, todas mis vibras para ti.

Francisca Díaz

A veces cuando estaba cansada y agotada del día a día, tú sin saberlo me enseñabas una enorme fortaleza. Difícil poder decir algo en estos momentos. Diego, tú y ustedes como familia son un enorme ejemplo, ahora él ya dejó de sufrir y siempre vivirá en tu corazón. Solo quiero mandarte un abrazo.

Yanet Espejo

De una madre a otra madre, recibe un abrazo fraterno, con la convicción de que tu ángel vuela libre, ligero, sin dolor y que nunca se separa de tu lado.

Daniela Donoso

Naty querida, un abrazo enorme para ti y tu familia. Toda mi admiración por todos estos años de lucha. Hoy Dieguito es libre y, como dices, ya alzó sus alas. Cariños y fuerza.

Beatriz Barrientos

Siempre he valorado la abnegación y valentía por tu hijo, él que ya se convirtió en un verdadero ángel. Que Dios le dé el descanso eterno y que bendiga a su familia.

Verónica Yeomans

Lo siento tanto, solo deseo que Dieguito vuele muy alto y que Dios lo reciba con los brazos abiertos. Para ti, mi real admiración. Te mando mucha fortaleza para que puedas tener paz en tu corazón.

Anita María

Dieguito vuela, y vuela más allá de las estrellas. Y a ti, mamá, un enorme abrazo. Nunca habrá consuelo, pero él te dejará toda su paz. Cariños para toda la familia.

Jennifer Passalacqua

Mucha fuerza, Naty. Una gran guerrera también, te admiro mucho. Mucho amor y paz para la familia. Dieguito siempre estará contigo. Un fuerte abrazo.

Mónica Guerra

Muchos abrazos apretados para ustedes, Naty. No nos conocemos, pero he seguido tu lucha por años y solo tengo admiración por ti y por Diego, pues la lucha infinita que dieron, cada batalla ganada o perdida la viví a través de ustedes. Así como hoy me duele la partida de Dieguito, solo puedo llegar a imaginar tu dolor, pero lo diste todo, Naty, y eso te ayuda a hacer más liviana la pena. Mucho amor para ustedes.

Belén Fabri

Vuela alto, pequeño angelito. Mucha fuerza para ti, mamita guerrera, que lo diste todo por tu Dieguito.

Paula García

Un abrazo, guerrera, mi admiración para ti y tu lucha incansable. Vuela alto, Dieguito.

Milenka Sandoval

Todo mi amor para ti y familia, Naty. Mucha fuerza y paz para tu corazón, y mi profunda admiración a tu gran trabajo de madre. Tu principito está jugando con sus estrellas y desde el Cielo cuidará a su rosa.

Karen Gallardo

Un fuerte abrazo a ti y tu familia.

Paola Villarroel

Mi guerrera incansable. Sabes cuánta admiración he llegado a sentir por ti. En estos momentos no hay palabras que den consuelo a tu corazón y alma. Solo quiero que sepas que lo diste todo y más por tu bello principito. Me duele el alma no poder estar ahí y darte el abrazo que tantas veces te he enviado. Tu principito ya vuela entre bellas nubes sin dolor ni nada, solo siendo feliz. Te admiro hoy y siempre. Te dejo un abrazo enorme lleno de luz y muchísima paz.

Paulina Durán

Un abrazo lleno de luz.

Carolina Rivera

Antes de convertirme en madre te leía y no entendía muchas cosas, y desde que ahora lo soy, supe entenderte mejor, y sobre lo admirable que fuiste con tu bello hijo. Solo quiero enviarte mis condolencias y decirte que tuviste un hijo maravilloso y que ahora disfrutará poder ser un niño feliz sin dolor para jugar con los demás angelitos que lo van a recibir en el Cielo.

Carola Guzmán

Mucha fuerza. Aunque sé que ya la tienes. Un abrazo enorme y cargado de energía.

María Jesús Davidson

Un abrazo fuerte y gigante para ti. Te seguí sin conocerte, tu historia demuestra que el amor es incondicional, eres y serás una gran guerrera. Mucha fuerza, mi admiración para ti, el principito será una estrella en el cielo. Un abrazo.

Johnny Carvajal

Tanta fortaleza, permítame demostrarle mi admiración total. No existe ser sobre la Tierra ni en la imaginación del cómic de Marvel, que supere la maestría total que manejaste en este planeta. Ruego al

Cielo que Dieguito al pasar este umbral vuele y haga un campo de fuerza y te ayude desde su dimensión, transmitiendo el ánimo salvaje que tuviste con él. Eres única. Dios te proteja a ti y a todo lo que te rodee, ¡por toda la eternidad! Gracias por mostrarnos tu gran valentía, Naty. Gracias, Dieguito, por demostrarnos que las batallas se dan hasta el último suspiro. ¡Grande soldado de la fortuna!

Patricio Letelier

Para esto no hay palabras que medianamente siquiera se acerquen a rozar el dolor que se siente. Vuela libre, guerrero.

Catherine Labarca

Un abrazo y mucha fuerza.

Viviana Valderrama

Un abrazo gigante para ustedes, Naty. Ahora tienes un angelito que correrá y jugará liviano en el Cielo. Mucho amor para ustedes y Dieguito.

Constanza Pedreros

Te seguí durante años. Toda mi admiración y respeto para ti. Lo diste todo y más. Ahora tu principito está en un mejor lugar. Gracias por permitirnos seguir toda tu lucha y enseñarnos que el amor es infinito, es puro y que no tiene límites.

Roxana Collao

Te envío un abrazo gigante de mucha luz, Naty, para ti y tu familia.

Macarena Galleguillos

Un abrazo grande para ti, Naty, y tu familia.

María Teresa Pizarro

Un fuerte abrazo a la distancia para ti y toda tu familia.

María Luisa Urcelay, Fundación Alter Ego

Les mando un abrazo grande a cada uno de ustedes. Sin duda que Dieguito ha volado alto.

Catalina AN

Te envío mucha fuerza, luz y amor. Que estés acompañada en este proceso y siempre saber que lo diste todo y más por Dieguito. Dieguito, por fin estás sin dolor y te acompañará siempre. Besos y abrazos.

Jimena Nilo

Qué fuerte noticia, un abrazo gigante a la distancia. No quedó nada por hacer y la lucha fue enorme. Ahora principito alzó sus alas y voló. Dieguito un angelito que cansado de luchar quiso volar, que en paz descanse.

Paula Gaete

Dieguito, vuela alto. Sé que está saltando entre las nubes, gozando de la tranquilidad y la paz de ese hermoso lugar. Un abrazo enorme para ti, mamita guerrera, y su familia. Ahora tienen un bello ángel que los acompañará.

Yazmine Quintana

Un fuerte abrazo para ti, querida Naty, y tu familia. Eres una madre realmente admirable. Que Dios reciba junto a sus ángeles a Dieguito en el Cielo. Que en paz descanse. Acompañándolos desde Antofagasta en su dolor.

Soledad Llancamil

Siempre fue un ángel que nos enseñó a creer en el poder del amor. Un abrazo gigante.

Montserrat Serrano

Un abrazo enorme para ti, madre guerrera, y para toda tu familia. Diego de seguro se fue feliz con todo el amor que recibió. Han ganado un ángel maravilloso.

Viole Peña

Les envío un tremendo abrazo. Ahora es un angelito que siempre estará con ustedes. Mucha luz.

Trinidad Muñoz

Mucho amor y admiración por ti. Te abrazo con mi alma.

Jaime Casanova

Un gran abrazo, Naty, mucha fuerza y paz para ti y tu familia.

Nancy Aravena

¡Grande, Dieguito, fuiste un guerrero! Ahora dale el consuelo que tus padres necesitarán, en especial la señora Natalia.

Isabel Margarita Girón

Un fuerte abrazo. Te envío toda mi energía, que los llene de paz a ti y a la familia. Eres una mujer admirable.

Marcela Ortega

Un tremendo abrazo para ti, eres una tremenda mamá. Dieguito siempre estará contigo. Besos y abrazos para ti, tu marido y las niñitas.

Patricia Vallejos

Un abrazo para ti, madre guerrera. Tu hijo ya es un ángel más en el Cielo, ahí te estará esperando cuando vueles tú también. Lo diste todo, lo entregaste todo. Ahora poco a poco ve reconstruyéndose y aprendiendo a vivir sin Dieguito. Un gran abrazo de luz para ti.

Coni Collantes

Fuiste un grande, Dieguito. Mucha fuerza y luz para ti, Naty, y para toda tu familia.

Analía Poblete

Te abrazo infinito, Naty. En nuestros corazones por siempre estará Dieguito.

Viviana Salazar

Tu pequeño Diego ahora descansa en paz y libre de dolor. Te mando un abrazo grande y mucho amor de madre. Eres tremenda, te admiro mucho, Naty.

Pamela Pizarro

Que descanse en paz Dieguito. Pequeño luchador, goza de la tranquilidad y paz eterna.

Sol Gar John

Siempre he llevado la historia de ustedes conmigo y la comparto. Hoy con mucha pena y dolor veo que Dieguito ya no está con nosotros. Espero que tu alma se recupere del dolor eterno. Sé que la fuerza de la hermosa madre que eres te ayudará a salir adelante acompañada siempre de tu ángel. Todas las vibras positivas para ti y familia. Que Dieguito esté disfrutando feliz en el Cielo. Un abrazo y mis condolencias.

Andrea Godoy

Naty, tengo un nudo en mi garganta, pero siempre demostraste un gran poder como madre. Siempre serás bendecida por Diego y sus ángeles.

Paulina Escudero

Naty, un abrazo grande para ti. Conozco la lucha que diste por tu bello Dieguito. Cariños.

Mailen González

He seguido cada paso de tu principito, cada logro me hizo feliz y cada retroceso me puso triste. Hoy leo que tu ángel volvió a los brazos del creador y no pude evitar emocionarme. Vi tu lucha, vivir tus esperanzas, me puse en tu lugar mil veces y te admiré enormemente. Tu madurez, tu ternura de madre amorosa, preocupada y luchadora me hizo admirarte de corazón. Te envío un abrazo infinito para que te dé mucha paz y amor, y a todos los que conforman tu linda familia. Gracias por esas notas que le dedicabas a tu príncipe, las leí siempre y pedí por él. Ahora descansa.

Jorge Riffo

Les quiero enviar a ustedes, sus padres, nuestra mejor energía, todo el cariño y afecto infinito.

Lorena Couto

Cuánta tristeza, descansa en paz, guerrero. Mucha fuerza, mamita.

Viviana Montesinos

Sentimientos encontrados. Dieguito ya está libre de dolor y sufrimiento, pero siento mucha pena, la separación siempre es difícil. Un abrazo a la familia.

Solange Valenzuela

Un fuerte abrazo y todo mi amor para este triste momento de tanto dolor.

Natalia López

Mucho amor y paz para ustedes, tu guerrero siempre estará con ustedes.

Carmen Girón

El Cielo tiene un nuevo angelito. Hoy ya está feliz, descansando, libre, sin dolor y cuidará de su mamá. Un abrazo enorme, querida Naty.

Catalina Oyarzún

Sin muchas palabras, más que admiración por ti y por Diego. Mucha luz.

María Belén Urban

Un abrazo muy fuerte, Naty, para todos ustedes, lleno de mucho amor.

Yanira Cifuentes

Cómo no llorar a Dieguito. Cómo no sentir tristeza en su partida. Ahora quedas tú como la gran guerrera. Dieguito, un principito hermoso que pasó por esta vida junto a esta madre maravillosa. No hay duda alguna que volverán a reencontrarse como siempre. Mientras, él seguirá en todos nuestros corazones.

Daniela Tapia

Un abrazo a la distancia. Dios ponga paz y consuelo en sus corazones, hoy se ha ido un guerrero al Cielo. Fuiste una madre increíble, mi más sincero reconocimiento para ti. Cariños a la distancia.

Jennifer Castillo

Vuela con tus hermosas alas de ángel, Dieguito. Mucha fuerza para tu familia.

Janet Bustos

Abrazos para una guerrera de madre que lo dio todo por Dieguito. Vuela alto, angelito.

Carla Cristi

Consuelo y paz en tu corazón. Tu principito estará desde el Cielo cuidando de ti.

Marta González

Eres una madre maravillosa. Dieguito tuvo tus cuidados día y noche sin descanso, sin dejar nada por hacer por su bienestar, luchaste y peleaste con el mundo para que se hiciera lo mejor por Diego. Gracias por compartir tu lucha, tu amor de madre y enseñar a muchas madres a pelear contra viento y marea por su niño. Te admiro. Un besote también para tus hermosas hijas y tu familia. Da por seguro que tu hijito estará siempre velando por ustedes.

Alfredo Chellew

Un abrazo y toda la fuerza para ti y familia. Fue una larga lucha de Dieguito y familia.

Priscila Sepúlveda

Cuántas lecciones nos deja el pequeño y gran guerrero Dieguito. Un abrazo enorme, la pena es inevitable para todos.

Alejandra Salinas

Querida, no puedes estar más rodeada de amor, de ese gran amor del que estamos hechos. Del que tú como madre le pudiste dar a Dieguito, donde muchos seres nos unimos a sus diferentes procesos aún sin conocerlo. Ahora se ha expandido, se liberó del cuerpo físico, solo para seguir volando y acompañarte de esa manera tan sutil que fue su esencia. Te envío un gran abrazo y que este proceso sea de la mejor y más elevada manera para ti y toda tu familia.

Susana Flores

Que en paz descanse Dieguito. Te abrazo con el alma.

Andrea Lora

Un fuerte abrazo a cada uno de ustedes y en especial a ti, la mejor mamá para Dieguito.

Giovanna Salazar

Un abrazo inmenso para usted, señora Natalia, hoy vuela alto Dieguito. Es un angelito que siempre cuidará y acompañará a su mamita, papá y sus hermanas. Un beso al Cielo.

Jessica Carvacho

Necesitaba descansar, vivirá en tu corazón y estará cerca de ti por siempre.

Lorena Ramírez

Vuela alto, Dieguito. Ahora eres el angelito de mamá. Un abrazo a la familia.

Rafaella Fornazzari

Un abrazo gigante para ti y toda la familia.

Mari Ella

Admirable y fuerte mujer y madre, con una conexión infinita y sin igual con su hijo. Qué duro el momento y los días que se vienen. Te mando un abrazo grande. Tu pequeño disfruta de los brazos del papá Dios, libre del cuerpo que le dolía.

Mary Flores

Tremendo guerrero. Conocí tu vida, tu historia, a través de una admirable mujer que es tu madre. Un abrazo con todo mi cariño a la distancia. Te imagino ahora como una estrella que iluminará siempre a tu familia.

Daniela Godoy

Te envío un gran abrazo de luz y un bello camino para él.

Samantha Alcaide

Un abrazo a toda la familia. No tengo palabras.

Silvia Guardia, médico

Un abrazo muy grande con mucho cariño para ti y tu familia. Hoy fortaleza por la pérdida de Dieguito. Fueron unos súper mamá y papá durante toda la existencia de Dieguito. Les deseo la paz y muchos cariños a sus otros hijos.

Aiko Adell

Mi más sentido pésame. Ahora tienes un angelito hermoso que está cuidándote a ti y a toda tu familia. Ya no está sufriendo, le diste una vida maravillosa llena de amor y cariño, él ahora está en paz y descansando. Tuvo la mejor mamá y familia del mundo, estuvo rodeado de amor y cariño. Te mando un abrazo enorme y mucha fuerza.

Jorge Aguirre

Muchos cariños, paz y colores para toda la familia.

Carola Romera

Luz para un ángel de luz. Iluminó muchos corazones y hoy iluminará el camino.

Lorena Cuevas

Acá estamos todos quienes te seguimos detrás de sus escritorios, enseñándonos. Ahora nos toca a nosotros y te devolvemos esa energía a ti, a tu familia y a tu súper Dieguito.

Nahir Gisela

Lo dieron todo el uno por el otro. Si hay algo que jamás se terminará es el amor infinito que se dieron. Y cuando Dios lo disponga, volverán a unirse.

Cecilia, agrupación vecinos

Naty, hoy quiero que sepas que yo y mi familia te acompañamos en este tremendo dolor que significa perder un hijo. Dieguito es un ángel libre ahora, eso espero que algo reconforte tu alma. Cariños para toda tu familia.

Miroslava Quintana

Lo siento tanto, descansa en paz.

Marcela Reyes

Vuela alto, principito guerrero. Fuerza a la familia. Lo siento mucho.

Gabriela Fernández

Solo tengo palabras de admiración para ustedes.

Jessica Arata

Vuela alto, Dieguito, muy alto.

Violeta Fuentes

Que Dios y los ángeles te bendigan siempre. Besos al Cielo.

Gladys, enfermera

No sabe el dolor que siento, le mando un abrazo gigante y mucha fuerza para este momento tan difícil.

Paula, fonoaudiología

Señora Natalia, lamento enormemente la noticia, le mando mucho amor y fuerza en este momento. Espero de todo corazón que tenga la paz de saber que hicieron siempre lo mejor por Dieguito, así como él siempre lo supo. Agradezco el que me abriera la puerta de su casa con tanto cariño.

Alejandra Albornoz

Para Dieguito y un abrazo enorme para Rocío y para ti.

Rosa Pereira

Fuerza, amiga, ahora él te cuidará.

Carola Galdames

No sabes cuánto siento la partida de Dieguito. Fue un guerrero hasta el final, un ejemplo de lucha. El niño más dulce y bello que tuve la suerte de conocer. Te envío un abrazo y mucha fuerza. Eres un ejemplo de fortaleza y te admiro.

Carolina Muñoz

Amor, paz y fuerza infinita para ustedes.

Patricia Novoa

Un gran abrazo, Natalia.

Macarena Castro, Fundación Alter Ego

Mi Naty preciosa, tus palabras me llegan al alma, qué hermosas palabras para tu Diego, y tal cual fuiste con él, una hermosa y generosa mamá. Las profesoras de la fundación también te mandan infinitos cariños. Te mando infinitos cariños y bendiciones, y mis oraciones para ustedes, que tengan pronto consuelo en sus corazones.

Sebastián Samsó

Mucho amor, prima. Abrazos.

José Chico

Besote grande para ti y tu familia. Seguro que algún día estarás con todos los que te quieren.

Lili Retamal

Naty, espero que esa tranquilidad que irradias en este mensaje invada tu corazón y alma en este momento. Te envío un abrazo enorme y mi admiración eterna.

Polita Fuentes

Un abrazo, querida Naty. Eres ejemplo de fortaleza y fuerza.

Francisca López

Naty, te mando un beso enorme a ti y a tu familia. Hoy en mi corazón y mis rezos. Siempre han estado muy presentes, no tengo palabras para decirte todo lo que lo siento, solo expresarte mi cariño, amor y luces a la distancia. Has sido una madre extraordinaria y tu principito siempre estuvo cuidado por tu dedicación, amor y cariño inmenso. Te mando un beso enorme.

Carolina Acuña

Un abrazo grande y apretado para ti y tu familia, Naty. Tu principito descansa libre de dolor y pleno de amor, te acompañará por siempre. Mi admiración para ti, mamá guerrera.

Jimena Laferte

Vuela libre, súper Diego. Un abrazo para ti, Natalia, Rodrigo y tus hijitas. Admiración es lo único que puedo sentir.

Dayan Davison

Quisiera decirte tantas cosas. Ojalá lo preciso para calmar tu dolor, pero parte del proceso será llorar y guardar las penas en el alma. Gracias, no sabes lo importante que fue para mí estar junto a ti, aunque sea a través de una pantalla. Le agradecí a Dios y a la vida por esta tremenda lección de vida que fue seguir desde el primer momento los pasos de Dieguito y a no renunciar a la primera. Reciban de nuestra parte mucho amor y luz. Te quiero mucho, amiga, eres una valiente de un corazón inmenso.

Marcela Pérez

Te mando un gran abrazo cargado de amor y dulzura, acompañándote a la distancia en este proceso tan duro. Para ti, tus hijas y tu marido, reciban todo nuestro amor.

María Eugenia Pérez

El Cielo se abrió para darle el máximo de confort. La luz que lo irradió, lo elevó feliz, en paz y libertad, y su corazón decía: “Mamá, por siempre tuyo. Y a cada uno de los que me amaron, mi corazón". Ser de luz divina, gracias por haber sido un camino de amor y aprendizaje infinito. Siempre presente. Te amo, ahijada querida.

Francisca Saavedra

Siempre están en mi pensamiento. Eres de esas personas que no es necesario pasar años conociéndote para tomar cariño. Te ganaste un pedacito de mí.

Loreto, enfermera

Les mando un abrazo gigante a ustedes como familia. A mi príncipe, un abrazo al Cielo. Mucha fuerza para lo que viene. Dieguito ya vuela libre.

María Graciela, agrupación vecinos

Querida Natalia, Rodrigo y niñas, mis más sentidas condolencias por la partida de Dieguito, los acompaño en oración con cariño. Un abrazo.

Francisca, enfermera

Con Diego creé esa conexión que no pasa con todos mis pacientes. Diego hoy es un hermoso ángel acompañándolos en esta nueva etapa. Siempre estará con ustedes, protegiéndolos. Les mando un inmenso abrazo a cada uno de ustedes y eternamente agradecida por haberme permitido conocer a Dios.

Bárbara Ly

Prima, solo decirte que te quiero mucho y admiro mucho tu fuerza y valentía. Rezaré para que el principito descanse en paz. Los quiero mucho a ustedes como familia y les tengo infinita admiración por su garra y valentía, son una gran familia y eso es por ti. Siempre tendrán una estrellita cuidándolos.

Lilibeth, técnico en enfermería

Lamento muy profundamente su pérdida. Espero que el señor le dé la fortaleza para superar esta pena. Estoy segura de que Dieguito está en un lugar tan especial como lo fue él y que le recibieron con el amor que siempre nos dio. Me siento privilegiada por haber sido parte de su historia y agradecida con usted por permitirme cuidarlo. Les envío un abrazo y mi cariño de mamá a usted, al señor Rodrigo, Rocío y Sofía.

Nicole Carrasco, kinesióloga respiratoria

Un abrazo enorme. Que Dios ponga paz en su corazón. Les tomé mucho cariño en este tiempo, en especial a Dieguito, lo extrañaré. Gracias por la confianza.

Marcela, agrupación vecinos

Quiero que sepas que te abrazamos a la distancia. Como mamá te acompaño con mis oraciones por el descanso de Dieguito, un ángel que sin duda vino a enseñarles y regalarles mucho más de lo que uno se fuera a imaginar. Que Dios les dé la fuerza y el amor para la resignación y que el dolor hoy sea lo más llevadero posible. Dieguito ya está descansando, querrá verte desde arriba volver a disfrutar la vida en plenitud con esa fuerza que le demostraste tener siempre.

Lisette Girón

Dieguito se ha convertido para mí en un gran guerrero. Sé que debe ser muy fuerte esto para ti, pero ahora te cuidará a ti y te va a proteger de todo mal. Siempre lo recordaré con mucho cariño, te mando un abrazo fuerte.

Catherine Santis

Mucho amor para ustedes.

Francisca, agrupación vecinos

Tanto lamento la partida. Solo queda el consuelo que siempre estará en tus pensamientos y presente en los recuerdos del tiempo compartido y disfrutado juntos. Un gran abrazo, querida.

Damián, kinesiólogo

Natalia y familia, reciban mis condolencias y todo mi ánimo y apoyo en estos momentos. Fue un gusto y una alegría haber sido parte de la vida de Dieguito. Y siempre lo recordaré con mucho cariño.

María Eliana, agrupación vecinos

Estoy rezando y agradeciendo a Dios por su vida y el amor que le brindaron, del cual fuimos testigos. Besos y abrazos hoy, de una madre que te entiende y te acompaña en el dolor.

Paulina, enfermera

Le envío un abrazo grande, hoy quisiera reconocer que es admirable la fortaleza que usted ha tenido frente a esta situación, que a pesar de las muchas situaciones complejas que se vivieron, usted siempre tuvo una sonrisa. Agradezco la confianza que tuvo conmigo para la atención de Dieguito, él me enseñó mucho como persona y como profesional; es parte de aquellos pacientitos a los cuales uno siempre recuerda. Mucho amor, tranquilidad y ánimo para usted y su familia.

Gracias, hijo, por sostenerme todos estos años,
envolviéndome en un abrazo con cada una
de tus miradas.

"DIEGO PRINCIPITO ALADO"
por Carla Valenzuela Malebrán.

¡Queremos saber qué te pareció este libro!

Nos puedes escribir a
trayectoeditorial@gmail.com
con el título de este libro en el asunto.

Encuéntranos en:

@Trayectoeditor

Trayecto Editorial

trayectoeditorial

trayecto.editorial

Comparte
tu experiencia con
este libro en el hashtag

#AmamosLosLibrosTantoComoTu